해커스 LH 한국토지주택공사 NCS+전공 봉투모의고사

약점 보완 해설집

해커스잡

한국토지주택공사 직무능력검사 알아보기

1 직무능력검사 특징

1. NCS 직업기초능력평가는 60분, 직무역량평가는 80분 동안 진행된다.
2. 5급 공채(일반·보훈)의 경우 전 직무 직무역량평가(전공시험)가 시행되며, 직무역량 60문항 중 10문항은 단답형 주관식으로 출제된다.
3. 영역별 과락 기준이 있어 가산점을 제외한 NCS 직업기초능력 및 직무역량 평가 결과가 각각 만점의 40% 미만 시 과락(불합격) 처리된다.

[참고] 직무능력검사 시험 출제 영역

구분	문항 수	시간	평가 내용
NCS 직업기초능력	40문항	60분	의사소통능력, 수리능력, 문제해결능력 등
직무역량	60문항	80분	모집 직무별 전공시험

※ 모집 직무별 전공시험 범위는 LH 채용 홈페이지(lh.incruit.com) 내 채용 공고 참고

2 NCS 직업기초능력 영역별 최신 시험 출제 경향

의사소통능력	1. 어법(접속사) 문제와 더불어 중심 내용 파악, 세부 내용 파악, 글의 구조 파악 등을 묻는 독해력 문제가 출제되었다. 2. LH 관련 사업에 대한 지문이 높은 비중으로 출제되었다. 지문의 길이가 길고, 단순히 일치/불일치 내용을 판단하는 문제뿐만 아니라 추론을 해야 하는 문제가 출제되어 체감 난도가 높은 편이었다. 3. 2문제 이상이 묶인 묶음 문제의 출제 비중이 높았다.
수리능력	1. 기초연산 문제는 출제되지 않았으며, 도표분석 문제만 출제되었다. 2. 증감률, 평균 등 다양한 소재의 자료가 제시되고, 관련 내용의 일치 여부나 수치 계산이 필요한 문제, 자료에 빈칸이 포함된 문제, 그래프 변환 문제가 출제되었다. 3. 2문제 이상이 묶인 묶음 문제의 출제 비중이 높았으며, 마지막 자리 단위까지 정확히 계산해야 하는 경우가 많아 체감 난도가 높은 편이었다.
문제해결능력	1. 조건을 기반으로 문제를 푸는 사고력 문제와 안내문, 보도자료 등의 자료를 기반으로 추론해야 하는 문제처리 문제가 출제되었다. 2. 조건추리 문제의 경우 한 문제당 제시되는 조건이 많아 체감 난도가 높은 편이었다. 3. 문제처리 문제는 제시된 글과 조건에 따라 문제 상황을 판단하거나 해결하는 PSAT형 문제로 출제되었고, LH 사업 관련 자료와 법조문의 출제 비중이 높았으며, 그 외에도 공공기관 사업 공모, 대관, 소음, 시차 등 다양한 소재의 문제가 출제되었다.

학습 플랜 & 취약 영역 분석표

· 하루에 1회씩 실전모의고사를 풀고 난 후, 아래 QR 코드를 통해 경쟁자와 나의 위치를 비교해보세요.
· 영역별로 맞힌 개수, 틀리거나 풀지 못한 문제 번호를 적고 나서 취약한 영역이 무엇인지 파악해보세요. 취약한 영역은 틀리거나 풀지 못한 문제를 다시 풀어보면서 확실히 극복하세요.
· NCS 직업기초능력 고난도 문제에 대비하고 싶다면, 해커스잡 사이트(ejob.Hackers.com)에서 제공하는 <LH 합격을 위한 고난도 PSAT형 모의고사>를 풀어보며 실력을 향상시켜 보세요.

1일	NCS 실전모의고사 1회		
학습 날짜	영역	맞힌 개수	틀리거나 풀지 못한 문제 번호
	의사소통능력	/14	
___ 월 ___ 일	수리능력	/13	
	문제해결능력	/13	

▼

2일	NCS 실전모의고사 2회		
학습 날짜	영역	맞힌 개수	틀리거나 풀지 못한 문제 번호
	의사소통능력	/13	
___ 월 ___ 일	수리능력	/14	
	문제해결능력	/13	

▼

3일	NCS 실전모의고사 3회		
학습 날짜	영역	맞힌 개수	틀리거나 풀지 못한 문제 번호
	의사소통능력	/13	
___ 월 ___ 일	수리능력	/13	
	문제해결능력	/14	

▼

4일	NCS 실전모의고사 4회		
학습 날짜	영역	맞힌 개수	틀리거나 풀지 못한 문제 번호
	의사소통능력	/13	
___ 월 ___ 일	수리능력	/13	
	문제해결능력	/14	

▼

5일	NCS 실전모의고사 5회		
학습 날짜	영역	맞힌 개수	틀리거나 풀지 못한 문제 번호
	의사소통능력	/13	
___ 월 ___ 일	수리능력	/14	
	문제해결능력	/13	

'바로 채점 및 성적 분석 서비스'로 바로 확인하는 내 위치! ▶

해커스 LH 한국토지주택공사 NCS + 전공 봉투모의고사

NCS 실전모의고사 1회

정답 · 해설

01 의사소통	02 의사소통	03 의사소통	04 의사소통	05 의사소통	06 의사소통	07 의사소통	08 의사소통	09 의사소통	10 의사소통
②	②	③	④	⑤	①	③	②	③	③
11 의사소통	**12 의사소통**	**13 의사소통**	**14 의사소통**	**15 수리**	**16 수리**	**17 수리**	**18 수리**	**19 수리**	**20 수리**
④	②	③	③	⑤	①	⑤	②	③	⑤
21 수리	**22 수리**	**23 수리**	**24 수리**	**25 수리**	**26 수리**	**27 수리**	**28 문제해결**	**29 문제해결**	**30 문제해결**
④	④	②	③	④	②	⑤	①	①	③
31 문제해결	**32 문제해결**	**33 문제해결**	**34 문제해결**	**35 문제해결**	**36 문제해결**	**37 문제해결**	**38 문제해결**	**39 문제해결**	**40 문제해결**
②	④	④	⑤	②	④	①	⑤	③	①

[01-02]

01 의사소통능력 정답 ②

이 글은 공유자원의 개념과 특성을 설명하고 이로 인해 발생하는 시장실패의 원인과 이를 해결하기 위한 다양한 방법들을 설명하는 내용이므로, 이 글의 중심내용으로 가장 적절한 것은 ②이다.

오답 체크

① 정부 개입은 글의 후반부에서 시장실패 해결방안 중 하나로 제시되었을 뿐, 정부의 장단점만을 중점적으로 다루지 않았으므로 적절하지 않은 내용이다.

③ 무임승차자 문제는 공유자원의 특성에서 비롯된 여러 문제 중 하나일 뿐이며, 글 전체는 시장실패와 해결방안까지 포괄하고 있으므로 적절하지 않은 내용이다.

④ 국가의 개입과 공기업의 필요성을 시장실패 해결방안으로 서술하고 있지만, 글 전체를 포괄할 수 없으므로 적절하지 않은 내용이다.

⑤ 자원배분의 비효율성과 불공정한 분배를 시장실패의 결과로 서술하고 있지만, 이 글은 해결방안까지 포괄하고 있으므로 적절하지 않은 내용이다.

02 의사소통능력 정답 ②

5문단에서 시장실패를 조정하겠다는 목적으로 정부가 과도하게 시장에 개입하거나 무분별하게 규제를 가할 경우 정부실패가 발생할 수 있으며, 정부실패로 인한 폐해는 시장실패로 인한 문제보다 크다고 하였으므로 정부실패가 나타나더라도 시장실패로 인한 폐해보다 적을 수 있어 국가가 시장을 과도하게 규제해야 하는 것은 아님을 알 수 있다.

오답 체크

① 4문단에서 공유자원으로 인한 시장실패가 보이지 않는 손에 의해 시장이 자유롭게 운영되면서 발생한 것이라면 재화에 대한 소유권을 지정하면 해결할 수 있다고 하였으므로 적절한 내용이다.

③ 3문단에서 시장실패의 원인이 사회적으로 필요한 재화의 수량보다 실제 재화의 양이 적어서 발생하였다면, 공유자원의 공급을 늘려 자원배분이 효율적으로 이루어질 수 있도록 해야 한다고 하였으므로 적절한 내용이다.

④ 3문단에서 무임승차자로 인한 문제는 국가에서 의무적으로 조세를 부과하는 등 비용 일부를 의무적으로 전가시켜 해결할 수 있다고 하였으므로 적절한 내용이다.

⑤ 2문단에서 공유자원은 개인의 편익과 개인이 부담하는 비용이 같을 때 적정선을 유지하게 된다고 하였으므로 적절한 내용이다.

[03-04]

03 의사소통능력 정답 ③

이 글은 국내 PC 게임의 개화를 시작으로 시간의 흐름에 따른 국내 PC 게임 산업의 성장 배경을 소개하고, PC 통신망의 발전과 외환위기로 인한 PC 게임의 몰락과 온라인 게임의 등장 및 변화를 설명하는 글이다.

따라서 '(다) 국내 PC 게임의 개화 및 유통사의 등장 → (마) PC 통신을 중심으로 아마추어 국내 게임 개발자의 출현 → (라) 국내 PC 게임의 수요량 증가 및 질적·양적 성장 → (가) PC 게임의 몰락 및 온라인 게임의 등장 → (나) 외부 환경의 변화로 인한 온라인 게임의 성장 → (바) 온라인 게임의 성장이 불러온 국내 게임 산업의 확대' 순으로 연결되어야 한다.

04 의사소통능력 정답 ④

빈칸 앞에서 오늘날 게임 플랫폼이 확대됨에 따라 게임은 언제 어디서나 즐길 수 있는 여가 활동으로 자리매김하였으며, 게임을 향한 다양한 요구들을 맞추기 위해 수요자 맞춤형 게임이 출시됨과 동시에 누구나 접근할 수 있는 게임이 등장하고 있다고 말하고 있다.

따라서 오늘날의 게임은 단순한 산업이 아닌 사람들의 삶과 관련된 하나의 문화로서 위치를 잡아나갈 것이라는 내용이 들어가야 한다.

[05 - 06]

05 의사소통능력 정답 ⑤

2문단에서 정체되어 있는 장승포의 노후 주거지역에 새로운 활력을 불어넣기 위해 구성한 사업에는 노후주택의 집수리와 지붕 개량 사업, 상습침수지역에 배수관로와 역류방지시설물 설치 등이 있다고 하였으므로 도시재생 뉴딜사업의 일환으로 노후주택을 수리할 예정이나, 역류방지시설물 등의 공공시설 개선을 진행하지 않는 것은 아님을 알 수 있다.

오답 체크

① 4문단에서 거제시는 장승포가 도시재생 뉴딜사업을 기반으로 지역 공동체를 강화하고 지속 가능한 경쟁력을 갖출 수 있도록 적극 지원하겠다고 밝혔으므로 적절하다.

② 5문단에서 국토교통부는 경남 거제를 시작으로 올해부터 100곳 이상의 도시재생 뉴딜사업이 본격적으로 준공될 예정이라고 하였으므로 적절하다.

③ 1문단에서 장승포는 한국전쟁 당시 흥남철수작전에서 피란민 1만 4천명을 태운 메러디스 빅토리호가 도착한 마을로, 피란살이의 삶과 애환을 간직하고 있다고 하였으므로 적절하다.

④ 3문단에서 경남 거제시 장승포에는 주민들을 위한 산책로뿐 아니라 볼거리를 제공함으로써 관광자원으로도 활용될 것으로 기대된다고 하였으므로 적절하다.

06 의사소통능력 정답 ①

빈칸 앞에서는 노후주택에 대하여 집수리와 지붕 개량 사업을 진행하였다는 내용을 말하고 있고, 빈칸 뒤에서는 상습침수지역과 골목길 개선 내용을 말하고 있다.

따라서 앞의 내용에 더해 어떤 내용을 추가적으로 설명할 때 사용하는 접속어 '아울러'가 들어가야 한다.

[07 - 09]

07 의사소통능력 정답 ③

이 보도자료는 미래 노동시장 변화에 적극적으로 대응하기 위해 기본적 권익 보호, 근무환경 개선, 맞춤형 복지 확충, 포용적 노동시장으로의 전환 4가지 추진 전략을 발표하는 내용이므로 이 보도자료의 제목으로 가장 적절한 것은 ③이다.

오답 체크

① 3문단에서 물류 종사자 및 다양한 고용 형태 종사자의 근무환경을 개선하기 위한 내용에 대해서는 다루고 있지만, 보도자료 전체를 포괄할 수 없으므로 적절하지 않은 내용이다.

② 2문단에서 플랫폼 종사자의 기본 권익을 보호하기 위해 입법되는 플랫폼 종사자 보호법에 대해서는 다루고 있지만, 보도자료 전체를 포괄할 수 없으므로 적절하지 않은 내용이다.

④ 직업훈련 혁신을 통한 신산업 일자리 창출에 대해서는 다루고 있지 않으므로 적절하지 않은 내용이다.

⑤ 4문단에서 전 국민 고용보험 로드맵·상병수당 시범사업추진을 언급하긴 하지만, 보도자료 전체를 포괄할 수 없으므로 적절하지 않은 내용이다.

08 의사소통능력 정답 ②

4문단에서 이번 대책에서는 법 개정안 발이로 산재보험 대상임에도 전속성 요건을 갖추지 못해 적용되지 않는 사각지대 종사자 보호를 위해 전속성 요건을 폐지할 계획이라고 하였으므로 법 개정에 따라 산재보험 대상은 전속성 요건을 갖춘 근무자로 한정되는 것은 아님을 알 수 있다.

오답 체크

① 5문단에서 고용 형태 다양화 추이를 고려해 비정규직 범위 및 근로형태별 부가조사 개편에 관한 노사전문가와의 논의도 계속한다고 하였으므로 적절한 내용이다.

③ 2문단에서 플랫폼 종사자 보호법의 입법을 통해 종사자가 플랫폼 기업에 일의 배정이나 평가에 대한 정보 제공을 요청하고 이의제기할 수 있는 권리가 법적으로 보장된다고 하였으므로 적절한 내용이다.

④ 3문단에서 대리기사 등 플랫폼 종사자의 근무환경을 개선하고자 소요 비용의 일부를 지원하는데, 해당 예산안에 17억 원을 마련했다고 하였으므로 적절한 내용이다.

⑤ 4문단에서 배달기사 사고 때 손해배상을 위한 공제조합을 설립하고, 플랫폼 기업뿐 아니라 종사자가 자율적으로 추진하는 공제사업에 대한 지원 근거도 마련한다고 하였으므로 적절한 내용이다.

09 의사소통능력 정답 ③

3문단에서 물류 종사자의 업무 환경을 개선하기 위한 실행방안 및 다양한 고용 형태 종사자의 건강 보호를 위한 제도개선 내용에 대해 설명하고 있으므로 직장 내 괴롭힘 법안을 설명하는 내용의 ⓒ은 삭제되어야 한다.

[10-11]

10 의사소통능력 정답 ③

해당 문장은 '앞서 언급한 유형'에 대한 추가 정보를 제시하는 내용이다. 따라서 문장 앞에 편집증 유형에 대한 설명이 와야 함을 알 수 있으므로 ⓒ 뒤에 들어가는 것이 가장 적절하다.

11 의사소통능력 정답 ④

밑줄 친 부분은 특정 생각이나 감정에 억눌려 벗어나지 못한다는 의미로 쓰였으므로, 빠져나가지 못하게 꽉 잡히다는 의미의 ④가 적절하다.

오답 체크

① 도취되다: 어떠한 것에 마음이 쏠려 취하다시피 되다
② 열중하다: 한 가지 일에 정신을 쏟다
③ 위축되다: 어떤 힘에 눌려 졸아들고 기를 펴지 못하게 되다
⑤ 좌우되다: 어떤 일에 영향이 주어져 지배되다

[12-13]

12 의사소통능력 정답 ②

'4. 동일 순위 내 경합 시 입주자 선정방법'에 따르면 연령이 만 75세 이상~만 85세 미만에 해당되면 15점을, OO시 거주기간이 1년 이상~3년 미만에 해당되면 20점을 합산하므로 동일 순위 내 경쟁이 있을 경우 OO시에서 2년간 거주 중인 만 75세의 신청자는 총 35점이 합산됨을 알 수 있다.

오답 체크

① '1. 신청 자격 및 순위'에 따르면 사랑주택에 입주 신청을 하기 위해서는 OO시에 주민으로 등재된 만 65세 이상인 사람 중 수급자, 차상위계층, 생계·의료급여수급자 선정 기준의 소득 인정액 이하인 자, 월평균 소득의 50% 이하인 자 중 어느 하나에 해당해야 하며, 모집 공고일 현재 무주택세대구성원이어야 하므로 적절하지 않다.
③ '3. 자격검증대상(세대구성원)'에 따르면 1세대 1주택 신청 및 공급 원칙에 따라 공공임대주택에 거주하고 있는 해당 세대 중 일부가 공급 신청을 할 때는 입주 전에 세대 분리를 해야 한다고 하였으나, 배우자 세대의 경우 세대 분리를 하더라도 중복 입주로 간주하기 때문에 입주가 불가능하므로 적절하지 않다.
④ '2. 소득·자산 기준 – 자산 기준'에 따르면 세대구성원 전원이 보유하고 있는 총자산가액 합산 기준은 24,200만 원 이하이므로 적절하지 않다.
⑤ '3. 자격검증대상(세대구성원)'에 따르면 신청자의 배우자의 직계비속이 자격검증대상에 포함되는 경우는 직계비속이 신청자의 주민등록표에 등재되어 있을 때이므로 적절하지 않다.

13 의사소통능력 정답 ③

'2. 소득·자산 기준 – 소득 기준'에 따르면 월평균 소득액은 세대구성원의 월평균 소득액을 모두 합산한 세전 금액이며, 이때 세대구성원은 임신 중인 경우 태아를 포함한 세대구성원 전원을 말하는 것으로, 부부와 부부의 아들, 임신 중인 며느리까지 포함한 세대구성원은 총 5인이므로 4인 가구의 세전 월평균 소득액인 3,600,405원 이하에 해당하여 소득 기준을 충족하지 않는다는 답변은 가장 적절하지 않다.

14 의사소통능력 정답 ③

제시된 명언에서 공통적으로 강조하고 있는 개념은 '경청'이다.
③ 경청은 상대방의 감정, 생각 등을 긍정적이든 부정적이든 성실하게 듣는 태도를 말하므로 적절하지 않다.

오답 체크

① 경청은 본인의 생각, 느낌, 가치관 등의 선입견이나 편견을 가지고 상대방을 평가하지 않는 태도로, 상대방으로 하여금 본인이 이해받고 있다는 느낌을 갖게 하므로 적절하다.
② 경청은 다른 사람의 말을 주의 깊게 들으며 공감하는 능력으로, 대화의 과정에서 신뢰를 쌓을 수 있는 최고의 방법이므로 적절하다.
④ 의사소통은 상대방과의 상호작용을 통해 메시지를 다루는 과정이며, 상대방을 어떻게 받아들일 것인가에 대한 고려가 바탕이 되는 경청은 의사소통을 위한 기본적인 자세에 해당하므로 적절하다.
⑤ 경청하면 상대방은 본능적으로 안도감을 느끼고 경청하는 사람에게 무의식적인 믿음을 갖게 되므로 적절하다.

15 수리능력 정답 ⑤

어떤 사건 A가 일어나는 경우의 수를 m, 어떤 사건 B가 일어나는 경우의 수를 n이라고 하면 두 사건 A, B가 서로 영향을 주지 않을 때, 두 사건 A, B가 동시에 일어나는 경우의 수는 $m \times n$임을 적용하여 구한다.
모든 팀에 남자가 1명씩 반드시 들어가야 하므로 먼저 여자 6명을 2명씩 세 그룹으로 나누면 ${}_6C_2 \times {}_4C_2 \times {}_2C_2 \times \frac{1}{3!} = 15$가지이다.

이 세 그룹에 각각 남자 1명씩을 배치하면 3! = 3 × 2 × 1 = 6가지이므로 전체 9명을 세 그룹으로 나누는 방법의 수는 15 × 6 = 90가지이다. 이때, 나누어진 세 그룹은 각각 A팀, B팀, C팀이 될 수 있으므로 3! = 3 × 2 × 1 = 6가지씩 있다.
따라서 팀을 나눌 수 있는 방법의 수는 90 × 6 = 540가지이다.

16 수리능력 정답 ①

거리 = 속력 × 시간임을 적용하여 구한다.
Q의 속력을 x라 하면 P의 속력은 $x + 10$이다.
이때, 두 사람이 만날 때까지 달린 거리의 합은 210km이고, P의 이동 시간은 11 - 8 = 3시간, Q의 이동 시간은 11 - 9 = 2시간이므로
$3(x+10) + 2x = 210 \rightarrow 5x = 180 \rightarrow x = 36$
따라서 Q의 속력은 36km/h이다.

17 수리능력 정답 ⑤

소금의 양 = 소금물의 농도 × 소금물의 양임을 적용하여 구한다.
12% 소금물의 양을 x라 하면 48% 소금물의 양은 $3x$, 24% 소금물의 양은 $1{,}500 - 4x$이므로
$(0.12 \times x) + (0.48 \times 3x) + \{0.24 \times (1{,}500 - 4x)\} = 0.28 \times 1{,}500$
$\rightarrow 0.12x + 1.44x + 360 - 0.96x = 420 \rightarrow 0.6x = 60 \rightarrow x = 100$
따라서 24% 소금물의 양은 1,500 - (4 × 100) = 1,100g이다.

18 수리능력 정답 ②

2022년 F 지역의 기타대출 금액은 전년 대비 {(12,867.0 - 11,910.7) / 11,910.7} × 100 ≒ 8.0% 증가하였으므로 옳지 않은 설명이다.

오답 체크

① 2021년 이후 주택담보대출 금액이 전년 대비 지속적으로 증가한 지역은 A 지역, B 지역, C 지역, F 지역, G 지역 총 5곳이므로 옳은 설명이다.
③ 제시된 기간 동안 H 지역의 기타대출 금액 평균은 (17,283.7 + 19,998.8 + 21,445.7 + 22,791.0 + 23,186.1) / 5 ≒ 20,941.1십억 원이므로 옳은 설명이다.
④ 제시된 기간 중 I 지역의 주택담보대출 금액이 두 번째로 많은 2024년에 기타대출 금액은 C 지역이 12,701.1십억 원, D 지역이 13,289.1십억 원이므로 옳은 설명이다.
⑤ 제시된 기간 동안 D 지역의 주택담보대출 금액 합은 8,563.2 + 9,077.1 + 9,519.0 + 10,017.6 + 9,890.1 = 47,067.0십억 원, 기타대출 금액 합은 9,496.2 + 10,981.9 + 11,773.9 + 12,909.4 + 13,289.1 = 58,450.5십억 원이므로 옳은 설명이다.

빠른 문제 풀이 Tip

③ 제시된 5년 동안 H 지역의 기타대출 금액을 십의 자리에서 버림하여 대략적으로 계산한 후, 총합이 20,000 × 5 = 100,000십억 원 이상인지 확인한다.
H 지역의 기타대출 금액을 십의 자리에서 버림하여 총합을 구하면 17,200 + 19,900 + 21,400 + 22,700 + 23,100 ≒ 104,300십억 원으로 100,000십억 원 이상이므로 제시된 기간 동안 H 지역의 기타대출 금액 평균은 20,000십억 원 이상임을 알 수 있다.

[19 - 20]

19 수리능력 정답 ③

제시된 기간 동안 CO_2 배출량이 가장 적었던 2020년에 CO_2 배출량은 총배출량의 (634.3 / 692.5) × 100 ≒ 91.6%임에 따라 90% 이상이므로 옳은 설명이다.

오답 체크

① 2021년 이후 순배출량과 총배출량의 전년 대비 증감 추이는 동일하므로 옳지 않은 설명이다.
② 제시된 기간 동안 HFCs 배출량이 가장 많았던 2022년에 HFCs 배출량은 PFCs 배출량의 9.6 / 2.1 ≒ 4.6배임에 따라 4배 초과이므로 옳지 않은 설명이다.
④ 제시된 기간 동안 CH_4 연평균 배출량은 (27.2 + 27.3 + 27.9 + 28.0 + 27.5) / 5 ≒ 27.6백 만tCO_2이고, N_2O 연평균 배출량은 (13.1 + 13.1 + 13.9 + 14.4 + 14.3) / 5 ≒ 13.8백 만tCO_2로 CH_4 연평균 배출량은 N_2O 연평균 배출량의 27.6 / 13.8 ≒ 2.0배임에 따라 2배 이상이므로 옳지 않은 설명이다.
⑤ 2020년 4번째로 배출량이 많은 온실가스는 SF_6이므로 옳지 않은 설명이다.

20 수리능력 정답 ⑤

LULUCF 배출량이 가장 많았던 2024년에 총배출량의 전년 대비 변화량은 727.1 - 701.4 = 25.7백 만tCO_2이다.

21 수리능력 정답 ④

제시된 자료에 따르면 10월 민간임대 인허가 실적의 전월 대비 증가량은 17,008 - 16,475 = 533호이지만 그래프에서는 900호보다 높게 나타나므로 옳지 않은 그래프는 ④이다.

오답 체크

① 7월 공공분양 인허가 실적 누계는 지방자치단체가 586호, LH가 3,151호, 주택업체가 140호이므로 옳은 그래프이다.

② 주택업체 공공임대 인허가 실적 누계는 7월에 826호, 8~10월에 899호, 11월에 996호, 12월에 1,665호이므로 옳은 그래프이다.
③ 8월 민간부문 인허가 실적 누계 비중은 민간임대가 (13,158 / 243,661) × 100 ≒ 5.4%, 민간분양이 (230,503 / 243,661) × 100 ≒ 94.6%이므로 옳은 그래프이다.
⑤ 12월 LH 총 인허가 실적 누계는 7,337 + 32,090 + 33,919 = 73,346호임에 따라 비중은 국민임대가 (7,337 / 73,346) × 100 ≒ 10.0%, 공공임대가 (32,090 / 73,346) × 100 ≒ 43.8%, 공공분양이 (33,919 / 73,346) × 100 ≒ 46.2%이므로 옳은 그래프이다.

[22 - 23]

22 수리능력 정답 ④

1995년 유형별 주택 수는 단독 주택이 가장 많으므로 적절하지 않은 설명이다.

오답 체크

① 2017년 대비 2018년 인구 천 명당 주택 수는 제시된 지역에서 모두 증가하였으므로 적절한 설명이다.
② 전국 다세대 주택의 수는 1995년 이후 증가 추이를 보이고 있으므로 적절한 설명이다.
③ 2005년부터 2015년까지 거주 지역별 자가 점유 비율은 서울이 5년마다 가장 낮으므로 적절한 설명이다.
⑤ 2010년에 전국의 5년 전 대비 자가 점유 비율은 감소하였으므로 적절한 설명이다.

23 수리능력 정답 ②

[지역별 인구수 및 주택 수]에서 2017년 인천 지역의 인구수는 2,926천 명이고 인구 천 명당 주택 수는 370.5호이므로 2017년 인천 지역의 주택 수는 2,926 × 370.5 = 1,084,083호 ≒ 1,084천 호이며, 2018년 인천 지역의 인구수는 2,936천 명이고 인구 천 명당 주택 수는 377.3호이므로 2018년 인천 지역의 주택 수는 2,936 × 377.3 = 1,107,752.8호 ≒ 1,108천 호이다.
따라서 2017년 인천 지역의 주택 수와 2018년 인천 지역의 주택 수 차이는 1,108 - 1,084 ≒ 24천 호이다.

[24 - 25]

24 수리능력 정답 ③

2017년에 CSB/CMS 모델과 SECaaS 모델의 투자액 차이는 4,858 - 3,065 = 1,793백만 원이므로 옳지 않은 설명이다.

오답 체크

① 2018년에 투자액이 가장 큰 서비스모델은 IaaS이고, 기업 수가 가장 많은 서비스모델은 SaaS로 서로 다르므로 옳은 설명이다.
② 제시된 기간 동안 모든 서비스모델에서 클라우드 사업을 위한 '투자경험 있음' 응답 비율이 가장 낮은 해는 2018년이므로 옳은 설명이다.
④ 2018년 기타를 제외한 서비스모델 중 클라우드 사업을 위한 '투자경험 있음' 응답 비율이 다른 서비스모델 대비 가장 낮은 서비스모델은 SECaaS이고, 투자액이 다른 서비스모델 대비 가장 낮은 서비스모델도 SECaaS로 동일하므로 옳은 설명이다.
⑤ 2019년에 IaaS 모델과 SaaS 모델의 총 기업 수는 173 + 260 = 433개이고, 이는 전체 기업 수의 {433 / (173 + 52 + 260 + 21 + 59 + 16)} × 100 ≒ 74.5%로 70% 이상이므로 옳은 설명이다.

25 수리능력 정답 ④

2018년에 기타를 제외한 서비스모델 중 클라우드 사업을 위한 '투자경험 있음' 응답 비율의 전년 대비 감소율은 IaaS가 {(74.1 - 30.4) / 74.1} × 100 ≒ 59.0%, PaaS가 {(68.8 - 36.0) / 68.8} × 100 ≒ 47.7%, SaaS가 {(66.7 - 35.2) / 66.7} × 100 ≒ 47.2%, CSB/CMS가 {(63.6 - 36.4) / 63.6} × 100 ≒ 42.8%, SECaaS가 {(65.7 - 14.3) / 65.7} × 100 ≒ 78.2%로 가장 높은 모델은 SECaaS이고, 가장 낮은 모델은 CSB/CMS이다.
따라서 SECaaS 모델과 CSB/CMS 모델의 2019년 투자액 차이는 2,242 - 502 = 1,740백만 원이다.

[26 - 27]

26 수리능력 정답 ②

제시된 기간 동안 전체 학생범죄자 수가 가장 많은 2020년의 전체 학생범죄자 수는 전체 학생범죄자 수가 가장 적은 2024년의 전체 학생범죄자 수의 92,347 / 72,647 ≒ 1.27배이므로 옳은 설명이다.

오답 체크

① 제시된 기간 동안 학생범죄자 수가 가장 많은 죄종은 폭력범죄로 매년 동일하므로 옳지 않은 설명이다.
③ 2024년 학생범죄자 수가 1,000명 미만인 죄종은 마약범죄, 보건범죄, 환경범죄, 노동범죄, 안보범죄, 선거범죄, 병역범죄 총 7개 죄종이며, 평균 학생범죄자 수는 (321 + 229 + 2 + 0 + 6 + 59 + 50) / 7 ≒ 95.3명으로 100명 미만이므로 옳지 않은 설명이다.
④ 제시된 기간 동안 매년 학생범죄자 수가 1만 명 이상인 죄종은 절도범죄, 폭력범죄, 교통범죄 총 3개이므로 옳지 않은 설명이다.
⑤ 2020년 대비 2024년에 학생범죄자 수가 증가한 지능범죄, 풍속범죄, 마약범죄, 보건범죄, 안보범죄, 선거범죄 중 지능범죄, 풍속범죄, 보건범죄, 안보범죄, 선거범죄는 제시된 기간 동안 학생범죄자 수가 전년 대비 감소한 해가 존재하므로 옳지 않은 설명이다.

빠른 문제 풀이 Tip

② 제시된 기간 동안 전체 학생범죄자 수가 92,347명으로 가장 많은 2020년은 전체 학생범죄자 수가 72,647명으로 가장 적은 2024년보다 92,347 - 72,647 = 19,700명 더 많다. 이때, 19,700명은 전체 학생범죄자 수가 가장 적은 2024년의 학생범죄자 수 72,647명을 백의 자리에서 올림한 73,000의 25%인 73,000 × 0.25 = 18,250명보다 많으므로 2020년 전체 학생범죄자 수는 2024년 전체 학생범죄자 수의 1.25배 이상임을 알 수 있다.

27 수리능력 정답 ⑤

2023년 강력범죄 학생범죄자 수는 3,175명이고 구속률은 4.13%이므로 2023년에 구속된 강력범죄 학생범죄자 수는 3,175 × 0.0413 ≒ 131명이다. 또한 2024년 강력범죄 학생범죄자 수는 2,539명이고 구속률은 5.08%이므로 2024년에 구속된 강력범죄 학생범죄자 수는 2,539 × 0.0508 ≒ 129명이다.

따라서 2023년과 2024년에 구속된 강력범죄 학생범죄자 수의 합은 131 + 129 ≒ 260명이다.

28 문제해결능력 정답 ①

세 번째 명제, 첫 번째 명제, 네 번째 명제의 '대우'를 차례로 결합하면 다음과 같다.

- 세 번째 명제: 철수는 돈을 모으고 싶어 한다.
- 첫 번째 명제: 돈을 모으고 싶어 하는 사람은 저금통을 가지고 있다.
- 네 번째 명제(대우): 저금통을 가지고 있으면 통장이 있다.
- 결론: 철수는 통장이 있다.

29 문제해결능력 정답 ①

네 번째 명제와 두 번째 명제의 '대우', 그리고 첫 번째 명제를 차례로 결합하면 다음과 같다.

- 네 번째 명제: 지하철로 갈 수 있는 곳은 자가용으로 갈 수 있다.
- 두 번째 명제(대우): 자가용으로 갈 수 있는 곳은 버스로 갈 수 있다.
- 첫 번째 명제: 버스로 갈 수 있는 곳은 도보로 갈 수 있다.
- 결론: 지하철로 갈 수 있는 곳은 도보로 갈 수 있다.

30 문제해결능력 정답 ③

제시된 조건에 따르면 F는 거짓을 말하고 있다는 B의 진술과 자신은 대전으로 출장을 다녀왔다는 F의 진술이 서로 모순되므로 B와 F 중 한 명의 진술은 반드시 거짓임을 알 수 있다. 먼저 B의 진술이 진실인 경우 B는 대전으로 출장을 다녀왔으며, A와 B 중 적어도 한 명은 진실을 말하고 있다는 E의 진술도 진실이므로 E도 대전으로 출장을 다녀왔다. 이에 따라 대전으로 출장을 다녀온 B, E를 제외한 모든 사람의 진술은 거짓이 되어 D와 E 중 적어도 한 명은 부산으로 출장을 다녀왔다는 A의 진술은 거짓이므로 D는 광주로 출장을 다녀왔고, A는 광주로 출장을 다녀오지 않았다는 C의 진술과 자신과 C는 같은 지역으로 출장을 다녀왔다는 D의 진술도 거짓이므로 A는 광주, C와 F는 부산으로 출장을 다녀왔다. 다음으로 B의 진술이 거짓인 경우 F는 대전으로 출장을 다녀왔다. 이때, A와 B 중 적어도 한 명은 진실을 말하고 있다는 E의 진술이 진실이면 A의 진술도 진실이 되어 두 사람이 진실을 말하고 있다는 조건에 모순되므로 E의 진술은 거짓이며, A의 진술도 거짓이다. 또한, 자신과 C는 같은 지역으로 출장을 다녀왔다는 D의 진술이 진실이면 C의 진술도 진실이 되어 두 사람이 진실을 말하고 있다는 조건에 모순되므로 D의 진술은 거짓이고, A, B, D, E의 진술이 모두 거짓이므로 C의 진술이 진실이다. 이에 따라 C는 대전으로 출장을 다녀왔고, A의 진술에 따라 D와 E는 광주, C의 진술에 따라 A와 B는 부산으로 출장을 다녀왔으므로 가능한 경우는 다음과 같다.

[경우 1] B의 진술이 진실인 경우

구분	A	B	C	D	E	F
진술	거짓	진실	거짓	거짓	진실	거짓
출장 지역	광주	대전	부산	광주	대전	부산

[경우 2] B의 진술이 거짓인 경우

구분	A	B	C	D	E	F
진술	거짓	거짓	진실	거짓	거짓	진실
출장 지역	부산	부산	대전	광주	광주	대전

따라서 D는 광주로 출장을 다녀왔으므로 항상 옳은 설명이다.

오답 체크

① 경우 2에 따르면 E는 광주로 출장을 다녀왔을 수도 있으므로 항상 옳은 설명은 아니다.
② 경우 1, 2에 따르면 C와 F는 대전 또는 부산으로 같은 지역 출장을 다녀왔으므로 항상 옳지 않은 설명이다.
④ 경우 2에 따르면 A와 B는 부산으로 같은 지역 출장을 다녀왔을 수도 있으므로 항상 옳은 설명은 아니다.
⑤ 경우 1에 따르면 C는 부산으로 출장을 다녀왔을 수도 있으므로 항상 옳은 설명은 아니다.

31 문제해결능력 정답 ②

제시된 조건에 따르면 첫 번째로 초록색 가방을 진열하고 일곱 번째로 빨간색 모자를 진열하며, 네 번째로 진열하는 상품은 모자이다. 또한, 같은 종류의 제품을 연달아 진열하지 않으므로 파란색 모자와 노란색 모자가 각각 두 번째 또는 네 번째로 진열된다. 이때 파란색 모자와 주황색 신발을 연달아 진열하므로 주황색 신발을 세 번째 또는 다섯 번째로 진열하며, 주황색 신발의 진열 순서에 따라 가능한 경우는 다음과 같다.

[경우 1] 주황색 신발을 세 번째로 진열하는 경우

첫 번째	두 번째	세 번째	네 번째	다섯 번째	여섯 번째	일곱 번째	여덟 번째
초록색 가방	파란색 모자 또는 노란색 모자	주황색 신발	파란색 모자 또는 노란색 모자			**빨간색 모자**	
가방	모자	신발	**모자**	가방 또는 신발	가방 또는 신발	모자	가방 또는 신발

[경우 2] 주황색 신발을 다섯 번째로 진열하는 경우

첫 번째	두 번째	세 번째	네 번째	다섯 번째	여섯 번째	일곱 번째	여덟 번째
초록색 가방	노란색 모자		파란색 모자	주황색 신발		**빨간색 모자**	
가방	모자	가방 또는 신발	**모자**	신발	가방	모자	가방 또는 신발

경우 1에서 하늘색 가방은 다섯 번째, 여섯 번째, 여덟 번째 중 한 곳에 진열되고, 경우 2에서 하늘색 가방은 세 번째, 여섯 번째, 여덟 번째 중 한 곳에 진열된다.

따라서 빨간색 모자와 하늘색 가방 사이에 노란색 모자는 진열되지 않으므로 항상 옳지 않은 설명이다.

오답 체크

① 경우 1, 2에 따르면 여덟 번째로 신발이 진열될 수도 있으므로 항상 옳지 않은 설명은 아니다.

③ 경우 1에 따르면 파란색 모자가 두 번째로 진열되는 경우가 있을 수도 있으므로 항상 옳지 않은 설명은 아니다.

④ 경우 1에 따르면 여섯 번째로 신발을 진열하면 여덟 번째에는 가방이 진열될 수 있으므로 항상 옳지 않은 설명은 아니다.

⑤ 경우 1에 따르면 하늘색 가방을 다섯 번째로 진열하면, 검은색 가방이 여덟 번째로 진열될 수 있으므로 항상 옳지 않은 설명은 아니다.

32 문제해결능력 정답 ④

제시된 조건에 따르면 갑은 거짓을 말하고 나머지 3명은 진실을 말하고 있으므로 을의 발표 순서는 두 번째이고, 갑과 정의 발표 순서는 네 번째가 아니다. 이에 따라 네 번째로 발표하는 사람은 병이고, 갑과 정은 첫 번째 또는 세 번째로 발표한다.

1번 주자	2번 주자	3번 주자	4번 주자
갑 또는 정	을	갑 또는 정	병

따라서 발표 순서가 정해지는 사람은 2명이므로 항상 옳은 설명이다.

오답 체크

① 첫 번째로 발표한 사람이 정일 수도 있으므로 항상 옳은 설명은 아니다.

② 정은 을보다 발표 순서가 빠를 수도 있으므로 항상 옳은 설명은 아니다.

③ 병은 을보다 발표 순서가 느리므로 항상 옳지 않은 설명이다.

⑤ 정보다 발표 순서가 빠른 사람이 없을 수도 있으므로 항상 옳은 설명은 아니다.

33 문제해결능력 정답 ④

시애틀 지사에서 근무하는 A 사원은 뉴욕 지사에서 근무하는 B 사원에게 시애틀 시각을 기준으로 3월 18일 오전 10시에 회의 자료를 이메일로 보낸다. 이때, 뉴욕 시각은 시애틀 시각보다 3시간이 빠르므로 뉴욕 시각을 기준으로 B 사원이 회의 자료를 받는 시각은 3월 18일 오후 1시이다. B 사원이 회의 자료를 받은 직후 베이징을 경유하여 서울에 도착하고, 비행 경유지에서 1시간을 대기하므로 총 이동시간은 13 + 1 + 2 = 16시간임에 따라 B 사원이 서울에 도착하는 시각은 뉴욕 시각을 기준으로 3월 19일 오전 5시이며, 서울 시각은 뉴욕 시각보다 14시간 빠르다.

따라서 B 사원이 서울에 도착하여 확인할 현지 시각은 3월 19일 오후 7시이다.

34 문제해결능력 정답 ⑤

제28조 제3항 제2호에서 미공개정보를 타인에게 이용하게 한 공사의 임원 및 직원이 이를 통해 5억 원 이상 50억 원 미만의 이익을 얻었을 경우에는 3년 이상의 유기징역에 처해진다고 하였으므로 공사의 미공개정보를 타인에게 공개하여 이용하게 한 공사 직원이 이를 통해 약 40억 원의 이익을 얻었을 경우 최대 무기징역형에 처해질 수 있는 것은 아님을 알 수 있다.

오답 체크

① 제26조 제1항에서 공사의 임원 및 직원에 해당하지 않게 된 날부터 10년이 경과하지 않은 자를 포함한 임원 및 직원은 일반인에게 공개되지 않은 공사의 업무와 관련한 정보 즉, 미공개정보를 주택이나 토지 등의 매매, 그 밖의 거래에 이용하거나 타인에게 이용하게 해서는 안 된다고 하였으므로 적절하다.

② 제22조에서 공사의 임원 또는 직원이나 그 직에 있었던 자는 그 직무상 알게 된 비밀을 누설하거나 도용해서는 안 된다고 하였고, 제28조 제1항에서 제22조를 위반한 자는 2년 이하의 징역 또는 2천만 원 이하의 벌금에 처한다고 하였으므로 적절하다.
③ 제26조에서 공사는 소속 임직원이 공공개발사업 추진 과정에서 개발정보를 이용하여 위법·부당한 거래행위 및 투기행위를 했는지의 여부를 감시하기 위하여 준법감시관을 둔다고 하였으므로 적절하다.
④ 제28조 제2항에서 공사의 임직원으로부터 미공개정보를 취득하여 얻은 이익 또는 회피한 손실액이 없거나 산정하기 곤란한 경우 또는 그 위반행위로 얻은 이익 또는 회피한 손실액의 5배에 해당하는 금액이 10억 원 이하인 경우에는 벌금의 상한액을 10억 원으로 한다고 하였으므로 적절하다.

[35-36]

35 문제해결능력 정답 ②

제시된 채용 공고의 '5. 전형 절차-3)'에 따르면 3차 전형인 면접 심사는 총점 100점에 대해 이해력(25%), 전문지식·경험(25%), 해결능력(25%), 도전과 열정(25%)을 기준으로 평가하며, 합격자는 채용 분야별 채용 인원의 1배수를 고득점순으로 선발한다. 이때, 도시설계 분야의 채용 인원은 1명이므로 면접 심사 결과 점수가 가장 높은 1명이 최종 합격자로 선정된다. 면접 심사 점수에 1, 2차 전형 점수는 합산되지 않으므로 면접 심사를 치른 지원자 5명의 3차 전형 점수를 계산하면 다음과 같다.

구분	3차 전형 점수
갑	23+21+24+25=93점
을	25+22+22+24=93점
병	22+23+21+24=90점
정	23+21+24+23=91점
무	20+24+23+23=90점

이때, 갑과 을의 점수가 93점으로 가장 높으나 동점자가 있을 경우 2차 전형 점수가 높은 사람이 최종 합격자로 선정되므로 2차 전형 점수로 88점을 받은 갑보다 91점을 받은 을이 고득점자에 해당된다.
따라서 도시설계 분야에 채용되는 최종 합격자는 을이다.

36 문제해결능력 정답 ④

'5. 전형 절차-1)'에서 제출서류에 대한 서면 심사가 이루어지는 1차 전형은 전공 적합도(35%), 학력 및 경력(35%), 논문 및 연구실적(30%)을 토대로 평가가 이루어지며, 채용 분야별 채용예정 인원의 10배수를 고득점순으로 선발한다고 하였으므로 1차 전형 점수가 전공 적합도, 학력 및 경력, 연구 창의력을 토대로 매겨지며, 해외사업 분야 채용 인원 3명의 5배수인 15명이 합격자로 선발된다는 답변이 가장 적절하지 않다.

37 문제해결능력 정답 ①

'3. 공간 개요'에 따르면 OO지구 청년상가의 임대조건은 시세 대비 20% 수준이며, 2년의 사용기간이 지난 후 계약 연장을 원할 경우 LH 희망상가 임대조건인 시세 대비 50% 수준으로 최장 10년까지 갱신 계약을 체결할 수 있으므로 청년상가 사용기간이 종료된 이후 계약 연장을 원한다고 하더라도 항상 동일한 조건에 갱신 계약을 다시 체결할 수 있는 것은 아님을 알 수 있다.

오답 체크

② '6. 주의사항'에 따르면 임대차계약 체결 이후 1개월 내에 입주하지 않는다면 입주 포기로 간주되므로 적절하다.
③ '2. 신청자격'에 따르면 신청대상은 만 19세 이상~만 39세 이하 청년으로, 신청대상에 해당하더라도 상가를 상업시설이 아닌 사무실 용도로 활용하는 경우 신청제외대상이 될 수 있으므로 적절하다.
④ '3. 공간 개요 - 2)'에 따르면 OO지구 청년상가의 임대조건에 따라 관리비, 제세공과금, 임대료는 월별로 부과되므로 적절하다.
⑤ '4. 지원 개요'에 따르면 임대보증금 지원은 임대보증금인 6,894,000원의 50%인 3,447,000원이 지원되며, 지원되는 금액은 가나구청이 LH에 직접 지급하므로 적절하다.

38 문제해결능력 정답 ⑤

[법무사 위임 수수료 지급 기준]에 따르면 수수료는 등기하는 경우에 따라 건설호수 구간별 호당 단가를 적용하여 건설호수×호당 단가로 산정한다. [국민 임대 아파트 건설 대상 호수]에서 건물과 대지를 동시에 등기하는 총호수는 29A형 24+72=96호와 29B형 40호의 합이므로 96+40=136호이고, 건물만 등기하는 39A형의 총호수는 32+170=202호이며, 대지만 등기하는 46A형의 총호수는 11+49=60호이다. 이때, [붙임]에 따라 건물과 대지를 동시에 등기하는 경우는 총 136호로 101~200호에 해당하여 호당 단가인 23천 원을 적용한 수수료 23×136=3,128천 원을 지급받는다. 또한, [붙임]에 따라 건물만 등기하는 경우는 총 202호로 201~300호에 해당하여 호당 단가인 18천 원을 적용한 수수료는 18×202=3,636천 원이지만, 최저 수수료인 3,800천 원 미만이므로 최저 수수료인 3,800천 원을 지급받으며, [붙임]에 따라 대지만 등기하는 경우는 총 60호로 51~100호에 해당하여 호당 단가인 18천 원을 적용한 수수료는 18×60=1,080천 원으로 최저 수수료인 1,150천 원 미만이므로 최저 수수료인 1,150천 원을 지급받는다.
따라서 법무사가 지급받을 수수료 총액은 3,128+3,800+1,150=8,078천 원이다.

[39-40]

39 문제해결능력 정답 ③

'1. 연회비'에 따르면 연회비 = 기본 연회비 + 서비스 연회비이므로 연회비를 총 1만 3천 원 납부한 A 씨가 사용하는 △△신용카드는 기본 연회비 5천 원과 서비스 연회비 8천 원인 국내 전용이고, △△신용카드는 제휴를 통해 국내 전용 연회비 납부만으로도 해외 ATM 출금이 가능함에 따라 국내 전용 △△신용카드를 발급받은 A 씨가 연회비 납부를 완료하면 해외 ATM 출금을 이용할 수 있으므로 옳지 않은 내용이다.

오답 체크

① '2. 할인 서비스 - 3) 주말 할인'에 따르면 주말 할인 서비스는 토요일과 일요일에 제공되며, 토요일과 일요일이 아닌 공휴일은 포함하지 않는다고 하였으므로 옳은 내용이다.

② '3. 유의사항'에 따르면 연체이자율은 회원별, 이용 상품별로 상이하나 법정 최고금리 연 24% 이내에서 적용된다고 하였으므로 옳은 내용이다.

④ '2. 할인 서비스'에 따르면 전월 이용금액이 30만 원 미만인 경우 모든 할인 서비스 대상에서 제외되므로 옳은 내용이다.

⑤ '2. 할인 서비스 - 1) 공과금 할인'에 따르면 인터넷 요금은 통신요금으로 서비스 대상에 포함되고, 전월 이용금액이 100만 원 이상인 경우 월 할인한도가 1만 원이며, 공과금 할인은 일 1회 10% 할인으로 1회 승인 금액 5만 원까지 할인 적용되어 인터넷 요금으로 하루에 6만 원을 결제하였더라도 5만 원까지만 할인 적용되어 5천 원을 할인받으므로 옳은 내용이다.

40 문제해결능력 정답 ①

'2. 할인 서비스'에 따르면 전월 사용금액이 70만 원인 J 씨는 1) 공과금 할인에서 월 7천 원까지, 2) 타임 할인에서 월 2만 원까지, 3) 주말 할인에서 월 7천 원까지 할인 가능하다. 편의점은 2) 타임 할인 - 하루 종일 타임 할인에 포함되어 구분 영역별 각 일 1회 10% 할인 적용되며, 1회 승인금액 1만 원까지 할인 적용 가능하므로 편의점에서 이용한 5,800원의 10%가 할인 적용되고, 음식점과 온라인 소셜커머스는 저녁 타임 할인에만 적용되어 오후 9시~오전 9시에 승인된 건에 한해서 할인 적용되지만 모두 승인 시간이 저녁 타임 할인에 해당하지 않으므로 할인 적용되지 않는다. 또한, 토요일은 3) 주말 할인에 포함되어 대형마트는 일 1회 10% 할인 적용되며, 1회 승인금액 5만 원까지 할인 적용 가능하므로 대형마트에서 이용한 93,500원 중 50,000원까지 10% 할인 적용된다. 주유소는 일 1회 3% 할인 적용되며, 1회 승인금액 10만 원까지 할인 적용되어 주유소에서 이용한 100,000원의 3%가 할인 적용되지만 주유소와 대형마트의 총 할인금액이 월 할인한도인 7천 원을 초과할 수 없으므로 (50,000 × 0.1) + (100,000 × 0.03) = 8,000원 중 7천 원까지만 할인 적용된다.

따라서 J 씨가 하루 동안 △△신용카드를 사용하여 할인받은 금액은 (5,800 × 0.1) + 7,000 = 7,580원이다.

NCS 실전모의고사 2회

정답·해설

01 의사소통	02 의사소통	03 의사소통	04 의사소통	05 의사소통	06 의사소통	07 의사소통	08 의사소통	09 의사소통	10 의사소통
②	④	④	③	④	②	②	⑤	③	④
11 의사소통	12 의사소통	13 의사소통	14 수리	15 수리	16 수리	17 수리	18 수리	19 수리	20 수리
②	⑤	⑤	④	②	①	③	④	⑤	④
21 수리	22 수리	23 수리	24 수리	25 수리	26 수리	27 수리	28 문제해결	29 문제해결	30 문제해결
①	②	⑤	④	①	③	①	⑤	④	①
31 문제해결	32 문제해결	33 문제해결	34 문제해결	35 문제해결	36 문제해결	37 문제해결	38 문제해결	39 문제해결	40 문제해결
⑤	①	⑤	①	③	③	①	②	②	④

[01-02]

01 의사소통능력 정답 ②

이 글은 상관관계와 인과관계의 개념적 차이를 설명하고, 상관관계가 있다고 해서 반드시 인과관계가 성립하는 것은 아님을 다양한 사례를 통해 설명하는 내용이므로 이 글의 중심내용으로 가장 적절한 것은 ②이다.

오답 체크

① 제3의 변인 고려가 필요하다는 내용에 대해서는 서술하고 있지만, 글 전체를 포괄할 수 없으므로 적절하지 않은 내용이다.
③ 반복된 착각적 인과관계가 고정관념과 편견이 된다고 서술하고 있지만, 글 전체를 포괄할 수 없으므로 적절하지 않은 내용이다.
④ 어린이의 TV 폭력물 시청과 공격성의 관계를 예로 상관관계 분석만으로 인과의 방향을 결정할 수 없다고 서술하고 있지만, 글 전체를 포괄할 수 없으므로 적절하지 않은 내용이다.
⑤ 상관관계 연구의 유용성에 대해서는 다루고 있지 않으므로 적절하지 않은 내용이다.

02 의사소통능력 정답 ④

우리가 가지고 있는 기대, 가정, 경험이 오히려 인과관계 오류를 범하는 데 작용하기도 한다고 하였으므로 상관관계를 인과관계로 혼동하지 않도록 변량을 해석할 때 개인의 경험과 가정 등을 적극적으로 활용해야 하는 것은 아님을 알 수 있다.

오답 체크

① 제3의 변인까지 고려해야 할 경우 두 변인 간의 인과관계보다 외부 요인이 더 중요한 요인으로 고려되기도 하여 인과관계를 파악하는 것이 더 어렵다고 하였으므로 적절한 내용이다.
② 학점과 자신감이 함께 변한다고 하여 둘 사이에 반드시 인과관계가 성립하는 것은 아니라고 하였으므로 적절한 내용이다.
③ 우리는 실제로 검증할 수 없는 명제들을 진리로 여겨 그 명제와 관련된 변인을 원인으로 삼아 본인이 예상한 결과가 발생할 것처럼 기대하는 착각적 인과관계를 보이기도 하는데, 착각적 인과관계를 통한 잘못된 판단이 반복되며 쌓아 올린 결론은 고정관념과 편견에 불과하기 때문에 본인이 왜곡된 판단으로 인과관계 오류를 범하고 있지 않은지 늘 주의해야 한다고 하였으므로 적절한 내용이다.
⑤ 인과관계란 어떤 사건이 다른 사건을 일으키는 직접적인 원인이 되는 관계라고 하였으므로 적절한 내용이다.

[03-04]

03 의사소통능력 정답 ④

'4. 기타사항'에 따르면 제출된 제안서는 일체 반환되지 않고, 제안서 관련 모든 비용은 사업에 참가한 사람이 부담해야 하므로 제안서를 제출한 이후에는 돌려받을 수 없고, 제안서와 관련된 모든 비용은 사업 참가자가 부담해야 함을 알 수 있다.

오답 체크

① '3. 사업참가 신청서류 및 제안서 제출 - 1)'에 따르면 접수는 등기우편으로만 가능하나 등기우편으로 제출할 수 없을 경우 방문 접수를 허용하며, 팩스 및 온라인 접수는 불가능하므로 적절하지 않은 내용이다.

② '2. 사업참가 자격'에 따르면 「전자상거래 등에서의 소비자보호에 관한 법률」에 따른 통신 판매사업자로서 자동차 대여사업 면허 보유업체와 차량 제공 계약을 체결한 업체도 사업에 참가할 수 있으므로 적절하지 않은 내용이다.
③ '3. 사업참가 신청서류 및 제안서 제출 - 3)'에 따르면 제안서는 등기우편 접수와 별도로 LH 웹하드에도 등록해야 하며, 제출기한 내에 파일이 등록되어야만 유효하므로 적절하지 않은 내용이다.
⑤ '1. 사업 개요 - 2)'에 따르면 사업기간이 종료된 이후 사업 운영성과 점검 결과 총점이 85점 이상일 경우 최대 2년까지 재협약 및 연장이 가능하므로 적절하지 않은 내용이다.

04 의사소통능력 정답 ③

'3. 사업참가 신청서류 및 제안서 제출 - 1)'에 따르면 사업참가 신청서류와 제안서는 20XX년 7월 3일 금요일 오후 4시까지 등기우편으로 접수해야 하며, 제출 마감일의 우체국 소인이 찍힌 등기우편까지 유효하므로 제출기한 안에 등기우편이 도착해야만 참가 신청이 유효하다는 답변은 가장 적절하지 않다.

[05-06]

05 의사소통능력 정답 ④

한글 맞춤법 제11항에 따라 모음이나 'ㄴ' 받침 뒤에 이어지는 '렬, 률'은 '열, 율'로 적으므로 'ㅇ' 받침 뒤에 이어지는 '률'을 '율'로 바꿔 '경쟁율'로 수정하는 것은 가장 적절하지 않다.

오답 체크

① ㉠의 앞에서는 주택개발 공모리츠는 LH 공동주택용지를 사들여 주택을 건설 및 분양하는 개발사업의 이익을 공유하기 위한 사업이라는 내용을 말하고 있고, ㉠의 뒤에서는 부동산 투자회사 설립 공간을 마련하여 주택을 건설하는 개발사업을 추진한 바 있다는 내용을 말하고 있다. 따라서 물건 따위를 사들인다는 의미의 '매입'으로 고쳐 써야 한다.
② 이 글은 리츠의 자본조달 과정에서 국민을 대상으로 하는 주식공모의 비중을 기존 주택개발 리츠보다 확대하여 국민이 리츠 사업의 주주로 참여함으로서 안정적으로 배당금을 지급받을 수 있다는 주택개발 공모리츠 사업의 특징을 소개하며, 주택개발 공모리츠 사업을 시행할 민간사업자 공모 관련 내용을 설명하는 글이므로 일부 국민에게 토지이익 배당금을 지급함으로써 나타나는 국민의 근로의욕 저하 문제가 해결 과제로 남아 있다는 내용을 제시하고 있는 ㉡은 삭제해야 한다.
③ ㉢의 앞에서는 작년에 시행한 1차 시범공모의 공모대상과 올해 실시하는 주택개발 공모리츠 민간사업자 공모의 공모대상은 동일하다는 내용을 말하고 있고, ㉢의 뒤에서는 작년의 1차 시범공모의 공모주 비율을 10% 높여 50%로, 배당 수익률의 평가기준을 작년보다 10점 높여 80점으로, ESG 경영 실천계획 평가기준 또한 작년보다 40점 높여 100점으로 조정한다는 내용을 말하고 있다. 따라서 앞의 내용과 뒤의 내용이 상반될 때 쓰는 접속어 '그러나'로 바꿔 써야 한다.
⑤ 건설 공사 따위의 수주에서 여러 기업체가 공동으로 참여하는 방식이나 그런 모임이라는 의미의 'consortium'은 외래어 표기법에 따라 '컨소시엄'으로 표기해야 한다.

06 의사소통능력 정답 ②

3문단에서 이번 주택개발 공모리츠 평가기준 중 배당 수익 비율의 평가기준은 전년도에 실시된 1차 시범공모의 평가기준보다 10점을 더 높여 공모주 비율의 평가기준 점수와 동일한 80점으로 조정되었다고 함에 따라 1차 시범공모의 배당 수익 비율 평가기준은 70점이었음을 알 수 있고, ESG 경영 실천 계획 평가기준 또한 1차 시범공모의 평가기준보다 40점이 더 높은 100점으로 조정되었다고 함에 따라 1차 시범공모의 ESG 경영 실천 계획 평가기준은 60점이었음을 알 수 있으므로 1차 시범공모 배당 수익 비율의 평가기준과 ESG 경영 실천계획의 평가기준 모두 70점이었던 것은 아님을 알 수 있다.

오답 체크

① 2문단에서 주택개발 공모리츠는 리츠의 사업대상인 LH 공동주택용지를 사들여 해당 토지에 주택을 건설하고 분양하는 주택개발 리츠의 기본적인 사업구조는 유지한다고 하였으므로 적절하다.
③ 4문단에서 주택개발 공모리츠 사업 대상지는 과천지식정보타운 S-2 공동주택용지로, 해당 지역은 우수한 생활 인프라와 더불어 교육 환경이 잘 갖춰져 있어 주거 선호도가 높다고 하였으므로 적절하다.
④ 1문단에서 202X년 시행될 주택개발 공모리츠는 추첨제로 진행되는 공동주택용지 공급방식의 부작용을 없애고 개발사업의 이익을 국민과 공유하기 위한 사업이라고 하였으므로 적절하다.
⑤ 3문단에서 민간사업자는 계량 평가와 비계량 평가를 통해 선정되며, 이 중에서도 비계량 평가항목에는 주식공모 및 재무계획, 개발계획, 주거·건설 ESG 경영 실천계획이 있다고 하였으므로 적절하다.

[07-08]

07 의사소통능력 정답 ②

이 글은 비버의 신체적 특징과 생활 방식, 나무를 이용한 집·댐 건설 과정, 그리고 그 댐이 홍수 조절·수질 정화·서식지 형성에 기여하는 생태적 가치를 설명하는 내용이므로 이 글의 중심 내용으로 가장 적절한 것은 ②이다.

오답 체크

① 채소, 과일 등을 먹는 비버의 식성과 물갈퀴와 꼬리, 방수 기름을 활용하는 수중 생활 방식도 서술하고 있지만, 글 전체를 포괄할 수 없으므로 적절하지 않은 내용이다.
③ 비버의 기름샘에 대해서 서술하고 있지만, 겨울나기에 대한 설명은 다루고 있지 않으므로 적절하지 않은 내용이다.
④ 수달의 서식 환경에 대해서는 다루고 있지 않으므로 적절하지 않은 내용이다.
⑤ 비버가 사라졌을 때의 생태계 변화에 대해서는 다루고 있지 않으므로 적절하지 않은 내용이다.

08 의사소통능력 정답 ⑤

2문단에서 비버의 집은 강의 중앙에 나무, 진흙, 돌 등을 쌓아서 바닥을 깔고 그 위에 나뭇가지를 쌓아 올려 섬처럼 만든다고 하였으며, 큰 하천이나 늪에 사는 경우에는 강둑에 굴을 파서 집을 만들기도 한다고 하였으므로 큰 하천이나 늪에 서식하는 비버가 강의 중앙이 아닌 강둑에 굴을 파서 집을 만드는 경우도 있음을 알 수 있다.

오답 체크

① 2문단에서 비버가 집의 천장에 환기 구멍을 내고 나무 사이의 틈은 물이 새지 않도록 진흙, 돌, 수초 등으로 메운다고 하였으며, 집에는 보통 2개 이상의 출입구를 만들고 물 아래로도 출입구를 내서 다른 동물이 들어오는 것을 차단한다고 하였으므로 적절하지 않은 내용이다.
② 1문단에서 비버가 물속에서는 물갈퀴가 발달되어 있는 뒷발을 이용하여 헤엄친다고 하였으므로 적절하지 않은 내용이다.
③ 3문단에서 비버 댐은 하천의 물 높이를 조절할 수 있어서 홍수가 나면 물을 저장하고 가뭄이 나면 물을 흐르게 하여 자연재해를 예방하는 데 도움이 된다고 하였으므로 적절하지 않은 내용이다.
④ 1문단에서 비버의 특징적인 크고 튼튼한 앞니는 평생 계속해서 자란다고 하였으므로 적절하지 않은 내용이다.

[09-11]

09 의사소통능력 정답 ③

이 글은 야구 경기에서 스트라이크 판정을 사람이 하기 때문에 주어진 상황에 따라 판정이 달라져 인간 대신 기계가 심판을 보아야 한다는 주장도 있으나 심판은 판정뿐 아니라 경기를 원활하게 진행할 수 있도록 하는 조정자 역할을 하기 때문에 아직까지 기계가 대체할 수 없는 인간의 고유 영역이라는 내용이므로 이 글에 나타난 필자의 의견으로 가장 적절한 것은 ③이다.

오답 체크

① 심판이 판정을 내릴 때 공정성과 일관성이 중요하다는 내용에 대해서는 언급하고 있지만, 스포츠가 전하는 최고 가치가 공정성이라는 내용에 대해서는 다루고 있지 않으므로 적절하지 않은 내용이다.
② 글 전체에서 스트라이크존을 전 세계적으로 일정하게 유지해야 한다는 내용에 대해서는 다루고 있지 않으므로 적절하지 않은 내용이다.
④ 글 전체에서 인간과 기계가 함께 야구 심판을 볼 때에 대해서는 다루고 있지 않으므로 적절하지 않은 내용이다.
⑤ 글 전체에서 스트라이크존 판정의 정확성과 경기 진행 속도 중 어느 쪽이 더 중요한지에 대해서는 다루고 있지 않으므로 적절하지 않은 내용이다.

10 의사소통능력 정답 ④

공이 스트라이크존을 지나기만 하면 공을 잡아주는 포수가 공을 놓치거나 공이 지면으로 떨어지더라도 스트라이크 판정을 받을 수 있다고 하였으므로 스트라이크존에 공이 들어왔을 때 포수가 공을 잡지 못하면 볼로 보아야 하는 것은 아님을 알 수 있다.

오답 체크

① 스트라이크존은 선수의 능력, 서 있는 위치 등에 따라 판정이 달라진다고 하였으므로 적절한 내용이다.
② 현재 야구 규정에 따르면 스트라이크존의 좌우 폭은 홈플레이트의 가로 길이와 동일하게 설정한다고 하였으므로 적절한 내용이다.
③ 스트라이크존이란 홈 플레이트 위에 가상으로 설정된 3차원 가상의 공간을 의미한다고 하였으므로 적절한 내용이다.
⑤ 투수가 던진 공의 회전력이 강해 휘어져 들어올 경우 해당 공이 스트라이크존을 정확히 통과했는지 판단하기 어렵다고 하였으므로 적절한 내용이다.

11 의사소통능력 정답 ②

빈칸 앞에서는 스트라이크존의 좌우 폭과 세로 폭은 특정한 기준에 맞추어 결정한다는 내용을 말하고 있고, 빈칸 뒤에서는 스트라이크존은 타자의 자세에 따라 달라질 수 있다는 내용을 말하고 있다. 따라서 뒤 문장이 앞 문장에 조건을 덧붙일 때 사용하는 접속어 '다만'이 들어가야 한다.

12 의사소통능력 정답 ⑤

'2. 매입 대상'에 따르면 2개 이상 연접한 빈집 또는 빈집과 연접한 주택·나대지는 동시 매입 신청이 가능하다고 하였으므로 빈집이 아니더라도 매입 대상에 해당하는 빈집과 연접한 주택은 빈집과 함께 동시 매입을 신청할 수 있음을 알 수 있다.

오답 체크

① '6. 매입 가격'에 따르면 매입 가격은 LH가 선정한 감정평가업자 2인의 감정평가액을 산술평균한 금액 이내에서 매각 신청인과 협의를 통해 결정되며, 감정평가 수수료는 공사가, 측량 수수료는 소유자가 부담한다고 하였으므로 적절하지 않다.
② '3. 매입 지역'에 따르면 원칙적으로 재개발과 같이 개발예정지역 내의 토지 등에 편입된 빈집은 매입 제외 지역에 해당하지만 사업 인정 고시 전에는 매입할 수 있다고 하였으므로 적절하지 않다.
③ '8. 신청 서류'에 따르면 신청 서류 중에는 빈집 매각 신청서 및 매각 신청 유의서가 필요하며, 매각 신청서에는 본인 확인을 위해 본인의 인감도장을 날인하고 인감증명서를 첨부해야 한다고 하였으므로 적절하지 않다.
④ '7. 접수 방법'에 따르면 각 절차 진행 중 신청 빈집이 매입 기준에 부합하지 않을 경우 요건 충족을 위한 대기 및 재심사로 소요 기간이 길어지며, 이에 대한 진행사항은 수시로 안내하기 어렵다고 하였으므로 적절하지 않다.

13 의사소통능력 정답 ⑤

[「주택법 시행령」 개정안의 주요 내용] - ④에서 분양가상한제 적용 주택을 공급받은 사람이 해당 주택의 거주의무기간 중 취학을 위해 해외에 체류한 경우로 LH 등의 확인을 받은 경우 그 기간은 해당 주택에 거주한 것으로 인정한다고 하였으므로 거주지가 분양가상한제 적용대상이어도 유학을 위해 해외에 체류하는 경우 LH 등에 거주의무 예외 사유를 확인받으면 해외 체류 기간을 제외하고 거주의무기간이 산정되는 것은 아님을 알 수 있다.

오답 체크

① [「주택법 시행령」 개정안의 주요 내용] - ③에서 공공택지에서 건설·공급되는 주택의 거주의무기간은 3년, 5년인 반면 민간택지에서 건설·공급되는 주택의 거주의무기간은 2년, 3년이라고 하였으므로 적절하다.

② [「주택법 시행령」 개정안의 주요 내용] - ⑤에서 행복도시 이전기관 종사자가 특별공급받은 주택의 전매에 따른 시세 차익을 차단하고 실수요자 위주로 공급하기 위해 행정복중심복합도시 이전기관 등의 종사자에게 특별공급한 경우 해당 주택의 전매제한기간을 강화했다고 하였으므로 적절하다.

③ [「주택법 시행령」 개정안의 주요 내용] - ②에서 소규모 정비사업 활성화를 위해 LH 또는 지방공사가 정비구역 면적이 2만 m^2 미만이거나 전체 세대수가 200세대 미만인 정비사업 또는 소규모주택정비사업의 시행자로 참여하고, 전체 세대수의 10% 이상을 임대주택으로 건설할 경우 분양가상한제 적용대상에서 제외한다고 하였으므로 적절하다.

④ [「주택법 시행령」 개정안의 주요 내용] - ①에서 감염병 예방을 위해 여러 사람의 집합 제한·금지 조치가 해당 주택건설대지가 위치한 지역에 내려진 경우 일정 비율의 주택조합 조합원이 총회 의결에 직접 출석해야 하는 요건의 예외가 인정되어 그 기간에는 전자적 방법으로 총회를 개최하여 의결권을 행사할 수 있다고 하였으므로 적절하다.

[14 - 15]

14 수리능력 정답 ④

2020년 하반기 사상자 수는 49 + 38 + 55 + 37 + 41 + 29 = 249명으로 2020년 전체 사상자 수의 (249 / 408) × 100 ≒ 61%이므로 옳은 설명이다.

오답 체크

① 2018년 사상자 수의 전년 대비 증감 추이는 서울은 감소, 경북은 증가이므로 옳지 않은 설명이다.

② 월별 전국 사상자 수가 처음으로 2020년이 2016년보다 많았던 9월의 2020년 전월 대비 전국 사상자 수 차이는 55 - 38 = 17명이므로 옳지 않은 설명이다.

③ 2020년 월별 전국 사상자 수가 가장 적었던 2월의 사상자 수는 16명이며, 2020년에 사상자 수가 16명보다 적은 지역은 광주, 세종, 울산, 충북, 전북, 제주 총 6개 지역이므로 옳지 않은 설명이다.

⑤ 2018년 부산 사상자 수는 충남 사상자 수의 48 / 26 ≒ 1.8배이므로 옳지 않은 설명이다.

15 수리능력 정답 ②

2016년 1월 감전사고 사상자 수는 25명임에 따라 2016년 감전사고 사상자 수가 25명 미만인 지역은 광주, 세종, 울산, 강원, 충북, 전북, 경북, 제주이다.
따라서 해당 지역의 총사상자 수는 2 + 1 + 13 + 24 + 7 + 19 + 18 + 5 = 89명이다.

[16 - 18]

16 수리능력 정답 ①

1~6월 월별 석도강판 생산량의 평균은 (43 + 49 + 44 + 54 + 45 + 52) / 6 ≒ 47.8천 톤이므로 옳지 않은 설명이다.

오답 체크

② 선재 생산량 대비 중후판 생산량의 비율은 5월이 763 / 298 ≒ 2.56, 6월이 699 / 287 ≒ 2.44로 5월이 6월보다 크므로 옳은 설명이다.

③ 제시된 기간 동안 조강 생산량에서 전기로강 생산량이 차지하는 비중은 매달 25% 이상이므로 옳은 설명이다.

④ 1분기 H형강 생산량의 합은 230 + 264 + 302 = 796천 톤으로 1분기 봉강 생산량의 합인 247 + 263 + 284 = 794천 톤보다 크므로 옳은 설명이다.

⑤ 제시된 기간 동안 열연강판 생산량이 다른 달에 비해 가장 많은 8월에 컬러강판 생산량도 다른 달에 비해 가장 많으므로 옳은 설명이다.

17 수리능력 정답 ③

제시된 자료에 따르면 5~8월 철강재 생산량의 전월 대비 변화율은 5월에 {(5,972 - 6,260) / 6,260} × 100 ≒ -4.6%, 6월에 {(5,545 - 5,972) / 5,972} × 100 ≒ -7.2%, 7월에 {(6,203 - 5,545) / 5,545} × 100 ≒ 11.9%, 8월에 {(6,370 - 6,203) / 6,203} × 100 ≒ 2.7%이므로 옳은 그래프는 ③이다.

오답 체크

① 3월 강관 생산량은 410천 톤이지만 그래프에서는 400천 톤보다 낮게 나타나므로 옳지 않은 그래프이다.

② 1~8월 동안 컬러강판의 생산량이 150천 톤 미만인 시기는 130천 톤인 6월뿐이지만 그래프에서는 4월, 5월, 6월의 생산량이 150천 톤보다 낮게 나타나므로 옳지 않은 그래프이다.

④ 3월 조강 생산량 중 전로강의 비중은 (3,846 / 5,784) × 100 ≒ 66.5%, 전기로강의 비중은 (1,938 / 5,784) × 100 ≒ 33.5%이지만 그래프에서는 전로강의 비중은 69.1%, 전기로강의 비중은 30.9%로 나타나므로 옳지 않은 그래프이다.

⑤ 6월 냉연강판 1톤당 열연강판 생산량은 1,192 / 559 ≒ 2.1톤이지만 그래프에서는 2톤보다 낮게 나타나므로 옳지 않은 그래프이다.

18 수리능력 정답 ④

제시된 자료에 따르면 H형강 생산량은 1월에 230천 톤, 6월에 300천 톤이다.
따라서 1월 대비 6월 H형강 생산량의 증가율은 {(300 - 230) / 230} × 100 ≒ 30%이다.

19 수리능력 정답 ⑤

2016년 미국의 전년 대비 GDP 증가량은 18,707 - 18,219 = 488십억 달러이고, 같은 해 일본의 전년 대비 GDP 증가량은 4,923 - 4,389 = 534십억 달러이므로 옳지 않은 설명이다.

오답 체크

① 2019년 미국의 GDP는 21,428십억 달러이고, 같은 해 한국, 중국, 일본의 GDP 합은 1,646 + 14,343 + 5,082 = 21,071십억 달러이므로 옳은 설명이다.
② 2017년 일본의 전년 대비 GDP 감소율은 {(4,923 - 4,867) / 4,923} × 100 ≒ 1.1%임에 따라 같은 해 영국의 전년 대비 GDP 감소율과 같다면 2017년 영국의 GDP는 2,694 × (1 - 0.011) ≒ 2,664십억 달러이므로 옳은 설명이다.
③ 2018년 한국의 전년 대비 GDP 증가율은 {(1,725 - 1,623) / 1,623} × 100 ≒ 6.3%이고, 2017년 한국의 전년 대비 GDP 증가율은 {(1,623 - 1,500) / 1,500} × 100 = 8.2%이므로 옳은 설명이다.
④ 2015년 독일의 GDP는 같은 해 프랑스의 GDP보다 3,361 - 2,438 = 923십억 달러 크므로 옳은 설명이다.

[20 - 21]

20 수리능력 정답 ④

2024년 취업률은 인문이 (20.4 / 47.2) × 100 ≒ 43.2%, 사회가 (73.1 / 138.3) × 100 ≒ 52.9%, 교육이 (18.2 / 32.1) × 100 ≒ 56.7%, 공학이 (88.0 / 149.0) × 100 ≒ 59.1%, 자연이 (30.1 / 58.9) × 100 ≒ 51.1%, 의약이 (47.8 / 61.7) × 100 ≒ 77.5%, 예체능이 (34.9 / 66.3) × 100 ≒ 52.6%로 취업률이 50% 미만인 계열은 인문 계열 하나이므로 옳은 설명이다.

오답 체크

① 2022년 전체 취업률은 (332.8 / 555.8) × 100 ≒ 59.9%이고, 2023년 전체 취업률은 (323.0 / 550.4) × 100 ≒ 58.7%이며, 2024년 전체 취업률은 (312.4 / 553.5) × 100 ≒ 56.4%로 2022년이 가장 높으므로 옳지 않은 설명이다.
② 제시된 기간 동안 졸업자가 많은 순서대로 1위부터 3위까지 계열의 순서는 2022년에 사회, 공학, 예체능 순이고 2023년과 2024년에 공학, 사회, 예체능 순으로 동일하지 않으므로 옳지 않은 설명이다.
③ 제시된 기간 동안 공학 계열의 취업자가 가장 많은 2022년에 공학 계열 취업자는 90.6천 명이고, 가장 적은 2024년에 공학 계열 취업자는 88.0천 명임에 따라 공학 계열 취업자의 차는 90.6 - 88.0 = 2.6천 명이므로 옳지 않은 설명이다.
⑤ 제시된 기간 동안 졸업자가 꾸준히 증가한 계열은 공학 계열과 의약 계열로 2개이므로 옳지 않은 설명이다.

21 수리능력 정답 ①

2023년 취업 대상자가 가장 많은 공학 계열의 취업률은 (88.2 / 143.6) × 100 ≒ 61.4%이고, 2023년 취업 대상자가 가장 적은 교육 계열의 취업률은 (18.9 / 32.9) × 100 ≒ 57.4%이다.
따라서 2023년 공학 계열과 교육 계열의 취업률 차는 61.4 - 57.4 ≒ 4.0%p이다.

[22 - 23]

22 수리능력 정답 ②

ⓛ 2023년 4분기 1일 평균 식용계란 생산량의 같은 해 3분기 대비 증가량은 D 지역이 5,979 - 5,803 = 176천 개, H 지역이 4,026 - 3,909 = 117천 개로 D 지역이 H 지역보다 크므로 옳은 설명이다.

오답 체크

㉠ 2024년 1분기 C 지역, D 지역, E 지역, G 지역, I 지역의 1일 평균 식용계란 생산량은 전년 동분기 대비 감소하였으므로 옳지 않은 설명이다.
ⓒ 제시된 기간 중 F 지역의 1일 평균 식용계란 생산량은 2023년 2분기에 2,401천 개로 가장 적으므로 옳지 않은 설명이다.
ⓔ 2024년 2분기 I 지역의 1일 평균 식용계란 생산량의 같은 해 1분기 대비 증가율은 {(590 - 495) / 495} × 100 ≒ 19.2%로 20% 이하이므로 옳지 않은 설명이다.

23 수리능력 정답 ⑤

2024년 4분기 1일 평균 식용계란 생산량이 두 번째로 많은 G 지역의 전년 동분기 대비 증가율은 {(8,628 - 8,494) / 8,494} × 100 ≒ 1.6%이고, 네 번째로 많은 H 지역의 전년 동분기 대비 증가율은 {(4,448 - 4,026) / 4,026} × 100 ≒ 10.5%이다.
따라서 2024년 4분기 1일 평균 식용계란 생산량이 두 번째로 많은 G 지역과 네 번째로 많은 H 지역의 전년 동분기 대비 증가율의 차이는 10.5 - 1.6 = 8.9%p이다.

[24-26]

24 수리능력 정답 ④

2020년 평일과 주말의 TV 수상기 평균 이용시간은 (176 + 223) / 2 =199.5분이고, 2021년 4월에 TV 장르별 시청시간이 199.5분 미만인 장르는 기타를 제외하고 스포츠, 교육, 어린이로 총 3개이므로 옳은 설명이다.

오답 체크

① 2021년 6월 전체 시청률은 0.56 + 0.37 + 1.57 + 0.84 + 0.49 + 0.09+ 0.15 + 0.19 = 4.26%이고, 전체 시청률에서 드라마·영화 장르의 시청률이 차지하는 비중은 (1.57 / 4.26) × 100 ≒ 36.9%로 40% 미만이므로 옳지 않은 설명이다.

② 2021년 5월에 시청시간이 가장 긴 장르는 오락 장르이므로 옳지 않은 설명이다.

③ 2018년 TV 수상기 평일 이용시간은 전년 대비 증가하였으나, 주말 이용시간은 전년 대비 감소하여 증감 추이가 서로 동일하지 않으므로 옳지 않은 설명이다.

⑤ 2021년 6월 교육 장르 시청시간의 전월 대비 감소율은 {(16.2 - 11.3) / 16.2} × 100 ≒ 30.2%로 35% 미만이므로 옳지 않은 설명이다.

빠른 문제 풀이 Tip

④ 2020년 평일과 주말의 TV 수상기 이용시간은 각각 176분과 223분으로 평일과 주말의 평균 이용시간은 176분 초과 223분 미만임을 알 수 있다. 2021년 4월에 TV 장르별 시청시간이 176분 초과 223분 미만인 장르는 없으므로 장르별 시청시간이 176분 이하인 스포츠, 교육, 어린이 장르 총 3개가 2021년 4월 시청시간이 2020년 평일과 주말의 TV 수상기 평균 이용시간보다 짧음을 알 수 있다.

25 수리능력 정답 ①

전체 TV 장르 중 정보, 교육, 드라마·영화 장르를 제외한 2021년 2분기 월별 시청시간의 평균은 보도 장르가 (1,272.7 + 1,185.0 + 1,162.1) / 3 ≒ 1,206.6분, 오락 장르가 (1,231.6 + 1,341.5 + 1,096.4) / 3 ≒ 1,223.2분, 스포츠 장르가 (29.7 + 22.2 + 32.1) / 3 ≒ 28.0분, 어린이 장르가 (29.6+31.0+29.0) / 3 ≒ 29.9분, 기타 장르가 (1.2 + 4.7 + 0.6) / 3 ≒ 2.2분이므로 A에 들어갈 항목은 오락, B에 들어갈 항목은 스포츠, C에 들어갈 항목은 보도, D에 들어갈 항목은 어린이이다.

따라서 A~D를 바르게 연결한 것은 ①이다.

빠른 문제 풀이 Tip

전체 TV 장르 중 그래프에 제시된 정보, 교육, 드라마·영화 장르를 제외한 보도, 오락, 스포츠, 어린이, 기타 장르에서 2021년 2분기 동안 매월 시청시간이 10분 미만인 기타 장르는 평균이 28.0분 이상이 될 수 없으므로 제외한다. 남은 보도, 오락, 스포츠, 어린이 장르 중 시청시간의 평균이 1,200분 이상인 장르는 2021년 2분기 동안 매월 시청시간이 1,000분 이상인 보도, 오락 장르이므로 A와 C는 보도 또는 오락 장르이고, B와 D는 스포츠 또는 어린이 장르임을 알 수 있다. 이에 따라 보도 또는 오락 장르와 스포츠 또는 어린이 장르 중 각 한 가지씩 평균을 계산하면 2021년 2분기 월별 시청시간의 평균은 보도 장르가 (1,272.7 + 1,185.0 + 1,162.1) / 3 ≒ 1,206.6분이고, 스포츠 장르가 (29.7 + 22.2 + 32.1) / 3 ≒ 28.0분이므로 A에 들어갈 항목은 오락, B에 들어갈 항목은 스포츠, C에 들어갈 항목은 보도, D에 들어갈 항목은 어린이임을 알 수 있다.

26 수리능력 정답 ③

제시된 자료에 따르면 평일 TV 수상기 이용시간은 2017년에 164분, 2020년에 176분이다.

따라서 2020년 평일 TV 수상기 이용시간의 2017년 대비 증가율은 {(176 - 164) / 164} × 100 ≒ 7.3%이다.

27 수리능력 정답 ①

자료에 대한 설명 중 옳은 것의 개수는 0개이다.

오답 체크

㉠ 가구주 성별에 관계없이 전체 조사 대상은 2,000가구이므로 가구주가 남성인 가구가 가구주가 여성인 가구의 3배인 경우 가구주가 남성인 가구는 2,000 × (3 / 4) = 1,500명, 가구주가 여성인 가구는 2,000 - 1,500 = 500명임에 따라 가구주가 남성인 가구 중 구입 경험이 없는 가구는 1,500 × 0.073 = 109.5가구, 가구주가 여성인 가구 중 구입 경험이 없는 가구는 500 × 0.055 = 27.5가구이다. 따라서 차이는 109.5 - 27.5 = 82가구이므로 옳지 않은 설명이다.

㉡ [가구주 성별에 따른 구입 변화]는 커피 구입 경험이 있는 가구만 조사에 응답하였으므로 가구주가 남성인 가구를 x라고 하면, 가구주가 남성인 가구 중 구입 변화를 '약간 증가'로 선택한 가구는 0.927 × 0.167 × x ≒ 0.155x임에 따라 비중은 (0.155x / x) × 100 ≒ 15.5%이므로 옳지 않은 설명이다.

㉢ 가구주가 여성인 가구 중 구입 경험이 있는 가구의 비율은 가구주가 남성인 가구 중 구입 경험이 있는 가구의 비율보다 94.5 - 92.7 = 1.8%p 더 높으므로 옳지 않은 설명이다.

㉣ 가구주가 남성인 가구를 x라고 하면 가구주가 여성인 가구는 2,000 - x이다. 구입 변화를 '비슷'으로 선택한 전체 가구는 (0.927 × 0.632 × x) + {0.945 × 0.557 × (2,000 - x)} ≒ 1,052.73 + 0.059x임에 따라 1,050가구 이상이므로 옳지 않은 설명이다.

28 문제해결능력

정답 ⑤

제시된 조건에 따르면 A는 D보다 먼저 결승선을 통과했고, C와 D 사이에 2명이 통과했으므로 A, C, D 순서 또는 A, D, C 순서 또는 C, A, D 순서로 결승선을 통과했음을 알 수 있다. 이때 B와 E 사이에는 1명이 통과했으므로 A, C, D 순서 또는 A, D, C 순서로 결승선을 통과할 수 없다. 또한, B와 E는 가장 먼저 결승선을 통과한 사람이 아니므로 C는 첫 번째, A는 두 번째, D는 네 번째로 결승선을 통과했다. 이에 따라 5명이 결승선을 통과한 순서는 다음과 같다.

첫 번째	두 번째	세 번째	네 번째	다섯 번째
C	A	B 또는 E	D	B 또는 E

따라서 C는 첫 번째, B는 세 번째 또는 다섯 번째로 결승선을 통과했으므로 항상 옳지 않은 설명이다.

오답 체크

① E는 세 번째 또는 다섯 번째로 결승선을 통과했으므로 항상 옳지 않은 설명은 아니다.
② B가 세 번째 또는 다섯 번째, D는 네 번째로 결승선을 통과했으므로 항상 옳지 않은 설명은 아니다.
③ C는 첫 번째로 결승선을 통과했으므로 항상 옳은 설명이다.
④ D는 네 번째, E는 세 번째 또는 다섯 번째로 결승선을 통과했으므로 항상 옳은 설명이다.

29 문제해결능력

정답 ④

제시된 조건에 따르면 자기 자신은 등산을 하지 않았다는 A의 말과 A는 등산을 하지 않았다는 E의 말은 동일하므로 A와 E는 모두 진실을 말하고 있거나 모두 거짓을 말하고 있다. A와 E의 말이 모두 거짓일 경우, B, C, D의 진술은 모두 진실이어야 하지만 자기 자신과 D가 등산을 했다는 B의 말은 등산을 한 사람은 1명이라는 조건에 모순되어 B의 말은 항상 거짓이므로 A와 E는 진실을 말하고 있음을 알 수 있다. A와 E는 진실을 말하고 있으므로 C는 진실을 말하고, D는 거짓을 말하고 있다. 자기 자신과 D는 등산을 했다는 B의 말은 거짓이므로 B와 D 중 한 명은 등산을 하지 않았고, 나는 등산을 하지 않았다는 D의 말에 의해 등산을 한 사람은 D임을 알 수 있다. 따라서 등산을 한 사람은 D이다.

30 문제해결능력

정답 ①

제시된 조건에 따르면 A~H 8명은 1층에서 엘리베이터에 탑승하였고, 모든 사람은 2~5층에서 하차하였다. G는 5층에서 하차하였고, G와 같은 층에서 하차한 사람은 1명임에 따라 5층에서 하차한 사람은 2명이다. 또한, 가장 많은 사람이 하차한 층은 3층이고, D와 같은 층에서 하차한 사람은 없으므로 D는 2층 또는 4층에서 하차하였다. 이때, E보다 먼저 하차한 사람은 4명이므로 E는 2층과 5층에서 하차할 수 없으며, E가 3층에서 하차할 경우 2층에서 8명의 절반인 4명이 하차해야 하지만, 이는 가장 많은 사람이 하차한 층이 3층이라는 조건에 모순되므로 E는 4층에서 하차하였다. 이에 따라 D는 2층에서 하차하였고, E보다 먼저 하차한 사람은 4명이므로 3층에서 3명이 하차하였으며 4층에서 2명이 하차하였다. 또한, A와 C는 같은 층에서 하차함에 따라 A와 C는 3층에서 하차하였고, D는 F 바로 아래층에서 먼저 하차하여 F는 3층에서 하차하였다. 이에 따라 층별로 하차한 사람을 나타내면 다음과 같다.

구분	경우 1	경우 2
5층	G, B	G, H
4층	E, H	E, B
3층	A, C, F	A, C, F
2층	D	D

따라서 F보다 늦게 하차한 사람은 B, E, G, H 4명이므로 항상 옳은 설명이다.

오답 체크

② D보다 먼저 하차한 사람은 없으므로 항상 옳지 않은 설명이다.
③ 4층에서 하차한 사람은 E와 H일 수도 있으므로 항상 옳은 설명은 아니다.
④ 2명이 하차한 층은 4층과 5층이므로 항상 옳지 않은 설명이다.
⑤ H는 E보다 늦게 하차하거나, 동일하게 하차하므로 항상 옳지 않은 설명이다.

31 문제해결능력

정답 ⑤

제시된 자료에 따르면 갑은 신규 분양되는 아파트에 청약하여 84A 타입에 당첨되었고, 당첨된 아파트의 발코니를 확장하고, 추가 선택 품목으로 천장형 시스템 에어컨, 공기 청정 환기 장치를 선택하였으므로 10월 20일에 납부해야 할 추가 선택 품목 계약 금액의 중도금은 2,400,000+700,000+220,000=3,320,000원이고, 입주 시 납부해야 할 추가 선택 품목 계약 금액의 잔금은 8,400,000+2,450,000+770,000=11,620,000원이다. 이때, 아파트 공급 금액의 중도금은 6회에 걸쳐 동일 금액을 납부하므로 10월 20일에 납부해야 할 아파트 공급 금액의 중도금은 제시된 아파트 공급 금액의 중도금 총액을 6으로 나눠준 금액임에 따라 아파트 공급 금액의 계약금과 동일하다. 84A 타입의 층별로 10월 20일에 납부해야 할 중도금의 총액과 입주 시 납부해야 할 잔금의 총액은 다음과 같다.

구분	10월 20일 납부해야 할 중도금의 총액	입주 시 잔금의 총액	차이
1층	27,060,000 +3,320,000 =30,380,000원	81,180,000 +11,620,000 =92,800,000원	92,800,000 -30,380,000 =62,420,000원
2층	27,760,000 +3,320,000 =31,080,000원	83,280,000 +11,620,000 =94,900,000원	94,900,000 -31,080,000 =63,820,000원
3층	28,260,000 +3,320,000 =31,580,000원	84,780,000 +11,620,000 =96,400,000원	96,400,000 -31,580,000 =64,820,000원
4층	28,760,000 +3,320,000 =32,080,000원	86,280,000 +11,620,000 =97,900,000원	97,900,000 -32,080,000 =65,820,000원
5층	29,260,000 +3,320,000 =32,580,000원	87,780,000 +11,620,000 =99,400,000원	99,400,000 -32,580,000 =66,820,000원
6층 이상	29,760,000 +3,320,000 =33,080,000원	89,280,000 +11,620,000 =100,900,000원	100,900,000 -33,080,000 =67,820,000원

따라서 10월 20일에 납부해야 할 중도금의 총액과 잔금의 총액 차이가 66,820,000원인 층은 5층이므로 갑이 입주할 층은 5층이다.

[32-33]

32 문제해결능력

정답 ①

[의료 봉사 및 감염 연구 TF팀 구성 조건]에 따르면 의료 봉사 및 감염 연구 TF팀 구성 인력의 30%인 60×0.3=18명 이상으로 독일어 능통자가 구성되어야 한다. 의료인력을 독일어 능통자를 최소로 포함한 40명으로 선정하면, 감염내과 전문의 3명을 포함한 전문의 5명과 일반의 5명을 모두 독일어 능통자가 아닌 직원으로 포함한다. 또한, 감염관리전문간호사 8명 중 3명이 독일어 능통자임에 따라 감염관리전문간호사 6명을 포함할 때, 반드시 독일어 능통자 1명이 포함되어 팀이 구성된다. 감염관리전문간호사를 제외한 전문간호사 4명과 일반간호사 20명을 모두 독일어 능통자가 아닌 직원으로 구성하면, 40명의 의료인력 중 독일어 능통자는 1명만 포함된다. 이에 따라 20명 이상의 일반인력 중 독일어 능통자가 17명 이상 포함되어야 하지만 간병인을 제외한 독일어 능통자는 최대 14명이므로 간병인이 최소 3명 포함되어야 TF팀 구성 인력의 30%는 독일어 능통자로 구성되어야 한다는 조건에 모순되지 않게 팀을 구성할 수 있다.

따라서 의료인력을 독일어 능통자를 최소로 포함한 40명으로 구성하는 경우, 간병인은 최소 2명 포함된다는 것은 옳지 않은 내용이다.

오답 체크

② 일반인력을 제외한 의료인력의 총인원은 70명이며, 독일어 능통자가 18명이므로 의료 봉사 및 감염 연구 TF팀 구성의 최소 인원인 60명을 구성하면서 독일어 능통자가 아닌 일반간호사 10명을 제외하면 필수 의료인력을 모두 포함하면서 의료 봉사 및 감염 연구 TF팀 구성원의 30%는 독일어 능통자로 구성되어야 한다는 조건을 만족함에 따라 일반인력을 제외한 의료인력만으로 팀을 구성할 수 있으므로 옳은 내용이다.

③ 라 병원의 전체 직원의 수는 5+5+10+8+12+30+25+10+30=135명이고, 독일어 능통자 수는 1+3+3+5+6+4+10+14=46명임에 따라 전체 직원 대비 독일어 능통자의 비율은 (46/135)×100≒34.1%이므로 옳은 내용이다.

④ 의료인력을 최소로 포함하면 40명이며, 의료인력의 30%인 12명을 독일어 능통자로 구성하면 전문의 1명, 일반의 3명, 전문간호사 8명으로 구성될 수 있으므로 옳은 내용이다.

⑤ 라 병원의 행정직원을 제외한 직군별 인원 대비 독일어 능통자 비율이 가장 높은 직군은 독일어 능통자 비율이 (14/30)×100≒46.7%인 간병인이므로 옳은 내용이다.

33 문제해결능력

정답 ⑤

의료 봉사 및 감염 연구 TF팀 구성 인력 중 연구원을 20명 이상 포함하고, 독일어 능통자의 비율을 40% 이상으로 늘리면서 최소 인원으로 팀을 구성하기 위해서는 팀 구성 인력으로 포함되는 연구원 20명 중 4명의 독일어 능통자를 모두 포함해야 하며, 의료인력 40명 중에서도 18명의 독일어 능통자를 모두 포함해야 한다. 이에 따라 의료 봉사 및 감염 연구 TF팀은 의료인력 40명과 연구원 20명을 포함하여 60명이 되므로 의료 봉사 및 감염 연구 TF팀은 60명 이상의 인력으로 구성된다는 조건을 만족하지만, 이 중에서 독일어 능통자는 22명으로 독일어 능통자의 비율이 (22 / 60) × 100 ≒ 36.7%이므로 추가로 요청된 조건에 모순된다. 이에 따라 독일어 능통자의 비율을 40% 이상으로 맞추면서 일반인력 중 독일어 능통자를 최소로 포함하기 위해서는 독일어 능통자 4명이 추가되어야 (26 / 64) × 100 ≒ 40.6%로 조건을 만족한다.

따라서 의료 봉사 및 감염 연구 TF팀을 구성할 수 있는 최소 인원은 64명이다.

34 문제해결능력

정답 ①

㉡ '3. 지원대상'에 따르면 유기·무농약농산물 인증을 받은 농업인은 직불금 지원 대상에 해당하므로 '2. 직불금 지급단가 및 기간'에 따라 유기 상품에 대한 직불금으로 논 5ha와 채소밭 3ha에 대하여 1년에 (700 × 5) + (1,400 × 3) = 7,700천 원을 지원받는다. 이때, 유기 직불금 지급 기간은 5년이며, 유기 직불금 지급기간 이후 유기 지속 직불은 논 350천 원/ha, 채소밭 650천 원/ha를 제공하므로 유기 직불금 지급기간인 5년 후 1년간 추가로 지급받은 직불금은 (350 × 5) + (650 × 3) = 3,700천 원이다. 따라서 농업인이 6년간 지원받은 총직불금은 (7,700 × 5) + (3,700 × 1) = 42,200천 원이므로 옳은 내용이다.

오답 체크

㉠ '3. 지원대상'에 따르면 유기·무농약농산물 인증을 받지 못한 농업인 및 법인은 지원대상에 해당하지 않아 친환경농업 직불금을 지원받을 수 없으므로 옳지 않은 내용이다.

㉢ '2. 직불금 지급단가 및 기간'에 따르면 논 1ha, 과수원 2ha에 대하여 무농약 직불금을 3년간 받았다면, 해당 농업인이 지원받은 총 직불금은 {(500 × 1) + (1,200 × 2)} × 3 = 8,700천 원이므로 옳지 않은 내용이다.

㉣ '4. 신청방법'에 따르면 친환경농업 직불금은 농지소재지의 읍·면사무소에 방문 및 우편, FAX로만 신청할 수 있으므로 옳지 않은 내용이다.

35 문제해결능력

정답 ③

'2. 기본 수수료'에 따르면 기본 수수료 = 인건비 + 경비 + 부가가치세이고, 경비는 인건비의 10%, 부가가치세는 인건비와 경비를 합산한 금액의 10%이다. 또한, 모든 금액은 원 단위 절사하여 계산하므로 부가가치세를 포함하여 산정한 기본 수수료는 다음과 같다.

구분		금액
인건비	신청서류 검토	220,497 × 0.5 × 3 ≒ 330,740원
	시뮬레이션	(242,904 × 2) × 0.5 × 7 ≒ 1,700,320원
	최종결과 확인	292,249 × 0.5 × 5 ≒ 730,620원
인건비 합계		330,740 + 1,700,320 + 730,620 ≒ 2,761,680원
경비	제반 경비	2,761,680 × 0.1 ≒ 276,160원
부가가치세		(2,761,680 + 276,160) × 0.1 ≒ 303,780원
기본 수수료		2,761,680 + 276,160 + 303,780 ≒ 3,341,620원

이때, '4. 평가 수수료의 반환'에 따라 서류만 접수하고 구체적인 검토와 시뮬레이션이 시행되지 않았을 경우에는 부가가치세를 포함한 기본 수수료의 90%를 반환한다.

따라서 반환받을 수 있는 기본 수수료의 금액은 3,341,620 × 0.9 ≒ 3,007,450원이다.

[36 - 37]

36 문제해결능력

정답 ③

[합격자 선정 방안]에 따르면 최종 점수 = (서류 점수 × 0.2) + (필기 점수 × 0.3) + (면접 점수 × 0.5) + 가산점이고, 최종 점수에 따른 등급은 90점 이상이 A, 85점 이상 90점 미만이 B, 75점 이상 85점 미만이 C, 75점 미만이 D이므로 지원자별 최종 점수 및 평가 등급은 다음과 같다.

구분	최종 점수	평가 등급
가	(90 × 0.2) + (75 × 0.3) + (90 × 0.5) + 5 = 90.5	A
나	(75 × 0.2) + (75 × 0.3) + (80 × 0.5) + 10 = 87.5	B
다	(90 × 0.2) + (80 × 0.3) + (80 × 0.5) = 82.0	C
라	(85 × 0.2) + (65 × 0.3) + (85 × 0.5) = 79.0	C
마	(65 × 0.2) + (75 × 0.3) + (70 × 0.5) + 5 = 75.5	C
바	(70 × 0.2) + (75 × 0.3) + (85 × 0.5) + 10 = 89.0	B
사	(85 × 0.2) + (70 × 0.3) + (90 × 0.5) = 83.0	C
아	(100 × 0.2) + (85 × 0.3) + (65 × 0.5) = 78.0	C
자	(90 × 0.2) + (75 × 0.3) + (70 × 0.5) + 10 = 85.5	B
차	(70 × 0.2) + (75 × 0.3) + (90 × 0.5) + 5 = 81.5	C

따라서 평가 등급이 B인 지원자는 나, 바, 자 3명이므로 옳지 않은 내용이다.

오답 체크

① 서류 점수가 가장 높은 지원자인 아의 평가 등급은 C 등급이므로 옳은 내용이다.
② 최종 합격자로 5명을 선정하는 경우 최종 점수가 5번째로 높은 지원자 사는 합격자이므로 옳은 내용이다.
④ 필기 점수가 가장 낮은 지원자인 라의 최종 점수는 79.0점이므로 옳은 내용이다.
⑤ 지원자 차의 최종 점수는 81.5점이므로 옳은 내용이다.

37 문제해결능력 정답 ①

제시된 자료에 따르면 공채 지원자 중 5명이 최종 합격자로 선정되었을 때, 선정된 합격자는 최종 점수가 높은 지원자 순으로 가, 바, 나, 자, 사이다. [평가 등급별 입사 축하 지원금]에 의해 A 등급은 100만 원, B 등급은 80만 원, C 등급은 50만 원, D 등급은 20만 원의 입사 축하 지원금을 지원함에 따라 평가 등급이 A인 가는 100만 원, 평가 등급이 B인 바, 나, 자는 80만 원, 평가 등급이 C인 사는 50만 원을 지원받는다.
따라서 OO기업에서 합격자에게 지원하는 입사 축하 지원금 총액은 $100 + (80 \times 3) + 50 = 390$만 원이다.

[38 - 39]

38 문제해결능력 정답 ②

'3. 지원개요'에 따르면 태양광 발전설비 지원사업의 지원대상은 인터넷이 설치되어 있는 시설이며, '4. 지원내용'에서 인터넷 설치 필요 시 관련 비용은 시설에서 자체 부담해야 한다고 하였으므로 인터넷이 설치되어 있지 않은 사회복지시설이 태양광 발전설비 지원사업을 신청할 경우, 인터넷 설치에 필요한 관련 비용도 지원된다는 것은 옳지 않은 내용이다.

오답 체크

① '7. 신청방법'에 따르면 지원신청서 및 기타 증빙서류는 우편과 홈페이지로 모두 발송한다고 하였으므로 옳은 내용이다.
③ '5. 선정방법'에 따르면 지자체 및 기관으로부터 아동·노인·장애인 복지시설을 각 지역별로 추천을 받거나 개별접수하여 신청서 검토 후 선정한다고 하였으므로 옳은 내용이다.
④ '1. 사업목적'에 따르면 태양광 발전설비 지원사업의 목적은 사회복지시설에 시간당 평균 발전량이 10kW 이내인 태양광 발전설비를 설치하여 시설의 에너지비용 절감과 에너지복지 증진을 위함이라고 하였으므로 옳은 내용이다.
⑤ '8. 제출서류'에 따르면 시설이 임차일 경우 임대차 계약서 사본, 부지 소유주 동의서, 일반 건축물대장을 추가로 제출하여야 한다고 하였으므로 옳은 내용이다.

39 문제해결능력 정답 ②

'6. 지원조건'에 따르면 태양광 발전설비 설치를 위해서는 태양광 발전설비 설치를 위한 공간 확보가 가능해야 하며, 설치 필요공간은 시간당 평균 발전량 3kW의 경우 25m^2, 시간당 평균 발전량 6kW의 경우 50m^2, 시간당 평균 발전량 9kW의 경우 72m^2라고 하였으므로 75m^2의 여유 공간에 최대로 설치 가능한 태양광 발전설비는 시간당 평균 발전량 9kW 제품임을 알 수 있다. 또한, 태양광 발전설비의 에너지 생산 최대 효율은 시간당 평균 발전량의 19%라고 하였으므로 시간당 평균 발전량 9kW 제품이 최대 효율만큼 에너지를 생산했다고 하면, 시간당 $9 \times 0.19 = 1.71$kW의 에너지를 생산할 수 있으므로 1일 동안 생산하는 에너지의 양은 $24 \times 1.71 = 41.04$kW이다.
따라서 설치한 태양광 발전설비가 30일간 생산한 에너지의 양은 $30 \times 41.04 = 1{,}231.2$kW이다.

40 문제해결능력 정답 ④

제11조 제6항에서 리모델링 주택조합을 제외한 주택조합은 그 구성원을 위하여 건설하는 주택을 조합원에게 우선 공급할 수 있다고 하였으므로 적절하다.

오답 체크

① 제11조 제3항 제1호에서 주택단지 전체를 리모델링하고자 하는 경우에는 주택단지 전체의 구분소유자와 의결권의 각 3분의 2 이상의 결의와 각 동의 구분소유자와 의결권의 각 과반수의 결의를 증명하는 서류를 첨부해야 한다고 하였으므로 적절하지 않다.
② 제11조 제1항에서 제5항에 따른 직장주택조합을 제외하고 주택조합을 설립하거나, 해산, 인가받은 내용을 변경하기 위해서는 관할 시장·군수·구청장에게 인가를 받아야 한다고 하였으므로 적절하지 않다.
③ 제11조 제9항에서 제명된 조합원을 포함한 탈퇴한 조합원은 조합규약으로 정하는 바에 따라 부담한 비용의 환급을 청구할 수 있다고 하였으므로 적절하지 않다.
⑤ 제11조 제2항에서 주택을 마련하기 위하여 주택조합설립 인가를 받으려는 자는 해당 주택건설대지의 80% 이상에 해당하는 토지의 사용권원과 해당 주택건설대지의 15% 이상에 해당하는 토지 소유권을 모두 확보해야 한다고 하였으므로 적절하지 않다.

NCS 실전모의고사 3회

정답·해설

01 의사소통	02 의사소통	03 의사소통	04 의사소통	05 의사소통	06 의사소통	07 의사소통	08 의사소통	09 의사소통	10 의사소통
③	④	③	③	③	②	④	④	③	②
11 의사소통	12 의사소통	13 의사소통	14 수리	15 수리	16 수리	17 수리	18 수리	19 수리	20 수리
④	②	⑤	②	③	①	④	①	⑤	④
21 수리	22 수리	23 수리	24 수리	25 수리	26 수리	27 문제해결	28 문제해결	29 문제해결	30 문제해결
①	①	③	②	②	④	④	③	②	②
31 문제해결	32 문제해결	33 문제해결	34 문제해결	35 문제해결	36 문제해결	37 문제해결	38 문제해결	39 문제해결	40 문제해결
③	④	②	③	⑤	②	③	②	④	③

[01-02]

01 의사소통능력 정답 ③

이 글의 마지막 부분에서 호모사피엔스가 발달된 언어 능력을 토대로 이방인과 무리를 형성하였고, 초기에 등장한 장소인 아프리카를 벗어나 아라비아반도, 유라시아 전체로 빠르게 진출하였다고 하였으므로 이 글에 이어질 내용으로 가장 적절한 것은 ③이다.

02 의사소통능력 정답 ④

3문단에서 도구와 불을 이용할 줄 알았던 네안데르탈인은 DNA 분석 결과에 따라 현생 인류와는 연관이 없지만 현생 인류의 직접적인 조상과 오랫동안 공존한 것으로 밝혀졌다고 하였으므로 불을 사용할 수 있었던 네안데르탈인이 현생 인류와 DNA 구조가 비슷해 동일한 인류 종으로 여겨지는 것은 아님을 알 수 있다.

오답 체크

① 2문단에서 오스트랄로피테쿠스의 생김새는 원숭이 및 침팬지와 큰 차이가 없었으나 뇌의 용적은 같은 무게의 포유동물보다 3배나 크다는 특징이 있었다고 하였으므로 적절하다.
② 5문단에서 현생 인류의 직접적인 조상으로 여겨지는 호모사피엔스는 융통성이 많았으며, 창의적인 방법을 활용하여 이방인과 무리를 형성하였고, 초기 발생지를 떠나 유라시아 전체로 빠르게 퍼져나갔다고 하였으므로 적절하다.
③ 1문단에서 영장류로부터 분리된 인류를 우리의 조상이라 생각하고 있지만, 인류가 지구의 어떤 장소에서 가장 먼저 나타나게 되었는지는 파악되지 않아 대개 약 350만 년 전에 아프리카 등지에서 활동하던 오스트랄로피테쿠스를 최초의 인류로 보고 있다고 하였으므로 적절하다.
⑤ 4문단에서 인류는 100만 년 전부터 뇌의 용적이 커지고 날카로운 도구를 만들어 활용하였으나 15만 년 전까지 변방의 연약한 존재였다고 하였으므로 적절하다.

[03-04]

03 의사소통능력 정답 ③

'2. 행사 안내'에 따르면 행사 첫째 날에는 일반인이, 둘째 날에는 대학생 및 대학원생이 하루에 40명씩 참가하게 되므로 1일 기준 일반인과 대학생 각각 20명씩 참가하여 견학하는 것은 아님을 알 수 있다.

오답 체크

① '1. 목적'에 따르면 도시재생현장 견학 프로그램 시행 목적은 한국토지주택공사가 운영 및 지원하는 도시재생사업에 대하여 국민들의 이해와 공유의 장을 마련하기 위함에 있으므로 적절하다.
② '5. 코스별 특징'에 따르면 통영 리스타트 플랫폼은 폐조선소를 활용한 창업 지원형 도시재생뉴딜사업지이므로 적절하다.
④ '5. 코스별 특징'에 따르면 LH 토지주택 박물관은 우리 민족의 주거, 건축 및 토목기술이 전시되어 있으므로 적절하다.
⑤ '4. 경남권 도시재생현장 견학 프로그램 코스'에 따르면 마지막 일정으로 기념촬영, 기념품 증정 및 해산이 진행되므로 적절하다.

04 의사소통능력 정답 ③

'4. 경남권 도시재생현장 견학 프로그램 코스'에 따르면 10시부터 1시간 동안 진행되는 프로그램은 12월 16일에 일반인 대상으로 LH 토지주택 박물관 견학이 예정되어 있고, 12월 17일에는 대학생과 대학원생 대상으로 전문가 특강이 진행될 예정이므로 12월 17일에 LH 토지주택 박물관 견학이 가능하다는 답변은 가장 적절하지 않다.

[05-06]

05 의사소통능력 정답 ③

제시된 글은 정부에서 수소선도국가 비전을 발표하였으며, 수소선도국가 비전의 핵심 내용에 따르면 국내 청정수소 비율을 확대하고 기술력을 바탕으로 국내 수소경제 생태계의 경쟁력을 강화하여 글로벌 청정수소경제를 선도하겠다는 내용이므로 제시된 글의 중심 내용으로 가장 적절한 것은 ③이다.

오답 체크

① 1문단에서 우리나라는 지난 2019년 1월에 '수소경제 활성화 로드맵'을 발표했다고 하였으므로 적절하지 않은 내용이다.
② 4문단에서 국내 수소경제 생태계 경쟁력 강화를 위해 민간이 계획하고 있는 대규모 투자가 효과적으로 실현되도록 정부가 R&D·세제·금융 등 다양한 정책적 지원을 할 계획이라고 하였으나 글 전체를 포괄할 수 없으므로 적절하지 않은 내용이다.
④ 3문단에서 블루수소를 2050년 200만 톤으로 생산량을 늘리고, 그린수소를 2050년에 300만 톤을 생산하고자 한다고 하였으나 글 전체를 포괄할 수 없으므로 적절하지 않은 내용이다.
⑤ 5문단에서 정부는 이번에 발표된 수소선도국가 비전을 수소경제이행기본계획에 담아 다음 달 중에 제4차 수소경제위원회 개최를 진행하여 수소경제이행기본계획을 최종 확정할 것이라고 하였으므로 적절하지 않은 내용이다.

06 의사소통능력 정답 ②

밑줄 친 부분은 충전 인프라를 조직적으로 마련해 체계를 세운다는 의미로 쓰였으므로, 기반이나 환경을 만들어서 이룬다는 의미의 ②가 적절하다.

오답 체크

① 조율하다: 문제를 어떤 대상에 알맞거나 마땅하도록 조절하다
③ 퍼벌하다: 겉모양을 꾸미지 아니하다
④ 정비하다: 흐트러진 체계를 정리하여 제대로 갖추다
⑤ 확보하다: 확실히 보증하거나 가지고 있다

[07-08]

07 의사소통능력 정답 ④

2문단에서 포럼에서 LH는 그간 LH가 추진한 스마트시티 사업의 현황에 대해 설명하고 스마트시티 조성을 위한 노력과 고민을 공유했다고 하였으므로 LH는 포럼을 통해 그동안 추진한 LH 스마트시티 사업의 현황에 대한 설명과 더불어 스마트시티 조성을 위한 노력과 고민을 공유했음을 알 수 있다.

오답 체크

① 2문단에서 포럼은 총 3개의 세션으로 구분돼 진행되었으며, 이 중 2부에서는 스마트기술의 현재와 미래에 대해 각계 전문가들이 의견을 공유하였고, 3부에서는 LH 토지주택연구원에서 정부의 그린뉴딜 정책에 발맞춘 LH 스마트그린도시 계획에 대한 연구 내용을 발표했다고 하였으므로 적절하지 않다.
② 3문단에서 LH는 스마트시티 개발 노하우를 바탕으로 LH가 개발하는 모든 사업지구에 대해 스마트시티 특화 전략계획을 적용하였으며 이를 기반으로 한국형 스마트시티를 해외로 수출하기 위해 노력하고 있다고 하였으므로 적절하지 않다.
③ 4문단에서 LH는 시민이 직접 도시문제를 발굴하여 이를 민간이 보유한 스마트기술을 통해 해결하는 리빙랩을 세종시를 시작으로 전체 사업지구로의 확대 및 적용하는 것을 계획하고 있다고 하였으므로 적절하지 않다.
⑤ 3문단에서 LH는 지난 2000년대 초부터 사업지구에 U-City를 도입해왔으며, U-City 개발 노하우를 바탕으로 대한민국 스마트시티 개발 선도기관으로서의 역할을 수행하고 있다고 하였으므로 적절하지 않다.

08 의사소통능력 정답 ④

빈칸 앞에서는 국가시범도시로 지정된 세종 5-1 생활권에는 미래형 도시모델을 제시할 테스트베드 도시를 조성 중이며, 3기 신도시 사업지구에서는 지구별 스마트시티 특화모델을 계획해 이를 실현하고자 노력 중이라는 내용을 말하고 있고, 빈칸 뒤에서는 국가시범도시와 3기 신도시 스마트시티 개발 노하우를 토대로 LH가 개발하는 모든 사업지구에 스마트시티 특화 전략계획을 적용한다는 내용을 말하고 있다.
따라서 앞의 내용과 관련 있는 내용을 추가할 때 사용하는 접속어 '또한'이 들어가야 한다.

09 의사소통능력 정답 ③

이 글은 신체 건강을 위해 필요한 영양소의 의미 및 특징에 대해 설명하고 과도하게 영양제에 의존하기보다는 우리 몸에 필요한 성분만을 확인하여 섭취해야 한다는 내용을 설명하는 글이다.

따라서 '(라) 신체 건강을 위해 섭취하는 영양제의 의미 → (가) 영양 섭취기준에 따른 영양제 섭취의 필요성 → (나) 영양 결핍 요소에 따른 영양제 복용 → (다) 영양 균형 유지 수단으로 활용되는 영양제' 순으로 연결되어야 한다.

10 의사소통능력 정답 ②

빈칸 앞에서는 파이어족이 생활비를 극단적으로 절약하고 수입의 약 70~90%를 저축할 뿐만 아니라 스스로 먹거리를 생산하거나 부업, 부동산 및 주식 투자를 통해 추가 수입을 얻기도 한다는 내용을 말하고 있고, 빈칸 뒤에서는 파이어족이 은퇴 후에도 제한된 자산으로 남은 생애를 살아야 해서 은퇴 이전과 마찬가지로 절약이 필수이고 풍요로운 생활과는 거리가 있으며 돈에 속박되는 삶보다 자유로운 삶을 좇는다는 내용을 말하고 있다.

따라서 파이어족은 삶의 가치를 소비에서 찾지 않기 때문에 덜 쓰고 덜 편하게 사는 대신 최대한 빠르게 재정적으로 자립하여 노동에서 벗어나고자 한다는 내용이 들어가야 한다.

[11-12]

11 의사소통능력 정답 ④

㉣이 있는 문장에서 총 13개소에서 상업용 태양광발전시설이 운영되고, 자가용 태양광설비를 포함하여 약 36MW가 도입됨에 따라 이전보다 연간 20,200t CO_2의 온실가스를 감소시켰다고 하였으므로 ㉣을 양이 많아지거나 규모가 커진다는 의미의 '증대(增大)'로 수정하는 것은 적절하지 않다.

· 감축(減縮): 덜어서 줄임

오답 체크

① ㉠이 있는 문장에서 태양광발전설비를 통해 약 1,300t의 온실가스 배출을 저감할 수 있는데, 이는 소나무 약 20만 그루를 심는 효과와 유사하다고 하였으므로 ㉠에 초목을 심어 재배한다는 의미의 '식재(植栽)'가 들어가야 한다.

② ㉡의 앞에서는 태양광발전설비를 통해 연간 3,000MWh의 전력이 생산되어 약 1,300t의 온실가스 배출을 감소시킨다는 내용을 말하고 있고, ㉡의 뒤에서는 여름철 차량에 그늘막도 제공하고 우천 및 강설 시 비와 눈을 막아주는 역할도 한다는 내용을 말하고 있다. 따라서 앞의 내용과 관련 있는 내용을 추가할 때 사용하는 접속어 '또한'으로 바꿔야 한다.

③ 한글 맞춤법 제2항에 따라 문장의 각 단어는 띄어 써야 하므로 낱낱이라는 의미의 관형사 '각'은 뒤의 단어와 띄어 써야 한다.

⑤ 글의 흐름을 고려했을 때 행정중심복합도시건설청에서 행복도시 중앙공원 1단계와 국립세종수목원 주차장 안에 태양광발전시설 설치공사를 완료하였다는 내용의 ㉤은 1문단의 맨 첫 문장 앞으로 옮겨야 한다.

12 의사소통능력 정답 ②

2문단에서 행정중심복합도시건설청의 태양광발전설비 설치 사업은 우수 디자인 선정을 위해 다양한 분야의 전문가 평가와 '행복도시 에너지·환경 자문단'의 자문을 통해 설계안을 확정하였다고 하였으므로 행복도시 태양광 설치 설계안이 산림청과 세종특별자치시의 의견에 의거하여 확정된 것은 아님을 알 수 있다.

오답 체크

① 1문단에서 우천 및 강설 때 비와 눈을 막아주는 역할을 한다고 하였으므로 적절하다.

③ 4문단에서 행정중심복합도시건설청 녹색에너지환경과장에 따르면 행복도시에 태양광에너지 외에도 다양한 신재생에너지원을 도입하여 저탄소 청정에너지도시를 조성하고자 노력할 것이라고 하였으므로 적절하다.

④ 1문단에서 태양광발전설비로 연간 700가구가량이 이용할 수 있는 3,000MWh의 전력량이 만들어진다고 하였으므로 적절하다.

⑤ 3문단에서 행정중심복합도시건설청에서는 2030년까지 전체 에너지 소비량의 25%를 신재생에너지로 도입하고자 태양광발전시설과 같은 여러 신재생에너지원을 지속적으로 확충했다고 하였으므로 적절하다.

13 의사소통능력 정답 ⑤

을 팀장은 상대의 상황을 충분히 듣지 않고 스스로 해결책을 내놓고 있으므로 문제 해결 의욕이 지나쳐 상대의 메시지를 온전히 듣지 않는 방해 요인을 겪고 있다.

따라서 상대가 원하는 것을 고려하지 않고 지나치게 다른 사람의 문제를 본인이 해결해 주고자 하는 방해 요인인 ⑤가 적절하다.

14 수리능력 정답 ②

거리 = 속력 × 시간임을 적용하여 구한다.

민호가 집에서 학교까지 걸어간 속력을 $x$km/h라고 하면 등교 시간은 35분이므로 집과 학교 사이의 거리는 $\frac{35}{60}x$km이다. 학교에서 집으로 돌아올 때의 속력은 8km/h 더 빠르게 걸었으므로 $(x+8)$km/h이고, 등교할 때보다 14분이 적게 걸려 35 − 14 = 21분이 걸렸으므로 집과 학교 사이의 거리는 $\frac{21}{60}(x+8)$km이다. 이때, 민호는 항상 같은 길로 이동한다고 했으므로 집에서 학교까지 갈 때와 학교에서 집으로 돌아올 때의 거리는 서로 같다.

$\frac{35}{60}x = \frac{21}{60}(x+8) \rightarrow 35x = 21x + 168 \rightarrow x = 12$

따라서 민호가 집에서 학교까지 걸어간 속력은 12km/h, 걸린 시간은 35분이므로 집과 학교 사이의 거리는 $\frac{35}{60} \times 12 = 7$km이다.

15 수리능력 정답 ③

변수가 연속적이지 않은 이산확률변수인 경우 이산확률변수 X에 대한 각각의 변수를 x_k, 이산확률변수 X가 일어날 확률 P(X)에 대한 각각의 확률을 p_k라고 할 때, 이산확률변수 X에 대한 평균은 $\sum_{k=1}^{n} x_k p_k$임을 적용하여 구한다.

상품권 금액은 변수가 연속적이지 않은 이산확률변수이므로 상품권 금액을 이산확률변수 X라고 하면, 해당 상품권 금액이 나올 확률은 P(X)이다. 이때, 각각의 상품권 금액을 x_k라고 할 수 있고, 각각의 상품권 금액이 나올 확률을 p_k라고 할 수 있으므로 이를 정리하면 다음과 같다.

X	50,000	100,000	200,000	500,000
P(X)	$\frac{29}{50}$	$\frac{15}{50}=\frac{3}{10}$	$\frac{5}{50}=\frac{1}{10}$	$\frac{1}{50}$

이에 따라 이산확률변수 X의 평균은 $\left(50{,}000 \times \frac{29}{50}\right) + \left(100{,}000 \times \frac{3}{10}\right) + \left(200{,}000 \times \frac{1}{10}\right) + \left(500{,}000 \times \frac{1}{50}\right) = 89{,}000$이다.

따라서 직원들이 받을 수 있는 백화점 상품권의 평균 금액은 89,000원이다.

16 수리능력 정답 ①

이익 = 원가 × 이익률임을 적용하여 구한다.

원가가 50,000원인 부품 240개를 제작하여 12% 이익률을 적용해 판매하려 했을 때의 총이익은 50,000 × 0.12 × 240 = 1,440,000원이다. 부품 180개를 판매하여 원래 계획한 총이익과 동일한 이익을 남기기 위한 이익률을 x라고 하면

$50{,}000 \times (x / 100) \times 180 = 1{,}440{,}000 \rightarrow 90{,}000x = 1{,}440{,}000$

$\rightarrow x = 16$

따라서 부품 1개당 16%의 이익률을 적용해야 한다.

17 수리능력 정답 ④

ⓛ 민간 기업체의 자체 사용 연구개발비는 6,229,826 + 68,538,677 − 4,130,729 = 70,637,774백만 원이므로 옳은 설명이다.

ⓒ 사립 대학 1개당 외부로 지출한 연구개발비는 183,730 / 291 ≒ 631백만 원이므로 옳은 설명이다.

오답 체크

㉠ 외부로부터 받은 연구개발비는 국·공립 대학이 국·공립 공공연구기관의 3,237,251 / 651,479 ≒ 4.97배임에 따라 5배 미만이므로 옳지 않은 설명이다.

㉣ 공공연구기관에서 외부로부터 받은 연구개발비가 많은 순서에 따른 연구수행 주체의 순위는 정부 출연, 기타 비영리, 국·공립, 지방자치단체 출연, 사립 병원, 국·공립 병원 순이고, 자체 부담 연구개발비가 많은 순서에 따른 연구수행 주체의 순위는 정부 출연, 국·공립, 기타 비영리, 지방자치단체 출연, 사립 병원, 국·공립 병원 순임에 따라 서로 다르므로 옳지 않은 설명이다.

[18-19]

18 수리능력 정답 ①

제시된 기간 동안 입원환자 수 상위 5개 지역은 매년 A 지역, B 지역, I 지역, O 지역, P 지역이고, 2022년부터 2024년까지 해당 지역의 입원환자 수는 꾸준히 감소하였으므로 제시된 기간 중 입원환자 수 상위 5개 지역의 입원환자 수의 합이 가장 큰 해는 2022년이다.

따라서 2022년 전국 입원환자 수에서 상위 5개 지역의 입원환자 수가 차지하는 비중은 {(16,744 + 10,578 + 33,027 + 11,618 + 15,438) / 151,100} × 100 ≒ 57.8%이다.

19 수리능력 정답 ⑤

제시된 지역 중 2024년 입원환자 수의 2년 전 대비 변화량이 2,000명을 넘는 지역만 확인하면 A 지역이 16,744 − 12,682 = 4,062명, I 지역이 33,027 − 27,544 = 5,483명, P 지역이 15,438 − 13,088 = 2,350명이다.

이에 따라 2024년 입원환자 수의 2년 전 대비 변화량이 세 번째로 큰 지역은 P 지역이다.

따라서 2024년 P 지역 입원환자 수의 2년 전 대비 감소율은 (2,350 / 15,438) × 100 ≒ 15.2%이다.

[20-21]

20 수리능력 정답 ④

제시된 기간 동안 전체 매출액이 가장 큰 2019년에 전체 종사자 1명당 매출액은 44,540 / 21,737 ≒ 2.05억 원이므로 옳은 설명이다.

오답 체크

① 2019년 대비 2020년의 전시사업자 전체 매출액 감소율은 {(4,454 − 1,850) / 4,454} × 100 ≒ 58.5%이고, 2019년 대비 2020년의 전시사업자 전체 영업이익 감소율은 [{292 − (−101)} / 292] × 100 ≒ 134.6%로 감소율은 전시사업자 전체 매출액이 전시사업자 전체 영업이익보다 작으므로 옳지 않은 설명이다.

② 2019년 대비 2020년 전시시설업의 사업체 수는 1개 증가하였으므로 옳지 않은 설명이다.

③ 2020년 전시주최업의 여자 종사자 수는 남자 종사자 수보다 많으므로 옳지 않은 설명이다.

⑤ 2018~2020년 연도별 전시주최업 남자 종사자 수의 평균은 (2,462 + 2,618 + 1,547) / 3 = 2,209명이고, 전시디자인설치업 남자 종사자 수의 평균은 (2,416 + 2,804 + 1,855) / 3 ≒ 2,358명으로 전시주최업이 전시디자인설치업보다 더 적으므로 옳지 않은 설명이다.

21 수리능력 정답 ①

제시된 자료에 따르면 연도별 전체 사업체 1개당 종사자 수는 2018년에 21,074 / 2,770 ≒ 7.6명, 2019년에 21,737 / 3,077 ≒ 7.1명, 2020년에 9,934 / 2,128 ≒ 4.7명이므로 옳은 그래프는 ①이다.

22 수리능력 정답 ①

2019년 탐방객 수가 다른 산 대비 가장 많은 북한산과 탐방객 수가 가장 적은 월출산의 탐방객 수 차이는 5,574,539 - 493,538 = 5,081,001명이므로 옳은 설명이다.

오답 체크

② 태백산을 제외하고 2017년 이후 탐방객 수가 전년 대비 매년 증가한 산은 계룡산과 치악산 2개이므로 옳지 않은 설명이다.
③ 제시된 기간 동안 설악산 탐방객 수의 평균은 (2,821,271 + 3,654,211 + 3,693,991 + 3,241,484 + 2,868,098) / 5 = 3,255,811명임에 따라 3,300,000명 미만이므로 옳지 않은 설명이다.
④ 2017년 내장산 탐방객 수는 2년 전 대비 {(2,102,467 - 1,688,948) / 1,688,948} × 100 ≒ 24.5% 증가함에 따라 25% 미만 증가하였으므로 옳지 않은 설명이다.
⑤ 2016년 계룡산과 덕유산 탐방객 수의 합은 같은 해 무등산 탐방객 수보다 3,571,712 - (1,325,480 + 1,710,143) = 536,089명 더 적으므로 옳지 않은 설명이다.

빠른 문제 풀이 Tip

③ 선택지에 제시된 평균값과 각 자료와의 대략적인 오차의 합을 이용하여 구한다.
제시된 기간 동안 설악산 탐방객 수와 선택지에 제시된 3,300,000명의 앞 3자리만 비교한 대략적인 오차는 2015년에 -48만 명, 2016년에 35만 명, 2017년에 39만 명, 2018년에 -6만 명, 2019년에 -44만 명임에 따라 오차의 합은 -48 + 35 + 39 - 6 - 44 < 0이다.
따라서 제시된 기간 동안 설악산 탐방객 수의 평균은 3,300,000명 미만임을 알 수 있다.
④ 25%는 1/4임을 적용하여 구한다.
2015년 내장산 탐방객 수의 1/4은 1,688,948 / 4 = 422,237명이고, 2015년 내장산 탐방객 수 대비 25% 증가한 탐방객 수는 1,688,948 + 422,237 = 2,111,185명으로 2017년 탐방객 수인 2,102,467명보다 많다.
따라서 2017년 내장산 탐방객 수는 2년 전 대비 25% 미만으로 증가한 것을 알 수 있다.

23 수리능력 정답 ③

서울시에서 이용업 영업소 수가 142개로 가장 많은 송파구는 서울시에서 목욕장업 영업소 수가 51개로 강남구, 서초구 다음인 3번째로 많으므로 옳지 않은 설명이다.

오답 체크

① 숙박업 영업소 수가 세탁업 영업소 수보다 많거나 같은 자치구는 종로구, 중구, 동대문구, 강북구, 영등포구로 총 5개이므로 옳은 설명이다.
② 서울시의 건물위생관리업 영업소 수에서 용산구의 건물위생관리업 영업소 수가 차지하는 비중은 (77 / 3,207) × 100 ≒ 2.4%이므로 옳은 설명이다.
④ 강남구 미용업 영업소 수는 도봉구 미용업 영업소 수의 2,416 / 791 ≒ 3.1배로 3배 이상이므로 옳은 설명이다.
⑤ 마포구의 공중위생영업소 수는 93 + 96 + 1,476 + 32 + 179 + 174 = 2,050개소이므로 옳은 설명이다.

[24-26]

24 수리능력 정답 ②

ⓛ 2017년 남자의 전체 졸업자 수에서 일반대학원을 졸업한 남자의 비중은 (252 / 2,734) × 100 ≒ 9.2%이고, 2017년 여자의 전체 졸업자 수에서 일반대학원을 졸업한 여자의 비중은 (209 / 2,888) × 100 ≒ 7.2%이므로 옳지 않은 설명이다.
ⓒ 제시된 기간 동안 남자의 전문대학 졸업자 수의 전년 대비 증감 추이는 증가, 감소, 감소, 증가이지만, 여자의 전문대학 졸업자 수의 전년 대비 증감 추이는 감소, 감소, 감소, 감소이므로 옳지 않은 설명이다.

오답 체크

ⓖ 제시된 기간 동안 전체 졸업자 수는 매년 여자가 남자보다 많으므로 옳은 설명이다.
ⓔ 2018년 여자의 전체 졸업자 수의 전년 대비 감소율은 {(2,888 - 1,633) / 2,888} × 100 ≒ 43.5%이므로 옳은 설명이다.

25 수리능력 정답 ②

2019년 전문대학 졸업자 수가 전년 대비 10% 증가하면 (746 + 942) × 1.1 ≒ 1,857백 명이고, 2019년 일반대학원 졸업자 수가 전년 대비 10% 감소하면 (245 + 205) × 0.9 = 405백 명이다.
따라서 2019년 전문대학과 일반대학원 졸업자 수의 합은 1,857 + 405 ≒ 2,262백 명이다.

26 수리능력 정답 ④

제시된 자료에 따르면 2016년 남자의 전문대학 졸업자 수는 784백 명이지만, 그래프에서는 남자의 전문대학 졸업자 수가 800백 명보다 높게 나타나므로 옳지 않은 그래프는 ④이다.

빠른 문제 풀이 Tip

④ 자료의 증감 추이를 통해 2016년 남자의 전문대학 졸업자 수는 전년 대비 감소했으나 그래프에서는 증가한 것을 확인할 수 있다.

27 문제해결능력 정답 ④

다섯 번째 명제, 두 번째 명제의 '대우', 첫 번째 명제의 '대우'를 차례로 결합하면 다음과 같다.

- 다섯 번째 명제: 민지는 개인보호장비를 지급받지 못했다.
- 두 번째 명제(대우): 개인보호장비를 지급받지 못한 사람은 폐기물 처리 교육을 받지 않았다.
- 첫 번째 명제(대우): 안전교육을 받지 않았거나 폐기물 처리 교육을 받지 않은 사람은 연구실 벤치를 사용할 수 없다.
- 결론: 민지는 연구실 벤치를 사용할 수 없다.

빠른 문제 풀이 Tip

명제 'A인 경우에만 B이다.'는 'B는 A이다.'와 같음을 이용하여 풀이한다.

28 문제해결능력 정답 ③

제시된 조건에 따르면 출근 시간이 같은 사람은 없고, 사람들이 출근한 시각은 10분 단위이며, 가장 먼저 출근한 사람은 8시 20분에 출근하였다. 이때, 주임은 대리보다 늦게 출근하였으며, 대리는 부장보다 늦게 출근하였고, 사원은 과장과 대리보다 먼저 출근하였으므로 가장 먼저 출근한 사람은 사원 또는 부장임을 알 수 있다. 사원이 가장 먼저 출근한 사람인 경우, 과장이 두 번째로 먼저 출근한 사람이면 부장은 세 번째로 먼저 출근한 사람이므로 부장과 과장이 출근한 시각의 차는 30분이라는 조건에 모순되고, 부장이 두 번째로 먼저 출근한 사람이면 부장과 과장 사이에는 2명의 사람이 출근하여 과장이 가장 늦게 출근하는 사람이지만 이는 과장은 가장 늦게 출근한 사람이 아니라는 조건에 모순된다. 이에 따라 부장이 가장 먼저 출근한 사람이며, 사원은 과장과 대리보다 먼저 출근하였으므로 사원이 두 번째로 먼저 출근하였고, 부장과 과장 사이에는 2명의 사람이 출근하였으므로 과장이 네 번째로 먼저, 대리가 세 번째로 먼저, 주임이 가장 늦게 출근하였다.
따라서 대리가 출근한 시각은 8시 40분이다.

29 문제해결능력 정답 ②

제시된 조건에 따르면 문서를 유출한 사람은 1명이고, 5명 중 2명이 거짓을 말하고 있으므로 D의 말이 진실이라는 B의 말에 따라 B와 D가 모두 거짓을 말하고 있거나, E가 범인이라는 C와 E의 말에 따라 C와 E가 모두 거짓을 말하고 있음을 알 수 있다. 이때, B와 D의 말이 모두 거짓일 경우 C가 문서를 유출한 사람이 되어야 하지만 이는 E가 문서를 유출했다는 C와 E의 말에 모순되므로 B와 D의 말은 모두 진실임을 알 수 있다. 이에 따라 C와 E의 말이 모두 거짓이므로 E는 문서를 유출한 사람이 아니고, B 또는 E가 문서를 유출한 사람이라는 A의 말이 진실이므로 B가 문서를 유출한 사람이 된다.
따라서 문서를 유출한 사람은 B이다.

30 문제해결능력 정답 ②

2문단에 따르면 5차 신혼희망타운 사전청약 신청자의 거주지역은 서울이 43.8%, 경기·인천이 56.1%이므로 경기·인천에 거주하는 사람의 비율이 서울에 거주하는 사람의 비율보다 56.1 − 43.8 = 12.3%p 더 많아 13%p를 넘지 않으므로 옳지 않은 내용이다.

오답 체크

① 3문단에 따르면 2기 신도시 등에 공공분양 1,300가구와 민간분양 3,200가구 등 총 4,500가구 규모의 사전청약 물량이 신규로 공급될 예정이며, 그중 민간분양 가구에 대한 신규 사전청약 신청 건수가 15,000건일 경우 경쟁률은 15,000 / 3,200 ≒ 4.7 대 1이므로 옳은 내용이다.

③ [5차 신혼희망타운 사전청약 접수 결과]에 따르면 남양주 왕숙2 55m² 타입의 공급 물량에 대한 경쟁률은 3,305 / 483 ≒ 6.8 대 1이므로 옳은 내용이다.

④ 1문단에 따르면 인천 가정2 지구는 당해 지역 100%로 491가구를 공급하여 680명이 접수해 조기에 마감되었으며, 해당 지구의 경쟁률은 680 / 491 ≒ 1.4 대 1임에 따라 2 대 1보다 낮으므로 옳은 내용이다.

⑤ [5차 신혼희망타운 사전청약 접수 결과]에 따르면 전체 공급 물량인 577 + 5 + 483 + 284 + 491 = 1,840건에 대한 신청 건수는 2,005 + 215 + 3,305 + 1,734 + 680 = 7,939건이므로 옳은 내용이다.

31 문제해결능력 정답 ③

[일반 토지 매입 안내]에 따르면 2인의 감정평가업자가 평가한 감정평가액을 산술평균한 금액 이내에서 매입 금액을 결정하므로 A 토지의 최대 매입 금액은 2인의 감정평가업자가 평가한 감정평가액을 산술평균한 금액이다. 이때, 갑의 감정평가 방법에 따라 평가한 감정평가액은 (2,000,000 × 1.05 × 1.00 × 1.20 × 1.00) × 150 = 378,000,000원이고, 을의 감정 평가 방법에 따라 평가한 감정평가액은 (2,500,000 × 1.00 × 1.00 × 1.20 × 1.00) × 150 = 450,000,000원이다.
따라서 A 토지의 최대 매입 금액은 (378,000,000 + 450,000,000) / 2 = 414,000,000원이다.

[32-33]

32 문제해결능력 정답 ④

[팀별 경기 기록]에 따르면 각 팀의 승률은 각 팀이 치른 모든 경기 결과에서 {승리한 경기 수 / (승리한 경기 수 + 패배한 경기 수) × 100}으로 산출하므로 갑~무 5개 각각의 팀이 치른 모든 경기 결과에서의 승리한 경기 수와 패배한 경기 수를 구하여 계산한다. 이에 따라 계산한 갑~무 5개 팀의 승패 경기 수에 따른 승률은 다음과 같다.

구분	승리한 경기 수	패배한 경기 수	승률
갑	10+9+9+12=40경기	18+15+22+13=68경기	{40 / (40+68)} × 100 ≒ 37.0%
을	18+13+8+8=47경기	10+18+24+24=76경기	{47 / (47+76)} × 100 ≒ 38.2%
병	15+18+18+10=61경기	9+13+9+22=53경기	{61 / (61+53)} × 100 ≒ 53.5%
정	22+24+9+6=61경기	9+8+18+26=61경기	{61 / (61+61)} × 100=50.0%
무	13+24+22+26=85경기	12+8+10+6=36경기	{85 / (85+36)} × 100 ≒ 70.2%

이때, 승률이 가장 높은 팀은 승률이 70.2%인 무 팀이며, 승률이 가장 낮은 팀은 승률이 37.0%인 갑 팀이다.
따라서 승률이 가장 높은 팀과 가장 낮은 팀의 승률을 합한 값은 70.2+37.0=107.2%이다.

33 문제해결능력 정답 ②

[팀별 외국인 타자의 평가항목별 점수]에 따르면 5개의 평가항목 외 다른 평가항목은 없으므로 팀별 외국인 타자 5명의 평가항목별 점수와 평가항목별 가중치를 고려하여 다시 계산한 평가항목별 점수를 합산한 총점은 다음과 같다.

구분	타격 정확도	힘	수비	스피드	신체 조건	총점
갑 팀 타자	18점	11점	15점	13점	17점	(18 × 0.3)+(11 × 0.4)+(15 × 0.15)+(13 × 0.05)+(17 × 0.1)=14.4점
을 팀 타자	12점	15점	18점	15점	17점	(12 × 0.3)+(15 × 0.4)+(18 × 0.15)+(15 × 0.05)+(17 × 0.1)=14.75점
병 팀 타자	16점	12점	13점	12점	18점	(16 × 0.3)+(12 × 0.4)+(13 × 0.15)+(12 × 0.05)+(18 × 0.1)=13.95점
정 팀 타자	15점	18점	17점	18점	11점	(15 × 0.3)+(18 × 0.4)+(17 × 0.15)+(18 × 0.05)+(11 × 0.1)=16.25점
무 팀 타자	18점	13점	11점	16점	16점	(18 × 0.3)+(13 × 0.4)+(11 × 0.15)+(16 × 0.05)+(16 × 0.1)=14.65점

이때, 다시 계산된 평가항목별 점수를 합산한 총점이 가장 높은 타자는 총점이 16.25인 정 팀 타자이며, [팀별 경기 기록]에서 정 팀이 치른 전체 경기의 결과는 22+24+9+6=61승 1+0+5+0=6무 9+8+18+26=61패로 정 팀이 치른 전체 경기 수는 61+6+61=128경기이다.
따라서 정 팀이 치른 전체 경기 수 중 무승부로 끝난 경기 수의 비율은 (6 / 128) × 100 ≒ 4.7%이다.

[34-35]

34 문제해결능력 정답 ③

'2. 용어의 정의'에 따르면 대기근무자는 회사의 비상근무명령을 받아 소집되었으나 현장에 투입되지 않거나 상황근무를 하지 않는 근무자이며, 기상 및 언론 모니터링 등의 업무에 투입되는 근무자는 상황근무자이므로 옳지 않은 내용이다.

오답 체크

① '2. 용어의 정의'에 따르면 회사의 비상근무명령을 받아 소집되어 피해 및 복구현황 집계·보고의 임무를 수행하는 자는 상황근무자이며, '4. 비상근무비 지급기준'에 따르면 상황근무자는 백색, 청색, 적색비상 시에 모두 근무하므로 옳은 내용이다.
② '4. 비상근무비 지급기준'에 따르면 실제 근무 시간이 24시간을 초과했을 시에는 초과된 시점부터 새로이 근무 시간을 산정하여 26시간을 근무한 대기근무자는 24시간의 비상근무비에 2시간의 초과 비상근무비를 더해 75,000+15,000=90,000을 비상근무비로 받으며 12시간을 근무한 상황근무자는 90,000원을 받으므로 옳은 내용이다.
④ '4. 비상근무비 지급기준'에 따르면 실제 근무 시간이 24시간을 초과했을 시에는 초과된 시점부터 새로이 근무 시간을 산정하여 30시간을 근무한 현장근무자는 24시간의 비상근무비와 6시간의 초과 비상근무비를 더해 총 150,000+60,000=210,000원을 받으며, 24시간 이하 근무자의 대체휴무 1일+8시간 미만 근무자의 대체휴무 0.5일로 총 1.5일 받으므로 옳은 내용이다.
⑤ '5. 대체휴무 사용 기준'에 따르면 비상근무자는 근무종료일 이후 재난발생, 연속휴전 등의 사유로 휴무를 사용하지 못할 경우에는 피해복구가 완료된 날로부터 15일 이내까지만 사용할 수 있으므로 옳은 내용이다.

35 문제해결능력 정답 ⑤

'3. 비상근무지시 기준'에 따르면 국가의 중요행사 진행 시 시설에 직접적인 피해 발생이 예상되는 경우에 따라 시설 고장 예방을 위한 작업이 필요한 때에 사업소장이 사내 담당 직원에게 비상근무를 지시할 수 있으나 시설의 간접적인 피해가 예상되어 사전 점검이 필요한 상황에는 사업소장이 사내 담당 직원에게 비상근무 편성을 지시할 수 없으므로 옳지 않은 내용이다.

36 문제해결능력 정답 ②

제시된 자료를 기반으로 정리한 A 유통회사의 SWOT 분석 결과는 다음과 같다.

강점 (Strength)	· 식료품 관련 PB의 높은 인기로 제품 경쟁력 확보 · 최첨단 배송 시스템 구축 및 안정적인 온라인 전용 물류센터 보유 · 긍정적인 브랜드 이미지와 높은 소비자 인지도
약점 (Weakness)	· 식료품에 비해 저조한 생활용품 분야 PB 제품 매출 · 무리한 점포 확장으로 인한 적자 폭 확대 · 경쟁사 대비 자금 조달 능력의 부족
기회 (Opportunity)	· 1인 가구 증가로 인한 간편식 시장 규모 확대 · 영상 플랫폼을 통해 정보를 얻는 소비자 증가 · 복합형 쇼핑 시설을 선호하는 소비 트렌드 확산
위협 (Threat)	· 저가 전략을 내세운 외국 유통회사의 국내 진출 활성화 · 유통산업발전법에 따른 대형 마트 영업 규제 강화 · 온라인 시장의 성장으로 인한 오프라인 매출 감소

② 강점 요소인 식료품 관련 PB의 제품 경쟁력으로, 기회 요소인 1인 가구 증가에 따른 간편식 시장 규모 확대를 활용하는 SO(강점-기회) 전략에 해당하므로 가장 적절하다.

오답 체크

① 강점 요소인 최첨단 배송 시스템과 안정적인 온라인 전용 물류센터로, 위협 요소인 대형 마트 영업 규제 강화에 대응하는 ST(강점 - 위협) 전략에 해당한다.

③ 위협 요소인 저가 전략을 내세우는 외국 유통회사의 국내 진출에 대응하기 위해 약점 요소인 생활용품 분야 PB 제품의 낮은 매출을 품질 개선과 제품력 홍보에 집중하여 해결하는 WT(약점 - 위협) 전략에 해당한다.

④ 약점 요소인 무리한 점포 확장으로 인한 적자 폭의 확대를 매출이 저조한 점포끼리 통폐합하여 해결하고, 기회 요소인 복합형 쇼핑 시설을 선호하는 소비 트렌드를 활용하는 WO(약점 - 기회) 전략에 해당한다.

⑤ 기회 요소인 영상 플랫폼으로 정보를 얻는 소비자의 증가를 활용하기 위해 강점 요소인 높은 소비자 인지도와 제품 및 가격 경쟁력을 강조하는 SO(강점 - 기회) 전략에 해당한다.

[37 - 38]

37 문제해결능력 정답 ③

'4. 유의 사항'에 따르면 채용형 인턴 합격 후 인턴 기간 동안 채용에 부적격하다고 인정될 때에는 인턴 성적을 0점 처리하고 정규직 전환 대상에서 제외되며, 부적격자를 포함한 전체 인원 중 인턴 성적이 우수한 순으로 최대 80% 인원만 정규직 전환 가능하여 부적격자에 해당하지 않더라도 인턴 성적이 하위 10%인 경우 정규직 전환이 불가능하므로 옳은 내용이다.

오답 체크

① '1. 모집 분야 및 선발 인원'에 따르면 인사 2명, 총무 3명, 회계 1명, 전산 1명으로 총 7명을 모집하며, '2. 전형 단계'에 따라 서류전형은 모집 분야별로 선발 인원의 8배수 이내 인원을 선발하여 서류전형 동점자가 없다면 서류전형에 합격한 사람은 최대 7 × 8 = 56명이므로 옳지 않은 내용이다.

② '2. 전형 단계'에 따르면 인성면접 일시는 20XX. 5. 13.(목) 14시이고, 직무면접 일시는 20XX. 5. 14.(금) 14시로 인성면접은 직무면접을 진행하기 바로 전날 진행하므로 옳지 않은 내용이다.

④ '3. 채용 우대 사항'에 따르면 특별 우대 대상자가 면접전형에서 부여받는 가산점은 지원자 점수의 5%, 체험형 인턴 우대 대상자가 면접전형에서 부여받는 가산점도 지원자 점수의 5%로 두 지원자의 면접전형 점수가 동일하다면 면접전형에서 부여받는 가산점도 동일하므로 옳지 않은 내용이다.

⑤ '4. 유의 사항'에 따르면 입사지원서 및 자기소개서에 기재한 내용, 제출 서류 기재 사항이 허위 혹은 위·변조임이 판명될 경우 영구적으로 지원 불가 및 입사 제한되므로 옳지 않은 내용이다.

38 문제해결능력 정답 ②

'3. 채용 우대 사항'에 따르면 특별 우대는 국민기초생활수급자, 다문화 가족, 이전지역인재 등으로 특별 우대 대상자인 B, D, F, G는 서류전형과 필기전형은 지원자 점수의 10%씩, 면접전형은 지원자 점수의 5% 가산점이 부여된다. 또한, 체험형 인턴 우대는 인턴 기간이 6개월 이상으로 OO공사 체험형 인턴 수료자에 한하여 전형별로 지원자 점수의 5%씩 가산점을 부여받는다. 이때, A는 인턴 기간이 8개월이지만 △△공사에서 체험형 인턴을 수료하여 체험형 인턴 우대 대상자가 아니고, E는 OO공사에서 체험형 인턴을 수료하였지만 기간이 4개월로 6개월 미만이므로 체험형 인턴 우대 대상자가 아니며, C는 OO공사에서 6개월 체험형 인턴을 수료하여 체험형 인턴 우대 대상자이므로 전형별로 지원자 점수의 5%씩 가산점을 부여받는다. 이에 따라 가산점을 적용한 최종 합격자별 총점은 다음과 같다.

구분	서류 전형	필기 전형	면접 전형	총점
A	84점	82점	83점	84 + 82 + 83 = 249점
B	81 × 1.1 = 89.1점	75 × 1.1 = 82.5점	74 × 1.05 = 77.7점	89.1 + 82.5 + 77.7 = 249.3점
C	82 × 1.05 = 86.1점	78 × 1.05 = 81.9점	80 × 1.05 = 84점	86.1 + 81.9 + 84 = 252점
D	76 × 1.1 = 83.6점	79 × 1.1 = 86.9점	78 × 1.05 = 81.9점	83.6 + 86.9 + 81.9 = 252.4점
E	83점	85점	81점	83 + 85 + 81 = 249점
F	77 × 1.1 = 84.7점	76 × 1.1 = 83.6점	80 × 1.05 = 84점	84.7 + 83.6 + 84 = 252.3점
G	75 × 1.1 = 82.5점	83 × 1.1 = 91.3점	72 × 1.05 = 75.6점	82.5 + 91.3 + 75.6 = 249.4점

따라서 총점이 250점 이상인 합격자는 C, D, F로 총 3명이다.

[39-40]

39 문제해결능력 정답 ④

'2. 응모 자격'에 따르면 휴학생을 포함한 국내 대학 및 대학원 재학생으로 전공 불문 1팀당 2인 이내로 팀을 구성하므로 전공에 관계없이 대학교 휴학생만으로 구성된 팀은 공모전에 참가할 수 있음을 알 수 있다.

오답 체크

① '4. 시상 내역'에 따르면 해외 건축 기행은 장려상을 제외한 팀원 모두 참가 가능하나, 본인 사유로 불참 시 별도의 보상은 없으므로 적절하지 않다.

② '5. 유의사항'에 따르면 이전까지 진행된 대학생 주택건축대전 공모전에서 동상 이상을 수상한 사람은 20XX년 공모전에 참여할 수 없으므로 적절하지 않다.

③ '4. 시상 내역'에 따르면 입사 지원 시 가점은 수상일로부터 서류 접수 마감일 기준 3년 내 1회만 제공되므로 적절하지 않다.

⑤ '3. 공모 절차'에 따르면 1차 접수에서 판넬 축소본 및 전자파일을 제출하고, 2차 접수에서 판넬과 모형을 제출해야 하므로 적절하지 않다.

40 문제해결능력 정답 ③

'4. 시상 내역'에 따르면 대상, 금상, 은상은 각 1팀, 동상은 2팀, 장려상은 15팀이 수상하게 되므로 수상팀에게 제공되는 장학금은 총 300 + 200 + 150 + 100 × 2 + 80 × 15 = 2,050만 원이고, 해외 건축 기행은 장려상을 제외한 팀원 모두 참가할 수 있으므로 1인 1팀으로 구성된 금상 1팀, 은상 1팀, 동상 1팀과 2인 1팀으로 구성된 대상 1팀, 동상 1팀으로 해외 건축 기행에는 총 1 × 3 + 2 × 2 = 7명이 참가할 수 있다. 이에 따라 해외 건축 기행에 소요되는 비용은 50 × 7 = 350만 원이다.

따라서 장학금과 해외 건축 기행에 소요되는 총비용은 2,050 + 350 = 2,400만 원이다.

NCS 실전모의고사 4회

정답 · 해설

01 의사소통	02 의사소통	03 의사소통	04 의사소통	05 의사소통	06 의사소통	07 의사소통	08 의사소통	09 의사소통	10 의사소통
③	③	③	①	③	④	③	②	③	④
11 의사소통	12 의사소통	13 의사소통	14 수리	15 수리	16 수리	17 수리	18 수리	19 수리	20 수리
②	④	④	③	③	③	②	④	②	④
21 수리	22 수리	23 수리	24 수리	25 수리	26 수리	27 문제해결	28 문제해결	29 문제해결	30 문제해결
③	②	②	②	⑤	②	④	②	①	③
31 문제해결	32 문제해결	33 문제해결	34 문제해결	35 문제해결	36 문제해결	37 문제해결	38 문제해결	39 문제해결	40 문제해결
④	②	③	③	③	③	②	③	④	②

[01-02]

01 의사소통능력 정답 ③

'4. 기타사항'에 따르면 선정심사 제안서는 제안서 접수 기한 내에 제출 장소에 도달해야 하며, 접수 기한 내에 도달하지 못한다면 선정심사 대상에서 제외되므로 선정심사 제안서를 제출했음에도 선정심사 대상에서 제외되었다면 제안서가 접수 기한 안에 제출 장소에 도달하지 못한 경우에 해당함을 알 수 있다.

오답 체크

① '3. 위탁 업무 및 수수료'에 따르면 권리분석의 건당 수수료는 평일 및 주말에 상관없이 40,000원이고, 평일에 수행한 계약 체결 업무의 건당 수수료는 60,000원, 주말에 수행한 계약 체결 업무의 건당 수수료는 평일보다 20,000원이 더 많은 80,000원이므로 적절하지 않다.
② '2. 모집 내용 - 1)'에 따르면 희망 권역 1순위로 김해 권역을 신청하기 위해서는 법무법인의 사무소 소재지 또는 소재지의 연접시에 해당하는 지역이 김해시, 양산시, 밀양시 중 1개 이상이 있으면 되므로 적절하지 않다.
④ '4. 기타사항'에 따르면 심사의 공정함을 위해 비계량 항목을 평가할 때는 업체명을 공개하지 않으므로 적절하지 않다.
⑤ '3. 위탁 업무 및 수수료 - 6)'에 따르면 출장비는 사무소가 소재한 시·군 외 지역의 출장지에서 계약 체결 및 대항력 조사 업무를 수행했을 때에 한하여 지급하므로 적절하지 않다.

02 의사소통능력 정답 ③

'4. 기타사항'에 따르면 권역별 1순위 신청자 중 선정자가 없을 경우에는 후순위 신청자 중 고득점순으로 선정되므로 1순위 신청자 중 선정 기준에 따른 선정자가 없을 경우에는 1순위 신청자 중 60점 미만의 신청자 중에서 최고득점자가 선정된다는 답변은 가장 적절하지 않다.

오답 체크

① '2. 모집 내용 - 3)'에 따르면 수행기간은 20X1년 5월 1일부터 20X3년 4월 30일까지로 총 2년이므로 적절하다.
② '4. 기타사항'에 따르면 전세임대 계약 업무 수탁자 선정 시 평점 60점 이상의 권역별 1순위 신청자 중 고득점순으로 선정하므로 적절하다.
④ '3. 위탁 업무 및 수수료 - 6)'에 따르면 출장비는 이동거리를 기준으로 책정하되, 여건에 따라서 50% 내의 범위 내에서 조정할 수 있으므로 적절하다.
⑤ '4. 기타사항'에 따르면 제출한 제안신청서 및 증빙서류는 반환하지 않으므로 적절하다.

[03-04]

03 의사소통능력 정답 ③

3문단에서 ESS가 에너지를 저장하는 방식은 전지에 화학적으로 에너지를 저장하는 배터리 방식 외에도 양수발전이나 압축공기 저장 등 물리적으로 에너지를 저장하는 비배터리 방식으로 나뉜다고 하였으므로 ESS가 화학적 · 물리적으로 에너지를 저장하기 위해서는 반드시 저장 매체로 배터리가 있어야 하는 것은 아님을 알 수 있다.

오답 체크

① 5문단에서 가정용, 산업부문 피크 저감용, 신재생에너지 발전 연계용 등 여러 용도로 사용할 수 있는 ESS가 개발되고 있다고 하였으므로 적절하다.
② 4문단에서 PCS는 배터리에 저장된 직류를 교류로 바꾸어 방전하거나 전력계통의 교류를 직류로 변환하여 충전한다고 하였으므로 적절하다.
④ 1문단에서 신재생에너지는 출력 변동이 심해 안정적인 전력 공급과 양질의 전력 품질 유지가 어려우며, 전력계통의 불확실성 문제가 발생하자 이에 대한 해결방안으로 ESS가 대두되었다고 하였으므로 적절하다.
⑤ 2문단에서 ESS는 전력을 저장해 두었다가 필요할 때 공급하여 효과적인 전력 수요 관리가 가능하다고 하였으므로 적절하다.

04 의사소통능력 정답 ①

제시된 글의 내용과 일치하는 것은 없다.

오답 체크

㉠ 3문단에서 ESS는 전기를 생산하는 발전 영역, 전기를 수송하는 송배전 영역, 전기를 소비하는 소비자 영역 모두 적용할 수 있다고 하였으므로 적절하지 않은 내용이다.
㉡ 5문단에서 KG-ESS는 발전량이 많아 주파수가 올라가면 전력을 저장하고 발전량이 적어 주파수가 낮아지면 전력을 내보내 한국 표준 주파수를 일정하게 유지한다고 하였으므로 적절하지 않은 내용이다.
㉢ 1문단에서 최근 정부의 에너지 전환 정책에 의해 신재생에너지의 확대가 더욱 중요해지면서 ESS의 역할도 함께 커지고 있다고 하였으므로 적절하지 않은 내용이다.
㉣ 4문단에서 BMS는 배터리 내부 상태를 감시하는 기능을 하며, PCS와 배터리에 충·방전 제어 명령을 내리는 것은 PMS라고 하였으므로 적절하지 않은 내용이다.

[05-06]

05 의사소통능력 정답 ③

2문단에서 콘크리트의 강도는 골재들 간의 접촉 정도에 비례한다고 하였으며, 콘크리트를 구성하는 재료를 배합할 때 서로 다른 크기의 골재를 사용하면 콘크리트의 강도를 높일 수 있다고 하였으므로 배합 시 크기가 다양한 골재보다 비슷한 크기의 골재들을 사용하면 콘크리트의 강도가 높아지는 것은 아님을 알 수 있다.

오답 체크

① 3문단에서 콘크리트는 당기는 힘인 인장력, 크기가 같고 방향이 반대가 되도록 단면에 평행하게 작용하는 힘인 전단력에 매우 취약한 반면, 철근은 인장력과 전단력에도 쉽게 부서지지 않아 콘크리트의 단점을 보강하기 위해 등장했다고 하였으므로 적절한 내용이다.
② 4문단에서 철근과 콘크리트의 열팽창계수가 비슷하기 때문에 외부의 온도가 변함에도 쉽게 균열이 생기지 않는다고 하였으므로 적절한 내용이다.
④ 1문단에서 콘크리트는 시멘트와 자갈, 모래, 물, 소량의 혼화재료를 배합해서 만들어지며, 이들은 시간이 경과할수록 서로 결합하면서 굳어지는 수화 반응이 일어나 경화된 최종 콘크리트가 만들어진다고 하였으므로 적절한 내용이다.
⑤ 4문단에서 건설 현장에서 철근 콘크리트를 세울 때 정글짐과 같은 형태로 철근을 설계하는데, 이때 수평의 철근은 인장력을, 수직의 철근은 전단력을 강하게 만든다고 하였으므로 적절한 내용이다.

06 의사소통능력 정답 ④

빈칸 앞에서는 콘크리트의 강도와 밀도는 혼합된 재료의 비율에 따라 달라진다는 내용을 말하고 있고, 빈칸 뒤에서는 시멘트의 비율을 높일 경우 경화된 콘크리트의 내구성과 강도가 증가하고, 물의 함량을 높이면 경화된 콘크리트의 강도가 떨어진다는 내용을 말하고 있다.
따라서 앞의 내용에 대한 예시를 들 때 사용하는 접속어 '예컨대'가 들어가야 한다.

07 의사소통능력 정답 ③

'4. 등기할 사항 - 이전'에 따르면 소유권이전, 전세권이전, 저당권이전과 같은 사항을 등기하는 이전 등기는 어떤 자에게 귀속되어 있던 권리가 다른 사람에게 옮겨가는 것으로, 이전으로 인한 등기는 소유권뿐 아니라 소유권 이외의 권리에도 인정되므로 어떤 자에게 귀속되어 있던 권리가 다른 사람에게 옮겨간 사항을 등기할 때는 소유권뿐 아니라 소유권 이외의 권리관계에도 효력이 발생함을 알 수 있다.

오답 체크

① '5. 등기부 내용 수정'에 따르면 등기가 일단 등기부에 기록되고 교합하여 등기가 완료되고 나면 그 등기신청 절차에 착오가 있더라도 이를 함부로 고칠 수는 없으나, 신청 착오인 경우에는 언제, 어떤 근거로 등기를 수정하는 것인지 확인할 수 있도록 새로운 등기란을 만들어 경정 등기를 하게 되므로 적절하지 않다.
② '3. 등기 가능 권리'에 따르면 부동산물권인 경우는 소유권, 지상권, 지역권, 전세권, 저당권이며, 부동산물권 중에서도 점유권, 유치권은 점유를 본질로 하는 권리이기 때문에 등기 가능한 권리에 해당하지 않으므로 적절하지 않다.
④ '2. 부동산 등기의 종류'에 따르면 변경 등기는 어떤 등기가 행하여진 후에 등기된 사항에 변동이 발생해 변경사항을 기재하는 등기를 말하며, 이미 행하여진 등기에 대해 그 절차에 착오가 발생하여 잘못 기재된 경우를 바로 잡기 위해 하는 등기는 경정 등기이므로 적절하지 않다.
⑤ '1. 부동산 등기란?'에 따르면 부동산 등기는 국가가 법원등기관으로 하여금 등기부에 부동산의 표시와 그 부동산에 관한 권리관계를 기재하는 일을 말하며, 부동산 등기는 누구나 등기기록을 열람하거나 등기사항 증명서를 발급받을 수 있으며, 이를 통해 해당 부동산에 관한 권리관계를 알 수 있으므로 적절하지 않다.

[08-09]

08 의사소통능력 정답 ②

'3. 공급대상별 청약자격'에 따르면 주택청약 종합저축에 가입한 지 6개월이 경과하고, 청약저축 포함 납입 횟수가 6회 이상이어야 주택청약 종합저축에 따르는 청약자격을 갖추었다고 할 수 있으므로 적절한 내용이다.

오답 체크

① '4. 입주자 선정방법 - 2)'에 따르면 혼인기간이 2년 초과 7년 이내이거나 3세 이상 6세 이하 자녀를 둔 신혼부부 또는 3세 이상 6세 이하 자녀를 둔 한부모 가족뿐만 아니라 1단계 우선 공급에서 낙첨된 자 모두를 대상으로 가점제로 공급하므로 적절하지 않다.

③ '2. 공급대상'에 따르면 예비 신혼부부의 경우 공고일로부터 1년 이내에 혼인 사실을 증명할 수 있어야 청약을 신청할 수 있으므로 적절하지 않다.

④ '4. 입주자 선정방법 - 1)'에 따르면 우선 공급 시 가점을 부여하는 항목에는 가구소득, 해당 시·도 연속 거주기간, 주택청약 종합저축 납입 인정 횟수가 있으므로 적절하지 않다.

⑤ '4. 입주자 선정방법 - 1)'에 따르면 가점항목 중 가구소득에서 1점의 가점을 부여받기 위해서는 맞벌이 가정의 경우 가구소득이 110% 초과에 해당해야 하므로 적절하지 않다.

09 의사소통능력 정답 ③

'4. 입주자 선정방법 - 2)'에 따르면 태아 및 입양아를 포함하여 미성년 자녀의 수가 3명 이상일 경우 미성년 자녀 수 가점은 3점이므로 태아 1명을 포함한 미성년 자녀 수가 3명인 신혼부부의 경우 미성년 자녀 수에 대한 가점은 3점임을 알 수 있다.

오답 체크

① '4. 입주자 선정방법 - 2)'에 따르면 신청자가 만 30세 이전 혼인한 경우에는 혼인신고일부터 공고일 기준으로 세대구성원 전원이 계속하여 무주택인 기간을 합산해 1년 이상 3년 미만이라면 가점이 2점이므로 적절하지 않다.

② '4. 입주자 선정방법'에 따르면 1단계 우선 공급과 2단계 잔여 공급에서 모두 입주자저축 가입 확인서를 기준으로 24회 이상 주택청약 종합저축에 납입했음을 인정받아야 3점의 가점을 받으므로 적절하지 않다.

④ '4. 입주자 선정방법'에 따르면 해당 시·도 연속 거주기간은 1단계 우선 공급과 2단계 잔여 공급에서 모두 1년 미만일 경우 1점, 1년 이상 2년 미만일 경우 2점, 2년 이상일 경우 3점이 가점되므로 적절하지 않다.

⑤ '4. 입주자 선정방법 - 1)'에 따르면 2세 이하의 자녀를 둔 한부모 가족은 가점제로 우선 공급 대상자에 해당하므로 적절하지 않다.

10 의사소통능력 정답 ④

'4. 시상내역'에 따르면 3위는 상금 300만 원, 4위는 상금 200만 원을 수상하며 상금의 경우 부가세뿐만 아니라 과제에 대한 제안 내용 등 제안서에 명시된 계획이나 아이디어 일체에 대한 사용권이 포함되므로 3, 4위 수상자가 받는 상금에는 과제 내용과 제안서에서 제시하고 있는 아이디어 전부에 대한 사용권이 모두 포함되어 있음을 알 수 있다.

오답 체크

① '3. 공모방식 - 1)'에 따르면 공모방법은 □□지구에 대한 과제 1, 과제 2를 모두 수행해야 하며, 과제 1의 경우 대상지구 중 1개 BL의 대지 일부에 저층과 중층 주동설계 및 특화를 진행하면 되므로 적절하지 않다.

② '2. 응모방법 - 1)'에 따르면 응모방법은 ○○토지주택공사 본사 8층 미래주택기획처에 방문하거나 E-mail로 접수해야 하므로 적절하지 않다.

③ '1. 목적'에 따르면 □□지구 설계 아이디어 공모전의 시행 목적은 지역 특색을 반영한 유기적인 공간계획을 만들기 위함에 있으므로 적절하지 않다.

⑤ '2. 응모방법 - 2)'에 따르면 응모하기 위해서는 공고일 기준 만 45세 이하인 건축사이면서 최근 5년 내 신진건축사상이나 젊은 건축가상 등 수상 경력이 있어야 하고, 공동주택 설계 경험이 있는 건축가로서 협회로부터 추천을 받은 자여야 하므로 적절하지 않다.

11 의사소통능력 정답 ②

빈칸 앞에서 고전주의자들은 완전한 인간을 추구하면서 합리성과 질서를 중요하게 여겼다는 내용을 말하고 있고, 빈칸 뒤에서는 고전주의하에서 개성 또는 독창성보다 규범성과 보편성을 추구함에 따라 개성적인 것이 경시되고, 작가의 상상력 및 천재성이 평가절하되었다는 내용을 말하고 있다.
따라서 빈칸에는 완전한 인간을 추구하며 합리성과 질서를 중시한 고전주의자들에게 있어서 자연스럽고 일상적인 것들이 기발한 것보다 중시되었다는 내용이 들어가야 한다.

12 의사소통능력 정답 ④

이 글은 조건화된 장소 선호가 나타나는 원리를 뇌 과학적 측면에서 설명하는 내용이므로 이 글의 제목으로 가장 적절한 것은 ④이다.

오답 체크

① 뇌에서 엔도르핀이 분비되거나 몸에 모르핀을 투약하면 행복감을 느끼며 특정 장소에 관한 좋은 기억이 형성된다고 하였지만, 글 전체를 포괄할 수 없으므로 적절하지 않은 내용이다.

② 보상이 주어지는 특정 장소에 대해 CPP가 발생한다고 하였지만, CPP가 발생하는 장소의 차이점에 대해서는 다루고 있지 않으므로 적절하지 않은 내용이다.

③ 쥐 실험을 통해 특정 방에 오래 머물수록 그 방을 선호한다고 해석할 수 있다고 하였지만, 글 전체를 포괄할 수 없으므로 적절하지 않은 내용이다.
⑤ 어떤 장소에 갔을 때 좋은 일이 생긴다고 학습하면서 그 장소에 애착을 가지게 되는 것이 조건화된 장소 선호라고 하였지만, 조건화된 장소 선호의 유형별 사례에 대해서는 다루고 있지 않으므로 적절하지 않은 내용이다.

13 의사소통능력 정답 ④

한글 맞춤법 제30항에 따라 뒷말의 첫소리가 본래 된소리나 거센소리이면 사이시옷을 받치어 적지 않으므로 ㉣을 '아랫쪽'으로 수정하는 것은 가장 적절하지 않다.

오답 체크

① 한글 맞춤법 제11항에 따라 모음이나 'ㄴ' 받침 뒤에 이어지는 '렬, 률'은 '열, 율'로 적으므로 ㉠은 '백분율'로 수정하는 것이 적절하다.
② ㉡에서 '-하'는 '그것과 관련된 조건이나 환경'의 뜻을 더하는 접미사로 사용되었으므로 '기상현상하에서는'으로 수정하는 것이 적절하다.
③ ㉢에서 '로서'는 지위나 신분 또는 자격을 나타내는 격 조사이므로 어떤 일의 수단이나 도구를 나타내는 격 조사 '로써'로 수정하는 것이 적절하다.
⑤ 한글 맞춤법 제51항에 따라 부사의 끝음절이 분명히 '이'로만 나는 것은 '-이'로 적고, '히'로만 나거나 '이'나 '히'로 나는 것은 '-히'로 적으므로 '일일이'로 수정하는 것이 적절하다.

[14-15]

14 수리능력 정답 ③

2018년 전체 어린이집 수가 2,000개소 이상인 지역은 서울, 인천, 경기, 경남 총 4개 지역이고, 2019년 전체 어린이집 수가 2,000개소 이상인 지역도 서울, 인천, 경기, 경남 총 4개 지역이므로 옳은 설명이다.

오답 체크

① 2020년 경기의 어린이집이 모두 민간이라면 서울의 민간 어린이집 수는 최대 11,510 - 10,761 = 749개소이므로 옳지 않은 설명이다.
② 전국의 전체 어린이집 수와 민간 어린이집 수의 차이는 2019년에 37,371 - 12,568 = 24,803개소, 2020년에 35,352 - 11,510 = 23,842개소이므로 옳지 않은 설명이다.
④ 2016년 전체 어린이집 수가 1,000개소 미만인 지역은 울산, 세종, 제주이며, 울산과 제주의 2017년 이후 전년 대비 증감 추이는 모두 감소이지만 세종의 2017년 이후 전년 대비 증감 추이는 증가, 증가, 증가, 감소이므로 옳지 않은 설명이다.
⑤ 2020년 경기의 전체 어린이집 수는 충북의 전체 어린이집 수의 10,761 / 1,082 ≒ 9.9배이므로 옳지 않은 설명이다.

15 수리능력 정답 ③

서울, 인천, 경기를 제외한 모든 지역의 전체 어린이집 수는 2016년에 41,084 - (6,368 + 2,231 + 12,120) = 20,365개소, 2017년에 40,238 - (6,226 + 2,186 + 11,825) = 20,001개소이다.
따라서 2017년 서울, 인천, 경기를 제외한 모든 지역의 전체 어린이집 수의 전년 대비 감소량은 20,365 - 20,001 = 364개소이다.

[16-17]

16 수리능력 정답 ③

제시된 지역 중 2020년에 주차장 수가 두 번째로 적은 세종의 주차장 1개당 주차 대수는 10,000 / 701 ≒ 14.3대로 15대 미만이므로 옳은 설명이다.

오답 체크

① 2019년 전국의 주차장 수는 34,574개로 2018년 전국의 주차장 수인 37,623개보다 감소하였으므로 옳지 않은 설명이다.
② 2020년 서울과 경기의 안전표시판 수의 합은 29,038 + 15,507 = 44,545개로 전국 안전표지판 수의 (44,545 / 85,375) × 100 ≒ 52.2%로 55% 미만이므로 옳지 않은 설명이다.
④ 2018년부터 2020년까지 울산 주차장 수의 평균은 (372 + 367 + 368) / 3 = 369개이므로 옳지 않은 설명이다.
⑤ 2018년의 주차 대수가 50천 대가 넘는 지역은 서울, 경기, 경남 총 3곳이므로 옳지 않은 설명이다.

17 수리능력 정답 ②

㉡ 제시된 지역 중 2018년에 횡단도 수가 가장 적은 지역은 광주이고, 2020년에 횡단도 수가 가장 적은 지역은 제주이므로 옳지 않은 설명이다.

오답 체크

㉠ 2019년 전국의 안전표시판 수는 횡단도 수의 83,047 / 18,554 ≒ 4.5배로 4배 이상이므로 옳은 설명이다.
㉢ 2020년 강원의 주차장 수는 2년 전 대비 {(1,969 - 1,703) / 1,703} × 100 ≒ 15.6% 증가하였으므로 옳은 설명이다.
㉣ 2019년 이후 대구의 자전거 안전시설 수는 2018년에 2,505 + 545 = 3,050개, 2019년에 2,583 + 555 = 3,138개, 2020년에 2,771 + 584 = 3,355개로 지속적으로 증가하였고, 자전거 주차시설 수는 1,628개, 1,594개, 1,512개로 지속적으로 감소하여 증감 추이가 정반대이므로 옳은 설명이다.

[18-19]

18 수리능력 정답 ④

2019년 상반기 D 지역의 토지 거래량은 2018년 하반기 대비 감소하였으므로 옳지 않은 설명이다.

오답 체크

① 2020년 상반기 A~D 지역의 토지 거래량 합은 총 4,370+1,890+10,600+1,420=18,280필지이므로 옳은설명이다.

② 2019년 하반기 C 지역의 토지 거래량은 전년 동 반기 대비 {(9,750-8,100)/8,100}×100≒20.4% 증가하였으므로 옳은 설명이다.

③ D 지역 대비 A 지역의 상반기 토지 거래량 비율은 2018년에 4,050/1,250≒3.2, 2019년에 4,180/1,350≒3.1, 2020년에 4,370/1,420≒3.1로 매년 3.0 이상이므로 옳은 설명이다.

⑤ 2019년부터 2020년까지 B 지역의 1년 평균 토지 거래량은 {(1,820+1,870)+(1,890+1,930)}/2=3,755필지이므로 옳은 설명이다.

19 수리능력 정답 ②

제시된 자료에 따르면 2018년 상반기 대비 하반기 토지 거래량의 증가량은 A 지역이 4,100-4,050=50필지, B 지역이 1,800-1,700=100필지이고, 2019년 상반기 대비 하반기 토지 거래량의 증가량은 A 지역이 4,240-4,180=60필지, B 지역이 1,870-1,820=50필지이므로 옳은 그래프는 ②이다.

오답 체크

① 2018년 C 지역의 토지 거래량은 7,200+8,100=15,300필지이지만, 이 그래프에서는 16,000필지보다 높게 나타나므로 옳지 않은 그래프이다.

③ 2019년 토지 거래량은 B 지역이 1,820+1,870=3,690필지, D 지역이 1,350+1,370=2,720필지로 B 지역이 D 지역보다 크지만, 이 그래프에서는 B 지역이 D 지역보다 낮게 나타나므로 옳지 않은 그래프이다.

④ 2019년 상반기 대비 2020년 상반기 D 지역의 토지 거래량의 증가량은 1,420-1,350=70필지, 2019년 하반기 대비 2020년 하반기 B 지역의 토지 거래량의 증가량은 1,930-1,870=60필지이므로 옳지 않은 그래프이다.

⑤ 2020년 C 지역의 토지 거래량은 10,600+11,200=21,800필지이지만, 이 그래프에서는 22,500필지보다 높게 나타나므로 옳지 않은 그래프이다.

[20-21]

20 수리능력 정답 ④

2분기 전자지급결제대행 이용 금액 합계에서 신용카드 이용 금액이 차지하는 비중은 (360,058/465,683)×100≒77.3%이므로 옳지 않은 설명이다.

오답 체크

① 가상계좌 이용 건수는 4분기에 61,671천 건으로 3분기인 60,036천 건 대비 증가하였으나 이용 금액은 4분기에 60,553억 원으로 3분기인 60,691억 원 대비 감소하였으므로 옳은 설명이다.

② 3분기 기타 이용 금액은 1분기 대비 32,495-24,241=8,254억 원 증가하였으므로 옳은 설명이다.

③ 1분기부터 4분기까지 계좌이체 이용 건수의 평균은 (41,610+46,834+51,398+57,116)/4=49,239.5천 건이므로 옳은 설명이다.

⑤ 가상계좌 이용 건수당 이용 금액은 1분기에 55,452억 원/52,062천 건≒10.7만 원/건, 2분기에 54,445억 원/54,295천 건≒10.0만 원/건, 3분기에 60,691억 원/60,036천 건≒10.1만 원/건이므로 옳은 설명이다.

21 수리능력 정답 ③

2024년 4분기 계좌이체 이용 금액의 전 분기 대비 증가율은 {(26,400-25,492)/25,492}×100≒4%이므로 이후에도 증가율이 동일하게 유지된다면 2025년 1분기 계좌이체 이용 금액도 2024년 4분기 대비 4% 증가한다.

따라서 2025년 1분기 계좌이체 이용 금액은 26,400×(1+0.04)≒27,456억 원이다.

[22-23]

22 수리능력 정답 ②

2024년 수입물동량의 5년 전 대비 증가율은 {(753,013-629,370)/629,370}×100≒19.6%이므로 옳은 설명이다.

오답 체크

① 2019~2024년 중 물동량 합계가 처음으로 15억 톤을 넘은 2022년의 수출물동량은 전년 대비 301,581-296,356=5,225천 톤 증가하였으므로 옳지 않은 설명이다.

③ 연안물동량은 2022년에 266,882천 톤, 2023년에 261,851천 톤, 2024년에 218,744천 톤으로 2023년과 2024년에 전년 대비 감소하였으므로 옳지 않은 설명이다.

④ 2019년 전체 수출입물동량은 913,640천 톤으로 같은 해 전체 환적물동량의 4.5배인 209,570×4.5=943,065천 톤 이하이므로 옳지 않은 설명이다.

⑤ 2023년 환적수입물동량이 129,455천 톤, 환적수출물동량이 130,049천 톤으로 환적수입물동량이 환적수출물동량보다 적으므로 옳지 않은 설명이다.

23 수리능력 정답 ②

연안물동량은 2024년에 가장 적으므로 2024년 전체 수출입물동량에서 수입물동량이 차지하는 비중과 전체 환적물동량에서 환적수입물동량이 차지하는 비중을 각각 계산하여 그 차이를 구한다.

2024년 전체 수출입물동량에서 수입물동량이 차지하는 비중은 (753,013 / 1,089,406) × 100 ≒ 69.1%이고, 2024년 전체 환적물동량에서 환적수입물동량이 차지하는 비중은 (162,496 / 316,520) × 100 ≒ 51.3%이다.

따라서 2024년 전체 수출입물동량에서 수입물동량이 차지하는 비중과 전체 환적물동량에서 환적수입물동량이 차지하는 비중의 차이는 약 69.1 − 51.3 = 17.8%p이다.

[24 - 25]

24 수리능력 정답 ②

ⓛ 2024년 11월에 102m^2 초과 규모 B 지역 민간 아파트의 m^2당 평균 분양가격지수가 전월 대비 증가함에 따라 평균 분양가격도 전월 대비 증가하였으므로 옳은 설명이다.

ⓔ 2024년 12월에 C 지역 민간 아파트의 m^2당 평균 분양가격은 85m^2 초과 102m^2 이하 규모에서 5,097천 원으로 가장 높으므로 옳은 설명이다.

오답 체크

ⓐ 2024년 12월에 60m^2 이하 규모에서 A 지역 민간 아파트의 m^2당 평균 분양가격은 C 지역 민간 아파트의 m^2당 평균 분양가격의 8,691 / 4,710 ≒ 1.8배이므로 옳지 않은 설명이다.

ⓒ 제시된 기간 중 60m^2 초과 85m^2 이하 규모 A 지역 민간 아파트의 m^2당 평균 분양가격지수가 가장 높은 달은 11월이므로 옳지 않은 설명이다.

25 수리능력 정답 ⑤

2024년 9월에 85m^2 초과 102m^2 이하 규모에서 C 지역 민간 아파트의 m^2당 평균 분양가격은 5,097 × (134.6 / 131.2) ≒ 5,229천 원, B 지역 민간 아파트의 m^2당 평균 분양가격은 4,610 × (144.8 / 150.6) ≒ 4,432천 원이다.

따라서 2024년 9월에 85m^2 초과 102m^2 이하 규모에서 C 지역 민간 아파트 m^2당 평균 분양가격과 B 지역 민간 아파트 m^2당 평균 분양가격의 차이는 5,229 − 4,432 ≒ 797천 원이다.

26 수리능력 정답 ②

ⓛ 2022년에 온라인 교양 교육 1회당 온라인 교양 교육 인원은 27,586 / 536 ≒ 51.5명이고, 온라인 전문 교육 1회당 온라인 전문 교육 인원은 12,372 / 224 ≒ 55.2명이므로 옳은 설명이다.

ⓒ 2020년에 전체 교육 횟수에서 온라인 교양 교육 횟수가 차지하는 비중은 {553 / (9,613 + 897)} × 100 ≒ 5.3%이므로 옳은 설명이다.

오답 체크

ⓐ 2023년에 오프라인 교양 교육 인원은 전년 대비 감소하였지만, 오프라인 교양 교육 횟수는 전년 대비 증가하였으므로 옳지 않은 설명이다.

ⓔ 제시된 기간 중 오프라인 기타 교육 인원이 가장 많은 2022년에 오프라인 기타 교육 인원은 전년 대비 393 − 154 = 239명 증가하였으므로 옳지 않은 설명이다.

27 문제해결능력 정답 ④

제시된 조건에 따르면 일요일에 출근한 사람은 자신의 모든 진술을 거짓으로 말하고, 출근하지 않은 사람은 자신의 모든 진술을 진실로 말하고 있다고 하였으므로 거짓을 말하는 사람은 2명이다. 또한, D는 일요일에 출근을 하지 않았다는 E의 진술과 D는 일요일에 출근을 했다는 F의 진술이 모순되므로 2명 중 1명은 거짓을 말하고 있음을 알 수 있다. 먼저, E의 진술이 거짓인 경우, A와 D는 일요일에 출근을 하였으므로 A와 D의 진술도 모두 거짓이 되지만 이는 거짓을 말하는 사람이 2명이라는 조건에 모순되므로 E의 진술은 거짓이 아니다. 이에 따라 F의 진술이 거짓이며, E의 진술에 따라 A와 D는 모두 일요일에 출근을 하지 않았으므로 A와 D의 진술도 진실이다. C는 일요일에 출근을 했지만, 퇴근하기 전에 고객을 만나지는 않았다는 A의 진술에 따라 C의 진술은 거짓이다. 이때, 자신은 일요일에 출근을 하지 않았다는 B의 진술도 진실이므로 일요일에 출근을 한 사람은 C와 F이며, 퇴근하기 전에 고객을 만난 사람은 F이다.

따라서 D는 거짓을 말하고 있지 않으므로 항상 옳지 않은 설명이다.

오답 체크

① E는 일요일에 출근을 하지 않았으므로 항상 옳은 설명이다.

② B는 진실을 말하고 있으므로 항상 옳은 설명이다.

③ 일요일에 출근을 한 뒤, 퇴근하기 전에 고객을 만난 사람은 F이므로 항상 옳은 설명이다.

⑤ C는 일요일에 출근을 했지만, 퇴근하기 전에 고객을 만나지는 않았으므로 항상 옳은 설명이다.

28 문제해결능력 정답 ②

제시된 조건에 따르면 복합 쇼핑몰은 총 6층 건물이며, 대형마트, 여성복 매장, 남성복 매장, 식당가, 영화관, 웨딩홀은 모두 다른 층에 입점해 있고, 여성복 매장이 입점한 층과 남성복 매장이 입점한 층 사이에는 짝수개의 층이 있다고 하였으므로 여성복 매장이 입점한 층과 남성복 매장이 입점한 층 사이에는 2개 층이나 4개 층이 있다. 이때, 영화관은 홀수 층에 위치하고, 여성복 매장이 입점한 층수와 남성복 매장이 입점한 층수의 차는 영화관의 층수와 같고, 식당가와 영화관이 연속된 층에 입점해 있으며, 대형마트와 웨딩홀도 연속된 층에 입점해 있으므로 여성복 매장이나 남성복 매장이 위치할 수 있는 층은 1층과 4층 또는 1층과 6층이 된다. 여성복 매장이나 남성복 매장이 위치할 수 있는 층에 따라 가능한 경우는 다음과 같다.

[경우 1] 여성복 매장, 남성복 매장이 각각 1층이나 4층에 위치할 경우

6층	웨딩홀
5층	대형마트
4층	여성복 매장 또는 남성복 매장
3층	영화관
2층	식당가
1층	여성복 매장 또는 남성복 매장

[경우 2] 여성복 매장, 남성복 매장이 각각 1층이나 6층에 위치할 경우

6층	여성복 매장 또는 남성복 매장
5층	영화관
4층	식당가
3층	대형마트 또는 웨딩홀
2층	대형마트 또는 웨딩홀
1층	여성복 매장 또는 남성복 매장

따라서 대형마트는 1층에 입점해 있지 않으므로 항상 옳은 설명이다.

오답 체크

① 경우 2에 따르면 영화관은 5층에 입점해 있을 수도 있으므로 항상 옳은 설명은 아니다.
③ 경우 1, 2에 따르면 식당가는 영화관보다 낮은 층에 입점해 있으므로 항상 옳지 않은 설명이다.
④ 경우 2에 따르면 웨딩홀은 2층에 입점해 있을 수도 있으므로 항상 옳은 설명은 아니다.
⑤ 경우 1, 2에 따르면 여성복 매장은 4층 또는 6층에 입점해 있을 수도 있으므로 항상 옳은 설명은 아니다.

29 문제해결능력 정답 ①

제시된 조건에 따르면 푸드트럭은 총 6대이며, 모두 다른 시간에 도착하여 입장한다.
닭강정 트럭은 떡볶이 트럭보다 먼저 도착하며, 두 트럭 사이에는 최소 2대 이상의 트럭이 있으므로 떡볶이 트럭은 네 번째 또는 다섯 번째 또는 여섯 번째 순서로 도착했음을 알 수 있다. 또한, 떡볶이 트럭과 타코 트럭은 이웃하고, 타코 트럭은 첫 번째나 마지막으로 도착하지는 않으므로 타코 트럭이 도착할 수 있는 순서는 세 번째 또는 네 번째 또는 다섯 번째이다. 이때, 다코야키와 츄러스 트럭은 연속해서 도착하며, 다코야키 트럭이 츄러스 트럭보다 먼저 도착하고, 새우튀김 트럭과 츄러스 트럭은 서로 이웃하지 않음에 따라 가능한 경우는 다음과 같다.

구분	첫 번째	두 번째	세 번째	네 번째	다섯 번째	여섯 번째
경우 1	닭강정	새우튀김	타코	떡볶이	다코야키	츄러스
경우 2	닭강정	다코야키	츄러스	떡볶이	타코	새우튀김
경우 3	닭강정	다코야키	츄러스	타코	떡볶이	새우튀김
경우 4	다코야키	츄러스	닭강정	새우튀김	타코	떡볶이
경우 5	새우튀김	닭강정	다코야키	츄러스	타코	떡볶이
경우 6	닭강정	새우튀김	다코야키	츄러스	타코	떡볶이

따라서 타코 트럭이 다섯 번째로 도착하지 않는다면 닭강정 트럭은 첫 번째로 도착하므로 항상 옳은 설명이다.

오답 체크

② 츄러스 트럭은 두 번째 또는 네 번째로 도착할 수도 있으므로 항상 옳은 설명은 아니다.
③ 새우튀김 트럭은 첫 번째 도착할 수도 있으므로 항상 옳은 설명은 아니다.
④ 다코야키 트럭이 첫 번째로 도착한다면 타코 트럭은 다섯 번째로 도착하므로 항상 옳지 않은 설명이다.
⑤ 떡볶이 트럭이 네 번째, 타코 트럭이 다섯 번째로 도착할 수도 있으므로 항상 옳은 설명은 아니다.

30 문제해결능력 정답 ③

'1. 녹색건축 인증 수수료의 산정'에 따르면 녹색건축 인증 수수료 = (총 인건비 + 기술 경비 + 간접 경비) × 주거용 건축물 가중치 + 기타 경비이고, 인건비는 서류심사 인건비, 현장심사 인건비, 행정 인건비를 모두 합한 금액이다. 인건비 = 노임 단가 × 인원수 × 투입률 × 일수임에 따라 서류심사 인건비가 371,000 × 2 × 1 × 3 = 2,226,000원, 현장심사 인건비가 264,000 × 3 × 1 × 10 = 7,920,000원, 행정 인건비가 209,000 × 2 × 0.2 × 10 = 836,000원이므로 총 인건비는 2,226,000 + 7,920,000 + 836,000 = 10,982,000원이며, 기술 경비와 간접 경비는 총 인건비의 10%임에 따라 각 10,982,000 × 0.1 = 1,098,200원이다.
'2. 주거용 건축물 가중치'에 따라 공동주택의 경우 연면적별 가중치와 세대수별 가중치 중 더 작은 가중치를 적용하여 녹색건축 인증 수수료를 산정하므로, 연면적 55,000m^2에 대한 연면적별 가중치 0.8과 1,000세대에 대한 세대수별 가중치 1.0 중 더 작은 0.8을 적용한 녹색건축 인증 수수료는 (10,982,000 + 1,098,200 + 1,098,200) × 0.8 = 10,542,720원에 녹색건축 인증 1건에 대한 기타 경비 150,000원을 더해 10,542,720 + 150,000 = 10,692,720원이 된다.
따라서 건물 소유주 A가 지불해야 할 녹색건축 인증 수수료의 총액은 10,692,720원이다.

[31 - 33]

31 문제해결능력 정답 ④

'2. 적용수준'에 따르면 건설사업의 조사 - 설계 - 발주 - 조달 - 시공 - 감리 - 유지관리 등 모든 생애주기에 대해 BIM을 도입하며, 설계 시에는 BIM을 처음부터 활용한 전면설계를 원칙으로 하므로 가장 적절하지 않다.

오답 체크

① '2. 적용수준'에 따르면 병행설계는 2D와 BIM을 함께 활용하는 기술이고, 전면설계는 처음부터 BIM으로 설계하는 기술이므로 적절하다.
② '4. 연구 수행 체계'의 1-3에 따르면 라이브러리 유통 활성화를 위해 민간보유 라이브러리 통합 플랫폼 구축 및 품질검토 기술이 개발되므로 적절하다.
③ '3. 전략 분야 및 중점 추진 과제'에 따르면 1단계인 제도 개선 분야에서 BIM 기준과 제도를 제·개정하므로 적절하다.
⑤ '1. BIM이란?'에 따르면 BIM은 시설물의 생애주기 동안 발생하는 모든 정보를 3차원 모델 기반으로 통합하므로 적절하다.

32 문제해결능력 정답 ②

'4. 연구 수행 체계'에 따르면 건설산업 BIM 로드맵 기술 개발 수행 체계는 과제 1인 BIM 표준 환경 구축, 과제 2인 BIM 설계 자동화 기술 개발, 과제 3인 BIM 기반 시공 자동화 지원 기술 및 지능형 유지관리 기술 개발로 구분되며, 각각의 과제는 하위 항목이 3개로 나누이지므로 적절하다.

오답 체크

① '3. 전략 분야 및 중점 추진 과제'의 4단계에 따르면 산업 활성화를 위해 국가 BIM 통합 관리기관이 설립 및 운영되므로 적절하지 않다.
③ '3. 전략 분야 및 중점 추진 과제'의 1단계에 따르면 공공 부문의 경우 BIM 적용이 의무화되고, 민간 부문의 경우 설계 지원 사업이 확대되므로 적절하지 않다.
④ '4. 연구 수행 체계'의 2-3에 따르면 공정종류별 BIM 모델의 오류 및 누락을 검토하는 기술과 구조·에너지와 같은 성능분석 기술을 통해 최적대안을 산출하는 기술을 개발하므로 적절하지 않다.
⑤ '3. 전략 분야 및 중점 추진 과제'의 3단계에 따르면 인력 양성 분야에서 신규 인력 양성 및 기존 전문 인력의 숙련도 향상을 위해 과제가 추진되므로 적절하지 않다.

33 문제해결능력 정답 ③

㉢은 과제 3의 3-2인 3D 스캐너를 활용한 자동 측량, 3D 프린터, 지능형 중장비를 활용한 자동시공 등 건설 자동화 지원 기술 개발을 요약한 내용이므로 가장 적절하지 않다.

오답 체크

㉠은 과제 1의 1-1, ㉡은 과제 2의 2-1과 2-2, ㉣은 과제 3의 3-1, ㉤은 과제 3의 3-3을 요약한 내용이므로 적절하다.

34 문제해결능력 정답 ③

제7조에 따르면 부서별 청렴 마일리지 점수는 (부서원별 개인 청렴 마일리지 점수의 합 + 부서 청렴 마일리지 점수) / 부서원 수를 적용하여 구한다. 제5조 제1항에 따라 부서원별 청렴 마일리지 점수를 환산하면, 김미연이 청탁 신고로 50점과 인권 윤리 통합 교육 참석으로 100점을 받아 총 50 + 100 = 150점, 박채린이 청렴 콘텐츠 공모대회 우수상 수상으로 70점, 최영진이 인권 윤리 통합 교육 사내 강사이면서 사전 교육 1회 참석으로 20점과 인권 윤리 통합 교육 3회 진행으로 100 × 3 = 300점을 받아 총 320점, 고현승이 윤리 경영 아이디어 등록으로 50점이 된다. 이에 따라 A 부서의 부서원별 개인 청렴 마일리지 점수의 합은 150 + 70 + 320 + 50 = 590점이다.
A 부서의 부서 청렴 마일리지 점수는 자체 청렴도 측정 결과 평가군 내 2위로 4 × 15 = 60점, 청렴 옴부즈맨 제언 사항의 권고 이행으로 4 × 5 = 20점, 관리자가 인정한 부서별 윤리활동 관련 자료 등록으로 4 × 5 = 20점을 합한 60 + 20 + 20 = 100점이지만, 부서원 중 박채린과 고현승이 행동 강령 위반에 따라 각각 견책과 정직 처분을 받았으므로 제5조 제2항에 의거해 누적된 감점 비율인 6 + 12 = 18%가 부서 청렴 마일리지 점수에서 차감된다. 이에 따라 부서 청렴 마일리지의 최종 점수는 100 × 0.82 = 82점이 된다.
따라서 A 부서의 부서 평균 청렴 마일리지 점수는 (590 + 82) / 4 = 168점이다.

[35 - 36]

35 문제해결능력 정답 ③

3문단에 따르면 탄소배출권 이월은 탄소배출권 할당대상업체가 해당 계획기간 안에서의 다음 이행연도로, 또는 해당 계획기간의 마지막 이행연도에서 다음 계획기간의 최초 이행연도로 잉여 배출량을 넘기는 제도이므로 옳지 않은 내용이다.

오답 체크

① 4문단에 따르면 제2차 계획기간 동안의 이월제한제도로 인해 2019년도에서 2020년도로의 이월한도는 순매도량의 2배 수량만 가능하므로 옳은 내용이다.
② 1문단에 따르면 잉여 배출량 및 초과 배출량 매매 시 이산화탄소 1톤을 거래의 최소 단위로 하므로 옳은 내용이다.
④ 1문단에 따르면 탄소배출권 거래제는 기업이 실제로 배출한 온실가스의 양이 정부로부터 부여받은 배출 허용 총량보다 적어 실제로 배출하고 남은 배출 허용량만큼의 잉여 배출량이 발생했을 경우 배출 허용량을 초과한 기업에 탄소배출권을 팔 수 있다고 한 점에서 배출 허용 총량은 실제 배출량과 잉여 배출량의 합으로 나타낼 수 있으므로 옳은 내용이다.
⑤ 2문단에서 정부는 제3차 국가 탄소배출권 할당계획에서 69개의 업종 중 41개의 업종에 대한 유상할당 비중을 기존 3%에서 10%로 상향 조정하여 탄소배출권의 90%는 무상으로, 10%는 경매 등의 방법을 통해 유상으로 할당한다고 했으므로 옳은 내용이다.

36 문제해결능력 정답 ③

[A 기업의 연도별 실제 배출량 및 순매도량]에 따르면 제2차 계획기간인 2018년부터 2020년까지 A 기업에 할당된 배출 허용 총량은 매년 35만 톤이며, 3문단에서 잉여 배출량을 다음 연도로 이월할 경우 해당 수량은 다음 연도의 탄소배출 허용 총량에 합산된다고 하였다. 이때, 2017년도에서 2018년도로 이월된 탄소배출권은 없으므로 A 기업의 연도별 실제 배출량 및 순매도량에 따른 잉여 배출권 및 이월한도는 다음과 같다.

연도	실제 배출량	잉여 배출권	순매도량	이월한도
2018	240,000톤	350,000 - 240,000 = 110,000톤	27,500톤	27,500 × 3 = 82,500톤
2019	275,000톤	(350,000 - 275,000) + 82,500 = 157,500톤	52,500톤	52,500 × 2 = 105,000톤
2020	295,000톤	(350,000 - 295,000) + 105,000 = 160,000톤	100,000톤	(27,500 + 52,500 + 100,000)/3 = 60,000톤

이때, 이월제한제도에 따라 2020년도에서 2021년도로의 이월한도는 2018년부터 2020년까지의 연평균 순매도량만 가능하므로 (27,500 + 52,500 + 100,000) / 3 = 60,000톤을 이월할 수 있으므로 옳지 않은 내용이다.

오답 체크

① 4문단에 따르면 2019년도에서 2020년도로의 이월한도는 순매도량 2배의 수량으로 52,500 × 2 = 105,000톤이므로 옳은 내용이다.

② 4문단에 따르면 2018년도에서 2019년도로의 이월한도는 2018년도 순매도량의 3배 수량만 가능하며, 2018년도의 이월한도는 27,500 × 3 = 82,500톤이므로 옳은 내용이다.

④ 3문단에 따르면 잉여 배출량이 발생했다면 해당 수량에 직전 연도로부터 이월된 탄소배출권을 합산한 만큼의 잉여 배출권을 획득할 수 있으며, 이 잉여 배출권은 기업의 운영 목표에 따라 다음 연도로 이월하거나 매도하는 등으로 처리할 수 있기 때문에 2020년도의 잉여 배출량 중 최대 (350,000 - 295,000) + 105,000 = 160,000톤을 다음 연도로 이월하거나 매도하는 등의 방식으로 처리할 수 있으므로 옳은 내용이다.

⑤ 4문단에 따르면 이월제한제도에 따라 2018년도에서 2019년도로의 이월한도는 순매도량의 3배 수량만, 2019년도에서 2020년도로의 이월한도는 순매도량의 2배 수량만, 2020년도에서 2021년도로의 이월한도는 해당 계획기간의 연평균 순매도량만을 이월할 수 있어 2018년도의 이월한도는 82,500톤, 2019년도의 이월한도는 52,500 × 2 = 105,000톤, 2020년도의 이월한도는 (27,500 + 52,500 + 100,000)/3 = 60,000톤으로 2018년도의 이월한도와 2020년도의 이월한도를 합한 수량은 82,500 + 60,000 = 142,500톤은 2019년도의 이월한도 105,000톤보다 많으므로 옳은 내용이다.

37 문제해결능력 정답 ②

'1. 대출 대상'에 따르면 대출 신청은 배우자와 자신의 소득을 합한 연 소득이 5,000만 원 이하이면서 배우자와 자신의 자산을 합한 총자산이 3.25억 원 이하여야 하므로 본인과 배우자의 합산 연 소득이 5,000만 원을 초과하는 을과 총자산이 3.25억 원을 초과하는 정은 청년전용 전세자금 대출 대상에서 제외되어야 하지만, 다자녀 가구에 해당하는 을은 본인과 배우자의 소득을 합한 금액이 5,500만 원으로 6,000만 원을 넘지 않으므로 청년전용 전세자금을 위한 대출을 신청할 수 있다. 또한, 만 18세로 만 19세 미만에 해당하는 병과 임차 전용면적이 101.9m^2로 85m^2를 초과하는 무 역시 대출 대상 요건을 충족하지 않지만, 셰어하우스에 입주하는 경우 세대주 기준과 임차 전용면적을 만족하지 않아도 대출 신청이 가능하므로 병과 무 모두 대출을 신청할 수 있다. 이에 따라 정을 제외한 갑, 을, 병, 무가 청년전용 전세자금을 위한 대출 진행 시 적용되는 금리는 다음과 같다.

구분	기본금리	우대금리	최종 금리
갑	1.5%	0.5% + 0.3% = 0.8%	0.7%
을	2.1%	0.7%	1.4%
병	1.5%	0.3%	1.2%
무	1.8%	0.5%	1.3%

이때, 최종 금리가 1% 미만인 갑의 최종 금리는 1%로 하며 갑, 을, 병, 무 중 최종 금리가 가장 낮은 사람은 최종 금리가 1%인 갑이므로 갑이 받을 수 있는 최대 대출 한도는 호당 대출한도 8,000만 원과 전세금액의 80%인 8,500 × 0.8 = 6,800만 원 중 더 적은 금액인 6,800만 원이다.

따라서 갑~무 중 가장 낮은 금리로 청년전용 전세자금 대출을 받을 수 있는 사람의 최대 대출 한도는 6,800만 원이다.

[38 - 39]

38 문제해결능력 정답 ③

'2. 주거급여 신청기준'에 따르면 부양의무자의 소득·재산 유무와 상관없이 신청가구의 소득과 재산만을 종합적으로 반영한 소득인정액이 기준 중위소득의 45% 이하 가구일 경우 주거급여 신청이 가능하며, [첨부 1] 가구원 수별 기준 중위소득에 의한 가구원 수별 기준 중위소득의 45%는 다음과 같다.

구분	1인가구	2인가구	3인가구	4인가구	5인가구	6인가구
중위소득의 45%	1,827,831 × 0.45 ≒ 822,524	3,088,079 × 0.45 ≒ 1,389,636	3,983,950 × 0.45 ≒ 1,792,778	4,876,290 × 0.45 ≒ 2,194,331	5,757,373 × 0.45 ≒ 2,590,818	6,628,603 × 0.45 ≒ 2,982,871

이에 따라 가구원 수별 소득인정액이 기준 중위소득의 45%를 초과하는 A 가구와 C 가구는 주거급여 신청이 불가능하며, 가구원 수별 소득인정액이 가구원 수별 기준 중위소득의 45% 이하인 B 가구와 D 가구, E 가구는 주거급여 신청이 가능하다.
따라서 주거급여 신청이 가능한 가구를 모두 고르면 'B 가구, D 가구, E 가구'이다.

39 문제해결능력 　　정답 ④

'3. 지원내용 - 1)'에 따르면 임차급여의 지원 대상은 소득인정액이 중위소득 45% 이하인 자 중 타인의 주택 등에 거주하면서 임대차계약 등을 체결하고 실제 임차료를 지불하는 사람이며, 지원이네 가구의 가구원 수는 3명이고, 소득인정액은 1,537,000원/월으로 소득인정액이 3인가구 중위소득의 45% 이하이므로 임차급여의 지원 대상에 해당한다. 이때, 지급 기준에서 생계급여 선정기준은 기준 중위소득의 30%임을 알 수 있고, 3인가구의 생계급여 선정기준은 3,983,950 × 0.3 = 1,195,185원/월이므로 지원이네 가구는 소득인정액이 생계급여 선정기준보다 많다. 이에 따라 지원이네 가구는 임대차계약서에 따라 실제로 지불하는 임차료를 기준임대료 이하 금액 내에서 지원받되, 소득인정액에서 생계급여 선정기준액을 뺀 금액의 100분의 30을 자기부담분으로 차감하여 지급받으므로 (1,537,000 - 1,195,185) × 0.3 ≒ 102,545원을 자기부담분으로 차감하여 임차급여를 지급받는다. 실제임차료는 임대차계약서의 보증금과 월차임을 합산하여 산정하며, 보증금은 연 4% 적용하여 월차임으로 환산하여 지원하므로 보증금 4,000만 원에 월세 25만 원인 월세로 임대차 계약을 한 지원이네의 실제임차료는 {(40,000,000 × 0.04)/12} + 250,000 = 383,333원이다. 이는 1급지인 서울 기준임대료 이하이므로 지원이네가 지급받는 임차급여는 383,333 - 102,545 = 280,788원이다. 또한, '3. 지원내용 - 2)'에 따르면 수선유지급여의 지원 대상은 소득인정액이 중위소득 45% 이하인 자 중 주택 등을 소유하고 그 집에 거주하는 자가가구이며, 현철이네 가구의 가구원 수는 4명이고, 소득인정액은 1,453,000원/월이므로 소득인정액이 4인가구 중위소득의 45% 이하이므로 수선유지급여의 지원 대상에 해당한다. 이때, 지급 기준에서 생계급여 선정기준은 기준 중위소득의 30%임을 알 수 있고, 4인가구의 생계급여 선정기준은 4,876,290 × 0.3 = 1,462,887원/월이므로 현철이네 가구는 소득인정액이 생계급여 선정기준보다 적다. 이에 따라 현철이네 가구는 실제로 수선·보수에 사용한 금액을 수선유지비용 이하 금액 내에서 지원받고, [첨부 3] 보수범위별 수선유지비용 기준에서 창호 설비 개선 보수는 중보수에 해당하여 수선유지비용이 849만 원이므로 창호 설비 개선 보수에 사용한 533만 원을 모두 지원받는다.
따라서 지원이네 가구와 현철이네 가구가 지급받는 주거급여 금액의 합은 280,788 + 5,330,000 = 5,610,788원이다.

40 문제해결능력 　　정답 ②

제시된 이메일에 따라 박○○이 원상복구로 교체해야 하는 항목은 욕실의 벽체 타일 3m^2, 수건걸이 1개, 휴지걸이 1개이고 거실 및 침실의 출입문짝에 대한 부분 보수, 스위치 2개와 주방의 가구 경첩 4개이다.
따라서 '영구임대 퇴거 세대 원상복구비'에 따라 박○○이 산정받은 원상복구비용은 (81,300 × 3) + 41,900 + 32,700 + 19,000 + (13,800 × 2) + (5,800 × 4) = 388,300원이다.

NCS 실전모의고사 5회

정답 · 해설

01 의사소통	02 의사소통	03 의사소통	04 의사소통	05 의사소통	06 의사소통	07 의사소통	08 의사소통	09 의사소통	10 의사소통
②	③	①	⑤	④	②	①	⑤	③	②
11 의사소통	12 의사소통	13 의사소통	14 수리	15 수리	16 수리	17 수리	18 수리	19 수리	20 수리
③	②	④	②	④	②	④	⑤	③	①
21 수리	22 수리	23 수리	24 수리	25 수리	26 수리	27 수리	28 문제해결	29 문제해결	30 문제해결
⑤	①	①	⑤	③	①	③	⑤	②	④
31 문제해결	32 문제해결	33 문제해결	34 문제해결	35 문제해결	36 문제해결	37 문제해결	38 문제해결	39 문제해결	40 문제해결
②	①	①	②	②	②	①	③	③	①

[01 - 02]

01 의사소통능력 정답 ②

2문단에서 2021년 말을 기준으로 LH는 전국 70% 수준의 공공임대주택을 보유하고 있으며, 생애주기별 맞춤형 주택 공급과 더불어 주거 취약계층을 위한 긴급 주거지원 등 주거안전망을 수립함으로써 서민 주거안정 사업을 지속적으로 추진할 수 있도록 법정자본금 증액을 위한 공사법 개정이 시급했다고 하였으므로 LH는 전국 70% 수준의 공공임대주택으로 구축한 주거안전망을 통해 서민 주거안정에 기여하고 있기 때문에 법정자본금 증액이 시급했음을 알 수 있다.

오답 체크

① 1문단에서 LH는 지난 2018년 이후부터 연평균 6.5만 호의 공공임대주택을 공급했다고 하였고, 2문단에서 향후에는 매년 평균 8만 호의 임대주택을 지속적으로 공급할 계획임을 밝혔으므로 적절하지 않다.

③ 1문단에서 LH는 작년 말에 책정한 납입자본금 누계액이 총 39조 9994억 원에 달했음을 밝히며 법정자본금이 40조 원에 근접했다고 하였으므로 적절하지 않다.

④ 1문단에서 LH는 임대주택 관련 사업을 추진하면서 정부 출자금, 주택도시기금, 자체 자금뿐 아니라 입주자의 임대보증금까지 활용하고 있다고 하였으므로 적절하지 않다.

⑤ 1문단에서 법정자본금을 50조 원으로 증액하는 한국토지주택공사법 개정안이 지난 11일 국회 본회의를 통과했다고 하였으므로 적절하지 않다.

02 의사소통능력 정답 ③

밑줄 친 부분은 재무 건전성을 끌어올려 높인다는 의미로 쓰였으므로 기운이나 세력 따위가 점점 더 늘어가고 나아간다는 의미의 ③이 적절하다.

오답 체크

① 악화: 일의 형세가 나쁜 쪽으로 바뀜

② 갱고: 어떤 일이나 문제 따위에 대하여 다시 생각함

④ 경감: 부담이나 고통 따위를 덜어서 가볍게 함

⑤ 지연: 무슨 일을 더디게 끌어 시간을 늦춤

[03 - 04]

03 의사소통능력 정답 ①

2문단에서 이번 사업에서는 선도사업과 달리 한국토지주택공사 외에도 지역 실정 등을 적극 반영할 수 있도록 다른 공공기관과의 공동 사업 시행이 가능해진다고 하였으므로 선도사업에서 지역 실정을 반영하기 위해 한국토지주택공사 외에도 여러 공공기관이 참여한 것은 아님을 알 수 있다.

오답 체크

② 1문단에서 국토교통부, 교육부, 중소벤처기업부가 캠퍼스 혁신파크 사업을 추진하며 이는 3개 부처의 공동 사업이라고 하였으므로 적절하다.

③ 3문단에서 공모 사업에 선정된 대학은 도시첨단산업단지 조성비와 산학연 혁신허브의 건축비 일부를 국비로 지원받으며 그 금액은 수도권 약 95억 원, 지방 약 190억 원이라고 하였으므로 적절하다.

④ 2문단에서 선도사업과 달리 이번 공모에서는 사업 효과성 제고를 위해 정부 정책·사업과의 연계성을 평가하는 '산업단지로서의 개발 타당성' 및 '지자체의 행·재정적 지원 의지' 항목의 평가 배점이 강화되었다고 하였으므로 적절하다.
⑤ 3문단에서 서울은 산업입지법 제7조의2에 따라 인구 과밀 방지 등을 위해 도시첨단산업단지 지정이 불가능하여 서울에 소재한 캠퍼스를 제외한 대학 및 산업대학이 신청대상이라고 하였으므로 적절하다.

04 의사소통능력 정답 ⑤

2문단에서 '산업단지로서의 개발 타당성'의 평가 배점은 20%만큼 강화하고, '지자체의 행·재정적 지원 의지'의 평가 배점은 50%만큼 강화한다고 하였으므로 변경된 평가 지표에 따른 배점은 '산업단지로서의 개발 타당성'이 25 × 1.2 = 30점, '지자체의 행·재정적 지원 의지'가 10 × 1.5 = 15점이 된다.
따라서 ㉠은 30, ㉡은 15이다.

[05-06]

05 의사소통능력 정답 ④

이 글은 공기 중에서의 소리 전달 속도를 비롯하여 아파트와 같은 범용 주택의 바닥 시공 시 사용될 수 있는 자재의 소리 전달 속도를 설명하고 층간 소음 발생을 억제할 수 있는 방법에 대해서 설명하는 내용이므로 이 글의 중심 내용으로 가장 적절한 것은 ④이다.

오답 체크

① 1문단에서 소리가 전달되는 속도는 소리를 전달하는 물질인 매질에 따라 다양하다고 하였으므로 적절하지 않은 내용이다.
② 5문단에서 층간 소음 발생을 억제하기 위해서는 애초에 소리가 발생하지 않도록 해야 한다고 하였으므로 적절하지 않은 내용이다.
③ 1문단에서 공기 중에서 소리의 속도는 초속 340m이고, 고무판의 소리 전달 속도는 초속 35m이며 이로 인해 고무판이 층간 소음을 억제하기에 효과적이라고 하였으므로 적절하지 않은 내용이다.
⑤ 글 전체에서 층간 소음으로 인한 이웃 간의 갈등 해결을 위해 마련해야 하는 소음에 대한 법적 기준에 대해서는 다루고 있지 않으므로 적절하지 않은 내용이다.

06 의사소통능력 정답 ②

빈칸 앞에서는 아파트에서 소리가 아래층에 전달되지 않게 하려면 일차적으로 콘크리트가 진동되지 않도록 해야 한다는 내용을 말하고 있고, 빈칸 뒤에서는 우리나라는 아파트 바닥에 마감모르터를 시공하는 습식 난방이 기본이고 이는 방음 성능이 거의 없다는 내용을 말하고 있다.
따라서 앞의 내용과 뒤의 내용이 상반될 때 사용하는 접속어 '그런데'가 들어가야 한다.

07 의사소통능력 정답 ①

이 글은 서울이 고대의 도읍에서 출발하여 근현대화와 초고속 성장을 거친 뒤, 오늘날 지속 가능성과 도시 재생을 모색하기까지의 역사적·단계적 발전을 설명하는 글이다.
따라서 '(다) 서울 형성의 기원 → (가) 전후 기반 확충기 → (마) 도시 성장기 → (나) IT·친환경 중심 전환기 → (라) 현재 문제와 미래 방향성 제시' 순으로 연결되어야 한다.

08 의사소통능력 정답 ⑤

㉤의 뒤에서 수상돌기의 가시 표면에는 신경전달물질 수용체가 있어 시냅스후가 기능할 때 활용되고, 가시 내부에는 여러 단백질이 있어 분자신호전달 및 수상돌기 가시 구조 조절 시 활용된다고 하였으므로 수상돌기의 가시 개수와 크기가 신경세포의 발달 과정 및 스냅스의 활성화된 정도에 따라 변화하여 다양하다는 내용의 ㉤을 삭제하는 것은 가장 적절하지 않다.

오답 체크

① 뻐치다는 가지나 덩굴, 뿌리 따위가 길게 자라난다는 의미의 '뻗다'를 강조하여 이르는 말인 '뻗치다'의 잘못된 표현이므로 ㉠을 '뻗친'으로 수정해야 한다.
② ㉡의 앞에서는 축삭돌기의 역할에 대해 설명하고 있고, ㉡의 뒤에서는 축삭돌기의 특징 내비 수상돌기의 특징을 설명하고 있다. 따라서 앞의 내용과 뒤의 내용이 상반될 때 사용하는 접속어 '반면에'를 넣어야 한다.
③ 한글 맞춤법 제42항에 따라 의존 명사는 띄어 써야 하므로 낱으로 된 물건을 세는 단위라는 의미의 의존 명사 '개'는 '여러 개'로 띄어 써야 한다.
④ ㉣이 있는 문장에서 수상돌기의 표면에 가시가 튀어나와 있다고 하였으므로 쑥 내밀거나 불거져 있다는 의미의 '돌출'로 수정해야 한다.
  • 침하(沈下): 건물이나 자연물이 내려앉거나 꺼져 내려감

[09-10]

09 의사소통능력 정답 ③

'1. 행사 개요'에 따르면 행사는 12월 18일(수)부터 12월 20일(금)까지 3일간 진행되고, '3. 주요 행사 및 일정 - 2)'에 따라 스마트홈 기술교류 콘퍼런스는 행사 이틀째인 12월 19일(목)에 13시 30분부터 18시까지 진행되므로 스마트홈 관련 기술교류 콘퍼런스에 참석하려면 행사 마지막 날에 맞추어 가야 하는 것은 아님을 알 수 있다.

오답 체크

① '3. 주요 행사 및 일정 - 3)'에 따르면 이벤트관에서 공공주택 컬러 유니버설 디자인 도입의 이해에 대한 팝업 세미나가 진행되며 행사기간 및 시간 내 자유롭게 관람 가능하므로 적절하다.

② '2. 등록기간 및 방법'에 따르면 오전 9시부터 오후 4시까지 등록 신청할 수 있으며, 행사 당일 행사장 입구 유인 등록 데스크에서 현장 등록 신청서를 작성한 뒤에 입장할 수 있으므로 적절하다.
④ '3. 주요 행사 및 일정 - 3)'에 따르면 Session 3은 행사기간 및 시간 내에 자유롭게 관람할 수 있으므로 적절하다.
⑤ '3. 주요 행사 및 일정 - 1)'에 따르면 Session 1인 비전 선포식은 행사 첫째 날인 12월 18일(수)에 진행되므로 적절하다.

10 의사소통능력 정답 ②

'3. 주요 행사 및 일정 - 3)'에 따르면 비전 어워드관에서는 LH 하우징 디자인 어워드, 대한민국 공공주택 설계공모대전, 대학생 주택설계대전 등 설계공모 수상작이 전시되며, 비전 협력관에서는 중소기업 디자인 공모전 수상작과 모듈러 주택이 전시되므로 중소기업 디자인 공모전 수상작을 Session 3 비전 어워드관에서 행사가 종료될 때까지 자유롭게 관람할 수 있다는 답변은 가장 적절하지 않다.

[11-12]

11 의사소통능력 정답 ③

앨모트 모어 부부가 충청남도 공주시 석장리를 찾았다가 발견한 쪼개진 돌을 손보기가 확인하고는 석장리가 구석기 시대와 관련돼 있다는 것을 깨닫고 발굴 사업을 출범했다고 하였으므로 앨모트 모어 부부가 석장리가 구석기 시대와 연관되어 있음을 알아차리고 손보기에게 발굴을 제안한 것은 아님을 알 수 있다.

오답 체크

① 1964년 손보기가 석장리에서 구석기 시대 유적을 발굴하면서 한반도의 역사가 신석기 시대가 아닌 구석기 시대부터 시작되었다는 사실이 증명되었다고 하였으므로 적절한 내용이다.
② 1932년 함경북도 종성군 동관진 유적에서 구석기 시대 유물이 발굴되어 1941년 나오라 노부오가 이와 관련된 논문을 발표하였지만 일본 학계에서는 인정되지 않았다고 하였으므로 적절한 내용이다.
④ 손보기가 석장리 집터에서 발견된 목탄으로 국내 고고학계에서는 최초로 목탄에 대한 방사성 탄소 연대 측정을 행하였다고 하였으므로 적절한 내용이다.
⑤ 손보기는 석장리 유적을 조사하며 구석기 시대 용어들을 우리말로 재정립했다고 하였으며, 영어식 용어와 일본식 용어가 직관적으로 이해되지 않고 우리의 개념과 들어맞지 않아 각 도구의 실제 기능을 고려하여 우리말 이름을 붙였다고 하였으므로 적절한 내용이다.

12 의사소통능력 정답 ②

빈칸이 있는 문장에서 한반도의 역사를 제대로 이해하고 우리의 근원을 파악하는 것은 역사적 자부심을 기반으로 어떤 시련도 이겨낼 수 있는 역량을 얻게 된다는 점에서 중요하다는 내용을 말하고 있다. 따라서 땅속 깊이 뿌리 내린 나무는 가뭄에 타지 않아 말라 죽는 일이 없다는 뜻으로, 무엇이나 근원이 깊고 튼튼하면 어떤 시련도 견뎌 냄을 이르는 '뿌리 깊은 나무 가뭄 안 탄다'가 적절하다.

오답 체크

① 돌쩌귀에 녹이 슬지 않는다: 창문이나 미닫이문이 계속 왕복하는 홈통은 썩지 아니한다는 뜻으로, 무슨 일이든 쉬지 아니하고 부지런히 하여야 실수나 탈이 안 생긴다는 말
③ 비 온 뒤에 땅이 굳어진다: 비에 젖어 질척거리던 흙도 마르면서 단단하게 굳어진다는 뜻으로, 어떤 시련을 겪은 뒤에 더 강해짐을 이르는 말
④ 솔개도 오래면 꿩을 잡는다: 어떤 분야에 대하여 지식과 경험이 전혀 없는 사람이라도 그 부문에 오랫동안 있으면 얼마간의 지식과 경험을 가지게 됨을 이르는 말
⑤ 하늘이 무너져도 솟아날 구멍이 있다: 아무리 어려운 경우에 처하더라도 살아 나갈 방도가 생긴다는 말

13 의사소통능력 정답 ④

'1. 공모대상'에 따르면 정부 인증 신기술에 해당하는 성능인증제품, 우수조달제품, 신제품, NET 제품, 혁신제품은 물품 제조나 공사 발주 시 필요하다고 인정되어 정부, 공공기관 등이 직접 공급하는 주요 자재를 의미하는 지급자재와 지급자재 외 모든 자재를 의미하는 사급자재 모두 공모대상에 포함되므로 성능인증제품으로 공모에 신청하기 위해서는 해당 자재가 정부 및 공공기관이 직접 공급하는 주요 자재에 해당해야 하는 것은 아님을 알 수 있다.

오답 체크

① '4. 공모신청 제한'에 따르면 해당 공모의 공고일 기준으로 1년 전에 시행된 신기술 공모에서 미 채택된 신기술은 신청이 불가능하나, 미 채택된 기준이 공모업체 자격 부적합 혹은 신기술의 요건 부적격이라면 공모신청이 가능하므로 적절하다.
② '2. 공모업체 자격'에 따르면 지난 2년 동안의 재무제표 부채비율이 1,000% 이상인 경우 공모에 신청할 자격이 주어지지 않으나, 기준이 되는 시점 이후에 설립된 신생 법인기업의 경우 발급 가능한 재무제표에 한해 제출하면 되므로 적절하다.
③ '3. 신기술의 요건'에 따르면 국내 특허 또는 실용신안을 등록한 자재인 특허자재로 공모신청을 하기 위해서는 공모신청을 하는 업체가 보유한 공장에서 직접 생산하고 있는 자재여야 하므로 적절하다.
⑤ '2. 공모업체 자격'에 따르면 신기술에 대한 권리를 가진 개인사업자를 제외한 법인기업이어야 공모에 신청할 자격이 부여되며, 기업신용평가등급이 CCC+ 이하인 경우라면 다른 공모 자격에 적합하더라도 신청이 불가능하므로 적절하다.

14 수리능력 정답 ②

서로 다른 n개를 원형으로 배열하는 경우의 수는 $(n-1)!$임을 적용하여 구한다.

6명이 원형의 테이블에 같은 간격으로 둘러 앉는 경우의 수는 (6 - 1)! = 5 × 4 × 3 × 2 × 1 = 120가지이다. A와 D가 서로 이웃하여 앉을 때 6명이 원형 테이블에 앉는 경우의 수는 A와 D를 한 묶음으로 생각하여 5명이 원형 테이블에 앉는 경우의 수를 구하면 되므로 (5 - 1)! = 4 × 3 × 2 × 1 = 24가지이다. 이때, A와 D가 서로 자리를 바꿔 앉는 경우가 2가지 있으므로 A와 D가 서로 이웃하여 6명이 앉는 경우의 수는 24 × 2 = 48가지이다.

따라서 A와 D가 서로 이웃하여 앉을 확률은 $\frac{48}{120} = \frac{2}{5}$이다.

15 수리능력 정답 ④

시간당 작업량 = $\frac{작업량}{시간}$임을 적용하여 구한다.

전체 일의 양을 1이라고 하면

재민이가 혼자 가스통을 모두 옮길 때 10시간이 걸리므로 재민이가 1시간에 옮길 수 있는 가스통의 양은 $\frac{1}{10}$이고, 수혁이와 유진이가 둘이 함께 가스통을 모두 옮길 때 6시간이 걸리므로 수혁이와 유진이가 둘이 함께 1시간 동안 옮길 수 있는 가스통의 양은 $\frac{1}{6}$이다.

세 사람이 함께 가스통을 옮긴 시간을 x라고 하면

처음부터 세 사람이 함께 가스통을 옮기다가 중간에 재민이가 조퇴를 한 뒤, 수혁이와 유진이만 2시간 동안 가스통을 더 옮겼더니 가스통을 모두 옮겼으므로

$(\frac{1}{10} + \frac{1}{6}) \times x + \frac{1}{6} \times 2 = 1 \rightarrow 8x + 10 = 30 \rightarrow x = 2.5$

따라서 오늘 가스통을 모두 옮기는 데 걸린 시간은 2.5 + 2 = 4.5시간이므로 4시간 30분이다.

[16 - 17]

16 수리능력 정답 ②

ⓒ 9월 전체 가계대출 금액 661,496.1 + 476,684.9 = 1,138,181.0십억 원에서 기타대출 금액이 차지하는 비중은 (476,684.9 / 1,138,181.0) × 100 ≒ 41.9%로 40% 이상이므로 옳은 설명이다.

오답 체크

㉠ 11월 주택담보대출의 연리는 전월 대비 증가하였지만, 일반신용대출의 연리는 전월 대비 감소하였으므로 옳지 않은 설명이다.

㉡ 제시된 기간 중 주택담보대출 금액이 처음으로 670,000십억 원을 넘어선 11월에 주택담보대출 금액은 전월 대비 673,694.6 - 667,676.2 = 6,018.4십억 원 증가함에 따라 6,020십억 원 미만 증가하였으므로 옳지 않은 설명이다.

㉣ 일반신용대출 연리가 처음으로 3.0%를 넘어선 10월에 일반신용대출 연리는 전월 대비 {(3.15 - 2.89) / 2.89} × 100 ≒ 9.0% 증가하였으므로 옳지 않은 설명이다.

17 수리능력 정답 ④

A: 12월 전국 주택담보대출 금액에서 서울 지역 주택담보대출 금액이 차지하는 비중은 (214,865.6 / 679,641.6) × 100 ≒ 31.6%이다.

B: 월별 대출 연리 추이에서 나타난 주택담보대출 연리를 적용하여 추정하면, 12월 주택담보대출 연리는 2.59%이므로 12월 경기 지역 주택담보대출 금액의 1년 이자액은 185,633.8 × 0.0259 ≒ 4,807.9십억 원으로 예상할 수 있다.

따라서 A와 B에 들어갈 값을 바르게 연결한 것은 ④이다.

[18 - 19]

18 수리능력 정답 ⑤

의료폐기물 발생량이 전년 대비 증가한 2011년 이후부터 확인하면, 의료폐기물 발생량의 전년 대비 증가율은

2011년에 {(1,254 - 1,151) / 1,151} × 100 ≒ 8.9%,

2012년에 {(1,427 - 1,254) / 1,254} × 100 ≒ 13.8%,

2013년에 {(1,514 - 1,427) / 1,427} × 100 ≒ 6.1%,

2014년에 {(1,699 - 1,514) / 1,514} × 100 ≒ 12.2%,

2015년에 {(2,003 - 1,699) / 1,699} × 100 ≒ 17.9%,

2016년에 {(2,175 - 2,003) / 2,003} × 100 ≒ 8.6%,

2017년에 {(2,190 - 2,175) / 2,175} × 100 ≒ 0.7%로 2015년에 가장 크므로 가장 적절한 설명이다.

오답 체크

① 의료폐기물 발생량이 매년 전년 대비 증가한 환경청은 금강청, 낙동강청, 대구청, 영산강청, 원주청으로 5곳이므로 적절하지 않은 설명이다.

② 2017년 전체 지정폐기물 발생량은 2,190 + 52,213 = 54,403백 톤으로 2009년 전체 지정폐기물 발생량인 1,224 + 31,846 = 33,070백 톤의 54,403 / 33,070 ≒ 1.65배이므로 적절하지 않은 설명이다.

③ 한강청의 의료폐기물 발생량이 다른 환경청에 비해 많지만, 제시된 자료를 통해 한강청 주변에 폐기물 시설이 가장 많은지는 알 수 없다.

④ 2015년부터 2017년까지 의료폐기물 발생량이 영산강청보다 적은 환경청은 매년 원주청, 새만금청 2곳이므로 적절하지 않은 설명이다.

빠른 문제 풀이 Tip

⑤ 의료폐기물 발생량의 전년 대비 증가율 = (의료폐기물 발생량의 전년 대비 증가량 / 전년도 의료폐기물 발생량) × 100임을 적용하여 대략적으로 구한다.

2011년 이후 연도별 (의료폐기물 발생량의 전년 대비 증가량 / 전년도 의료폐기물 발생량)은 다음과 같다.

2011	2012	2013	2014	2015	2016	2017
$\frac{103}{1,151}$	$\frac{173}{1,254}$	$\frac{87}{1,427}$	$\frac{185}{1,514}$	$\frac{304}{1,699}$	$\frac{172}{2,003}$	$\frac{15}{2,175}$

이때 전년 대비 증가량에 비해 연도별 의료폐기물 발생량은 상대적으로 매년 거의 차이 나지 않으므로 전년 대비 증가량이 304백 톤으로 가장 큰 2015년에 의료폐기물 발생량의 전년 대비 증가율도 가장 큼을 알 수 있다.

19 수리능력 정답 ③

2011년 이후 의료폐기물이 전년 대비 증가한 해의 증가량을 확인하면, 2011년에 1,254 - 1,151 = 103백 톤, 2012년에 1,427 - 1,254 = 173백 톤, 2013년에 1,514 - 1,427 = 87백 톤, 2014년에 1,699 - 1,514 = 185백 톤, 2015년에 2,003 - 1,699 = 304백 톤, 2016년에 2,175 - 2,003 = 172백 톤, 2017년에 2,190 - 2,175 = 15백 톤으로 2017년에 가장 작다. 2017년 의료폐기물 발생량은 2,190백 톤, 2017년 낙동강청의 의료폐기물 발생량은 464백 톤이므로 2017년 의료폐기물 발생량에서 낙동강청의 의료폐기물 발생량이 차지하는 비중은 (464 / 2,190) × 100 ≒ 21%이다.

[20 - 21]

20 수리능력 정답 ①

2017년 이후 상위 5대 기업의 무역집중도가 전년 대비 감소했던 2019년에 상위 5대 기업 수출액의 전년 대비 감소율은 {(169.8 - 137.3) / 169.8} × 100 ≒ 19.1%로 20% 미만이므로 옳은 설명이다.

오답 체크

② 상위 100대 기업의 무역집중도가 가장 높았던 해는 2017년이므로 옳지 않은 설명이다.
③ 제시된 기간 동안 상위 5대 기업의 연평균 수출액은 (111.4 + 143.2 + 169.8 + 137.3 + 139.6) / 5 = 140.26십억 달러로 140십억 달러 이상이므로 옳지 않은 설명이다.
④ 2016년 대비 2017년 상위 50대 수출입 기업의 수출액 증가율은 {(345.2 - 288.0) / 288.0} × 100 ≒ 19.9%로 20% 미만이므로 옳지 않은 설명이다.
⑤ 2020년 상위 5대 수출입 기업은 수출액이 전년 대비 증가하였으므로 옳지 않은 설명이다.

21 수리능력 정답 ⑤

상위 6~10위 수출입 기업의 수출액은 2016년에 167.6 - 111.4 = 56.2십억 달러, 2017년에 207.3 - 143.2 = 64.1십억 달러, 2018년에 228.8 - 169.8 = 59.0십억 달러, 2019년에 187.5 - 137.3 = 50.2십억 달러, 2020년에 180.9 - 139.6 = 41.3십억 달러로 2017년에 가장 크다.

따라서 2017년 상위 500대 수출입 기업 수출액의 전년 대비 증가율은 {(453.7 - 384.2) / 384.2} × 100 = 18.1%이다.

[22 - 23]

22 수리능력 정답 ①

2020년 1분기에 판매액이 1,000십억 원 미만인 지역의 판매액의 합은 14,341 - (4,306 + 1,220 + 3,772) = 5,043십억 원임에 따라 전국 판매액의 (5,043/14,341) × 100 ≒ 35.2%로 40% 미만이므로 옳은 설명이다.

오답 체크

② 2020년 1분기 대비 4분기의 전국 판매액의 증감률은 {(16,263 - 14,341) / 14,341} × 100 ≒ 13.4%로 15% 미만이므로 옳지 않은 설명이다.
③ 경기에서 판매액이 처음으로 4,000십억 원 이상을 기록한 2020년 3분기에 판매액이 경기 판매액의 10%인 4,079 × 0.1 = 407.9십억 원 미만인 지역은 광주, 울산, 세종, 강원, 충북, 전북, 전남, 경북, 제주로 총 9개 지역이므로 옳지 않은 설명이다.
④ 2020년 4분기에 판매액이 전분기 대비 증가한 지역은 서울, 부산, 대구, 광주, 대전, 울산, 경기로 총 7개 지역이므로 옳지 않은 설명이다.
⑤ 2020년 2분기에 서울과 경기를 제외한 15개 지역의 평균 판매액은 (14,737 - 4,542 - 3,762) / 15 ≒ 428.9십억 원으로 450십억 원 미만이므로 옳지 않은 설명이다.

23 수리능력 정답 ①

㉠ 2020년 강원의 분기별 판매액 평균은 (239 + 242 + 267 + 260) / 4 = 252십억 원으로 2021년 1분기와 2분기 강원 판매액의 평균 (261 + 260) / 2 = 260.5십억 원보다 260.5 - 252 = 8.5십억 원 더 적으므로 옳지 않은 설명이다.

오답 체크

㉡ 2020년 2분기 인천 판매액의 전분기 대비 감소량은 572 - 544 = 28십억 원이고, 2021년 2분기 인천 판매액의 전분기 대비 감소량은 632 - 619 = 13십억 원임에 따라 2020년 2분기 인천 판매액의 전분기 대비 감소량이 2021년 2분기 인천 판매액의 전분기 대비 감소량보다 28 - 13 = 15십억 원 더 많으므로 옳은 설명이다.
㉢ 2021년 1분기 전북 판매액은 전년 동분기 대비 {(264 - 240) / 240} × 100 = 10% 증가하였으므로 옳은 설명이다.
㉣ 2021년 2분기 부산 판매액은 경남 판매액의 1,470 / 622 ≒ 2.4배로 2.5배 미만이므로 옳은 설명이다.

빠른 문제 풀이 Tip

㉠ 2021년 1분기와 2분기 강원 판매액은 각각 261십억 원, 260십억 원으로 2021년 1분기와 2분기 강원 판매액의 평균은 260십억 원 초과이다. 반면, 2020년 강원의 각 분기별 판매액은 239십억 원, 242십억 원, 267십억 원, 260십억 원으로 3분기의 267십억 원 중 260십억 원을 초과하는 7십억 원을 239십억 원에 더해도 239 + 7 = 246십억 원으로 260십억 원을 초과하지 못하므로 2020년 강원 판매액의 평균이 2021년 1분기와 2분기 강원 판매액의 평균보다 더 적음을 알 수 있다.

[24-26]

24 수리능력 정답 ⑤

2019년과 2020년 원문보기 건수는 어문이 가장 많으므로 옳지 않은 설명이다.

오답 체크

① 공유 저작물 전체의 조회, 원문보기, 다운로드 건수의 합은 2020년이 28,699+6,851+7,341=42,891천 건이고, 2018년이 14,631+981+4,900=20,512천 건으로 2020년이 2018년의 42,891/20,512 ≒ 2.1배로 2배 이상이므로 옳은 설명이다.

② 2020년 컴퓨터프로그램 다운로드 건수는 전년 대비 1,679-143=1,536천 건 증가하여 1,500천 건 이상 증가하였으므로 옳은 설명이다.

③ 2020년 조회, 원문보기, 다운로드 건수의 합은 음악이 2,455+24+1,613=4,092천 건이고, 미술이 3,284+29+670=3,983천 건으로 음악이 미술보다 4,092-3,983=109천 건 더 많으므로 옳은 설명이다.

④ 2018년 대비 2019년 사진 조회 건수의 증가율은 {(13,387-6,612)/6,612}×100 ≒ 102.5%로 100% 이상이므로 옳은 설명이다.

25 수리능력 정답 ③

제시된 자료에 따르면 2020년 전체 다운로드 건수는 7,341천 건이고 이 중 사진 다운로드 건수는 2,391천 건이다.

따라서 2020년 전체 다운로드 건수에서 사진이 차지하는 비중은 (2,391/7,341)×100 ≒ 32.6%이다.

26 수리능력 정답 ①

제시된 자료에 따르면 연도별 영상 조회 건수와 영상 다운로드 건수의 차는 2018년에 436-196=240천 건, 2019년에 984-62=922천 건, 2020년에 1,648-203=1,445천 건이므로 옳은 그래프는 ①이다.

27 수리능력 정답 ③

㉠ 제시된 기간 중 전국의 총 토지거래 면적이 194,713천 m^2로 가장 넓은 6월에 토지거래 면적이 가장 넓은 지역은 토지거래 면적이 43,856천 m^2인 경상북도이므로 옳지 않은 설명이다.

㉢ 제시된 기간 동안 대전광역시의 토지거래 면적 평균은 (902+1,265+1,096+946+1,102+1,228)/6 ≒ 1089.8천 m^2로 1,100천 m^2 미만이므로 옳지 않은 설명이다.

오답 체크

㉡ 5월에 전국의 토지거래 면적 평균인 157,651/17 ≒ 9,273.6천 m^2보다 토지거래 면적이 좁은 지역은 서울특별시, 부산광역시, 대구광역시, 인천광역시, 광주광역시, 대전광역시, 울산광역시, 세종특별자치시, 제주특별자치도 9개이므로 옳은 설명이다.

㉣ 제시된 기간 중 서울특별시의 토지거래 면적이 1,444천 m^2로 가장 좁은 4월에 울산광역시의 토지거래 면적도 제시된 기간 중 1,415천 m^2로 가장 좁으므로 옳은 설명이다.

28 문제해결능력 정답 ⑤

주어진 명제가 참일 때 그 명제의 '대우'만이 참인 것을 알 수 있다.
세 번째 명제와 두 번째 명제의 '대우'를 차례로 결합한 결론은 아래와 같다.

- 세 번째 명제: 논리적인 사고를 하는 모든 사람은 시를 쓴다.
- 두 번째 명제(대우): 시를 쓰는 모든 사람은 감수성이 풍부하다.
- 결론: 논리적인 사고를 하는 모든 사람은 감수성이 풍부하다.

29 문제해결능력 정답 ②

제시된 조건에 따르면 12시 타임에 영화를 관람한 사람은 2명, 14시 타임에 영화를 관람한 사람은 1명이므로 13시 타임에 영화를 관람한 사람은 2명이다. 이때, 자기 자신 또는 D가 12시 타임에 영화를 관람했다는 A의 말과 자기 자신과 D가 12시 타임에 영화를 관람했다는 C의 말이 서로 모순되므로 A와 C 중 1명이 거짓을 말하고 있음을 알 수 있다. C의 말이 거짓일 경우 A와 B의 말은 모두 진실이므로 A와 B가 각각 12시 타임 또는 13시 타임에 영화를 관람했다. 하지만 이는 14시 타임에 영화를 관람한 사람이 C, D, E가 아니라는 D의 말에 모순되므로 C의 말은 진실이다. 이에 따라 A는 거짓을 말하고 있으므로 A와 B는 둘 다 12시 타임에 영화를 관람하지 않았고, 자기 자신과 D가 12시 타임에 영화를 관람했다는 C의 말과 A와 C는 1시간 간격으로 영화를 관람했다는 E의 말에 따라 C와 D는 12시 타임에, A는 13시 타임에 영화를 관람했다. 또한, 자기 자신과 A는 1시간 간격으로 영화를 관람했다는 B의 말에 따라 B는 14시 타임에, 나머지 E는 13시 타임에 영화를 관람했음을 알 수 있다.

구분	12시	13시	14시
영화를 관람한 사람	C, D	A, E	B

따라서 14시 타임에 영화를 관람한 사람은 B이다.

30 문제해결능력 정답 ④

제시된 조건에 따르면 기획팀은 홀수 층에서 근무하고, 가장 높은 층에서 근무하며, 기획팀과 같은 층에서 근무하는 팀은 없으므로 기획팀은 5층에서 근무한다. 또한, 두 건물의 1층에는 어떤 팀도 근무하지 않으므로 나머지 팀은 2층, 3층, 4층 중 한 곳에서 근무한다. 이때, A 건물에서 경영지원팀은 회계팀의 바로 아래층에서 근무하므로 경영지원팀과 회계팀은 각각 2층과 3층 또는 3층과 4층에서 근무하고, 홍보팀은 2층 또는 4층에서 근무한다. A 건물에서 홍보팀이 근무하는 층의 B 건물에서는 영업 1팀과 영업 2팀 모두 근무하지 않으므로 홍보팀이 근무하는 층에 따라 가능한 경우는 다음과 같다.

[경우 1] 홍보팀이 2층에서 근무하는 경우

구분	A 건물	B 건물
6층		
5층		기획팀
4층	회계팀	영업 1팀 또는 영업 2팀
3층	경영지원팀	영업 1팀 또는 영업 2팀
2층	홍보팀	
1층		

[경우 2] 홍보팀이 4층에서 근무하는 경우

구분	A 건물	B 건물
6층		
5층		기획팀
4층	홍보팀	
3층	회계팀	영업 1팀 또는 영업 2팀
2층	경영지원팀	영업 1팀 또는 영업 2팀
1층		

따라서 영업 1팀이 4층에서 근무하는 경우 회계팀은 4층에서 근무하므로 항상 옳지 않은 설명이다.

오답 체크

① 경우 1, 2에 따르면 홍보팀은 항상 짝수 층에서 근무하므로 항상 옳은 설명이다.
② 경우 1, 2에 따르면 영업 1팀은 3층에서 근무하지 않을 수도 있으므로 항상 옳지 않은 설명은 아니다.
③ 경우 1에 따르면 기획팀 바로 아래층에는 영업 1팀 또는 영업 2팀이 근무할 수도 있으므로 항상 옳지 않은 설명은 아니다.
⑤ 경우 1, 2에 따르면 짝수 층에 근무하는 팀은 항상 3팀이므로 항상 옳은 설명이다.

31 문제해결능력 정답 ②

제시된 조건에 따르면 6명 중 바다에 다녀온 사람 2명은 진실을 말하고, 계곡 및 수영장을 다녀온 4명은 모두 거짓을 말하고 있다. 이때, 정이 말한 "을은 진실을 말하고 있어."가 거짓이라면, 을은 거짓을 말하고 있는 것이며, 을이 말한 "갑과 정은 서로 다른 곳에 다녀왔어."도 거짓이 된다. 이에 따라 갑과 정은 같은 곳에 다녀왔으므로 갑 또한 거짓을 말하고 있음을 알 수 있다. 이와 같은 경우, 나머지 병, 무, 기 3명 중 2명이 진실을 말하는 바다에 다녀온 사람이어야 한다. 이때 무가 말한 "병과 기는 같은 곳에 다녀왔어."가 진실이라면, 바다에 다녀온 사람이 1명(무) 또는 3명(병, 무, 기)이 되어 바다에 다녀온 사람이 2명이라는 조건에 모순되므로 무의 말은 거짓이며, 무는 바다에 다녀온 사람이 아님을 알 수 있다. 이에 따라 병과 기가 바다에 다녀온 사람이어야 하지만, 이 경우 무의 말이 진실이 되어 모순이 발생하므로 정의 말이 거짓일 경우 가능한 경우의 수는 없다. 이에 따라 정의 말은 진실이며, 바다에 다녀온 사람은 을과 정으로 확정된다. 이때 나머지 갑, 병, 무, 기는 모두 계곡 또는 수영장에 다녀온 사람이므로 이들의 말은 모두 거짓이다. 갑이 말한 "병과 무 중 한 명은 수영장에 다녀왔어."가 거짓임에 따라 병과 무는 모두 계곡에 다녀왔음을 알 수 있다.
따라서 계곡에 다녀온 사람은 병, 무이다.

32 문제해결능력 정답 ①

㉠ 현재 가동 중인 공장의 기계에 고장이 발생하여 바로 해결해야 하는 경우는 '발생형 문제'에 해당한다.
㉡ 유럽 시장에 신규 진출하기 위해 잠재 위험 요소를 고려하여 미래 경영 계획을 수립하려는 경우는 '설정형 문제'에 해당한다.
㉢ 현재 진행 중인 업무의 생산성 제고를 위해 방안을 고민하는 경우는 '탐색형 문제'에 해당한다.

따라서 ㉠~㉢ 유형에 해당하는 문제 유형을 바르게 짝지은 것은 ①이다.

[33-34]

33 문제해결능력 정답 ①

'1. 사업 개요'에 따르면 스마트밴드와 옐로카드는 K 공사 사회봉사단에 6,000 + 6,000 = 12,000개, 지역아동센터에 14,000 + 14,000 = 28,000개를 배부함에 따라 총 배부 예정 물량은 40,000개이다.
따라서 스마트밴드와 옐로카드의 총 배부 예정 물량 중 (28,000 / 40,000) × 100 = 70%를 지역아동센터에 배부할 예정이므로 옳은 내용이다.

오답 체크

② '3. 추진 일정 및 추진 기관'에 따르면 미아 관련 물품 제작·배송은 수행기관이 추진할 예정이므로 옳지 않은 내용이다.
③ '5. 참고사항'에 따르면 평가 결과는 개별 연락 예정이므로 옳지 않은 내용이다.
④ '1. 사업 개요'에 따르면 스마트밴드는 아동 인적사항 저장이 가능한 NFC 내장 실리콘 팔찌로 제작되어야 하고, 빛 반사로 운전자에게 보행자 시인성을 높여주는 교통 용품으로 제작되어야 하는 것은 옐로카드이므로 옳지 않은 내용이다.
⑤ '2. 공모안내'에 따르면 공모자격은 기부금 영수증 발급이 가능한 비영리 단체이므로 옳지 않은 내용이다.

34 문제해결능력 정답 ②

'4. 수행기관 선정 기준'에 따른 수행기관별 점수는 다음과 같다.

구분	가	나	다	라	마
유사 사업 실적	25	15	10	30	20
사업 수행 계획	10	30	15	20	25
사업 수행 인력	18	13	20	10	15
사업비 집행 효율성	20	18	20	15	13
합계	73	76	65	75	73

수행기관은 합계가 높은 기관 순으로 선정하며, 미아 예방 캠페인 사업을 수행할 1개의 수행기관을 선정하므로 합계가 가장 높은 기관이 선정된다.
따라서 수행기관으로 선정되는 비영리단체는 나이다.

[35-36]

35 문제해결능력 정답 ②

'1. 공모전 개요 - 4) 심사 방법'에 따르면 서류 심사 결과 최종 당선작의 4배수를 선발할 예정이고, '1. 공모전 개요 - 5) 포상 규모'에 따라 최종 당선작은 총 13건이 선발되므로 예비 심사 대상으로는 총 13 × 4 = 52건의 작품이 선별될 것임을 알 수 있다.

오답 체크

① '2. 온라인 투표 참여 방법 - 3) 참가상'에 따르면 온라인 투표 참여자 중 100명을 추첨하여 모바일 마트 상품권 5천 원권을 지급함에 따라 모바일 마트 상품권의 총액은 50만 원이고, '1. 공모전 개요 - 5) 포상 규모'에 따라 1인 가구 분야의 장려상은 20만 원씩 3건에 대해 총 60만 원의 상금이 지급되므로 적절하지 않다.
③ '2. 온라인 투표 참여 방법 - 2) 투표 방법'에 따르면 가장 선호하는 작품에 대해 분야별 1인당 3개씩 투표 가능하므로 적절하지 않다.
④ '1. 공모전 개요 - 5) 포상 규모'에 따르면 최종 당선작 13건의 상금은 100 + 50 + 50 + {(30 + 30) × 2} + {(20 + 20) × 3} = 440만 원이므로 적절하지 않다.
⑤ '1. 공모전 개요 - 3) 추진 일정'에 따르면 당선작 발표는 10월 말에, 당선작 시상은 11월 중에 진행되므로 적절하지 않다.

36 문제해결능력 정답 ②

'1. 공모전 개요 - 4) 심사 방법'에 따르면 최종 당선작 결정은 본 심사 점수 80%와 온라인 투표 점수 20%의 가중치를 적용한다. 이때, 본 심사는 심미성, 활용성, 대중성, 창의성에 대해 각 25점을 만점으로 점수가 매겨지므로 A~E의 본 심사 점수와 최종 당선작 결정 방법에 따라 가중치를 적용한 총점은 다음과 같다.

구분	본 심사 점수	총점
A	15 + 22 + 17 + 20 = 74점	(74 × 0.8) + (80 × 0.2) = 75.2점
B	17 + 19 + 21 + 19 = 76점	(76 × 0.8) + (88 × 0.2) = 78.4점
C	16 + 15 + 12 + 24 = 67점	(67 × 0.8) + (92 × 0.2) = 72점
D	19 + 17 + 16 + 17 = 69점	(69 × 0.8) + (90 × 0.2) = 73.2점
E	20 + 16 + 16 + 21 = 73점	(73 × 0.8) + (85 × 0.2) = 75.4점

따라서 대상을 수상한 작품은 B이다.

[37-38]

37 문제해결능력 정답 ①

[A~E의 셰어하우스 거주 정보]에 따르면 E는 셰어하우스에 1월, 2월, 4월, 11월, 12월에 각각 10일씩만 거주하였으며, E가 거주한 달에는 E를 포함하여 해당 달의 거주 인원수로 전기 요금과 가스 요금의 합계를 동일하게 분배한 뒤 분배한 각 요금의 1/3만 E가 부담하므로 E가 셰어하우스에 거주한 달에 부담한 전기 요금과 가스 요금을 정리하면 다음과 같다.

구분	전기 요금	가스 요금	거주 인원수	거주 인원수에 따른 분배 요금	E가 부담한 요금
1월	12,500원	55,000원	3명	(12,500 + 55,000) / 3 = 22,500원	22,500 / 3 = 7,500원
2월	10,800원	63,000원	4명	(10,800원 + 63,000) / 4 = 18,450원	18,450 / 3 = 6,150원
4월	15,000원	32,400원	2명	(15,000 + 32,400) / 2 = 23,700원	23,700 / 3 = 7,900원
11월	16,700원	49,000원	3명	(16,700 + 49,000) / 3 = 21,900원	21,900 / 3 = 7,300원
12월	11,300원	59,500원	4명	(11,300 + 59,500) / 4 = 17,700원	17,700 / 3 = 5,900원

따라서 E가 부담한 전기 요금과 가스 요금의 합계가 최소인 12월에 E가 부담한 요금은 5,900원이다.

38 문제해결능력 정답 ③

[A~E의 셰어하우스 거주 정보]에 따르면 E가 거주한 달에는 E를 포함하여 해당 달의 거주 인원수로 전기요금과 가스 요금의 합계를 동일하게 분배한 뒤 분배한 각 요금의 1/3만 E가 부담하며, E가 부담하고 남은 전기 요금과 가스 요금의 합계를 다시 남은 거주자가 동일하게 분배하여 부담하고, E가 거주하지 않은 달의 전기 요금과 가스 요금의 합계는 해당 달의 거주 인원수로 동일하게 분배하여 부담하므로 A~E 각자가 부담한 전기 요금과 가스 요금의 합계는 다음과 같다.

구분	A	B	C	D	E
1월	30,000원	30,000원	-	-	7,500원
2월	22,550원	-	22,550원	22,550원	6,150원
3월	12,500원	12,500원	12,500원	12,500원	-
4월	39,500원	-	-	-	7,900원
5월	-	11,833원	11,833원	11,833원	-
6월	-	16,800원	-	-	-
7월	-	-	32,700원	-	-
8월	5,800원	5,800원	5,800원	5,800원	-
9월	7,466원	7,466원	7,466원	-	-
10월	15,333원	-	15,333원	15,333원	-
11월	29,200원	-	-	29,200원	7,300원
12월	21,633원	-	21,633원	21,633원	5,900원

따라서 A가 1월에 부담한 전기 요금과 가스 요금의 합계는 30,000원이고, 11월에 부담한 전기 요금과 가스 요금의 합계는 29,200원으로 A가 1월에 부담한 전기 요금과 가스 요금의 합계보다 11월에 부담한 전기 요금과 가스 요금의 합계가 더 적으므로 옳은 내용이다.

오답 체크

① 1~3월에 B가 부담한 전기 요금과 가스 요금의 합계는 30,000+12,500=42,500원이고, C가 부담한 전기 요금과 가스 요금의 합계는 22,550+12,500=35,050원으로 B가 부담한 전기 요금과 가스 요금의 합계가 C가 부담한 전기 요금과 가스 요금의 합계보다 많으므로 옳지 않은 내용이다.

② 8월에 1인당 부담한 전기 요금과 가스 요금의 합계는 5,800원이고, 9월에 1인당 부담한 전기 요금과 가스 요금의 합계는 약 7,466원으로 8월의 1인당 부담한 전기 요금과 가스 요금의 합계가 9월의 1인당 부담한 전기 요금과 가스 요금 합계보다 적으므로 옳지 않은 내용이다.

④ 4월에 A가 부담한 전기 요금과 가스 요금의 합계는 39,500원이고, 6월과 7월에 B와 C가 각각 부담한 전기 요금과 가스 요금의 총합은 16,800+32,700=49,500원으로 같지 않으므로 옳지 않은 내용이다.

⑤ C가 10월에 부담한 전기 요금과 가스 요금의 합계는 약 15,333원이고, 12월에 부담한 전기 요금과 가스 요금의 합계는 약 21,633원으로 10월에 부담한 전기 요금과 가스 요금의 합계가 12월에 부담한 전기 요금과 가스 요금의 합계보다 적으므로 옳지 않은 내용이다.

[39-40]

39 문제해결능력 정답 ③

제시된 [게임 설명서]에 따르면 공격형 캐릭터와 방어형 캐릭터가 격투를 벌이는 경우, 방어형 캐릭터가 먼저 공격을 진행하므로 공격 A형 캐릭터와 방어 B형 캐릭터가 격투를 벌이면 방어 B형 캐릭터가 먼저 공격을 진행한다. 공격 A형 캐릭터의 공격력은 250, 방어 B형 캐릭터의 방어력은 130이므로 공격 A형 캐릭터의 데미지는 250-130=120이고, 방어 B형 캐릭터의 공격력은 95, 공격 A형 캐릭터의 방어력은 40이므로 방어 B형 캐릭터의 데미지는 95-40=55이다.

이때, 공격형 캐릭터는 해당 라운드가 종료될 때 남은 체력이 처음 체력의 50% 미만이면, 다음 라운드가 시작될 때 최초 1회에 한하여 방어력이 처음 방어력의 20%만큼 증가하고 해당 방어력이 최종 라운드 종료 시까지 유지되므로 공격 A형 캐릭터의 체력이 305×0.5=152.5 미만으로 종료되는 다음 라운드부터 방어력이 40×(1+0.2)=48로 최종 라운드 종료 시까지 유지된다. 또한, 방어형 캐릭터는 해당 라운드가 종료될 때 남은 체력이 처음 체력의 50% 미만이면, 다음 라운드가 시작될 때마다 방어력의 40%만큼을 체력으로 회복하므로 방어 B형 캐릭터의 체력이 505×0.5=252.5 미만일 때마다 방어력의 40%인 130×0.4=52를 체력으로 회복한다. 이에 따라 공격 A형 캐릭터와 방어 B형 캐릭터의 라운드 종료 시점별 남은 체력은 다음과 같다.

구분	공격 A형	방어 B형
1라운드	305-55=250	505-120=385
2라운드	250-55=195	385-120=265
3라운드	195-55=140	265-120=145
4라운드	140-(55-8)=93	(145+52)-120=77
5라운드	93-(55-8)=46	(77+52)-120=9
6라운드	46-(55-8)=-1<0	9+52=61

6라운드에서 방어 B형 캐릭터가 먼저 공격하므로 공격 A형 캐릭터의 체력이 0 이하가 되어 공격 A형 캐릭터가 쓰러지고 바로 게임이 종료된다.

따라서 6라운드에 게임이 종료되었을 때, 승리한 방어 B형 캐릭터의 남은 체력은 61이다.

40 문제해결능력 정답 ①

공격 A형 캐릭터와 공격 C형 캐릭터가 격투를 벌이면 공격 A형의 데미지는 250 − 55 = 195, 공격 C형의 데미지는 215 − 40 = 175이고, 공격력이 더 낮은 공격 C형 캐릭터가 먼저 공격을 진행하므로 1라운드가 종료되었을 때 공격 A형 캐릭터의 남은 체력은 305 − 175 = 130, 공격 C형 캐릭터의 남은 체력은 375 − 195 = 180이다. 이때, 공격형 캐릭터는 해당 라운드가 종료될 때 남은 체력이 처음 체력의 50% 미만이면, 다음 라운드가 시작될 때 최초 1회에 한하여 방어력이 처음 방어력의 20%만큼 증가하고 해당 방어력이 최종 라운드 종료 시까지 유지되므로 공격 A형 캐릭터의 방어력은 40 × 1.2 = 48, 공격 C형 캐릭터의 방어력은 55 × 1.2 = 66으로 증가하여 최종 라운드 종료 시까지 유지된다. 이에 따라 다음 라운드가 시작되면 공격 A형 캐릭터의 데미지는 250 − 66 = 184, 공격 C형 캐릭터의 데미지는 215 − 48 = 167이 되고, 먼저 공격하는 공격 C형 캐릭터의 데미지보다 공격 A형 캐릭터의 남은 체력이 낮아 공격 A형의 체력이 0 이하가 되어 공격 C형이 승리하므로 옳지 않은 내용이다.

오답 체크

② 방어 C형 캐릭터의 남은 체력이 처음 체력의 50% 미만으로 라운드가 종료되면 다음 라운드가 시작될 때마다 방어 C형 캐릭터 방어력의 40%인 125 × 0.4 = 50만큼 체력을 회복하므로 옳은 내용이다.

③ 공격 B형 캐릭터의 공격력은 240이고, 방어 A형 캐릭터의 방어력은 140으로 공격 B형 캐릭터가 방어 A형 캐릭터를 공격할 때 데미지는 240 − 140 = 100이므로 옳은 내용이다.

④ 공격 B형 캐릭터의 남은 체력이 처음 체력의 50% 미만으로 라운드가 종료되면 다음 라운드가 시작될 때 최초 1회에 한하여 방어력이 처음 방어력의 20%만큼 증가한 45 × 1.2 = 54로 최종 라운드 종료 시까지 유지되므로 옳은 내용이다.

⑤ 방어 A형 캐릭터의 공격력은 85이고, 방어 B형 캐릭터의 방어력은 130이지만 방어형 캐릭터끼리 격투를 벌이는 경우에 방어력은 무시하기 때문에 방어 A형 캐릭터가 방어 B형 캐릭터를 공격할 때 데미지는 85이므로 옳은 내용이다.

한국토지주택공사 최종 합격을 위한

추가 학습 자료 5종

취업 인강
단과 강의 20% 할인 쿠폰

3C3KC5F678AEK000

이용방법

해커스잡 사이트(ejob.Hackers.com) 접속 후 로그인 ▶
사이트 메인 우측 상단 [나의정보] 클릭 ▶
[나의 쿠폰 - 쿠폰/수강권 등록]에 쿠폰번호 입력 ▶
강의 결제 시 쿠폰 적용

* 쿠폰 유효기간: 2026년 12월 31일까지(ID당 1회에 한해 등록 가능)
* 단과 강의 외 이벤트 강의 및 프로모션 강의에는 적용 불가, 쿠폰 중복 할인 불가합니다.

LH 한국토지주택공사
취업성공전략 강의
무료 수강권

AD2CC5F7K67K4000

이용방법

해커스잡 사이트(ejob.Hackers.com) 접속 후 로그인 ▶
사이트 메인 우측 상단 [나의정보] 클릭 ▶
[나의 쿠폰 - 쿠폰/수강권 등록]에 쿠폰번호 입력 후
[마이클래스 - 일반 강좌]에서 수강

* 쿠폰 유효기간: 2026년 12월 31일까지(ID당 1회에 한해 등록 가능)
* 쿠폰 등록 시점부터 30일간 수강 가능합니다.

· LH 합격을 위한 고난도 PSAT형 모의고사(PDF)
· NCS 모듈형 핵심 이론&문제(PDF)
이용권

2PAX17TWE64Y45XR

이용방법

해커스잡 사이트(ejob.Hackers.com) 접속 후 로그인 ▶
사이트 메인 중앙 [교재정보 - 교재 무료자료] 클릭 ▶
교재 확인 후 이용하길 원하는 무료자료의 다운로드 버튼 클릭 ▶
쿠폰번호 입력 후 다운로드

* 쿠폰 유효기간: 2026년 12월 31일까지

* 이 외 쿠폰 관련 문의는 해커스 고객센터(02-537-5000)로 연락 바랍니다.

FREE **무료 바로 채점 및 성적 분석 서비스**

바로 이용▶

이용방법

해커스잡 사이트(ejob.Hackers.com) 접속 후 로그인 ▶ 사이트 메인 상단 [교재정보 - 교재 채점 서비스] 클릭 ▶
교재 확인 후 채점하기 버튼 클릭

* 사용 기간: 2026년 12월 31일까지(ID당 1회에 한해 이용 가능)

2025 최신판

해커스 LH 한국토지주택공사 NCS+전공 봉투모의고사

개정 5판 1쇄 발행 2025년 6월 11일

지은이	해커스 NCS 취업교육연구소
펴낸곳	㈜챔프스터디
펴낸이	챔프스터디 출판팀
주소	서울특별시 서초구 강남대로61길 23 ㈜챔프스터디
고객센터	02-537-5000
교재 관련 문의	publishing@hackers.com 해커스잡 사이트(ejob.Hackers.com) 교재 Q&A 게시판
학원 강의 및 동영상강의	ejob.Hackers.com
ISBN	978-89-6965-619-3 (13320)
Serial Number	05-01-01

해커스 LH 한국토지주택공사 NCS + 전공 봉투모의고사

경영/경제 전공 실전모의고사 & 정답·해설

해커스잡

경영 전공 실전모의고사

01. 다음 ㉠~㉤ 중 공식적 집단이 아닌 것을 모두 고르면?

- 언론인이 되고 싶었던 윤미는 노력 끝에 A방송사와 B방송사 모두 최종 합격하였지만 A방송사에는 기자로, B방송사에는 아나운서로 지원한 바 있어 고민 끝에 ㉠ B방송사에 입사하기로 하였다.
- 아직 자신의 미래를 결정하지 못한 미라는 수능을 치른 후 선생님과 부모님의 조언에 따라 ㉡ 유명 대학의 경영학과를 선택하여 입학하게 되었다.
- 우여곡절 끝에 원하던 기업에 취직한 영준은 회사 사람들과 친목을 도모하고자 ㉢ 사내 산악회에 가입하였다.
- ㉣ 댄스 동호회의 회원인 주영은 다른 지역으로 이사했음에도 불구하고 매주 동호회 모임에 빠지지 않고 참석한다.
- 오랫동안 소믈리에를 꿈꿔왔던 수정은 현실의 벽에 부딪혀 주류회사에 취직하였지만, 회사에서 매주 ㉤ 와인 시음 모임을 주최한다는 것을 알고 바로 신청하였다.

① ㉠, ㉡ ② ㉡, ㉢ ③ ㉢, ㉣ ④ ㉠, ㉡, ㉤ ⑤ ㉢, ㉣, ㉤

02. 다음 중 인수합병에 대한 설명으로 적절하지 않은 것은?

① 자산인수는 대상 기업의 자산을 취득함으로써 경영권을 확보하는 인수합병 방법이다.

② 역합병은 적자 기업을 인수하면서 마치 적자 기업이 흑자 기업을 합병하는 것처럼 조작해 세금을 면제받는 것을 말한다.

③ 주식인수를 할 때는 주식회사를 설립하거나 신주 발행 시 자본금을 낸 사람과 협의를 거쳐 인수 주식의 수를 확정한다.

④ 흡수합병 시에는 상법 절차에 따라 합병된 회사가 전부 없어지고, 신설된 회사가 소멸 회사의 권리 및 사원을 이어받는다.

⑤ 간이합병과 소규모합병 시에는 주주총회의 승인 없이 이사회의 승인만으로 합병이 이루어질 수 있다.

03. 다음 중 매슬로가 제시한 욕구 5단계에서 SNS를 통해 친구, 가족 등 사람들과의 친밀감을 높이고자 사진 및 동영상을 공유하는 행동과 가장 관련 있는 것은?

① 생리적 욕구 ② 안전 욕구 ③ 사회적 욕구 ④ 존경의 욕구 ⑤ 자아실현의 욕구

04. 다음 각 설명에 해당하는 BCG 매트릭스 용어가 차례대로 나열된 것은?

㉠ 시장 성장률과 상대적 시장 점유율이 모두 높아 계속해서 투자가 필요한 사업
㉡ 시장 성장률은 높지만 시장 점유율이 낮아 시장 확대를 위한 투자 전략을 필요로 하는 상태로, 기업의 전략에 따라 성장사업이 될 수도 있고 사양사업이 될 수도 있는 사업
㉢ 시장 성장률과 시장 점유율이 모두 낮아 철수가 필요한 사업
㉣ 투자 비용을 전부 회수하고 많은 이익을 내고 있는 상태로, 시장 점유율은 높으나 시장 성장률은 낮은 사업

	㉠	㉡	㉢	㉣
①	Star	Dog	Question mark	Cash cow
②	Cash cow	Star	Question mark	Dog
③	Star	Question mark	Dog	Cash cow
④	Cash cow	Question mark	Dog	Star
⑤	Question mark	Star	Cash cow	Dog

05. 다음 중 양도성예금증서의 금리를 일컫는 말로 적절한 것은?

① CD금리 ② 리보금리 ③ 콜금리 ④ 기준금리 ⑤ 표면금리

06. 다음 중 품질경영에 대한 설명으로 가장 적절한 것은?

① 3σ 관리도를 사용하면 관리상하한선 사이의 폭은 표준편차의 3배가 된다.
② 공통원인(Common causes)에 의한 산출물의 변동은 줄일 수 있다.
③ 파레토 도표(Pareto diagram)는 발생빈도를 기준으로 요인들을 가로축을 따라 오름차순으로 표시한 막대그래프의 형태이다.
④ 통계적 품질관리를 위한 관리도(Control chart)를 작성하기 위해서는 생산되는 모든 제품의 전수조사가 필요하다.
⑤ 포카요케(Poka-yoke)는 종업원이 오류를 범하지 않도록 예방하는 특별한 도구이자 체크리스트이다.

07. 다음 중 간트 차트(Gantt chart)의 특징으로 적절하지 않은 것은?

① 작업 일정을 막대로 도식화하여 표현하는 도구이다.
② 계획과 통제기능이 동시에 이루어질 수 있도록 설계되었다.
③ 주로 생산·재고·원가관리 시 활용된다.
④ 계획과 실적을 한눈에 확인할 수 있다.
⑤ 작업들 간의 유기적인 관련성을 파악하기에 용이하다.

08. 다음 중 목표관리(MBO)에서 목표의 특징으로 적절하지 않은 것은?

① 목표는 구체적이어야 한다.
② 목표는 측정 가능해야 한다.
③ 목표는 달성 가능하면서도 도전적이어야 한다.
④ 목표는 과정 지향적이어야 한다.
⑤ 목표는 평가 기간 이내에 처리할 수 있어야 한다.

09. 다음 중 갈등에 대한 설명으로 적절하지 않은 것은?

① 전통적인 입장에서 갈등은 조직에 해를 입혀 발생 시 바로 처리해야 하는 요소로 여겨진다.
② 조직 내 갈등 관리는 개인의 성과 외에도 조직 목표 달성 여부에 영향을 줄 수 있다.
③ 갈등은 개인의 정서나 동기가 다른 정서 및 동기와 모순되어 표현이 저지될 때 발생한다.
④ 갈등은 창의적인 직무 수행 및 민주적인 의사결정에 부정적인 영향을 미친다.
⑤ 외부 집단과의 갈등이 발생했을 경우 내부 집단의 응집력이 향상된다는 장점이 있다.

10. 다음 중 막스 베버(Max Weber)가 제시한 관료제적 관리의 특징으로 적절하지 않은 것은?

① 분업에 의한 전문화 ② 공식적 규칙에 의한 관리 ③ 의사결정의 권한 구조
④ 피라미드형 계층 조직 ⑤ 차별적 성과급제

11. **다음 중 사업포트폴리오 분석의 한계에 대한 설명으로 옳은 것을 모두 고르면?**

㉠ 사업포트폴리오 분석을 통해 수익성이 낮은 사업부를 제거할 경우, 그 여파가 수익성이 좋은 사업부까지 미쳐 악영향을 줄 수 있다. ㉡ 사업포트폴리오 분석을 위한 방법들은 내부적 자원만 고려하고 있다. ㉢ 사업포트폴리오 분석은 이분법적 분류를 사용함으로써 사업 단위의 유형을 너무 단순화하고 있다. ㉣ 사업포트폴리오 분석 과정에서 각 부분에 주관적인 요소가 개입할 수 있다.

① ㉠ ② ㉠, ㉡ ③ ㉡, ㉢ ④ ㉠, ㉡, ㉣ ⑤ ㉠, ㉡, ㉢, ㉣

12. **다음 중 경영전략에 대한 설명으로 적절한 것은?**

① VRIO 분석은 기업이 가지고 있는 자산에 대하여 내부보유가치(Value), 보유한 자산의 희소성(Rarity), 모방가능성의 정도(Imitability), 운영(Operation)의 관점에 입각한다.

② SWOT 분석은 현재 기업이 보유하고 있는 자원과 역량을 분석하는 인과적 분석방법이다.

③ 산업구조분석은 수직적 힘으로 산업 내 경쟁, 신규 진입자, 대체재의 존재를 고려하고, 수평적 힘으로 공급자와 소비자의 교섭력을 고려한다.

④ 균형성과표는 주주와 고객을 위한 외부적인 측정치와 내부 프로세스의 개선, 학습과 성장이라는 내부적인 측정치 간에 균형을 이루어야 한다.

⑤ BCG 매트릭스에서 상대적 시장점유율이 1보다 크다는 것은 해당 사업부가 시장에서 가장 높은 성장률을 나타내고 있음을 의미한다.

13. **다음 중 경영자와 기업에 대한 설명으로 적절한 것은?**

① 자본 증식 및 수익 극대화를 주로 추구하는 전문경영자와 달리 소유경영자는 기업의 성장과 더불어 부의 공정한 분배에도 관심을 갖는다.

② 민츠버그가 분류한 경영자의 역할 중 의사결정자 역할에는 외형적 대표자, 리더, 교신자 등이 포함된다.

③ 카츠는 경영자의 역할 수행을 위한 능력을 개념적 능력, 인간적 능력, 기술적 능력의 세 가지로 분류하였다.

④ 기업윤리는 특수한 사업 행동에 적용되는 윤리적 사고라는 점에서 사회적 윤리와는 구분된다.

⑤ 자본금이 균등한 주식으로 분할되는 주식회사의 주주는 출자액 범위 내에서 회사의 적자, 채무, 리스크 등에 관한 책임을 지지 않는다.

14. **다음 중 지식경영과 학습조직에 대한 설명으로 가장 적절하지 않은 것은?**

① 치열한 글로벌 경쟁사회에서는 조직 구성원이 보유한 창조적 지식이 중요하다.

② 지식경영에 대한 반동으로 학습조직이 등장하였다.

③ 지식경영은 재무적 자산을 중심으로 기업의 자산가치를 산출하는 방식에 근본적인 문제가 있어 등장하였다.

④ 지식은 언어로 표현 가능한 객관적 지식에 해당하는 형식지와 언어로 표현하기 힘든 주관적 지식에 해당하는 암묵지로 구분할 수 있다.

⑤ 학습조직의 구성요소에는 개인적 수련, 정신모형, 공유비전, 팀학습, 시스템 사고 등이 있다.

15. **다음 중 귀인(Attribution)에 대한 설명으로 적절하지 않은 것은?**

① 내적 귀인에는 능력, 노력 등이 포함되고, 외적 귀인에는 과업의 난이도, 운 등이 포함된다.

② 높은 합의성, 낮은 특이성, 낮은 일관성을 지각할수록 외적 환경 요인에 귀인하는 경향을 보인다.

③ 합의성은 개인의 성과가 다른 사람의 성과와 얼마나 일치하느냐와 관련된 내용이다.

④ 행위자-관찰자 효과가 발생하는 이유는 자존적 편견과 관련되어 있다.

⑤ 개인의 특정 과업에 대한 성과는 다른 과업에 대한 성과와의 차이가 클수록 특이성이 높다.

16. **다음 중 산업구조분석에 대한 설명으로 옳지 않은 것을 모두 고르면?**

㉠ 산업에 영향을 미치는 5개 요인은 산업 간 경쟁, 진입장벽, 대체재의 존재, 소비자의 교섭력, 공급자의 교섭력이다. ㉡ 높은 고정비용이 진입장벽을 형성하는 경우에는 산업 수익률이 높아진다. ㉢ 산업의 집중도가 낮을수록 산업 내 경쟁이 치열해져 산업 수익률은 높아진다. ㉣ 철수장벽으로는 특수한 자산, 철수에 따른 고정비 부담, 감정적인 집착, 정부 정책, 기업의 전략적 선택 등을 예로 들 수 있다.

① ㉠, ㉡　　② ㉠, ㉢　　③ ㉠, ㉣　　④ ㉡, ㉢　　⑤ ㉡, ㉣

17. **다음 중 경영일반의 개념에 대한 설명으로 적절한 것은?**

① 서비스는 소멸성을 가지지만, 서비스를 소비한 결과에 해당하는 서비스 결과는 지속성을 가진다.

② 경영학에서 투입에 대한 산출의 비율을 의미하는 효과성은 자원의 활용과 밀접하게 관련되어 있다.

③ 경영의사결정은 의사결정의 성격에 따라 정성적 의사결정과 정량적 의사결정으로 구분할 수 있다.

④ 경영환경은 기업이 속해 있는 시장 또는 산업의 경계에 따라 내부환경과 외부환경으로 구분된다.

⑤ 환경풍부성이 높아질수록 환경불확실성도 함께 높아진다.

18. **다음 중 고전적 조직화에 대한 설명으로 적절하지 않은 것은?**

① 맥그리거의 XY 이론 중 X 이론에 근거하여 조직구조를 형성하는 것을 말한다.

② 라인 조직, 라인-스태프 조직, 기능별 조직이 대표적인 예이다.

③ 조직의 공식적 요인뿐만 아니라 비공식적 요인도 중요시하는 조직구조이다.

④ 감독 범위의 원칙과 계층 단축화의 원칙은 서로 모순된다.

⑤ 각 조직 구성원의 직무 분담과 권한 및 책임의 상호관계를 명확히 해야 한다.

19. **다음 중 서비스(Service)의 특징으로 적절하지 않은 것은?**

① 높은 고객접촉 정도 ② 노동 집약적 ③ 품질측정 용이

④ 소규모 설비 ⑤ 짧은 반응시간

20. **다음 중 수요예측에 대한 설명으로 가장 적절하지 않은 것은?**

① 설문을 통해 전문가 그룹의 의견을 조사하는 델파이법은 대표적인 정성적 예측기법이다.

② 평균오차(Mean error)가 0이 아닐 때도 평균절대편차(Mean absolute deviation)는 0이 될 수 있다.

③ 인과관계(Causal relationship)에 근거한 예측을 수행하기 위한 대표적인 도구는 다중회귀분석이다.

④ 누적예측오차는 예측치의 편향(Bias) 정도를 측정하기 위해 사용된다.

⑤ 시계열 특성 중 확률적 변동(Random walk)은 예측이 불가능하다.

21. 다음 중 경영학 이론에 대한 설명으로 옳지 않은 것을 모두 고르면?

> ㉠ 테일러의 과학적 관리법에서는 작업자를 금전적 수입의 극대화에만 관심을 갖는 경제인으로 가정한다.
> ㉡ 포드는 경영이념상 고임금 저노무비의 원칙을 강조하였다.
> ㉢ 페욜의 일반관리론에 따르면 관리과정은 '계획화 → 조직화 → 지휘 → 통제 → 조정'의 순으로 이루어진다.
> ㉣ 관료제 조직은 규범의 명확화, 노동의 분화, 역량 및 전문성에 근거한 인사, 공과 사의 구분, 계층의 원칙, 문서화 등의 특성을 갖는다.
> ㉤ 조직을 시스템 관점에서 분류하였을 때 폐쇄시스템의 경계는 모호하고, 개방시스템의 경계는 명확하다.

① ㉠, ㉡　② ㉡, ㉢　③ ㉡, ㉣　④ ㉠, ㉡, ㉢　⑤ ㉡, ㉢, ㉤

22. 다음 중 조직설계에 대한 설명으로 적절하지 않은 것은?

① 수평적 분화는 '라인부문의 형성 → 전문스태프의 형성 → 관리스태프의 형성'의 순으로 진행된다.
② 모든 조건이 동일할 경우 통제의 범위가 넓을수록 평면구조가 형성되며, 통제의 범위가 좁을수록 수평적 분화가 발생하여 고층구조가 형성된다.
③ 계층제의 원칙에는 감독범위의 원칙, 계층단축화의 원칙, 명령일원화의 원칙 등이 포함된다.
④ 위원회 조직은 경영 정책이나 특정한 문제해결에 관련되는 여러 사람을 각 계층으로부터 선출하여 구성한 위원회가 조직 내에 상시적으로 설치되어 있는 조직형태를 말한다.
⑤ 프로세스 조직은 리엔지니어링에 의해 고객 입장에서 기존의 업무처리절차를 재설계하여 획기적인 경영성과를 도모하도록 설계된 조직이다.

23. 다음 중 파생상품에 대한 설명으로 가장 적절하지 않은 것은?

① 옵션은 미리 정해진 만기일에만 권리를 행사할 수 있는 유럽형 옵션과 정해진 기간 내에는 언제든지 권리를 행사할 수 있는 미국형 옵션으로 나눌 수 있다.
② 옵션 매수자는 시장가격의 변동에 따라 자신에게 유리할 경우 권리를 행사할 수 있고, 만일 자신에게 불리하다면 언제든지 권리를 포기할 수 있다.
③ 옵션은 상대적으로 매도자에게 불리한 계약이기 때문에 옵션 매수자는 매도자에게 일정 금액의 프리미엄을 제공한다.
④ 선물은 옵션과 달리 의무의 성격이 강하며, 거래 대상인 기초자산에 따라 농산물, 에너지 등의 상품선물과 통화, 금리, 주가지수 등의 금융선물로 나뉜다.
⑤ 선도거래(Forwards)와 선물거래(Futures)는 개념상 유사하나, 선도거래는 계약단위와 만기일 등이 표준화되어 있고 선물거래는 당사자 간의 합의에 의해 거래조건이 성립된다는 차이점이 있다.

24. **다음 중 자본자산 가격결정모형(CAPM)에 대한 설명으로 가장 적절하지 않은 것은?**

① 모든 투자자의 개별 주식에 대한 기대수익률과 위험에 대한 기대가 동일하다는 전제를 기반으로 한다.

② 증권시장이 경쟁시장일 경우 예상되는 위험 프리미엄은 베타계수에 비례한다.

③ CAPM의 기본 가정에 따르면 자본시장은 소득세, 거래비용, 정보비용과 같은 마찰적 요인의 영향을 받는 불완전시장이다.

④ 수학 계산식을 통해 개별 위험자산의 균형수익률을 제시했다는 점에서 의의가 있다.

⑤ 시장의 기대수익률은 무위험자산의 수익률과 시장 포트폴리오 투자 시 발생하는 개별 위험자산의 위험 프리미엄을 더한 값이다.

25. **다음 ㉠, ㉡에 들어갈 말이 올바르게 연결된 것은?**

> 외부의 이해 관계자에게 기업에 대한 재무적 정보를 전달하기 위하여 회계원칙에 따라 작성한 보고서를 재무제표라 한다. 일반기업회계기준에 따르면 재무제표는 (㉠)와 (㉡)를 포함하여 총 5가지로 구성된다. 종전에 대차대조표로 불렸던 (㉠)는 일정 시점에 기업의 재정상태를 보여주는 재무제표다. 차변에는 자산이, 대변에는 자본 및 부채가 기재된다. (㉡)는 일정 기간의 경영성과를 나타내는 재무제표로, 일정 기간에 이루어진 거래 또는 사건을 통해 발생한 수익, 비용, 순이익에 관한 정보를 제공한다.

	㉠	㉡
①	재무상태표	현금흐름표
②	재무상태표	손익계산서
③	자본변동표	현금흐름표
④	자본변동표	재무상태표
⑤	손익계산서	자본변동표

26. **다음 중 포지셔닝(Positioning)에 대한 설명으로 적절하지 않은 것은?**

① 제품의 경쟁 상대는 표적 시장을 어떻게 결정하느냐에 따라 달라질 수 있다.

② 시간의 흐름에 따라 소비자의 욕구가 변화할 경우 리포지셔닝이 필요하다.

③ 효과적인 포지셔닝을 위해서는 잠재 소비자의 성향 파악보다는 제품 개발이 우선되어야 한다.

④ 기업의 브랜드나 제품 등이 경쟁 상대보다 소비자에게 긍정적으로 인식되도록 노력하는 것이다.

⑤ 소비자의 욕구 중심의 소비자 포지셔닝과 경쟁사의 전략 중심의 경쟁적 포지셔닝으로 구분된다.

27. **다음 중 광고에 대한 특징으로 적절하지 않은 것은?**

① 상품이나 서비스의 존재를 알려 수요를 촉진하는 방법이다.

② 전달되는 지역에 따라 국제 광고, 전국 광고 등으로 구분된다.

③ 일반적으로 불특정 다수에게 표준화된 정보를 제공한다.

④ 주목적은 상업 광고를 통해 영리를 얻고자 하는 데 있다.

⑤ 전달 매체는 신문, 잡지, 라디오 등 매우 다양한 편이다.

28. **다음 소비자 구매 의사 결정 과정에 대한 설명으로 적절하지 않은 것은?**

㉠ 필요성 인식

▼

㉡ 정보 수집

▼

㉢ 대안 평가

▼

㉣ 구매 결정

▼

㉤ 결과 평가

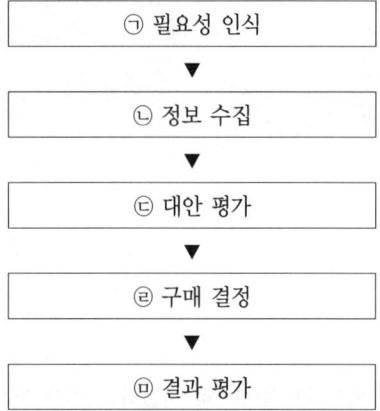

① 소비자가 현실에서 느끼는 만족 수준이 낮아지면 ㉠이 일어난다.

② ㉡은 정보의 출처에 따라 내부 탐색과 외부 탐색으로 나눌 수 있다.

③ ㉢은 자신의 요구에 맞는 여러 대안에 대해 가격 및 품질, 사후 관리 등을 평가하는 단계이다.

④ 일반적으로 고관여 제품일수록 ㉡과 ㉢이 생략되거나 간소화되고 바로 ㉣이 이루어진다.

⑤ ㉤에서 구매한 제품이 불만족스럽다고 판단할 경우 부정적 구전 효과로 이어질 수 있다.

29. 다음 각 사례와 관련 있는 마케팅 전략을 차례대로 연결한 것은?

- 캐나다에서는 밀셰어(Mealshare)와 제휴한 레스토랑을 방문해 지정된 메뉴를 시키면 같은 가치의 한 끼 식사가 어려운 이웃에게 제공된다.
- 지하철 좌석 밑에 타원 두 개가 겹쳐진 형태의 하트 모양 스티커를 부착하자 사람들이 다리를 꼬거나 벌리지 않고 스티커에 발을 맞춰 다소곳하게 앉아 있게 되었다.

① 코즈 마케팅 – 넛지 마케팅
② 코즈 마케팅 – 데카르트 마케팅
③ 코즈 마케팅 – 바이럴 마케팅
④ 앰부시 마케팅 – 넛지 마케팅
⑤ 앰부시 마케팅 – 바이럴 마케팅

30. 다음 중 잠재적 수요상황에서 사용 가능한 마케팅 전략으로 적절한 것은?

① 전환마케팅 ② 자극마케팅 ③ 개발마케팅 ④ 유지마케팅 ⑤ 대항마케팅

31. 다음 중 기업집단화에 대한 설명으로 적절하지 않은 것은?

① 수평적 통합은 같은 산업에서 생산활동 단계가 비슷한 기업 간에 이루어지는 통합을 의미한다.
② 트러스트(Trust)를 통한 기업집단화가 이루어지면 각각의 기업은 독립성을 잃게 된다.
③ 생산업체가 유통업체를 통합하는 것은 후방 통합에 해당한다.
④ 콘체른(Konzern)은 수평적으로는 물론 수직적 또는 다각적으로 결합되기도 한다.
⑤ 수평적 통합은 경쟁을 회피할 목적으로 이루어진다.

32. 다음 중 인적판매에 대한 설명으로 적절한 것은?

① 아이디어, 상품 및 서비스 등의 유료 형태를 취한 비인적 노출 및 촉진활동이다.
② 시간과 비용의 낭비가 크다.
③ 저비용과 신뢰성의 특징을 가진다.
④ 재화나 서비스의 판매를 촉진하기 위한 비교적 단기적인 동기부여 수단이다.
⑤ 쌍방향 의사소통을 통해 자사의 재화와 서비스를 구매할 수 있도록 권유하고 설득하는 과정이다.

33. 다음 중 유통의 본원적 기능으로 적절하지 않은 것은?

① 판매기능 ② 보관기능 ③ 금융기능 ④ 구매기능 ⑤ 운송기능

34. 다음 중 소비자행동에 대한 설명으로 옳지 않은 것을 모두 고르면?

㉠ 일상적 문제해결은 고객들이 동일제품을 반복 구매하여 그 제품에 대한 상당한 경험을 가지고 있고 제품의 성능에 대해 매우 만족하고 있을 때 발생하고, 수정재구매가 일상적 문제해결에 해당한다. ㉡ 소비자는 관여도가 높을수록 일상적 문제해결의 행동을 보이며, 관여도가 낮을수록 포괄적 문제해결의 행동을 보인다. ㉢ 습관적 구매행동은 구매하는 제품에 대하여 비교적 저관여 상태이며 제품의 각 상표 간 차이가 뚜렷한 제품을 구매하는 경우에 발생한다. ㉣ 관여도는 제품 혹은 사람에 따라 그 수준이 다르게 나타나는 상대적이고 주관적인 개념이다.

① ㉠, ㉡ ② ㉠, ㉢ ③ ㉡, ㉣ ④ ㉠, ㉡, ㉢ ⑤ ㉡, ㉢, ㉣

35. 다음 중 마케팅 조사를 위한 자료의 측정 척도와 해당 척도의 사용 예가 적절하지 않게 연결된 것의 개수는?

㉠ 명목척도 – 성별 분류 ㉡ 명목척도 – 시장구역 분류 ㉢ 서열척도 – 판매 지역 및 상표 분류 ㉣ 등간척도 – 광고인지도 측정 ㉤ 등간척도 – 상표선호도 조사 ㉥ 비율척도 – 시장점유율 조사

① 1개 ② 2개 ③ 3개 ④ 4개 ⑤ 5개

36. 다음 중 제품에 대한 설명으로 적절한 것은?

① 확장제품에는 포장, 제품 특징, 디자인, 품질 수준, 브랜드명 등이 포함된다.

② 제품은 구매욕구에 따라 소비재와 산업재로 구분할 수 있으며, 소비재는 다시 편의품, 선매품, 전문품, 미탐색품으로 분류된다.

③ 포장은 시각적 소구, 정보, 감성적 소구, 취급용이성의 특성을 갖추어야 한다.

④ 신제품 수용과정은 '인지 → 관심 → 시용 구매 → 평가 → 수용'의 순으로 이루어진다.

⑤ 신제품 개발과정은 일반적으로 '아이디어 창출 및 심사 → 제품 개념 개발 및 테스트 → 마케팅 믹스 개발 → 사업성 분석 → 시장테스트 → 시제품 생산 → 출시'의 순서로 진행된다.

37. 다음 중 촉진(Promotion)에 대한 설명으로 가장 적절하지 않은 것은?

① 광고모델이 신뢰성을 갖고 있다고 생각하면 소비자들은 동일화(Identification) 과정을 거쳐 메시지를 수용한다.

② 홍보는 광고보다 비용과 통제가능성이 상대적으로 낮은 반면에 신뢰성은 비교적 높다.

③ 매체 결정에서 표적청중을 명확히 정의하기 어려운 경우에는 일반적으로 빈도(Frequency)보다 도달률(Reach)을 높이는 것이 바람직하다.

④ 광고는 푸시(Push)보다는 풀(Pull) 촉진활동에 더 가깝다.

⑤ GRP(Gross Rating Point)는 도달범위(Reach)에 빈도(Frequency)를 곱한 것이다.

38. 다음 중 고압적 마케팅(Push marketing)이 근거를 두는 마케팅 개념으로 적절한 것은?

① 생산 개념(Production oriented concept)

② 제품 개념(Product oriented concept)

③ 판매 개념(Selling oriented concept)

④ 마케팅 개념(Marketing oriented concept)

⑤ 사회지향적 마케팅 개념(Social marketing oriented concept)

39. 다음 중 노동조합원과 노동조합원이 아닌 노동자 모두에게 노동조합의 조합회비를 징수하는 숍 제도로 적절한 것은?

① 유지 숍(Maintenance shop)
② 에이전시 숍(Agency shop)
③ 우선 숍(Preferential shop)
④ 유니언 숍(Union shop)
⑤ 오픈 숍(Open shop)

40. 다음 중 권력 수준의 결정요인에서 권력 수준에 미치는 영향이 다른 것은?

① 불확실성의 대처 능력
② 자원의 조달 및 통제 능력
③ 중심성
④ 대체 가능성
⑤ 희소성

41. 다음 중 성격과 태도에 대한 설명으로 가장 적절한 것은?

① 귀인(Attribution)에서 발생하는 행위자-관찰자 효과는 자존적 편견과 관련이 있다.
② 조직시민행동은 자기효능감, 예의, 성실성, 시민의식, 스포츠맨십으로 구성되어 있다.
③ 빅파이브 모형에서 경험에 대한 개방성은 대인관계에 있어서의 편안한 정도를 의미한다.
④ 켈리(Kelly)는 귀인의 판단기준으로 합의성, 특이성, 신뢰성을 제시하였다.
⑤ 내재론자에 비해 외재론자는 성과를 결정짓는 것은 자신의 노력이라고 생각한다.

42. 다음 중 토마스(Thomas)의 갈등관리전략에서 공식적인 권위를 사용하여 복종을 유도하고, 자신에 대한 관심은 지나친 반면 상대방에 대해 무관심한 사람이 자기중심적으로 행동하는 것은?

① 회피전략 ② 경쟁전략 ③ 협력전략 ④ 수용전략 ⑤ 타협전략

43. 노동조합이 시행할 수 있는 쟁의행위 중에서 가장 강력한 방법은?

① 직장폐쇄(Lockout) ② 피케팅(Picketing) ③ 불매운동(Boycott)
④ 태업(Sabotage) ⑤ 파업(Strike)

44. 다음 중 동기부여에 대한 설명으로 옳지 않은 것을 모두 고르면?

㉠ 매슬로는 결핍 욕구뿐만 아니라 진행 욕구의 중요성을 강조하였다.
㉡ 허츠버그는 조직구조 측면에서 노사나 인사 담당 부서의 위생요인 담당 부문과 동기요인 담당 부문을 통합할 것을 제안하였다.
㉢ 맥클리랜드는 인간의 욕구는 후천적으로 학습된 것이기 때문에 인간의 행동에 영향을 미치는 욕구의 서열은 사람마다 다르다고 주장하였다.
㉣ 브룸은 기대이론에서 동기부여의 강도를 기대감, 수단성, 유의성의 합으로 설명하였다.
㉤ 데시는 인지적 평가이론을 통해 어떤 직무에 대하여 내재적 동기가 유발되어 있는 경우에 외재적 보상이 주어지면 내재적 동기가 감소된다고 주장하였다.

① ㉠, ㉡ ② ㉠, ㉢ ③ ㉡, ㉣ ④ ㉠, ㉡, ㉣ ⑤ ㉡, ㉢, ㉤

45. 다음 중 인사평가에 대한 설명으로 가장 적절한 것은?

① 서열법은 구체적 성과차원이 아닌 능력이나 업적 등의 전반적인 평가를 통하여 피평가자의 가치에 따라 서열만을 매기는 절대평가 방법이다.

② 행동기준평가법(BARS)은 강제할당법과 평정척도법을 혼용한 인사평가기법이다.

③ 인사평가의 신뢰성을 증대시키기 위한 방법으로는 목적별 평가, 피평가자 집단의 세분화 등이 있다.

④ 다면평가란 상급자가 하급자를 평가하는 하향식 평가의 단점을 보완하여 상급자에 의한 평가 이외에도 평가자 자신, 부하직원, 동료, 고객, 외부전문가 등 다양한 평가자들이 평가하는 것을 말한다.

⑤ 강제할당법을 사용하면 관대화·중심화·가혹화 경향이 발생할 가능성이 높다.

46. 다음 중 보상관리에 대한 설명으로 옳은 것을 모두 고르면?

㉠ 보상의 안정성을 실현하기 위한 원칙에는 생활보장의 원칙, 노동대가의 원칙, 고정임금과 변동임금의 균형원칙 등이 있다. ㉡ 보상은 경제적 보상과 비경제적 보상으로 구분할 수 있는데, 임금과 복리후생이 경제적 보상의 가장 대표적인 예에 해당한다. ㉢ 외부공정성은 임금체계에 반영되고, 내부공정성은 임금수준에 반영된다. ㉣ 종업원의 생계비는 실태생계비와 이론생계비로 구분할 수 있으며, 실태생계비가 이론생계비보다 높게 나타나서 노동조합의 입장에서는 실태생계비를 기준으로 기업과 임금교섭을 하려는 경향이 강하다.

① ㉠, ㉡ ② ㉠, ㉢ ③ ㉠, ㉣ ④ ㉡, ㉢ ⑤ ㉡, ㉣

47. 다음 중 호손연구(Hawthorne studies)에 대한 설명으로 적절하지 않은 것은?

① 호손공장에서 메이요(E. Mayo)와 뢰슬리스버거(F. Roethlisberger)를 중심으로 행한 일련의 연구들이다.

② 조명실험, 배전기 전선작업장 실험, 면접 연구, 계전기 조립작업장 실험 순으로 진행되었다.

③ 공장의 공식집단과는 별도로 자생적으로 형성된 비공식집단이 존재함을 발견하였다.

④ 생산성 향상에 대한 고전적인 접근에서 벗어나 인간적인 측면에 초점을 맞추는 계기가 되어 경영적 사고가 변환되는 전환점이 되었다.

⑤ 인간관계운동(Human relations movement)의 등장에 기여하였다는 의의가 있다.

48. 직무평가방법 중 서열법의 주관성을 완화하기 위해 활용하는 방법으로 적절하지 않은 것은?

① 교대서열법 ② 쌍대비교법 ③ 요소비교법 ④ 위원회방법 ⑤ 등급법

49. 다음 중 직무급의 장점에 대한 설명으로 적절하지 않은 것은?

① 직무 간 공정한 임금 격차를 유지할 수 있고 노동의 공헌 측면에서 임금 배분을 공정하게 할 수 있다.

② 종업원의 생계비를 보장하여 기업에 대한 귀속의식이 확대됨과 동시에 종업원의 고용안정과 생활 보장을 이룩할 수 있다.

③ 동일 노동에 동일 임금이라는 원칙을 적용하여 부가가치의 상승 없이 임금이 상승하는 불합리성을 제거할 수 있다.

④ 노동력을 적재적소에 배치하여 효율적으로 이용할 수 있다.

⑤ 기업의 입장에서는 특수업무를 처리할 수 있는 인적자원의 확보가 용이해진다.

50. 다음 중 노사관계와 경영참여에 대한 설명으로 적절하지 않은 것은?

① 오픈 숍은 노동조합의 안정도 측면에서는 가장 취약한 제도이며, 사용자에 의한 노동조합 약화 수단으로 작용할 수 있다.

② 노사관계는 '착취적 노사관계 → 온정적 노사관계 → 완화적 노사관계 → 민주적 노사관계'의 순으로 발전되어 왔다.

③ 기업별 노동조합은 산업 내 다양한 직종들의 특수성에 부합한 임금과 근로조건을 결정하는 데 한계가 있어 조직의 응집력이 약해질 가능성이 있다.

④ 경영참여제도의 유형은 크게 의사결정참여, 이익참여, 자본참여로 구분할 수 있다.

⑤ 경영참여제도의 도입으로 인해 경영권의 침해, 노동조합 약체화, 근로자의 경영참여 능력 부족 등의 문제가 제기된다.

51. **다음 설명에 해당하는 생산 시스템은?**

> 20세기 초 자동차 회사를 운영하던 헨리 포드가 처음으로 시도한 방식으로, 컨베이어 장치를 이용해 재료를 운반시키며 작업하는 방식이다. 이동조립법을 통해 불필요한 노동을 줄여 생산 효율성을 극대화하였으며, 시간적 규칙성에 의한 작업으로 기계화된 대량 생산 체제를 만들었다.

( )

52. **다음 설명과 관련 있는 용어는?**

> 동일 업종의 기업이 경쟁의 제한 또는 완화를 목적으로 가격, 생산량, 판로 따위에 대하여 협정을 맺어 형성하는 독점 형태를 말한다. 대표적인 기구로는 석유수출국기구(OPEC)가 있다.

( )

53. **다음 설명에 해당하는 회사는?**

> 모든 사원이 기업의 채무에 대해 직접·무한·연대책임을 지면서 각 사원이 회사를 대표하며 업무를 집행하고, 출자자 상호 간의 신뢰 관계를 중심으로 설립된 기업을 의미한다.

( )

54. 시장 포트폴리오에 따르면 무위험자산의 수익률이 3%이고 기대수익률이 11%일 때, ○○기업 주식의 기대수익률[%]은? (단, ○○기업 주식의 베타계수는 1.5이다.)

( )

55. A기업은 작년 말 주주들에게 1주당 4,000원의 배당금을 지급하였다. A기업은 과거부터 매년 8%씩 성장하였고 향후에도 동일한 비율로 계속 성장할 것으로 가정한다면 투자자의 요구수익률이 16%일 때, 올해 초 A기업의 1주당 가치[원]는?

( )

56. (주)한국은 당기 초 기계장치를 1,000,000[원]에 취득하였다. 이 자산의 내용연수는 4년, 잔존가치는 500,000[원]이며, 연수합계법으로 감가상각한다. 결산은 기말에 연 1회만 한다고 할 때, 당기에 계상될 (주)한국의 감가상각비[원]는?

( )

57. 다음 설명에 해당하는 설계방식은?

제품설계와 공정설계를 마케팅, 엔지니어링, 생산부서 간의 공통 활동으로 통합하여 진행하는 시스템을 의미한다. 이는 제품의 설계, 기술, 생산, 마케팅, 서비스 등의 전 과정을 거칠 때 서로 다른 부서들로부터 다기능 팀(Multi-functional team)을 구성하고 팀워크를 토대로 함께 협력하는 제품 개발 방식으로, 병렬적 설계과정에 해당한다.

( )

58. 다음 설명에 해당하는 교육훈련방법은?

피교육자가 직무를 수행하면서 관리·감독자에 의해 지도 교육을 받는 교육훈련방법을 말한다. 이 훈련방법 하에서 모든 관리·감독자는 업무 수행 시 지휘 감독을 함과 동시에 부하 직원이자 피교육자의 직무수행능력 향상을 위한 훈련을 진행한다. 이에 따라 관리·감독자와 피교육자 사이의 친밀도가 높고 낭비되는 시간이 적다는 장점이 있으나, 교육을 담당하는 관리·감독자의 높은 자질이 요구될 뿐만 아니라 교육훈련이 체계적으로 이루어지기 어렵다는 단점이 있다.

( )

59. 다음 설명에 해당하는 공식적 의사소통의 유형은?

> 집단 구성원들의 중심인물이 존재하고 있는 경우에 나타나는 유형으로, 주로 리더와 같은 중심인물에게 의사를 전달하고 중심인물은 의견을 모아 다시 구성원들에게 의사를 전달하는 형태이다.

( )

60. 다음 설명에 해당하는 인사평가방법은?

> 주로 관리자 계층의 선발을 위하여 기업에서 사용하는 방법으로, 다수의 피평가자를 특정 장소에 며칠간 합숙시키면서 훈련받은 관찰자들이 이들을 집중적으로 관찰하고 평가하여 관리자 선발이나 승진 의사결정 시 신뢰성 및 타당성을 높이고자 시행되는 체계적인 선발방법을 의미한다. 이 방법은 관리자를 신규로 선발할 때가 아니더라도 기존 관리자의 공정한 평가와 인력개발을 위해서도 활용되나 비용이 많이 발생한다는 단점이 있다.

( )

정답·해설

01	02	03	04	05	06	07	08	09	10
⑤	④	③	③	①	⑤	⑤	④	④	⑤
11	12	13	14	15	16	17	18	19	20
⑤	④	③	②	②	②	①	③	③	②
21	22	23	24	25	26	27	28	29	30
⑤	②	⑤	③	②	③	④	④	①	③
31	32	33	34	35	36	37	38	39	40
③	⑤	③	④	①	③	①	③	②	④
41	42	43	44	45	46	47	48	49	50
①	②	⑤	③	④	①	②	⑤	②	③
51	52	53	54	55	56	57	58	59	60
컨베이어 벨트 시스템	카르텔	합명회사	15	54,000	200,000	동시설계	OJT	수레바퀴형	평가센터법

01 정답 ⑤

공식적 집단은 조직에서 의도적으로 만든 집단이며, 비공식적 집단은 조직 구성원들의 요구에 따라 자발적으로 형성된 집단이다.
따라서 공식적 집단이 아닌 것을 모두 고르면 ©, ⓔ, ⓜ이다.

02 정답 ④

흡수합병은 합병 회사 가운데 한 회사가 다른 회사를 흡수하는 방식이며, 상법 절차에 따라 합병된 회사가 전부 없어지고 신설된 회사가 소멸 회사의 권리 및 사원을 수용하는 방식은 신설합병이므로 적절하지 않다.

03 정답 ③

매슬로의 욕구단계이론에 따르면 인간은 사회적으로 조직을 이루고 사회적인 상호과정을 거쳐 원활한 인간관계를 유지하고자 하는 사회적 욕구가 있으며, 타인으로부터 자신이 가치 있는 사람이라고 인정받고 싶어 한다.
따라서 친밀한 관계의 사람들과 사진이나 동영상을 공유하는 행동은 사회적 욕구와 관련 있다.

04 정답 ③

㉠은 Star, ㉡은 Question mark, ㉢은 Dog, ㉣은 Cash cow에 대한 설명이다.

05 정답 ①

양도성예금증서는 양도 가능한 정기예금증서로 CD라고 불리며, 양도성예금증서가 발행되어 유통시장에서 거래될 때 적용되는 금리는 CD금리이다.

06 정답 ⑤

포카요케(Poka-yoke)는 종업원이 오류를 범하지 않도록 예방하는 특별한 도구이자 체크리스트이므로 가장 적절하다.

오답 체크

① 3σ 관리도를 사용하면 관리상하한선 사이의 폭은 표준편차의 6배가 되므로 적절하지 않다.
② 산출물의 변동은 공통원인(Common causes)에 의한 변동과 이상원인(Assignable causes)에 의한 변동으로 나눌 수 있으며, 일반적으로 공통원인에 의한 산출물의 변동은 줄일 수 없지만, 이상원인에 의한 산출물의 변동은 줄일 수 있으므로 적절하지 않다.
③ 파레토 도표(Pareto diagram)는 발생빈도를 기준으로 요인들을 가로축을 따라 내림차순으로 표시한 막대그래프의 형태이므로 적절하지 않다.
④ 관리도(Control chart)는 관측값이 비정상적인 것인지 아닌지를 결정하기 위해서 표본으로부터 품질특성 값을 측정하여 시간순서로 표시하는 도표로, 표본조사의 결과를 표시하므로 적절하지 않다.

07 정답 ⑤

간트 차트는 각 작업의 계획을 수립하고 파악할 때 용이하나, 복잡하고 세밀한 일정 계획 시 적용하기 어렵고, 작업들 간의 유기적인 연관성을 파악하기 어려우므로 적절하지 않다.

08 정답 ④

목표를 설정할 때는 SMART 원칙에 따라 구체적이고(Specific), 측정 가능하고(Measurable), 달성 가능하면서 도전적이어야 하고(Achievable), 결과 지향적이고(Results-oriented), 평가 기간 이내에 처리 가능한 시간 제약적(Time-bounded) 원칙을 고려해야 하므로 적절하지 않다.

09 정답 ④

갈등은 조직에 부정적인 영향뿐만 아니라 창의적인 직무 수행, 민주적인 의사결정에 도움을 주는 등 조직에 긍정적인 영향을 미치기도 하므로 적절하지 않다.

10 정답 ⑤

막스 베버(Max Weber)가 제시한 관료제적 관리는 공정한 평가에 따라 합리적인 방식으로 조직을 경영한다는 특징이 있으며, 차별적 성과급제는 테일러(F. W. Taylor)가 제시한 과학적 관리의 특징에 해당하므로 적절하지 않다.

11 정답 ⑤

사업포트폴리오 분석의 한계에 대한 설명으로 옳은 것을 모두 고르면 ㉠, ㉡, ㉢, ㉣이다.

12 정답 ④

균형성과표는 기업 전체의 이윤을 극대화하고 개별 사업 단위 혹은 기능별 부서의 목표를 연결하기 위하여 도입된 개념으로, 주주와 고객을 위한 외부적인 측정치와 내부 프로세스의 개선, 학습과 성장이라는 내부적인 측정치 사이에 균형을 이루어야 하므로 적절하다.

오답 체크

① VRIO 분석은 기업이 가지고 있는 자산에 대하여 내부 보유가치(Value), 보유한 자산의 희소성(Rarity), 모방가능성의 정도(Imitability), 조직(Organization)의 관점에 입각하므로 운영(Operation)은 적절하지 않다.

② SWOT 분석은 현재 기업이 보유하고 있는 자원과 역량을 분석하는 기술적 방법이므로 적절하지 않다.

③ 산업구조분석은 산업을 구성하는 다섯 가지의 힘 중 수평적 힘으로 산업 내 경쟁, 신규 진입자, 대체재의 존재를 고려하고, 수직적 힘으로 공급자의 교섭력과 소비자의 교섭력을 고려하므로 적절하지 않다.

⑤ BCG 매트릭스에서 상대적 시장점유율이 1보다 크다는 것은 해당 사업부가 시장에서 가장 높은 시장점유율을 차지하고 있음을 의미하므로 적절하지 않다.

13 정답 ③

카츠는 경영자에게 요구되는 능력을 개념적 능력, 인간적 능력, 기술적 능력으로 구분하였으므로 적절하다.

오답 체크

① 기업의 출자와 경영 기능을 동시에 수행하는 소유경영자는 보편적으로 자본 증식과 수익 극대화를 추구하는 반면, 출자 여부와 상관없이 독립적으로 기업을 경영하는 전문경영자는 기업의 성장뿐만 아니라 부의 공정한 분배에도 관심을 가지므로 적절하지 않다.

② 민츠버그는 경영자의 역할을 대인관계 역할, 의사결정자 역할, 정보전달 역할로 구분하였다. 이 중 외형적 대표자, 리더, 교신자 등이 포함되는 역할은 대인관계 역할이며, 의사결정자 역할에는 기업가, 분쟁의 해결자, 자원의 배분자, 협상가 등이 포함되므로 적절하지 않다. 추가로 경영자의 역할 중 정보전달 역할에는 감시자, 전달자, 대변인 등이 포함된다.

④ 기업윤리는 모든 상황에 보편적으로 적용되는 사회적 윤리를 특수한 사업 행동에 적용하는 것으로, 사회적 윤리와 구분되는 개념이 아니므로 적절하지 않다.

⑤ 주식회사는 자본금이 균일한 주식으로 분할되고 출자자인 주주는 주식의 인수가액을 한도로 출자 의무를 가지는 회사로, 주주 모두가 유한책임사원으로서 출자액 범위 내에서 회사의 적자, 채무, 리스크에 관한 책임을 지므로 적절하지 않다.

14 정답 ②

학습조직은 벤치마킹(Benchmarking)에서 한 단계 발전된 개념으로, 학습조직에 대한 반동으로 지식경영이 등장하였으므로 가장 적절하지 않다.

15 정답 ②

높은 합의성, 높은 특이성, 낮은 일관성을 지각할수록 외적 환경 요인에 귀인하는 경향을 보이며, 낮은 합의성, 낮은 특이성, 높은 일관성을 지각할수록 내적 환경 요인에 귀인하는 경향을 보이므로 적절하지 않다.

16 정답 ②

㉠ 산업에 영향을 미치는 5개 요인은 산업 내 경쟁, 진입장벽(신규 진입자의 존재), 대체재의 존재, 소비자의 교섭력, 공급자의 교섭력이므로 옳지 않다.
㉢ 산업의 집중도가 낮을수록 경쟁적인 시장이며 산업의 집중도가 높을수록 독과점시장이 되기 때문에 산업의 집중도가 낮을수록 산업 내 경쟁이 치열해져 산업 수익률이 낮아지게 되므로 옳지 않다.

따라서 산업구조분석에 대한 설명으로 옳지 않은 것은 ㉠, ㉢이다.

17 정답 ①

서비스는 재고 축적이 불가능한 소멸성을 가지지만, 서비스를 소비한 결과에 해당하는 서비스 결과는 지속성을 가지므로 적절하다.

오답 체크

② 경영학에서 투입에 대한 산출의 비율을 의미하며 자원의 활용과 밀접하게 연관되어 있는 개념은 효율성이며, 효과성은 기업이 설정한 목표의 달성 여부를 의미하는 개념이므로 적절하지 않다.
③ 경영의사결정은 의사결정의 성격에 따라 정형적(구조적) 의사결정과 비정형적(비구조적) 의사결정으로 구분할 수 있고, 정보의 유형에 따라 정성적 의사결정과 정량적 의사결정으로 구분할 수 있으므로 적절하지 않다.
④ 경영환경은 기업이 속해 있는 시장 또는 산업의 경계에 따라 미시적 환경과 거시적 환경으로 구분할 수 있고, 기업의 경계에 따라 내부환경과 외부환경으로 구분할 수 있으므로 적절하지 않다.
⑤ 조직이 보유하고 있는 자원의 양을 의미하는 환경풍부성이 높아지면 환경불확실성은 낮아지므로 적절하지 않다.

18 정답 ③

고전적 조직화는 조직의 공식적 요인만을 중요시하고, 비공식적 요인은 무시하는 조직구조이므로 적절하지 않다.

19 정답 ③

품질측정이 용이한 것은 재화의 특징이므로 적절하지 않다.

더 알아보기

재화와 서비스의 특징

구분	재화(Goods)	서비스(Service)
성격	유형의 제품	무형의 제품
재고 축적 여부	재고 축적 가능	재고 축적 불가능
고객접촉 정도	낮은 고객접촉 정도	높은 고객접촉 정도
반응시간	긴 반응시간	짧은 반응시간
시장 규모	넓은 시장	좁은 시장
설비의 규모	대규모 설비	소규모 설비
통제/관리의 형태	집권적	분권적
집약도의 성격	자본 집약적	노동 집약적
품질의 측정	품질측정 용이 (객관적)	품질측정 곤란 (주관적)

20 정답 ②

평균절대편차가 0이 되기 위해서는 평균오차가 0이어야 하므로 가장 적절하지 않다.

21 정답 ⑤

㉡ 임금의 증가폭과 생산성의 증가폭 중에 생산성의 증가폭이 더 커야 한다는 고임금 저노무비의 원칙을 강조한 것은 테일러이며, 포드는 기업경영을 대중에 대한 봉사활동으로 여겨 경영이념상 저가격 고임금의 원칙을 강조하였다.
㉢ 페욜의 일반관리론에서는 관리과정이 '계획화 → 조직화 → 지휘 → 조정 → 통제'의 순서로 이루어진다고 설명하였다.
㉤ 조직은 시스템 관점에서 폐쇄시스템과 개방시스템으로 구분되며, 폐쇄시스템의 경계는 명확하고 개방시스템의 경계는 모호하다.

따라서 경영학 이론에 대한 설명으로 옳지 않은 것을 모두 고르면 ㉡, ㉢, ㉤이다.

22 정답 ②

통제의 범위는 한 사람의 관리자가 효과적으로 직접 통제할 수 있는 부하의 수를 의미한다. 모든 조건이 동일한 상황에서 통제의 범위가 넓을수록 평면구조가 형성되지만, 통제의 범위가 좁을수록 수직적 분화가 발생하여 고층구조가 형성되므로 적절하지 않다.

23 정답 ⑤

선물거래는 계약단위와 만기일 등 계약 내용이 표준화되어 있으나, 선도거래는 매매 당사자 간의 합의에 의해 거래가 성립되므로 가장 적절하지 않다.

24 정답 ③

자본자산 가격결정모형(CAPM)의 기본 가정에 따르면 CAPM의 자본시장은 거래비용, 세금 등이 존재하지 않는 완전시장이므로 가장 적절하지 않다.

25 정답 ②

㉠에는 재무상태표, ㉡에는 손익계산서가 들어간다.

26 정답 ③

포지셔닝이 효과적으로 이루어지기 위해서는 잠재 소비자의 욕구를 들추어내어 이를 마케팅이나 광고에 활용할 수 있어야 하므로 적절하지 않다.

27 정답 ④

광고는 영리성 여부에 따라 영리 광고와 비영리 광고로 구분된다. 영리 광고의 경우 상품이나 서비스를 판매하고자 하는 목적으로 만들어진 상업적 광고이나, 비영리 광고의 경우 공공단체 및 공공광고기구에 의해 이루어지는 비상업적 광고에 해당하므로 광고의 주 목적은 상업 광고를 통해 영리를 얻고자 하는 데 있다는 것은 적절하지 않다.

28 정답 ④

일반적으로 소비자는 가격이 높고 개인에게 중요한 고관여 제품일수록 더 많은 정보를 탐색하고 여러 대안을 신중히 평가한 후에 구매를 결정하는 복잡한 의사 결정 과정을 거치게 되므로 적절하지 않다.

29 정답 ①

섯 번째는 기업의 공익적 활동과 이윤추구 활동을 연계하는 '코즈 마케팅', 두 번째는 메시지를 직접적으로 전달하지 않으면서도 의도한 방향으로 사람들의 행동을 유도하는 '넛지 마케팅'과 관련 있다.

오답 체크

- 데카르트 마케팅 : 브랜드의 이미지 및 품격을 높이고자 첨단 기술 제품에 예술을 접목하거나 예술가와 협업하여 소비자의 감성을 자극하는 마케팅 전략
- 바이럴 마케팅 : 소비자들이 이메일, 블로그, 카페, SNS 등을 통해 자발적으로 어떤 기업이나 제품을 홍보하게 하는 마케팅 전략
- 앰부시 마케팅 : 매복 마케팅이라고도 불리며, 올림픽이나 월드컵 등 스포츠 경기에서 대회의 공식 후원 기업이 아님에도 TV 광고나 개별 선수 후원을 통해 소비자에게 공식 후원 기업과 같은 인상을 주는 마케팅 전략

30 정답 ③

잠재적 수요상황에서 사용 가능한 마케팅 전략은 개발마케팅이다.

더 알아보기

수요상황별 마케팅 전략

목적	수요상황	해결 방법	마케팅 전략
수요 확대	부정적 수요	수요의 전환	전환마케팅
	잠재적 수요	수요의 개발	개발마케팅
	무수요	수요의 창출	자극마케팅
	감퇴적 수요	수요의 부활	재마케팅
수요 안정화	불규칙 수요	수요·공급시기 일치	동시마케팅
	완전 수요	수요의 유지	유지마케팅
수요 축소	초과 수요	수요의 감소	역마케팅
	불건전 수요	수요의 파괴	대항마케팅

31 정답 ③

생산업체가 유통업체를 통합하는 것은 전방 통합에 해당하므로 적절하지 않다.

더 알아보기

수직적 통합

전방 통합	통합 주체의 입장에서 고객 방향에 있는 기업을 통합하는 방법
후방 통합	통합 주체의 입장에서 공급업체 방향에 있는 기업을 통합하는 방법

32 정답 ⑤

인적판매는 고객 또는 예상 고객과 쌍방향 의사소통을 통해 자사의 재화와 서비스를 구매하도록 권유하고 설득하는 과정이므로 적절하다.

오답 체크

① 아이디어, 상품 및 서비스 등의 유료 형태를 취한 비인적 노출 및 촉진 활동은 광고이므로 적절하지 않다.
② 인적판매는 최종구매행동을 자극하기 때문에 시간과 비용의 낭비가 적으므로 적절하지 않다.
③ 저비용과 신뢰성의 특징을 가지는 것은 PR(Public Relations)이므로 적절하지 않다.
④ 재화나 서비스의 판매 촉진을 위해 비교적 단기적인 동기부여 수단으로 활용하는 것은 판매 촉진 수단이므로 적절하지 않다.

33

정답 ③

금융기능은 유통의 본원적 기능을 지원하는 기능인 조성기능에 포함되므로 적절하지 않다.

더 알아보기

유통의 본원적 기능

구분	의미	하위 기능
거래기능	소유권의 이전과 관계되는 기능	판매기능, 구매기능
물적유통기능	재고 이전과 관계되는 기능	보관기능, 운송기능

34

정답 ④

㉠ 수정재구매는 인지적 처리과정을 거치지만 적극적으로 정보 탐색이나 상표 평가를 하지 않는 제한적 문제해결에 해당하며, 일상적 문제해결에는 자동재구매가 포함된다.

㉡ 소비자는 관여도가 높을수록 포괄적 문제해결의 행동을 보이며, 관여도가 낮을수록 일상적 문제해결의 행동을 보이게 된다.

㉢ 습관적 구매행동은 제품에 대하여 소비자가 비교적 낮은 관여도를 보이며 제품의 상표 간 차이가 미미할 경우에 발생하며, 구매하는 제품에 대하여 비교적 저관여 상태이며 제품의 각 상표 간 차이가 뚜렷한 제품을 구매하는 경우에 발생하는 구매행동은 다양성추구 구매행동이다.

따라서 소비자행동에 대한 설명으로 옳지 않은 것을 모두 고르면 ㉠, ㉡, ㉢이다.

더 알아보기

상표 간 차이와 관여도에 따른 구매행동

관여도 / 상표 간 차이	고관여	저관여
상표 간 큰 차이	복잡한 구매행동	다양성 추구 구매행동
상표 간 작은 차이	부조화 감소 구매행동	습관적 구매행동

35

정답 ①

㉢ 서열척도는 숫자의 크기로 서열을 부여하는 척도이며, 판매 지역 및 상표의 분류와 같은 활동은 서열척도보다 구분 및 분류의 목적으로 숫자를 사용하는 명목척도를 사용하는 것이 더 타당하므로 적절하지 않다.

따라서 마케팅 조사를 위한 자료의 측정 척도와 해당 척도의 사용 예가 적절하지 않게 연결된 것의 개수는 1개이다.

36

정답 ③

포장은 시각적 소구, 정보, 감상적 소구, 취급용이성 등의 특성을 갖추어야 하므로 적절하다.

오답 체크

① 핵심혜택과 유형제품을 지원하는 추가 서비스를 의미하는 확장제품에는 설비 서비스, A/S, 보증, 배달, 신용카드 할부 등이 포함되며, 포장, 제품 특징, 디자인, 품질 수준, 브랜드명 등은 유형제품에 해당하므로 적절하지 않다.

② 제품은 구매욕구에 따라 기능적 제품, 감각적 제품, 상징적 제품으로 구분할 수 있으므로 적절하지 않다. 소비재와 산업재는 제품을 소비 목적에 따라 구분한 것이며, 소비재는 편의품, 선매품, 전문품, 미탐색품으로 분류된다.

④ 신제품 수용과정은 '인지 → 관심 → 평가 → 시용 구매 → 수용'의 순서로 이루어지므로 적절하지 않다.

⑤ 신제품 개발과정은 일반적으로 '아이디어 창출 및 심사 → 제품 개념 개발 및 테스트 → 마케팅 믹스 개발 → 사업성 분석 → 시제품 생산 → 시장테스트 → 출시'의 순서로 진행되므로 적절하지 않다.

37

정답 ①

광고모델이 신뢰성을 갖고 있다고 생각하면 소비자들은 내면화(Internalization) 과정을 거쳐 메시지를 수용하므로 가장 적절하지 않다.

38

정답 ③

고압적 마케팅은 판매 개념에 근거한 마케팅 유형이다.

더 알아보기

고압적 마케팅과 저압적 마케팅

고압적 마케팅	전통적 마케팅이라고도 불리며, 소비자의 욕구와 무관하게 기업의 입장에서 생산할 수 있는 제품을 생산하여 강압적·고압적으로 판매하는 유형으로 판매 개념에 근거한 마케팅 유형
저압적 마케팅	현대적 마케팅이라고도 불리며, 소비자의 욕구를 고려하여 판매될 수 있는 제품을 생산하여 판매하는 유형으로 마케팅 개념에 근거한 마케팅 유형

39 정답 ②

노동조합원과 노동조합원이 아닌 노동자 모두에게 노동조합의 조합회비를 납부하도록 하는 숍 제도는 에이전시 숍(Agency shop)이다.

40 정답 ④

불확실성의 대처 능력, 자원의 조달 및 통제 능력, 중심성, 희소성이 높아지면 권력 수준은 높아지지만, 대체 가능성이 높아지면 권력 수준은 낮아지게 된다.
따라서 권력 수준의 결정요인에서 권력 수준에 미치는 영향이 다른 것은 대체 가능성이다.

41 정답 ①

귀인(Attribution)에서 발생하는 행위자-관찰자 효과는 자존적 편견과 관련이 있으므로 가장 적절하다.

오답 체크

② 조직시민행동은 이타주의, 예의, 성실성, 시민의식, 스포츠맨십으로 구성되어 있으므로 적절하지 않다.
③ 빅파이브 모형에서 경험에 대한 개방성은 관심과 열정 및 새로운 것에 대한 호기심의 범위를 의미하고, 대인관계에 있어서의 편안한 정도를 의미하는 것은 외향성이므로 적절하지 않다.
④ 켈리(Kelly)는 귀인의 판단기준으로 합의성, 특이성, 일관성을 제시하였으므로 적절하지 않다.
⑤ 외재론자에 비해 내재론자는 성과를 결정짓는 것은 자신의 노력이라고 생각하므로 적절하지 않다.

42 정답 ②

토마스(Thomas)의 갈등관리전략에서 공식적인 권위를 사용하여 복종을 유도하고, 자신에 대한 관심은 지나친 반면 상대방에 대해 무관심한 사람이 자기중심적으로 행동하는 것은 경쟁전략이다.

더 알아보기

토마스(Thomas)의 갈등관리전략

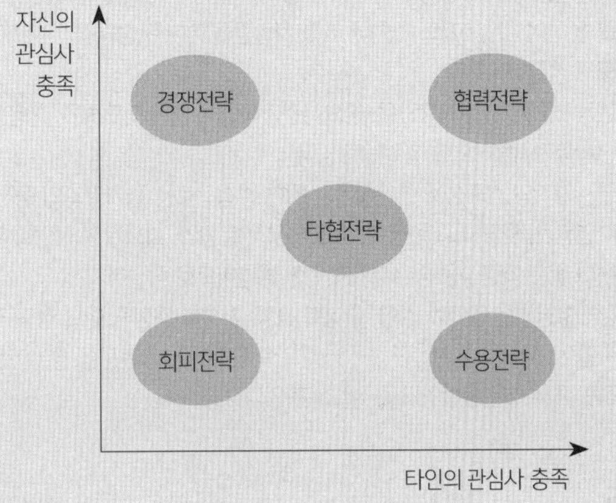

43 정답 ⑤

노동조합이 시행할 수 있는 쟁의행위 중에서 가장 강력한 방법은 파업(Strike)이다.

44 정답 ③

ⓛ 허츠버그는 조직구조 측면에서 노사나 인사 담당 부서를 위생요인 담당 부문과 동기요인 담당 부문으로 양분할 것을 제안하였다.
ⓡ 브룸은 기대이론에서 동기부여의 강도를 기대감, 수단성, 유의성의 곱으로 설명하였다.
따라서 동기부여에 대한 설명으로 옳지 않은 것을 모두 고르면 ⓛ, ⓡ이다.

45 정답 ④

다면평가는 상급자가 하급자를 평가하는 하향식 평가의 단점을 보완하여 상급자에 의한 평가 이외에도 평가자 자신, 부하직원, 동료, 고객, 외부전문가 등 다양한 평가자들이 평가하는 것을 말하므로 가장 적절하다.

오답 체크

① 서열법은 구체적 성과차원이 아닌 능력이나 업적 등의 전반적인 평가를 통하여 피평가자의 가치에 따라 서열만을 매기는 상대평가 방법이므로 적절하지 않다.

② 행동기준평가법(BARS)은 중요사건기록법과 평정척도법을 혼용한 인사평가기법이므로 적절하지 않다.

③ 인사평가의 신뢰성을 증대시키기 위한 방법으로는 평가결과의 공개, 다면평가, 평가자 교육 등이 있으며, 목적별 평가, 피평가자 집단의 세분화 등은 타당성을 증대시키기 위한 방법이므로 적절하지 않다.

⑤ 강제할당법은 관대화 경향, 중심화 경향, 가혹화 경향을 어느 정도 극복할 수 있으나 평가집단이 전체적으로 우수하거나 열등한 경우에는 적합하지 않은 방법이므로 적절하지 않다.

46 정답 ①

㉠ 보상의 안정성을 실현하기 위한 원칙에는 생활보장의 원칙, 노동대가의 원칙, 고정임금과 변동임금의 균형원칙 등이 포함된다.

㉡ 보상은 경제적 보상과 비경제적 보상으로 구분되며, 경제적 보상에는 임금과 복리후생이 포함된다.

따라서 보상관리에 대한 설명으로 옳은 것을 모두 고르면 ㉠, ㉡이다.

오답 체크

㉢ 외부공정성은 준거 대상이 기업 외부에 있어 임금수준에 반영되고, 내부공정성은 준거 대상이 기업 내부에 있어 임금체계에 반영되므로 적절하지 않다.

㉣ 종업원의 생계비는 실태생계비와 이론생계비로 구분할 수 있는데, 실태생계비는 이론생계비보다 낮게 나타나서 기업의 입장에서 실태생계비를 기준으로 노동조합과 임금교섭을 하려는 경향이 강하므로 적절하지 않다.

47 정답 ②

호손연구는 조명실험, 계전기 조립작업장 실험, 면접 연구, 배전기 전선작업장 실험 순으로 진행되었으므로 적절하지 않다.

48 정답 ⑤

직무평가방법 중 서열법의 주관성을 완화하기 위해 활용하는 방법에는 교대서열법, 쌍대비교법, 요소비교법, 위원회방법 등이 있으며, 등급법은 포함되지 않으므로 적절하지 않다.

49 정답 ②

종업원의 생계비를 보장하여 기업에 대한 귀속의식이 증대되고, 종업원의 고용안정과 생활 보장을 이룩할 수 있는 것은 연공급의 장점이므로 적절하지 않다.

50 정답 ③

산업 내의 다양한 직종들의 특수성에 부합한 임금과 근로조건을 결정하는 데 문제가 있어 조직의 응집력이 약해질 가능성이 있는 노동조합은 산업별 노동조합이므로 적절하지 않다. 기업별 노동조합은 기업에 고용된 근로자를 대상으로 조직하며, 산업별 노동조합은 노동시장의 공급을 통제하기 위한 목적으로 동일 산업 내의 모든 근로자를 대상으로 조직한다.

오답 체크

① 오픈 숍은 노동조합에 가입한 조합원과 가입하지 않은 조합원 모두 고용할 수 있는 제도라는 점에서 노동조합의 안정도 측면에서 가장 취약하며 사용자에 의한 노동조합 약화 수단으로 작용할 수 있으므로 적절하다.

② 사용자와 근로자의 관계를 의미하는 노사관계는 '착취적 노사관계 → 온정적 노사관계 → 완화적 노사관계 → 민주적 노사관계'의 순으로 발전되어 왔으므로 적절하다.

④ 근로자나 노동조합이 사용자의 관리 행위에 참가하여 영향력을 미치는 경영참여제도는 크게 의사결정참여, 이익참여, 자본참여로 구분할 수 있으므로 적절하다.

⑤ 경영참여제도는 노사 간 이해와 협조를 끌어내어 생산성 향상에 이바지하고 근로자의 근로 의욕과 직무 만족도를 향상시키는 등의 장점이 있지만, 경영권의 침해, 노동조합의 약체화, 근로자의 경영참여 능력의 부족 등이 문제로 지적되므로 적절하다.

51 정답 컨베이어 벨트 시스템

제시된 내용은 포드의 컨베이어 벨트 시스템에 대한 설명으로, 포드는 부품의 표준화, 제품의 단순화, 제조공정의 전문화를 통해 표준제품을 대량 생산하여 원가 절감을 이루었다.

52 정답 카르텔

제시된 내용은 카르텔에 대한 설명이다.

53 　　정답 합명회사

제시된 내용은 합명회사에 대한 설명이다.

54 　　정답 15

개별 주식에 대한 기대수익률 $E(R_i)$ = 무위험자산의 수익률 + 베타계수 × (기대수익률 − 무위험자산의 수익률)임을 적용하여 구한다.
이때, 무위험자산의 수익률은 3%, 베타계수는 1.5, 기대수익률은 11%이다.
따라서 ○○기업 주식의 기대수익률은 $E(R_i) = 3 + 1.5 \times (11 - 3) = 15$[%]이다.

55 　　정답 54,000

항상 성장하는 주식의 가치 P_0 = {배당금 × (1 + 배당 성장률)} / (요구 수익률 − 배당 성장률)임을 적용하여 구한다.
따라서 현재 A기업의 1주당 가치는 $P_0 = (4{,}000 \times 1.08) / (0.16 - 0.08) = 54{,}000$[원]이다.

56 　　정답 200,000

연수합계법에 의한 감가상각비 = (취득원가 − 잔존가치) × 미상각연수 / 내용연수합계임을 적용하여 구한다. 이때, 내용연수합계 = 4 + 3 + 2 + 1 = 10이다.
따라서 당기에 계상될 (주)한국의 감가상각비는 (1,000,000 − 500,000) × 4/10 = 200,000[원]이다.

57 　　정답 동시설계

제시된 내용은 동시설계(Concurrent design)에 대한 설명이다.

58 　　정답 OJT

제시된 내용은 OJT(On the Job Training)에 대한 설명이다.

59 　　정답 수레바퀴형

제시된 글은 수레바퀴형(Wheel)에 대한 설명이다.

60 　　정답 평가센터법

제시된 내용은 평가센터법(Assessment center method)에 대한 설명이다.

경제 전공 실전모의고사

01. 다음 중 콜라 시장에서 콜라의 수요곡선의 이동을 발생시키는 원인이 아닌 것은?

① 콜라 가격이 하락하였다.

② 콜라에 대한 선호도가 높아졌다.

③ 보완재 관계인 햄버거의 가격이 상승하였다.

④ 콜라의 주 소비자의 소득이 증가하였다.

⑤ 대체재인 사이다의 가격이 상승하였다.

02. 다음 중 경제 주체와 그 활동으로 적절하지 않은 것은?

주체	A	B	정부
활동	소비활동	㉠	㉡

① A와 B는 민간경제를 이루는 주체이다.

② A의 소비활동은 효용을 극대화하는 방향으로 이루어진다.

③ 외국과의 수출·수입 활동에는 B만 관여한다.

④ B는 ㉠을 통해 이윤을 창출한다.

⑤ ㉡은 사회후생을 극대화하는 활동이다.

03. 다음 내용을 고려하였을 때, A 씨가 한 달 동안의 얻는 경제적 이윤은 얼마인가? (단, 대출이자율과 예금이자율은 동일하다.)

> 월급으로 300만 원을 받던 직장인 A 씨는 직장을 그만두고 치킨집을 개업하였다. 치킨집을 개업하는 데 총 1억 원의 비용이 들었는데, 그중 절반은 그동안 자신이 모아둔 금액을 사용하였고, 나머지 금액은 은행으로부터 월 3%의 이자율로 대출을 받아 충당하였다. 치킨집의 한 달 수입이 2,000만 원이고, 매월 지출하는 각종 자재값이 500만 원, 가게의 월 임대료가 300만 원이다. 그리고 가게 운영은 본인 혼자서 하고 있다.

① 300만 원 ② 450만 원 ③ 600만 원

④ 950만 원 ⑤ 1,050만 원

04. 다음 중 완전고용 상태에 도달한 경제에 대한 설명으로 적절한 것은?

① 실업자는 모두 실망실업자이다.

② 모든 경제활동인구가 취업한 상태이다.

③ 비자발적 실업을 제외한 실업률이 0인 상태이다.

④ 완전고용 상태에서의 실업률은 자연실업률과 일치한다.

⑤ 마찰적 실업이 존재하지 않는다.

05. 다음 중 통화량의 변화 방향이 나머지와 다른 것을 고르면?

① 법정지불준비율 인하

② 재할인율의 인상

③ 중앙은행의 공채 매입

④ 신용카드 사용으로 인한 민간의 현금보유비율 감소

⑤ 중앙은행의 외환보유고 증가

06. 국제 유가 급등으로 휘발유 가격이 폭등하였다. 정부가 이를 고려하여 교통·에너지·환경세의 세율을 인하한다고 하였을 때, 휘발유 시장의 변화로 적절한 것은? (단, 소비자는 휘발유와 음식에만 자신의 소득을 지출하고 휘발유와 음식은 모두 정상재이며, 교통·에너지·환경세의 세율을 제외한 모든 조건은 동일하다.)

① 휘발유의 소비량은 변화하지 않는다.

② 휘발유의 소비량이 감소한다.

③ 휘발유의 시장 가격은 변화하지 않는다.

④ 휘발유의 시장 가격이 하락한다.

⑤ 휘발유의 시장 가격이 상승한다.

07. 가격차별에 대한 설명으로 적절한 것을 모두 고르면?

ㄱ. 가격차별에 따른 생산량 증가로 자원배분의 비효율이 해소될 수 있다.
ㄴ. 비행기에서 비즈니스석과 일반석의 가격이 다른 것은 1급 가격차별의 사례이다.
ㄷ. 재화의 구매 수량에 따라 다른 가격을 적용하는 것은 2급 가격차별의 사례이다.
ㄹ. 가격차별은 항상 소비자 잉여를 증가시키는 결과를 가져온다.

① ㄱ, ㄴ ② ㄱ, ㄷ ③ ㄴ, ㄷ
④ ㄴ, ㄹ ⑤ ㄷ, ㄹ

08. 두 기업 A, B가 전략에 따라 얻게 되는 이익을 나타내는 보수행렬이 다음과 같을 때, 이에 대한 설명으로 적절한 것을 모두 고르면?

구분		기업 B	
		전략 1	전략 2
기업 A	전략 1	(60, 50)	(80, 60)
	전략 2	(70, 90)	(70, 100)

ㄱ. 내시균형은 2개가 된다.
ㄴ. A 기업은 우월전략이 존재하지 않는다.
ㄷ. B 기업은 전략 2를 선택하는 것이 우월전략이다.
ㄹ. A 기업이 전략 1을 선택한다면, B 기업은 전략 2를 유지할 것이다.

① ㄱ, ㄴ, ㄷ ② ㄱ, ㄴ, ㄹ ③ ㄱ, ㄷ, ㄹ
④ ㄴ, ㄷ, ㄹ ⑤ ㄱ, ㄴ, ㄷ, ㄹ

09. **다음은 A 국과 B 국의 노동자가 하루 동안 생산할 수 있는 운동화와 구두의 양을 나타낸 표이다. 이에 대한 설명으로 옳은 것을 모두 고르면?** (단, 두 국가에서 투입 가능한 노동의 양은 동일하며, 노동 외 생산요소는 고려하지 않는다.)

구분	A 국	B 국
운동화	12단위	5단위
구두	4단위	10단위

ㄱ. 각국이 비교우위에 있는 상품을 특화하여 교역한다면 운동화의 수출국은 A 국이 된다.
ㄴ. B 국은 구두 1단위의 국제 가격이 운동화 1/2단위보다 클 때 A 국과 무역을 할 것이다.
ㄷ. B 국은 A 국에 대하여 구두 생산의 절대우위와 비교우위를 모두 갖는다.
ㄹ. 운동화와 구두의 교환 비율이 1 : 1.5일 경우에는 교역이 성립할 수 없다.

① ㄱ, ㄴ ② ㄷ, ㄹ ③ ㄱ, ㄴ, ㄷ
④ ㄴ, ㄷ, ㄹ ⑤ ㄱ, ㄴ, ㄷ, ㄹ

10. **다음은 X재 시장 및 X재 생산에 특화된 노동시장의 수요와 공급 그래프이다. 이에 대한 설명으로 적절하지 않은 것은?**

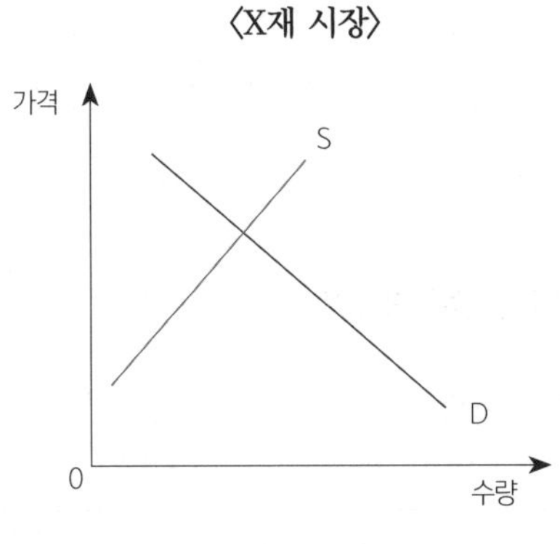

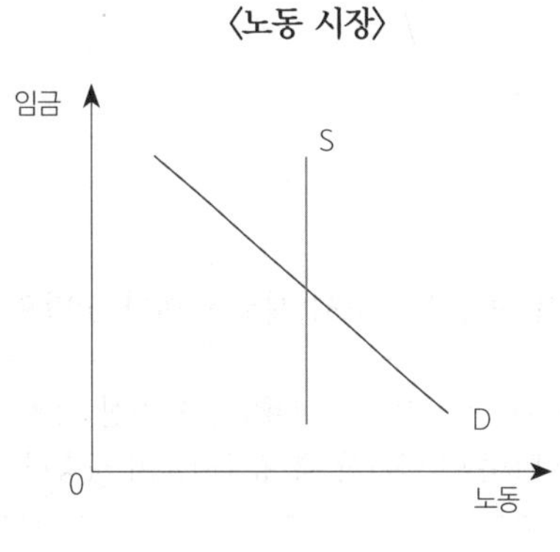

① 노동 공급이 증가하면 X재의 가격은 하락한다.
② X재에 대한 수요가 증가하더라도 고용량은 변하지 않는다.
③ 노동 공급이 감소하면 X재 공급 곡선이 오른쪽으로 이동한다.
④ X재에 대한 수요가 증가하면 임금이 증가한다.
⑤ X재에 대한 수요가 증가하면 노동 수요가 증가한다.

11. **다음은 책상을 생산하는 A 기업의 근로자 수와 그에 따른 생산량을 정리한 표이다. 책상 1개당 시장가격이 7만 원이고 근로자 1인당 임금이 25만 원일 경우, 이윤을 극대화하기 위해 A 기업이 고용할 근로자 수는?** (단, 책상과 노동시장은 완전경쟁적이며, 임금 외 다른 비용은 고려하지 않는다.)

근로자 수(명)	1	2	3	4	5	6
책상 생산량(대)	10	18	25	30	33	35

① 2명　② 3명　③ 4명　④ 5명　⑤ 6명

12. **다음 중 무차별곡선에 대한 설명으로 적절하지 않은 것은?**

① 두 재화가 완전대체재일 경우 무차별곡선은 우하향의 직선, 완전보완재일 경우 L자로 그려지게 된다.
② 두 상품이 각각 재화와 비재화인 경우 무차별곡선은 우상향한다.
③ 무차별곡선이 원점에 대하여 볼록한 것은 한계대체율이 체감함을 의미한다.
④ 두 상품이 모두 재화인 경우 무차별곡선이 원점에서 멀어질수록 소비자가 느끼는 효용이 크다고 볼 수 있다.
⑤ 무차별곡선이 교차하는 지점이 가장 효용이 높은 지점이다.

13. **다음에서 설명하는 조세 제도에 대한 설명으로 적절하지 않은 것은?**

A: 과세표준의 크기와 관계없이 일정한 세율을 적용하는 조세 B: 과세표준이 증가할 때 평균세율이 상승하는 조세

① 주로 A는 간접세, B는 직접세에 사용된다.
② A는 과세소득의 증가율과 조세수입의 증가율이 같다.
③ B는 과세소득의 증가율보다 조세수입의 증가율이 더 크다.
④ A는 B보다 소득 재분배 효과가 더 크다.
⑤ B가 A보다 조세 저항이 강하다.

14. **완전경쟁시장에 대한 설명으로 적절하지 않은 것은?**

① 시장에 대한 진입과 탈퇴가 자유롭다.

② 시장 가격은 한계수입, 한계비용과 모두 일치한다.

③ 단기에는 기업이 양(+)의 이윤을 창출하는 것이 가능하다.

④ 시장의 참여자 중 기업이 더 많은 정보를 가지고 있다.

⑤ 시장에서 생산되는 재화는 동질적이며 서로 대체 가능하다.

15. **다음은 민간경제의 순환과정이다. 이에 대한 설명으로 적절하지 않은 것은?**

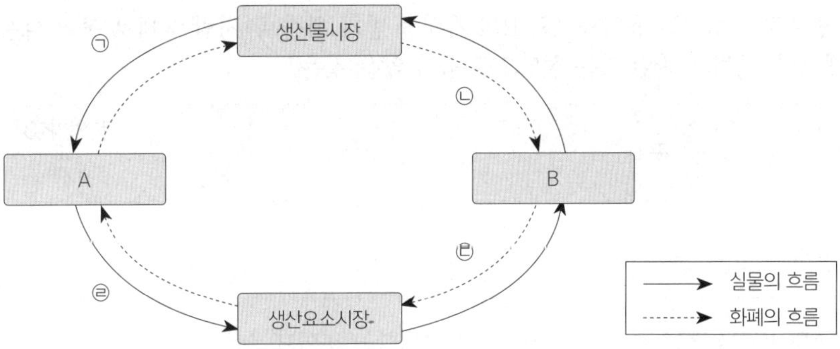

① A는 이윤 극대화, B는 효용 극대화를 추구한다.

② 갑이 휴대폰을 구입하는 것은 ㉠의 사례로 들 수 있다.

③ ㉡은 B가 생산물을 제공한 대가로 얻게 되는 판매수입이다.

④ ㉢은 B가 지급하는 생산요소의 대가이다.

⑤ A는 ㉣을 제공한 대가로 임금, 이자, 지대 등을 받는다.

16. **다음 중 소득분배지표에 대한 설명으로 적절하지 않은 것은?**

① 로렌츠곡선은 대각선에 가까울수록 소득분배가 공평한 것이다.

② 두 로렌츠곡선이 교차할 경우 소득분배 정도를 비교할 수 없다.

③ 지니계수는 0과 1의 사잇값을 가지며, 1에 가까울수록 소득분배가 공평하다.

④ 앳킨슨 지수는 0과 1의 사잇값을 가지며, 0에 가까울수록 소득분배가 공평하다.

⑤ 10분위 분배율은 0과 2의 사이 값을 가지며, 2에 가까울수록 소득분배가 공평하다.

17. 다음 중 경제적 지대에 대한 설명으로 적절하지 않은 것은?

① 공급이 제한되어 있는 특별한 생산요소에 발생하는 추가적인 보수를 의미한다.

② 일정 금액의 조수 중 전용수입을 제외한 부분을 의미한다.

③ 업계 1위 강사의 수입이 다른 강사들보다 높은 것과 관련 있다.

④ 생산요소 공급이 완전비탄력적이면 요소 소득이 모두 경제적 지대가 된다.

⑤ 지대추구행위는 자원의 낭비를 최소화하여 사회적 후생을 증가시킨다.

18. 경찰은 공범으로 의심되는 용의자 A와 B의 자백을 받기 위해 두 사람을 따로 불러 다음과 같은 형량 제안을 했다. 아래 보수 행렬과 관련 있는 설명으로 옳지 않은 것은?

구분		용의자 B	
		부인	자백
용의자 A	부인	(3, 3)	(25, 2)
	자백	(2, 25)	(20, 20)

① 용의자 A와 B가 선택할 수 있는 우월전략은 자백하는 것이다.

② 반복게임의 성격을 갖게 되면 용의자 A와 B는 서로 협력하게 된다.

③ 내쉬균형이 하나 이상 존재한다.

④ 애덤 스미스의 시장논리를 옹호하는 근거가 된다.

⑤ 현실에서 과점기업 카르텔의 결성과 유지가 어려운 이유를 설명한다.

19. A 국은 국민의 소득에 대해 다음과 같은 누진세율을 적용하고 있다. 갑의 소득이 5,500만 원일 때, 갑의 평균세율은 얼마인가? (단, 소수점 둘째 자리에서 반올림하여 계산한다.)

> 처음 1,000만 원에 대해서는 면세이고, 다음 1,000만 원에 대해서는 10%, 그다음 1,000만 원에 대해서는 15%, 그다음 1,000만 원에 대해서는 25%, 그 이상 초과 소득에 대해서는 50%의 소득세율이 누진적으로 부과된다.

① 20% ② 22.7% ③ 25% ④ 27.5% ⑤ 30%

20. 다음 중 애로우의 불가능성 정리에서 사회효용함수가 지녀야 할 속성에 해당하지 않는 것은?

① 완비성　　② 이행성　　③ 파레토 원칙

④ 차선의 원칙　　⑤ 독립성

21. 다음 상황에서 코즈의 정리와 부합하는 결과로 적절한 것은? (단, 하천의 소유권은 공장 주인 A에게 있고, 협상에는 별도 비용이 들지 않는다.)

강의 상류에서 공장을 운영하는 A는 공장 폐수를 하천에 방류하고 있으며, 하천의 하류에서 양어장을 운영하고 있는 B는 공장 폐수로 인해 양어장이 오염되는 피해를 받고 있다. 공장에서 폐수를 정화하여 배출하려면 월 400만 원이 소요되고, 오염된 양어장을 정화하는 데에는 월 1,000만 원이 든다.

① 공장 주인 A가 스스로 400만 원을 들여 폐수를 정화하여 배출한다.

② 양어장 주인 B가 A에게 공장의 폐수 정화 비용 400만 원을 지불하면서 폐수 정화를 요청한다.

③ 공장 주인 A가 B에게 양어장 정화 비용인 1,000만 원을 지불하면서 양어장 정화를 요청한다.

④ 양어장 주인 B가 스스로 1,000만 원을 들여 양어장을 정화하고 A에게 비용을 요구한다.

⑤ 자발적 협상이 이루어지지 않아 정부가 개입하기 전엔 외부성 문제가 해결되지 않는다.

22. 다음과 같은 상황에서 예상되는 아이스크림 시장의 균형가격과 균형거래량의 변화로 가장 적절한 것은?

• 이상 기후로 인해 연 평균 기온이 오르고 여름이 길어졌다. • 아이스크림의 원료가 되는 우유와 설탕 가격이 올랐다.

① 균형가격: 상승, 균형거래량: 증가

② 균형가격: 상승, 균형거래량: 불분명

③ 균형가격: 하락, 균형거래량: 감소

④ 균형가격: 불분명, 균형거래량: 증가

⑤ 균형가격: 불분명, 균형거래량: 불분명

23. **다음 중 역선택과 도덕적 해이 문제에 대한 설명으로 적절하지 않은 것은?**

① 보험회사가 평균적인 질병 발생 확률에 근거하여 보험비를 책정하면, 건강이 나쁜 고객들만 몰려 재정이 악화되는 것은 역선택의 사례이다.

② 공무원들이 서류를 위조해 사적으로 경조사에 다닌 것까지 출장비로 처리하여 국가 예산이 낭비되는 것은 도덕적 해이의 사례이다.

③ 품질표시제도를 통해 시장에서 역선택이 발생하는 것을 방지할 수 있다.

④ 주인 – 대리인 이론은 도덕적 해이의 일종이며 인센티브 제공 등을 통해 약화시킬 수 있다.

⑤ 의료보험 기초공제제도를 통해 의료보험시장에서 발생하는 역선택을 방지할 수 있다.

24. **명목 GDP가 100이고, GDP 디플레이터가 125일 때, 실질 GDP는?**

① 12.5　② 25　③ 80　④ 100　⑤ 125

25. **인플레이션에 관한 설명으로 적절하지 않은 것은?**

① 인플레이션에 맞춰 가격을 변경하는 데에 발생하는 각종 비용을 메뉴비용이라고 한다.

② 인플레이션 발생이 예상되면 환물심리(換物心理)가 고조된다.

③ 초인플레이션은 극단적이고 장기적인 인플레이션으로 통제가 어려운 상황을 말한다.

④ 구두창비용은 인플레이션에 따라 발생하는 현금관리비용을 말한다.

⑤ 인플레이션이 발생하면 실질 소득이 증가하고, 이에 따라 구매력도 변화하게 된다.

26. 다음은 갑국에서 발생한 경제 활동이다. 국내총생산(GDP)이 증가하는 것을 모두 고르면?

ㄱ. 국내 A 사의 휴대폰 재고 증가	ㄴ. 중고 자동차 거래량 증가
ㄷ. 주요 대기업의 주가 상승	ㄹ. 주택 임대료 상승
ㅁ. 맞벌이 부부의 가사도우미 고용 증가	ㅂ. 국내 B 사의 에어컨 구매량 증가

① ㄱ, ㄴ, ㅁ ② ㄱ, ㄹ, ㅂ ③ ㄴ, ㄷ, ㄹ
④ ㄱ, ㄹ, ㅁ, ㅂ ⑤ ㄴ, ㄷ, ㄹ, ㅂ

27. 갑 국은 A 기업이 생산하는 물품에 대해 종량세를 부과하려고 한다. 다음 중 소비자에게 전가되는 조세 부담이 가장 큰 것은? (단, 종량세의 세율은 같고, 해당 물품에 대한 수요곡선은 우하향하는 직선이며, 공급곡선은 우상향하는 직선이다.)

① 수요의 가격 탄력성: 0.2, 공급의 가격 탄력성: 1.8
② 수요의 가격 탄력성: 0.3, 공급의 가격 탄력성: 0.7
③ 수요의 가격 탄력성: 0.5, 공급의 가격 탄력성: 0.5
④ 수요의 가격 탄력성: 0.7, 공급의 가격 탄력성: 0.3
⑤ 수요의 가격 탄력성: 1.8, 공급의 가격 탄력성: 0.2

28. 다음 중 유동성 함정에 대한 설명으로 적절하지 않은 것은?

① 채권의 가격이 매우 높아서 더 이상 높아지지 않을 것으로 예상한다.
② 추가되는 화폐공급이 모두 투기적 수요로 흡수된다.
③ 화폐수요곡선이 우상향한다.
④ 유동성 함정하에서는 통화정책이 효과가 없다.
⑤ 극심한 경기 침체 상황에서 나타나기 쉬운 현상이다.

29. **다음은 자본의 이동이 완전히 자유로운 고정환율제도에서의 재정정책 효과에 대해 설명한 것이다. ㉠~㉢에 들어갈 용어가 바르게 연결된 것을 고르면?** (단, 이 국가는 소규모 개방경제국이다.)

> 재정지출의 증대 → 환율 (㉠) 압력 → 중앙은행 외환 (㉡) 개입 → 통화량 (㉢) → 국민소득 증대

	㉠	㉡	㉢
①	상승	매도	증가
②	상승	매입	감소
③	하락	매도	증가
④	하락	매입	증가
⑤	하락	매입	감소

30. **다음 ㉠~㉢에 들어갈 용어가 바르게 연결된 것을 고르면?**

> 구매력평가이론은 모든 나라의 통화 1단위의 구매력이 같도록 환율이 결정되어야 한다는 이론이다. 구매력평가이론에 따르면 양국 통화의 (㉠)은 양국의 (㉡)에 의해 결정되며, 구매력평가이론이 실제로 성립한다면 (㉢)은 불변이 된다.

	㉠	㉡	㉢
①	명목환율	경상수지	실질환율
②	명목환율	물가수준	실질환율
③	실질환율	물가수준	실질환율
④	실질환율	경상수지	명목환율
⑤	명목환율	물가수준	명목환율

31. **다음 중 외부성의 사례로 적절하지 않은 것은?**

① 노후 경유차로 인하여 미세먼지가 증가하여 대기가 오염되었다.
② 브라질이 자국의 커피 수출을 제한하여 한국의 녹차가격이 상승한다.
③ 내가 만든 정원이 다른 사람들에게 시각적 즐거움을 주고 있다.
④ 아파트 층간 소음이 이웃 주민들의 숙면을 방해하였다.
⑤ 화려한 옥외 광고판이 운전자의 주의를 산만하게 하여 사고를 유발하였다.

32. **다음 중 총수요-총공급(AD-AS) 모형에 대한 설명으로 적절하지 않은 것은?**

① 정부가 이전지출 규모를 확대하면 총수요곡선이 오른쪽으로 이동한다.

② 자본량이 증가하면 단기 총공급곡선은 오른쪽으로 이동한다.

③ 팽창적 통화정책의 시행은 총수요곡선의 기울기를 가파르게 한다.

④ 균형국민소득이 완전고용국민소득보다 작다면 디플레이션 갭이 발생하여 물가하락압력이 커진다.

⑤ 기업에 대한 투자세액공제 축소는 총수요곡선을 왼쪽으로 이동시킨다.

33. **환율이 1달러에 1,000원에서 1,300원으로 변화할 경우 나타날 수 있는 경제의 변화로 적절하지 않은 것은?**
(단, 환율 변화 외 조건은 고려하지 않는다.)

① 미국에서 유학 중인 자녀에게 학비를 보내는 부모님은 부담이 감소하였다.

② 한국시장에서 미국산 오렌지의 가격이 상승하여 소비가 감소하였다.

③ 달러로 연봉계약을 한 야구선수의 원화 표시 연봉이 상승하였다.

④ 미국은행에서 달러를 빌린 한국기업의 차관상환비용이 상승하였다.

⑤ 미국시장에서 한국산 핸드폰의 가격이 하락하여 소비가 증가하였다.

34. **중앙은행의 통화량 조절 정책 수단에 대한 설명으로 적절하지 않은 것은?**

① 중앙은행은 시중은행의 이자율 상한선을 설정하여 이자율 상승을 억제한다.

② 중앙은행이 민간으로부터 국채를 매입할 경우 통화 공급은 감소한다.

③ 국내여신에 대하여 최고한도를 설정하는 대출한도제를 설정함으로써 통화량 증가를 억제한다.

④ 시중은행들이 중앙은행으로부터 적게 차입할수록 통화 공급은 감소한다.

⑤ 시중은행들은 법정지급준비율 이상의 준비금을 보유한다면 중앙은행의 재할인율정책은 효과가 없다.

35. **상품시장과 경쟁에 대한 설명으로 가장 옳지 않은 것은?**

ㄱ. 최소효율규모는 평균비용곡선의 최고점이 나타나는 생산수준이다.
ㄴ. 꾸르노 경쟁에서는 각 기업이 상대방의 현재 가격을 주어진 것으로 보고 자신의 가격을 결정하는 방식으로 경쟁한다.
ㄷ. 약탈적 가격설정 행위는 일시적 출혈을 감수하면서 가격을 낮춰 경쟁기업을 몰아내는 전략이다.
ㄹ. 자연독점은 규모의 경제가 현저해 두 개 이상의 기업이 살아남기 어려워 형성된 독점체계이다.

① ㄱ, ㄴ ② ㄴ, ㄷ ③ ㄷ, ㄹ
④ ㄱ, ㄴ, ㄹ ⑤ ㄱ, ㄷ, ㄹ

36. **다음 중 디플레이션에 대한 설명으로 적절하지 않은 것은?**

① 인플레이션과 마찬가지로 부와 소득의 재분배가 초래될 수 있다.
② 소비가 지연됨에 따라 GDP에 부정적인 영향을 줄 수 있다.
③ 디플레이션이 발생하면 채권자는 유리해지고, 채무자는 불리해진다.
④ 전월 물가상승률이 10%에서 금월 1%로 하락하였다면 디플레이션이 발생한 것이다.
⑤ 실물 자산의 가치가 하락하여 실물 자산을 보유한 사람은 불리해진다.

37. **2024년에 갑국에서 생산되었다가 재고로 남아 있던 A 제품 1,000개를 2025년에 을국이 수입해 자국에서 판매했다고 할 때, 그 영향으로 적절한 것은?**

① 갑국의 2024년, 2025년 GDP가 모두 증가한다.
② 갑국의 2025년 수출은 증가하고 GDP는 불변이다.
③ 을국의 2025년 GNP는 증가하고 GDP는 불변이다.
④ 을국의 2025년 GDP와 GNP 모두 증가한다.
⑤ 을국의 2025년 수입은 증가하고 GDP도 증가한다.

38. **다음은 A 국의 15세 이상 인구 구성이다. A 국의 경제활동참가율과 실업률로 적절한 것은?** (단, 주부와 학생은 모두 부업을 하지 않는 전업 주부와 순수 학생을 의미한다.)

- 임금근로자: 700명
- 무급가족종사자: 25명
- 직장은 있으나 질병으로 인해 일시적으로 일을 하고 있지 않은 사람: 25명
- 주부: 300명
- 학생: 700명
- 실업자: 250명

	경제활동참가율	실업률
①	50%	22.5%
②	50%	25%
③	50%	30%
④	65%	25%
⑤	65%	30%

39. **우리나라와 미국의 인플레이션율이 각각 8%와 6%로 예상되고, 미국 달러화 대비 원화 가치가 6% 상승할 것으로 예상될 때, 한국 재화로 표시한 미국 재화의 가치인 실질환율의 변동은?**

① 8% 하락

② 6% 하락

③ 변화 없음

④ 6% 상승

⑤ 8% 상승

40. **다음 내용에 대한 설명으로 적절하지 않은 것은?**

집에서 쉬고 있던 A는 전시회를 보러 가자는 친구의 전화를 받고 무엇을 할지 고민 중이다. 집에서 쉴 때의 효용을 돈으로 환산하면 3만 원이며, 전시회를 볼 때의 효용을 돈으로 환산하면 4만 원이다. 단, 전시회를 보러 가면 입장권 2만 원을 지불해야 한다.

① A가 집에서 쉬는 경우 기회비용은 암묵적 비용 2만 원이 전부이다.
② A가 전시회를 보러 갈 때의 기회비용은 5만 원이다.
③ A가 집에서 쉬는 것을 선택할 경우 순편익은 1만 원이다.
④ A가 집에서 쉬는 경우의 편익이 전시회를 보러 가는 경우의 편익보다 크다.
⑤ A가 전시회를 보러 가지 않고 집에서 쉬는 것이 합리적이다.

41. **다음 중 코즈의 정리에 대한 설명으로 적절하지 않은 것은?**

① 정부의 개입 없이도 시장실패를 교정할 수 있음을 보여준다.
② 소비의 외부성에는 적용할 수 있지만, 생산의 외부성에는 적용하기 어렵다.
③ 코즈의 정리가 성립하려면 재산권이 명확하게 규정되어 있어야 한다.
④ 거래 비용이 무시할 수 있는 수준이 되어야 합리적 문제 해결이 가능하다.
⑤ 재산권이 누구에게 귀속되는지는 중요하지 않다.

42. **다음 중 IS-LM 모형하에서 통화정책과 재정정책에 대한 설명으로 적절하지 않은 것을 모두 고르면?**

ㄱ. 유동성 함정에서는 통화정책보다 재정정책이 국민소득에 미치는 영향이 크다. ㄴ. 다른 조건이 일정한 경우 투자의 이자율 탄력성이 낮을수록 구축효과가 커진다. ㄷ. 화폐수요의 이자율 탄력성이 클수록 통화정책의 효과가 작다. ㄹ. 한계소비성향이 작을수록 재정정책의 효과가 크게 나타난다.

① ㄱ, ㄴ ② ㄱ, ㄹ ③ ㄴ, ㄷ
④ ㄴ, ㄹ ⑤ ㄷ, ㄹ

43. **다음 중 장기 총공급곡선을 이동시키는 요인에 해당하지 않는 것은?**

① 예상물가 수준의 상승
② 인구 증가
③ 기술의 진보
④ 자연자원의 변동
⑤ 자연실업률 상승

44. **솔로우의 성장모형에 대한 설명으로 적절한 것을 모두 고르면?**

ㄱ. 자본량이 황금률 안정상태보다 큰 경우 저축을 감소시키면 소비가 증가한다.
ㄴ. 지속적인 기술진보만이 지속적인 경제 성장을 달성할 수 있다고 여겼다.
ㄷ. 저축률은 1인당 자본량을 증가시키므로 항상 저축률이 높을수록 좋다.
ㄹ. 인구 증가를 고려할 경우, 국가별 1인당 GDP가 다름을 설명할 수 있다.

① ㄱ, ㄴ　② ㄴ, ㄹ　③ ㄷ, ㄹ
④ ㄱ, ㄴ, ㄷ　⑤ ㄱ, ㄴ, ㄹ

45. **다음은 A 국과 B 국이 각각 책상과 의자를 1단위씩 생산하는 데 투입되는 노동량을 비교한 것이다. 이에 대한 설명으로 적절한 것을 모두 고르면?** (단, 두 나라 간에 생산요소 이동은 없고, 생산비에는 노동량만 포함된다고 가정한다.)

구분	A 국	B 국
책상	5	4
의자	6	3

ㄱ. 절대우위론에 따르면 두 국가 간의 무역은 이루어지지 않는다.
ㄴ. 책상 생산에 대한 절대우위와 비교우위는 A 국에 있다.
ㄷ. B 국은 책상 생산에 절대우위가 있고, 의자 생산에 절대우위와 비교우위가 있다.

① ㄱ　② ㄴ　③ ㄱ, ㄴ
④ ㄱ, ㄷ　⑤ ㄱ, ㄴ, ㄷ

46. **화폐 공급량은 민간의 현금 보유량과 금융기관이 발행하는 예금화폐의 합계이며, 본원통화는 민간의 현금 보유량과 금융기관의 지급준비금의 합계이다. 민간의 예금 대비 현금 보유 비율이 0.25이고, 금융기관의 지급준비율이 0.25이라고 할 때, 통화승수는?**

① 2.00 ② 2.25 ③ 2.50 ④ 4.00 ⑤ 5.00

47. **X재와 Y재를 소비하는 소비자 갑의 효용함수가 U(X, Y)=min(3X, 5Y)이다. 두 재화의 관계와 Y재의 가격으로 적절한 것은?** (단, X재의 가격은 8원, 소비자 A의 소득은 200원, 소비자 A의 효용을 극대화하는 X재의 소비량은 10단위라고 가정한다.)

① 완전보완재, 8원
② 완전보완재, 12원
③ 완전보완재, 20원
④ 완전대체재, 12원
⑤ 완전대체재, 20원

48. **다음 ㉠~㉢의 소득 유형이 바르게 연결된 것을 고르면?**

갑의 부모님은 ㉠카페를 운영하고 있으며, 갑의 할아버지는 은퇴 후 정부로부터 ㉡연금을 받아 생활하고 계신다. 대학생인 갑은 용돈을 받아 생활하는데 최근 용돈으로 산 주식이 잘 되어 ㉢배당금을 받았다.

	㉠	㉡	㉢
①	근로소득	이전소득	이전소득
②	근로소득	재산소득	이전소득
③	사업소득	이전소득	재산소득
④	사업소득	재산소득	재산소득
⑤	재산소득	이전소득	재산소득

49. **다음 중 정부실패의 원인으로 적절하지 않은 것은?**

① 정책당국의 인지시차 존재

② 이익집단의 개입

③ 정책당국의 제한된 정보

④ 민간부문의 통제 불가능성

⑤ 정책 실행시차의 부재

50. **다음 ㉠~㉣에 들어갈 용어가 바르게 연결된 것을 고르면?**

> 케인즈는 유동성을 화폐 자체로 보아 화폐수요를 유동성 선호라고 표현하였으며, 화폐수요의 동기를 거래적 동기, 예비적 동기, 투기적 동기로 분류하였다. 케인즈는 거래적 동기와 예비적 동기는 (㉠)에 의존하고, 투기적 동기는 (㉡)에 의존한다고 보았다. 그의 이론에서는 투기적 동기의 개념을 이해하는 것이 중요한데, 투기적 동기는 장래 수입을 극대화하기 위한 화폐수요로 (㉡)에 매우 민감하다. (㉡)이 낮을 때 채권가격이 (㉢), 투자자의 채권 투자 의욕이 낮은 상황에서 투기적 동기에 따른 화폐수요가 (㉣)한다고 하였다.

	㉠	㉡	㉢	㉣
①	소득	이자율	높고	감소
②	소득	이자율	낮고	증가
③	이자율	소득	높고	증가
④	소득	이자율	높고	증가
⑤	이자율	소득	낮고	감소

51. 다음 빈칸에 들어갈 단어를 순서대로 쓰시오.

피구효과는 물가의 ( )으로 자산의 실질 가치가 상승하면 소비 지출이 ( )한다는 이론이다.

( )

52. 다음은 무엇에 대한 설명인가?

비교우위의 원인을 각국의 생산 요소의 부존량 차이 및 요소 집약도의 차이로 설명하는 근대적인 무역이론으로, 이 이론에 따르면 각국은 상대적으로 부존량이 풍부한 생산 요소를 집약적으로 사용해야 하는 재화의 생산에 비교우위를 갖게 된다.

( )

53. 자본 자유화(financial integration), 통화정책 자율성(monetary independence), 환율 안정(exchange rate stability)이라는 세 가지 정책목표를 동시 달성하는 것이 불가능함을 나타내는 경제 용어는?

( )

54. 생산요소가 노동 하나뿐인 A 국과 B 국은 소고기와 의류만을 생산한다. 소고기 1단위와 의류 1단위 생산에 필요한 노동투입량이 다음과 같을 때, 무역이 발생하기 위한 의류에 대한 소고기의 상대가격의 범위는?

구분	소고기 1단위	의류 1단위
A 국	1	2
B 국	6	3

( )

55. 실업의 유형 중 기술진보에 따른 자본의 유기적 구성 고도화로 야기되는 실업을 의미하는 경제 용어는?

( )

56. 소비하는 재화의 양이 증가할수록 소비자가 느끼는 추가적인 만족도는 점차 감소하는 것을 의미하는 경제 용어는?

( )

57. 해외부문이 존재하지 않는 폐쇄경제의 균형에서 총투자는 총저축과 같고, 총저축은 민간저축과 정부저축으로 구성되어 있다. 국민소득이 780억 원, 소비지출이 550억 원, 정부지출이 200억 원, 조세가 180억 원일 때 민간저축[억 원]은?

( )

58. 다음은 무엇에 대한 설명인가?

> 임금 상승률과 실업률의 관계를 나타내는 그래프로, 실업률이 높아질수록 임금 상승률이 낮아지는 반비례 관계를 보인다는 것을 보여준다.

( )

59. 불황기에 물가가 계속 상승하여 경기 침체와 물가 상승이 동시에 일어나고 있는 상태를 의미하는 경제 용어는?

( )

60. 신입사원 A 는 은행에 저축을 하려고 한다. 저축예금의 이자율이 1년에 10%이고, 물가상승률은 1년에 5%이며, 이자소득에 대한 세율은 50%가 부과된다고 할 때, 피셔가설에 따를 경우 이 저축예금의 실질 세후 이자율[%]은?

( )

정답·해설

01	02	03	04	05	06	07	08	09	10
①	③	③	④	②	④	②	④	③	③
11	12	13	14	15	16	17	18	19	20
③	⑤	④	④	①	③	⑤	④	②	④
21	22	23	24	25	26	27	28	29	30
②	②	⑤	③	⑤	④	①	③	④	②
31	32	33	34	35	36	37	38	39	40
②	③	①	②	①	④	②	②	①	④
41	42	43	44	45	46	47	48	49	50
②	④	①	⑤	④	③	③	③	⑤	④
51	52	53	54	55	56	57	58	59	60
하락, 증가	헥셔-올린 정리	트릴레마	$0.5 < \frac{P\ 소고기}{P\ 의류} < 2$	구조적 실업	한계 효용 체감의 법칙	50	필립스 곡선	스태그 플레이션	0

01 정답 ①

콜라 가격의 상승과 하락은 수요곡선의 이동이 아닌 수요곡선상에서의 점 이동을 발생시킨다.

02 정답 ③

A는 가계, B는 기업, ㉠은 생산활동, ㉡은 재정활동을 의미한다.

③ 외국과의 수출·수입 활동에는 정부도 관여하므로 적절하지 않은 설명이다.

03 정답 ③

A 씨의 월 수입은 2,000만 원이며, 총 비용은 명시적 비용인 월 자재값이 500만 원, 월 임대료 300만 원, 대출이자 150만 원과 암묵적 비용인 임금 300만 원, 예금이자 150만 원을 합산한 금액인 1,400만 원이다.

따라서 A 씨가 한 달 동안 얻는 경제적 이윤은 600만 원이다.

04 정답 ④

완전고용은 자연실업률을 제외한 실업률이 0인 상태를 의미한다.

05 정답 ②

재할인율이 인상되면 시중은행이 중앙은행으로부터의 차입(대출)을 줄이므로 통화량이 감소한다.

오답 체크

①, ③, ④, ⑤는 모두 통화량의 증가를 가져온다.

06 정답 ④

세율을 인하하면 휘발유 생산비가 감소하여 공급이 증가하므로 휘발유의 시장 가격이 하락하게 된다.

07 정답 ②

가격차별에 대한 설명으로 적절한 것은 ㄱ, ㄷ이다.

오답 체크

ㄴ. 가격차별은 동일 상품에 대한 가격을 다르게 설정하는 것으로, 다른 상품에 다른 가격을 설정하는 것은 가격차별의 사례로 보기 어렵다.

ㄹ. 가격차별이 반드시 소비자 잉여를 증가시키는 것은 아니므로 적절하지 않은 설명이다.

08 정답 ④

ㄴ. A 기업은 B 기업이 전략 1을 선택할 경우 전략 2를 선택하는 것이 유리하며, B 기업이 전략 2를 선택할 경우 전략 1을 선택하는 것이 유리하여 우월전략이 존재하지 않으므로 적절한 설명이다.

ㄷ. A 기업이 전략 1을 선택할 경우와 전략 2를 선택할 경우 모두 B 기업은 전략 2를 선택하는 것이 이득이므로 적절한 설명이다.

ㄹ. A 기업이 전략 1을 선택할 경우 B 기업은 전략 1을 선택할 경우 50, 전략 2를 선택할 경우 60의 이득을 얻기 때문에 더 큰 보수를 얻는 전략 2를 선택할 것이므로 적절한 설명이다.

오답 체크

ㄱ. B 기업은 항상 우월전략인 전략 2를 선택할 것이며, B 기업이 전략 2를 선택한다면 A 기업은 전략 1을 선택할 것이다. 따라서 내시균형은 A 기업이 전략 1을 선택하고 B 기업이 전략 2를 선택하는 경우 1개이므로 적절하지 않은 설명이다.

09 정답 ③

ㄱ. 운동화 1단위 생산의 기회비용은 A 국이 구두 1/3단위, B 국이 구두 2단위이고, 구두 1단위 생산의 기회비용은 A 국이 운동화 3단위, B 국이 운동화 1/2단위이다. 따라서 A 국은 운동화, B 국은 구두를 특화하게 되므로 옳은 설명이다.

ㄴ. 교역 시 B 국은 비교우위에 있는 구두를 특화하여 수출하게 되는데, 이 경우 수출하려는 상품의 국제 가격이 국내 가격보다 비싸야 교역에 응할 것이다. 따라서 B 국은 구두 1단위의 국제 가격이 운동화 1/2단위보다 커야 A 국과의 교역에 응할 것이므로 옳은 설명이다.

ㄷ. 동일한 노동력을 투입했을 때 구두를 더 많이 생산할 수 있는 것은 B 국이므로 구두 생산에 대한 절대우위를 갖는 것은 B 국이고, 구두 1단위 생산의 기회비용은 A 국이 운동화 3단위, B 국이 운동화 1/2단위로 A 국보다 B 국이 더 적은 기회비용으로 구두를 생산하므로 구두 생산에 대한 비교우위를 갖는 것도 B 국이다. 따라서 B 국은 A 국에 대하여 구두 생산의 절대우위와 비교우위를 모두 가지므로 옳은 설명이다.

오답 체크

ㄹ. 양국이 교역을 통해 모두 이득을 보려면 각 상품이 수출국의 국내 가격보다 높은 가격에 수출되고, 수입국의 국내 가격보다 낮은 가격에 수입되어야 한다. 따라서 운동화를 기준으로 하였을 때 운동화 1단위의 가격이 A 국의 국내 가격인 구두 1/3단위보다 크고, B 국의 국내 가격인 구두 2단위보다 작으면 교역이 성립할 수 있으므로 옳지 않은 설명이다.

10 정답 ③

노동 공급이 감소하면 임금이 상승하여 X재 생산비용이 상승하므로 X재의 공급 곡선이 왼쪽으로 이동한다.

11 정답 ③

한계생산물가치를 구하여 결정한다.

근로자 수(명)	1	2	3	4	5	6
책상 생산량(대)	10	18	25	30	33	35
한계생산물가치(만 원)	70	56	49	35	21	14

이윤을 극대화하기 위해서는 한계생산물의 가치가 한계요소비용(임금 25만 원)보다 클 때까지 고용해야 하므로 4명을 고용해야 한다.

12 정답 ⑤

무차별곡선은 교차할 수 없으므로 적절하지 않은 설명이다.

13 정답 ④

A는 비례세, B는 누진세에 대한 설명이다.

일반적으로 비례세(A)보다 누진세(B)의 소득 재분배 효과가 크므로 적절하지 않은 설명이다.

14 정답 ④

시장의 모든 경제주체들은 가격에 관한 모든 경제적, 기술적 정보를 보유하고 공유하므로 적절하지 않은 설명이다.

15 정답 ①

A는 가계로 효용 극대화를 추구하며, B는 기업으로 이윤 극대화를 추구하므로 적절하지 않은 설명이다.

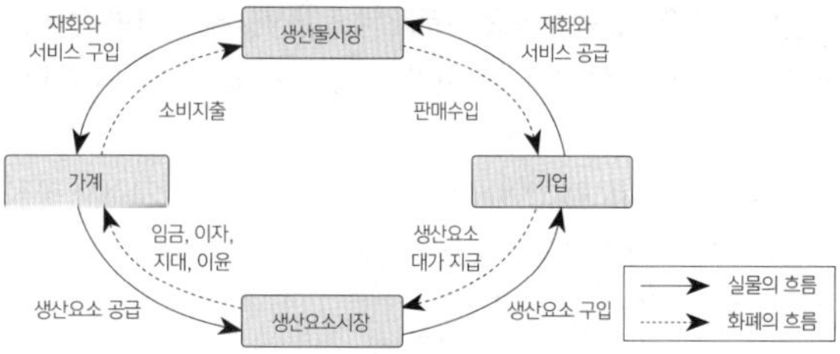

16 정답 ③

지니계수는 0과 1의 사잇값을 가지며, 1에 가까울수록 소득분배가 불공평한 것이므로 적절하지 않은 설명이다.

17 정답 ⑤

지대추구행위는 사회적 후생의 손실을 가져오는데도 자신의 이익을 위하여 초과이윤을 추구하는 행위이므로 적절하지 않은 설명이다.

18 정답 ④

애덤 스미스는 합리적인 경제주체들에 의해 최적의 자원배분이 이루어질 수 있다고 주장하였지만, 죄수의 딜레마를 통해 각자에게 합리적인 선택이 항상 긍정적인 결과를 가져오는 것은 아님을 알 수 있으므로 옳지 않은 설명이다.

19 정답 ②

평균세율은 납세액을 소득으로 나눈 비율임을 이용하여 구한다.
갑의 납부 세액은 (1,000만 원 × 0%) + (1,000만 원 × 10%) + (1,000만 원 × 15%) + (1,000만 원 × 25%) + (1,500만 원 × 50%) = 0 + 100만 원 + 150만 원 + 250만 원 + 750만 원 = 1,250만 원이다.
따라서 갑의 평균세율은 $\frac{1,250}{5,500} \times 100 = 22.7\%$이다.

20 정답 ④

애로우는 사회효용함수가 지녀야 할 속성 5가지를 제시하면서 이들은 서로 모순되기 때문에 5가지 속성을 모두 만족시키는 사회효용함수는 존재할 수 없음을 밝혔으며, 여기엔 완비성, 이행성, 파레토 원칙, 비독재성(민주성), 독립성이 해당한다.

21 정답 ②

코즈의 정리는 자원을 배분할 때 재산권이 명확하게 확립되어 있어 민간의 경제 주체들이 비용을 치르지 않고 협상할 수 있다면 정부 등의 개입 없이도 시장 참여자의 자발적 협상으로 외부효과에 따른 비효율성을 해소할 수 있다는 이론이다.
코즈의 정리에 따르면 양어장 주인 B가 하천의 소유권자이자 공장 주인인 A에 400만 원의 비용을 지급하는 조건으로 폐수를 정화하는 것으로 합의하게 될 것이다.

22 정답 ②

첫 번째는 아이스크림에 대한 수요 증가, 두 번째는 아이스크림 생산 비용의 증가로 인한 공급 감소와 관련 있는 상황이다.
수요가 증가하고 공급이 감소하면 가격은 상승하고, 거래량은 불분명하다.

23 정답 ⑤

의료보험의 기초공제제도는 의료 비용의 일부를 본인에게 부담시킴으로써 가입자의 도덕적 해이를 방지하기 위한 수단이다.

24 정답 ③

GDP 디플레이터 = $\frac{\text{명목 GDP}}{\text{실질 GDP}} \times 100$임을 이용하여 구한다.
실질 GDP = $\frac{100}{125} \times 100 = 80$이다.

25 정답 ⑤

인플레이션이 발생하면 실질 소득이 감소하는 효과가 발생하므로 적절하지 않은 설명이다.

26 정답 ④

ㄱ, ㄹ, ㅁ, ㅂ은 국내총생산이 증가하는 경우이다.

오답 체크

ㄴ. 중고 자동차 거래는 기존 자산의 거래이므로 GDP에 포함되지 않는다.
ㄷ. 기업의 주식 가격의 변동은 기존 자산의 소유권 가격이 상승한 것이므로 GDP에 포함되지 않는다.

27 정답 ①

수요의 가격 탄력성이 낮을수록, 공급의 가격 탄력성이 높을수록 소비자에게 전가되는 조세 부담이 커진다.

28 정답 ③

유동성 함정 하에서는 화폐수요의 이자율 탄력성이 무한대이므로 화폐수요곡선은 수평선이 된다.

29 정답 ④

고정환율제도하에서 재정지출을 증대하면 이자율이 상승하고 해외 자본 유입이 확대되어 환율 하락 압력이 생기며, 고정환율제도에서는 정부가 환율을 유지하기 위해 외환을 매입할 것이며, 이에 따라 통화량이 증가하여 국민소득이 증대된다.
따라서 ㉠에는 하락, ㉡에는 매입, ㉢에는 증가가 들어가야 한다.

30 정답 ②

㉠에는 명목환율, ㉡에는 물가수준, ㉢에는 실질환율이 들어가야 한다.

31 정답 ②

외부성은 어떤 경제주체의 경제활동이 제3자에게 의도하지 않은 혜택이나 손해를 가져다줌에도 불구하고 이에 대한 대가를 받지도 지불하지 않는 것을 의미한다.
브라질이 의도적으로 커피수출을 제한하여 한국의 녹차가격이 상승한 것은 대체재의 공급 감소로 인한 가격 상승이므로 외부성의 사례로 볼 수 없다.

32 정답 ③

팽창적 통화정책이 시행되면 이자율 하락으로 민간투자가 증가하므로 총수요곡선의 기울기가 변하는 것이 아니라 총수요곡선이 오른쪽으로 이동한다.

33 정답 ①

환율이 상승해 원화가치가 하락하여 이전과 동일한 수준의 학비를 보내기 위해서 지불해야 하는 원화가 증가하였으므로 적절하지 않은 설명이다.

34 정답 ②

중앙은행이 민간으로부터 국채를 매입함에 따라 통화량은 증가하고 이자율이 하락하므로 적절하지 않은 설명이다.

35 정답 ①

ㄱ. 최소효율규모는 최적시설규모 중 가장 작은 단기평균비용의 시설규모를 의미하므로 평균비용곡선의 최저점이 나타나는 생산 수준이다.

ㄴ. 꾸르노 경쟁은 가격이 아닌 생산량을 전략변수로 경쟁하는 모형이다.

36 정답 ④

디플레이션은 일반적으로 물가가 지속적으로 하락하는 경제상황을 의미하므로 전월 대비 물가상승률이 하락했다고 해서 디플레이션이 발생했다고 보기 어렵다.

37 정답 ②

갑국에서 2024년에 생산되어 재고로 있던 제품 A는 갑국의 2024년 GDP와 GNP에 포함된다.

갑국에서 2025년에 을국으로 수출한 A 제품은 갑국의 GDP 수출 부문에 포함되지만 이는 곧 재고투자 부문의 감소이므로 갑국의 GDP에는 영향을 주지 않는다.

을국이 2025년에 갑국으로부터 수입한 A 제품을 판매하였다면 을국의 2025년 소비지출 부문에 포함되지만 이는 곧 순수출 부문의 감소이므로 을국의 GDP에 영향을 미치지 않는다.

38 정답 ②

경제활동참가율 $= \frac{\text{경제활동인구(취업자 + 실업자)}}{\text{생산가능인구}}$,

실업률 $= \frac{\text{실업자}}{\text{경제활동인구(취업자 + 실업자)}}$임을 이용하여 구한다.

무급가족종사자, 직장은 있으나 질병으로 인해 일시적으로 일을 하지 않고 있는 사람은 모두 취업자로 분류되므로 취업자 수는 750명이고, 실업자 수가 250명이므로 경제활동인구는 1,000명이다.

주부와 학생은 비경제활동인구로 분류되므로 A 국의 비경제활동인구는 1,000명이다.

따라서 경제활동참가율 $= \frac{1,000}{2,000} \times 100 = 50\%$, 실업률 $= \frac{250}{1,000} \times 100 = 25\%$이다.

39 정답 ①

실질환율 변화율 = 명목환율 변화율 + 해외물가 상승률 − 국내물가 상승률임을 이용하여 구한다.

미국 달러화 대비 원화 가치의 6% 상승은 명목환율의 6% 하락을 의미한다.

따라서 실질환율 변화율 = (−6%) + 6% − 8% = −8%이다.

40 정답 ④

편익은 경제적 선택을 통해 얻는 포괄적 이득으로, A가 집에서 쉬는 경우의 편익은 3만 원, 전시회를 보러 가는 경우의 편익은 4만 원이므로 옳지 않은 설명이다.

오답 체크

① A가 집에서 쉬는 경우 기회비용은 명시적 비용 0원과 암묵적 비용 2만 원을 더한 2만 원이다.

② A가 전시회를 보러 갈 때의 기회비용은 명시적 비용 2만 원과 암묵적 비용 3만 원을 더한 5만 원이다.

③ A가 집에서 쉬는 것을 선택할 경우 순편익은 편익 3만 원에서 기회비용 2만 원을 뺀 1만 원이다.

⑤ A가 집에서 쉬는 것을 선택할 경우 순편익은 1만 원, 전시회를 보러 가는 것을 선택할 경우 순편익은 −1만 원으로 집에서 쉬는 것이 합리적인 선택이다.

41 정답 ②

코즈의 정리는 외부성의 유형에 관계 없이 외부성이면 모두 적용 가능하므로 적절하지 않은 설명이다.

42
정답 ④

IS-LM 모형하에서 통화정책과 재정정책에 대한 설명으로 적절하지 않은 것은 ㄴ, ㄹ이다.

ㄴ. 다른 조건이 일정한 경우 투자의 이자율 탄력성이 낮을수록 구축효과가 작게 나타나므로 적절하지 않은 설명이다.

ㄹ. 한계소비성향이 커야 구축효과보다 승수효과가 커져 재정정책의 효과가 커지므로 적절하지 않은 설명이다.

43
정답 ①

장기 총공급곡선은 잠재 GDP수준에서 수직선이므로 예상물가 수준의 상승은 장기 총공급곡선에 영향을 미치지 않는다.

44
정답 ⑤

솔로우의 성장모형에 대한 설명으로 적절한 것은 ㄱ, ㄴ, ㄹ이다.

오답 체크

ㄷ. 황금률을 달성하는 저축률 수준보다 저축률이 높아질 경우 자본이 과다 축적되어 비효율성이 발생하므로 항상 저축률이 높을수록 좋은 것은 아니다.

45
정답 ④

A 국과 B 국의 재화 생산에 대한 기회비용을 정리하면 다음과 같다.

구분	A 국	B 국
책상	5: 의자 $\frac{5}{6}$단위	4: 의자 $\frac{4}{3}$단위
의자	6: 책상 $\frac{6}{5}$단위	3: 책상 $\frac{3}{4}$단위

책상 생산에 대한 절대우위는 B 국에 있고 비교우위는 A 국에 있으며, 의자 생산에 대한 절대우위와 비교우위는 모두 B 국에 있음을 알 수 있다.
따라서 적절한 설명은 ㄱ, ㄷ이다.

46
정답 ③

현금예금비율(k)가 주어진 경우 통화승수(m) = $\frac{k+1}{k+z}$임을 이용하여 구한다. (z: 지급준비율)
$m = \frac{k+1}{k+z} = \frac{0.25+1}{0.25+0.25} = 2.5$이다.

47
정답 ③

주어진 효용함수는 두 재화가 완전보완재인 경우에 해당하며, 소비자균형점에서 $3x = 5y$가 성립하므로 $y = \frac{3}{5}x$이다.
이를 예산제약식에 대입하면 $M = P_X X + P_Y Y \rightarrow 200 = 80 + 6P_Y \rightarrow P_Y = 20$원이다.

48
정답 ③

㉠은 사업을 하여 획득한 이윤이므로 사업소득, ㉡은 생산에 직접 참여하지 않고 무상으로 얻은 소득이므로 이전소득, ㉢은 자본, 주식, 토지 등의 재산으로부터 얻은 재산이므로 재산소득에 해당한다.

49
정답 ⑤

정부실패는 시장실패를 바로잡기 위해 정부가 시장에 개입한 것이 예기치 못한 결과를 발생시키거나 오히려 시장의 상태를 더욱 악화시키는 것을 의미한다.

⑤ 어떤 정책이 수립되기까지의 시간(내부시차), 정책이 실행되어 효과가 나타나기까지의 시간(외부시차)의 존재는 정부실패의 원인 중 하나이다.

50
정답 ④

㉠에는 소득, ㉡에는 이자율, ㉢에는 높고, ㉣에는 증가가 들어가야 한다.

51
정답 하락, 증가

피구효과는 물가의 하락에 따른 자산의 실질가치의 상승이 소비 지출을 증가시키는 효과를 가져온다는 이론이다.

52
정답 헥셔-올린 정리

제시된 내용은 헥셔-올린 정리에 대한 설명이다.

53
정답 트릴레마

제시된 내용은 트릴레마(trillemma)에 대한 설명이다.

54 정답 $0.5 < \frac{P_{소고기}}{P_{의류}} < 2$

두 나라에서 각 재화 생산의 기회비용을 계산하면 다음과 같다.

구분	소고기 1단위	의류 1단위
A국	0.5	2
B국	2	0.5

의류에 대한 소고기의 상대가격($\frac{P_{소고기}}{P_{의류}}$)은 두 나라의 소고기 생산의 기회비용인 0.5와 2 사이에서 결정될 것이다.

55 정답 구조적 실업

제시된 내용은 구조적 실업에 대한 설명이다.

56 정답 한계 효용 체감의 법칙

제시된 내용은 한계 효용 체감의 법칙에 대한 설명이다.

57 정답 50

총저축은 정부저축과 민간저축으로 구성되며, 정부저축은 조세에서 정부지출을 제한 것, 민간저축은 소득에서 소비와 조세를 제한 것이다.

따라서 민간저축은 780억 원 − 550억 원 − 180억 원 = 50[억 원]이다.

58 정답 필립스 곡선

제시된 내용은 필립스 곡선에 대한 설명이다.

59 정답 스태그플레이션

제시된 내용은 스태그플레이션(Stagflation)에 대한 설명이다.

60 정답 0

명목이자율이 10%이고, 명목이자소득에 대해 50%의 이자소득세가 부과되면 명목 세후이자율은 5%이다.

피셔가설에 따르면 실질이자율 = 명목이자율 − (기대) 인플레이션율이므로, 실질 세후이자율은 명목 세후이자율(5%) − 인플레이션율(5%) = 0[%]이다.

해커스 LH 한국토지주택공사 NCS + 전공 봉투모의고사

토목/건축 전공
실전모의고사 & 정답·해설

해커스잡

토목 전공 실전모의고사

01. 다음 설명에 해당하는 정리로 적절한 것은?

> 동일 평면상의 한 점에 여러 개의 힘이 작용하고 있는 경우 이 평면상의 임의의 점에 작용하는 힘의 모멘트의 대수합은 그 점에 대한 합력 모멘트와 같다는 정리이다.

① Lami의 정리 ② Green의 정리 ③ Pappus의 정리
④ Varignon의 정리 ⑤ Castigliano의 정리

02. 전단 탄성계수(G)가 8.4×10^5[kg/cm^2]이고 프와송비(v)가 0.25일 때, 탄성계수(E)[kg/cm^2]는?

① 2.1×10^5 ② 2.3×10^5 ③ 10.7×10^6 ④ 2.1×10^6 ⑤ 2.3×10^6

03. 단면이 4[cm] × 6[cm]이고, 길이가 10[m]인 양단고정 장주의 중심축에 하중이 작용할 때, 이 장주의 좌굴하중[kN]은? (단, 장주의 탄성계수는 2×10^5[MPa]이다.)

① $2,240\pi^2$ ② $2,560\pi^2$ ③ $2,720\pi^2$ ④ $2,960\pi^2$ ⑤ $3,120\pi^2$

04. **다음 설명에 해당하는 유속측정 부표로 적절한 것은?**

> 답사나 홍수 시 급히 유속을 결정할 때 사용하는 부표로 바람이나 소용돌이 등의 영향을 받지 않도록 주의해야 한다.

① 봉부자 ② 표면부자 ③ 이중부자 ④ 수중부자 ⑤ 야간용부자

05. **다음 그림과 같이 2개의 캔틸레버보가 있다. 두 캔틸레버보의 재질과 단면이 모두 동일하고, 자유단의 처짐이 동일할 때, $\frac{P_1}{P_2}$의 값은?**

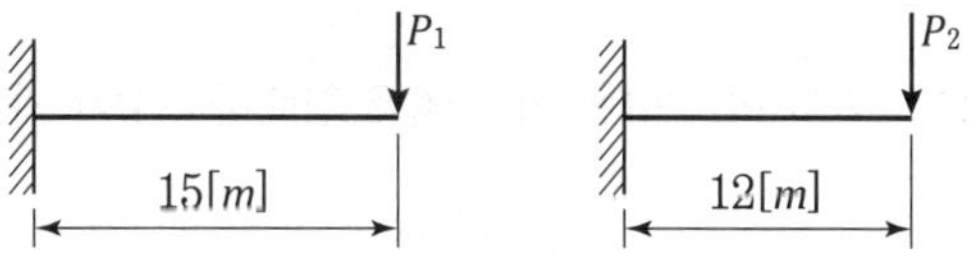

① 0.128 ② 0.216 ③ 0.344 ④ 0.432 ⑤ 0.512

06. **폭이 16[*cm*], 높이가 24[*cm*]인 직사각형 단면에서 x축과 y축에 대한 상승 모멘트[cm^4]는?**

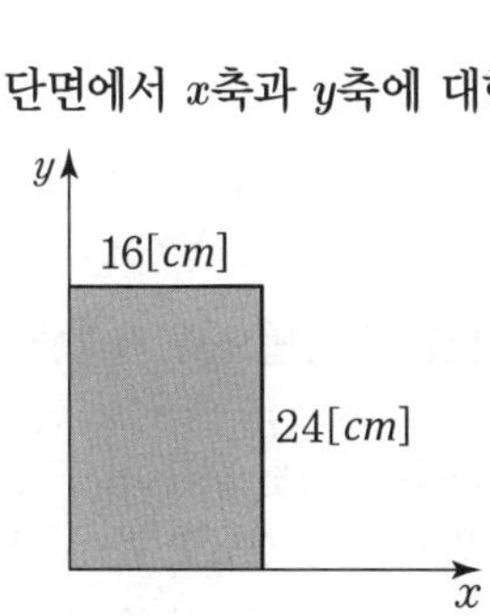

① 18,432 ② 36,864 ③ 46,080 ④ 55,296 ⑤ 73,728

07. **다음은 강선과 동선으로 조립되어 있는 구조물이다. 구조물에 100[*kg*]의 하중이 작용할 때, 강선에 발생하는 힘[*kg*]은 약 얼마인가?** (단, 강선과 동선의 단면적은 같고, 강선의 탄성계수는 $2.0 \times 10^6[kg/cm^2]$, 동선의 탄성계수는 $1.0 \times 10^6[kg/cm^2]$이다.)

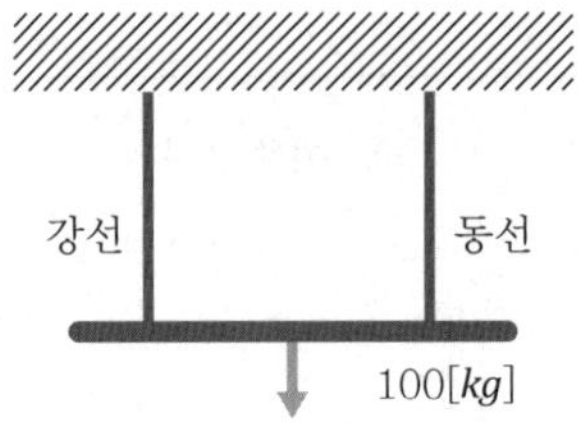

① 33.3　　② 66.7　　③ 133.3　　④ 166.7　　⑤ 233.3

08. **다음은 반지름(*R*)이 5[*m*]인 3힌지 아치이다. 이 아치에 집중하중 P가 가해질 때, 지점 A에서의 수평반력은?**

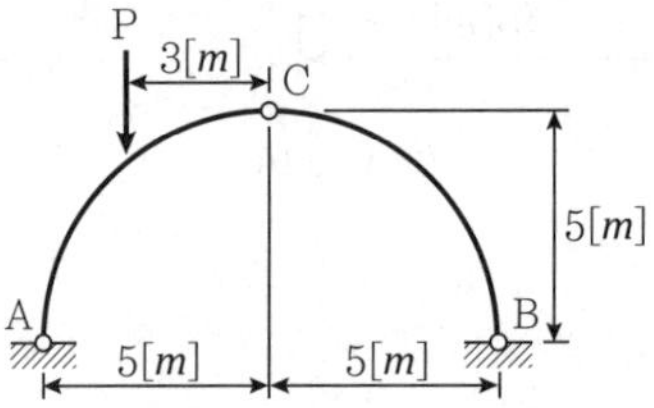

① 2P　　② P　　③ $\frac{P}{2}$　　④ $\frac{P}{4}$　　⑤ $\frac{P}{5}$

09. **다음 설명에 해당하는 수준측량의 야장기입방법으로 적절한 것은?**

주행하는 현상을 보완하기 위해 설치하는 방법으로, 전시(B.S)와 후시(F.S)로 구성되어 2란식(Two-column system)이라고도 불린다. 야장기입방법 중 가장 간단한 편이나 점검이 어렵고, 중간점을 기록할 수 없는 방법이다.

① 승강식　　② 교호식　　③ 기고식　　④ 고차식　　⑤ 삼각식

10. 다음 중 클로소이드에 대한 설명으로 적절하지 않은 것은?

① 클로소이드는 모두 서로 닮은꼴이다.

② 매개변수 A에 따라 클로소이드의 크기가 결정된다.

③ 일정한 곡선 길이에서 곡률 반경이 커지면 접선각은 작아진다.

④ 접선각의 크기는 45° 이상이 좋으며 클수록 정확하다.

⑤ 클로소이드는 나선의 일종이다.

11. 교각(I)이 60°, 반지름(R)이 100[m], 곡선의 시점($B.C$)이 $No.8+20[m]$인 단곡선을 설치하려고 할 때, 이 단곡선의 종단현에 대한 편각(δ_2)은? (단, 중심말뚝의 간격은 20[m]이다.)

① 0°21′45″ ② 1°08′28″ ③ 1°21′08″ ④ 1°38′25″ ⑤ 2°51′18″

12. 촬영고도 3,300[m]에서 고도 600[m]의 평지를 촬영하였더니 초점거리가 153[mm]였다고 할 때, 사진축적(M)은 약 얼마인가?

① 1/14,865 ② 1/15,686 ③ 1/16,766 ④ 1/17,647 ⑤ 1/19,668

13. 다음 그림과 같은 지형에서 교호 수준 측량을 진행하였다. 측량 결과 $a_1=1.413[m]$, $a_2=1.211[m]$, $b_1=1.655[m]$, $b_2=1.425[m]$이고, A 점의 표고가 52.562[m]였을 때, B 점의 표고[m]는?

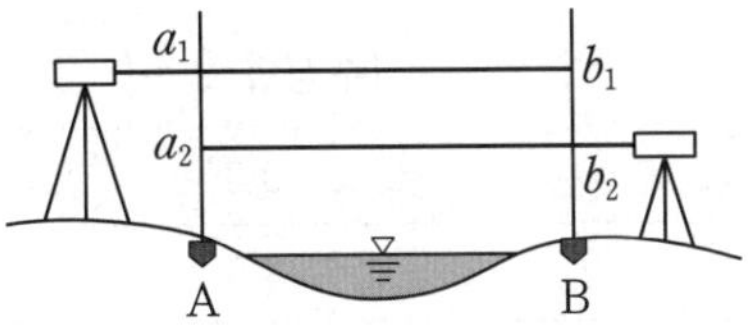

① 52.334 ② 52.346 ③ 52.562 ④ 52.778 ⑤ 52.790

14. 다음 중 완화 곡선에 대한 설명으로 적절한 것을 모두 고르면?

㉠ 완화 곡선의 곡률은 곡선 길이에 반비례한다. ㉡ 완화 곡선의 접선은 시점에서 직선에 접하고, 종점에서 원호에 접한다. ㉢ 완화 곡선의 종점에서 캔트는 원곡선의 캔트와 일치한다. ㉣ 곡선 반경은 완화 곡선의 시점에서 원곡선 R, 종점에서 무한대가 된다. ㉤ 완화 곡선에 연한 곡률 반경의 감소율은 캔트의 감소율과 동률이며, 부호는 반대이다.

① ㉡, ㉢ ② ㉢, ㉤ ③ ㉠, ㉡, ㉣ ④ ㉠, ㉣, ㉤ ⑤ ㉡, ㉢, ㉣

15. 다음 중 지오이드(Geoid)에 대한 설명으로 적절한 것을 모두 고르면?

㉠ 평균 해수면을 육지까지 연장한 가상의 곡면이다. ㉡ 지하 물질의 밀도가 작은 지역은 지오이드가 높다. ㉢ 지오이드면은 굴곡이 완만하여 측지 측량의 기준으로 사용된다. ㉣ 준거 타원체와 거의 일치하며 중력장의 등퍼텐셜면이다.

① ㉠, ㉡ ② ㉠, ㉣ ③ ㉡, ㉢ ④ ㉡, ㉣ ⑤ ㉢, ㉣

16. 하천의 최대 수심이 2[m]인 장소에서 수심별 유속을 관측하여 다음과 같은 결과를 얻었을 때, 3점법을 이용하여 구한 평균 유속[m/s]은?

[수심별 유속]

수심[m]	0.0	0.4	0.8	1.2	1.6	2.0
유속[m/s]	3.2	4.2	4.9	5.4	5.0	4.3

① 4.6 ② 4.9 ③ 5.0 ④ 5.2 ⑤ 5.4

17. 다음 중 삼각망 조정에 대한 설명으로 적절하지 않은 것은?

① 삼각형의 내각을 모두 합하면 180°가 된다.

② 1점 주위에 있는 각을 모두 합하면 360°가 된다.

③ 검기선은 측정한 길이와 계산된 길이가 동일하다.

④ 삼각망은 삼각측량 시 필요한 점을 연결한 삼각형을 일컫는다.

⑤ 임의의 한 변 길이는 계산하는 순서에 따라 결괏값이 달라진다.

18. 직사각형 단면의 수로에서 수심이 0.9[m]이고 단위 폭당 유량이 0.6[m^3/s/m]일 때, 비에너지[m]는? (단, 유속은 소수점 둘째 자리에서 반올림하여 계산하며, 중력가속도는 9.8[m/s^2], 에너지 보정계수는 1.0으로 가정한다.)

① 0.918 ② 0.925 ③ 0.934 ④ 0.942 ⑤ 0.953

19. 다음 중 에너지 보정계수(α)와 운동량 보정계수(β)에 대한 설명으로 적절하지 않은 것은?

① α는 속도수두를 보정하기 위한 무차원 상수이다.

② β는 운동량을 보정하기 위한 무차원 상수이다.

③ 이상 유체에서 α와 β의 값은 1이다.

④ α는 베르누이 방정식에 적용된다.

⑤ 관수로 내 난류인 경우 α의 값은 약 2이며, β의 값은 약 1.3이다.

20. 다음 중 마찰손실수두에 대한 설명으로 적절한 것을 모두 고르면?

㉠ 레이놀즈수에 비례한다. ㉡ 관경에 반비례한다. ㉢ 관의 내면조도에 비례한다. ㉣ 관내 유속의 n승에 반비례한다. ㉤ 물의 점성에 반비례한다.

① ㉠, ㉡ ② ㉠, ㉣ ③ ㉡, ㉢ ④ ㉠, ㉣, ㉤ ⑤ ㉡, ㉢, ㉤

21. 유역면적(A)이 25[km^2]인 지역에 1시간 동안 내린 강우량이 120[mm]였다. 하천의 최대 유출량(Q)이 360[m^3/s]일 때, 합리식의 유출계수(C)는 약 얼마인가?

① 0.32 ② 0.43 ③ 0.57 ④ 0.64 ⑤ 0.71

22. 다음 중 다르시의 법칙(Darcy's law)에 대한 설명으로 적절하지 않은 것은?

① 물의 점성계수에 따라 투수계수가 변한다.

② 지하수의 층류 흐름에 대한 마찰저항공식을 다르시의 법칙이라 한다.

③ 레이놀즈수가 클 경우 모든 유체흐름에 안심하고 다르시의 법칙을 적용할 수 있다.

④ 평균유속이 동수경사와 비례관계를 가지는 흐름에 적용할 수 있다.

⑤ 대부분의 다공질 매질에서 성립된다.

23. **강우자료의 변화 요소가 발생한 과거의 기록치를 보정하고자 전반적인 자료의 일관성을 조사한다고 할 때, 사용할 수 있는 방법으로 적절한 것은?**

① 점진평균방법 ② DAD 분석 ③ 이중누가우량분석
④ Thiessen의 가중법 ⑤ 정상연강수량비율법

24. **미소진폭파(Small-amplitude wave)이론에 따른 일정 수심 h의 해역을 전파하는 파장을 L, 파고를 H, 주기를 T라고 할 때, 파랑에 대한 설명으로 적절하지 않은 것은?**

① 파랑의 에너지는 H의 제곱에 비례한다.
② h/L이 0.2보다 클 경우 심해파라고 한다.
③ h/L이 0.05보다 작을 경우 천해파라고 한다.
④ 전이파는 심해파와 천해파를 모두 지니고 있다.
⑤ 분산관계식은 L, h, T 사이의 관계를 나타낸다.

25. **다음 중 관수로 흐름에 대한 설명으로 적절한 것을 모두 고르면?**

㉠ 압력에 의해 유지된다. ㉡ 유체에 작용하는 중력의 영향을 가장 크게 받는다. ㉢ 자유표면이 존재하지 않는다. ㉣ 관수로의 전단응력은 반지름에 반비례한다. ㉤ 관수로 내 층류 흐름의 유속분포는 포물선을 이룬다.

① ㉠, ㉡ ② ㉠, ㉤ ③ ㉡, ㉣ ④ ㉠, ㉢, ㉤ ⑤ ㉡, ㉢, ㉣

26. 다음은 수문과 관련된 용어에 대한 정의이다. 용어와 정의가 올바르게 연결된 것의 개수는?

㉠ 침투(Infiltration) – 토양면에서 스며든 물이 중력에 의해 계속 지하로 이동하여 지하수대까지 도달하는 현상 ㉡ 증산(Transpiration) – 물이 수증기의 형태로 식물의 엽면을 통해 대기 중에 방출되는 현상 ㉢ 강수(Precipitation) – 구름이 응축되어 지상으로 떨어지는 모든 형태의 수분을 총칭하는 말 ㉣ 증발(Evaporation) – 액체 상태의 물이 기체 상태의 수증기로 바뀌는 현상 ㉤ 유출(Runoff) – 유역에서 저류 또는 집수된 물이 하천을 따라 흘러나오는 현상

① 1개 ② 2개 ③ 3개 ④ 4개 ⑤ 5개

27. 다음 중 슬래브 거푸집 설계 시 고려해야 할 연직 방향의 설계 하중에 해당하는 것을 모두 고르면?

㉠ 작업하중	㉡ 특수하중	㉢ 고정하중
㉣ 콘크리트 측압	㉤ 풍하중	㉥ 수평하중

① ㉠, ㉢ ② ㉠, ㉢, ㉣ ③ ㉡, ㉣, ㉥ ④ ㉠, ㉡, ㉤ ⑤ ㉣, ㉤, ㉥

28. 다음 설명에 해당하는 용어로 적절한 것은?

설계 하중이 작용할 때 PSC 부재 단면의 일부에 인장 응력이 생기도록 프리스트레스를 가하는 것으로, 일부에서만 작은 인장 응력의 발생을 허용하는 것을 의미한다.

① 부분적 프리스트레싱 ② 풀 프리스트레싱 ③ 서큘러 프리스트레싱
④ 유효 프리스트레스 ⑤ 케미컬 프리스트레스

29. 크리프 계수는 2이고, 탄성 계수비는 6인 PS 강재의 응력이 1,500[*MPa*], PS 강재 도심 위치에서의 콘크리트 압축 응력이 10[*MPa*]일 때, 콘크리트의 크리프에 의한 PS 강재의 인장력 손실률[%]은?

① 7 ② 8 ③ 9 ④ 10 ⑤ 11

30. 강교의 경간이 20[*m*]일 때, 충격계수(*I*)는?

① 0.23 ② 0.25 ③ 0.27 ④ 0.30 ⑤ 0.32

31. 다음 중 옹벽의 설계 및 해석에 대한 설명으로 적절하지 않은 것은?

① 옹벽은 상재하중, 뒤채움 흙의 중량, 옹벽의 자중 및 옹벽에 작용하는 토압과 필요 시 수압도 견딜 수 있도록 설계되어야 한다.

② 부벽식 옹벽에서 전면벽의 경우 3변 지지된 2방향 슬래브로 설계 가능하다.

③ 앞부벽식 옹벽의 앞부벽은 직사각형 보로 설계되어야 한다.

④ 슬래브의 설계방법 규정에 의거하여 옹벽 저판의 설계가 이루어져야 한다.

⑤ 기초판은 계수하중과 그로 인해 발생하는 반력에 버틸 수 있도록 설계하여야 한다.

32. 다음 중 강도설계법에서 구조의 안전을 확보하기 위해 사용되는 강도감소계수의 연결이 적절하지 않은 것은?

① 인장지배단면 – 0.85

② 나선철근 규정에 따라 나선철근으로 보강된 철근콘크리트 부재의 압축지배단면 – 0.70

③ 포스트텐션 정착구역 – 0.85

④ 무근콘크리트의 휨모멘트, 압축력, 전단력, 지압력 – 0.55

⑤ 스트럿–타이 모델에서 타이 – 0.75

33. 다음은 콘크리트와 관련된 용어에 대한 정의이다. 용어와 정의가 올바르게 연결된 것의 개수는?

㉠ 구조용 경량콘크리트 – 골재의 전부 또는 일부를 인공경량골재를 사용하여 만든 콘크리트로서 재령 28일의 설계기준압축강도가 15[MPa] 이상이며, 기건 단위질량이 2,000[kg/m^3] 미만인 콘크리트 ㉡ 모래경량콘크리트 – 철근이 배치되지 않았거나 콘크리트구조 설계(강도설계법) 일반사항에서 규정하고 있는 최소 철근비 미만으로 배근된 구조용 콘크리트 ㉢ 철근콘크리트 – 잔골재와 굵은골재 전부를 경량골재로 대체하여 만든 콘크리트 ㉣ 프리스트레스트콘크리트 – 외력에 의해 콘크리트에 발생하는 인장응력을 소정의 한도까지 상쇄할 수 있도록 미리 계획적으로 그 응력의 분포와 크기를 정하여 내력을 준 콘크리트 ㉤ 레디믹스트콘크리트 – 정비된 콘크리트 제조설비를 갖춘 공장에서 생산되어 굳지 않은 상태로 운반차에 의하여 구입자에게 공급되는 굳지 않은 콘크리트

① 1개 ② 2개 ③ 3개 ④ 4개 ⑤ 5개

34. 다음 중 나선철근 기둥의 구조세목에 대한 설명으로 적절하지 않은 것은?

① 축방향 철근의 지름은 16[mm] 이상이어야 한다.
② 보조철근의 간격은 25~75[mm]로 해야 한다.
③ 축방향 철근의 최소 개수는 4개 이상이어야 한다.
④ 설계기준압축강도는 21[MPa] 이상이어야 한다.
⑤ 단면은 주로 원형 단면에 사용한다.

35. 다음 중 테르자기(Terzaghi)의 극한 지지력 공식 $q_u = \alpha c N_c + \beta r_1 B N_r + r^2 D_f N_q$에 대한 설명으로 적절하지 않은 것은?

① 계수 α, β를 형상계수라 하며 기초의 모양에 따라 결정한다.
② 기초의 깊이 D_f가 깊을수록 극한 지지력도 이와 더불어 커진다고 볼 수 있다.
③ 지지력계수인 N_c, N_r, N_q는 흙의 내부 마찰각과 점착력에 따라 정해진다.
④ r_1, r_2는 흙의 단위 중량이며 지하수위 아래에서는 수중단위 중량을 써야 한다.
⑤ 지하수위가 지표면과 일치하면 얕은 기초 지지력은 지하수위가 없는 경우에 비해 반감된다.

36. 다음 그림과 같이 3층의 성토층이 있을 때, 이 성토층의 수평방향의 평균 투수 계수[cm/sec]는?

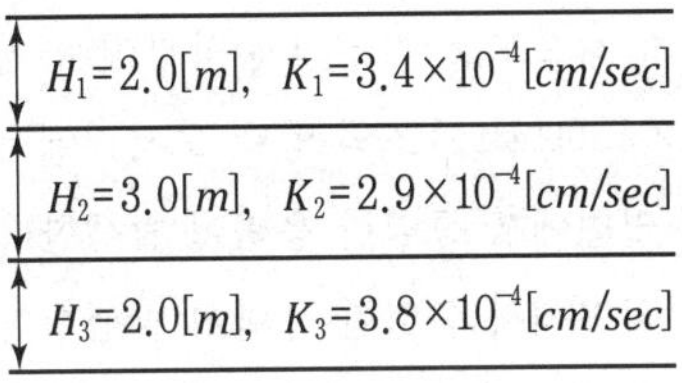

① 2.3×10^{-4}　② 2.5×10^{-4}　③ 2.8×10^{-4}　④ 3.1×10^{-4}　⑤ 3.3×10^{-4}

37. 다음 중 흙의 동상 현상이 발생하기 위한 조건으로 적절한 것을 모두 고르면?

㉠ 아이스 렌스를 형성하기 위한 물의 공급이 충분해야 한다.
㉡ 0[℃] 이상의 온도가 오랫동안 지속되어야 한다.
㉢ 음이온을 다량 함유한 흙이어야 한다.
㉣ 동결심도 하단부터 지하수면까지 거리가 모관 상승고보다 커야 한다.

① ㉠, ㉢　② ㉠, ㉣　③ ㉡, ㉢　④ ㉡, ㉣　⑤ ㉢, ㉣

38. 다음 중 통일 분류법에 의해 MH로 분류된 흙에 대한 설명으로 적절한 것은?

① 압축성이 높은 무기질 점토이다.
② 압축성이 낮은 무기질 실트이다.
③ 압축성이 높은 무기질 실트이다.
④ 압축성이 낮은 유기질 점토이다.
⑤ 압축성이 높은 유기질 점토이다.

39. **다음 중 강성 기초 접지압에 대한 설명으로 적절한 것은?**

① 점토 지반의 경우 모래의 강도가 작으므로 기초의 중앙부에서 최대 응력이 발생한다.

② 모래 지반의 경우 모래의 강도가 크므로 기초의 양측 모서리에서 최대 응력이 발생한다.

③ 점토 지반의 경우 모든 기초의 밑면에서 동일한 응력이 발생한다.

④ 모래 지반의 경우 모든 기초의 밑면에서 동일한 응력이 발생한다.

⑤ 점토 지반의 경우 기초 양측 모서리의 응력이 기초 중앙부의 응력보다 크다.

40. **다음 중 시료 채취에 대한 설명으로 적절하지 않은 것은?**

① 입도분석시험에서는 교란시료를 사용하는 것이 일반적이다.

② 블록 샘플러의 시료 채취방법으로는 트렌치 굴착방법과 보링공에 의한 방법이 있다.

③ 액성한계 및 소성한계 시험을 할 때 교란시료를 사용할 수 있다.

④ 오거보링(Auger boring)은 교란이 심하지 않은 시료 채취에 적합하다.

⑤ 자연 상태의 흙보다 교란된 흙의 전단강도가 더 작다.

41. **다음 중 펌프의 비회전도(N_s)에 대한 설명으로 적절하지 않은 것은?**

① N_s가 작을수록 유량도 적은 저양정의 펌프가 된다.

② 수량과 전양정이 같다면 회전수가 많을수록 N_s도 커진다.

③ N_s가 동일할 경우 펌프의 크기에 상관없이 같은 형식의 펌프로 한다.

④ N_s가 적을수록 효율곡선이 완만해진다.

⑤ 유량 변화에 대해 효율 변화 비율이 낮다.

42. 다음 중 우수조정지에 대한 설명으로 적절한 것은?

① 하수관거의 유하능력이 부족한 곳에만 설치한다.

② 토사의 이동이 부족한 곳에 설치한다.

③ 구조형식으로는 댐식, 지하식, 계단식이 있다.

④ 분류식 및 합류식 하수도에 설치하는 우수저류형 시설이다.

⑤ 댐식 우수조정지의 제방 높이는 15[m] 이상으로 한다.

43. 다음 중 도수거에 대한 설명으로 적절하지 않은 것은?

① 도수거의 평균유속은 최대한도가 4[m/s]이다.

② 암거에는 환기구가 설치되어야 한다.

③ 개거나 암거인 경우 보통 시공조인트를 겸한 신축조인트를 30~50[m] 간격으로 설치한다.

④ 도수거의 최소유속은 0.3[m/s]이다.

⑤ 평균유속을 산정할 때는 Ganguillet-kutter 공식이나 Manning 공식을 활용한다.

44. 용적이 600[m^3]인 폭기조에서 BOD 농도가 140[mg/L]이고 유량이 4,800[m^3/day]인 하수를 처리할 때, BOD 용적 부하[$kgBOD/m^3 \cdot day$]는?

① 0.64　② 0.88　③ 1.04　④ 1.12　⑤ 1.28

45. 다음 중 하수관거시설에 대한 설명으로 적절하지 않은 것을 모두 고르면?

> ㉠ 우수관거 및 합류관거의 최소 관경은 200[*mm*]를 표준으로 한다.
> ㉡ 오수관거의 계획 시간 최대 오수량에 대한 유속은 최소 0.6[*m/s*], 최대 3.0[*m/s*]으로 한다.
> ㉢ 우수관거 및 합류관거의 계획 우수량에 대한 유속은 최소 0.8[*m/s*], 최대 3.0[*m/s*]으로 한다.
> ㉣ 오수관거, 우수관거 및 합류관거에서 이상적인 유속은 약 1.5~2.0[*m/s*]이다.
> ㉤ 합류관거에서 계획 하수량은 계획 시간 최대 오수량과 계획 우수량을 합산하여 산정한다.

① ㉠, ㉢ ② ㉠, ㉣ ③ ㉡, ㉣ ④ ㉡, ㉤ ⑤ ㉢, ㉤

46. 다음 중 수원으로부터의 상수도의 계통을 올바르게 나타낸 것은?

① 도수 – 취수 – 정수 – 송수 – 급수 – 배수
② 도수 – 정수 – 취수 – 송수 – 배수 – 급수
③ 취수 – 도수 – 정수 – 송수 – 배수 – 급수
④ 취수 – 정수 – 도수 – 송수 – 급수 – 배수
⑤ 취수 – 도수 – 정수 – 배수 – 송수 – 급수

47. 다음 중 고속응집침전지 선택 시 일반적으로 고려하는 사항으로 적절하지 않은 것을 모두 고르면?

> ㉠ 탁도와 수온의 변동성이 클수록 바람직하다.
> ㉡ 원수 탁도는 100[*NTU*] 이상, 최고 탁도는 1,000[*NTU*] 이하여야 한다.
> ㉢ 표면 부하율의 표준은 40~60[*mm/min*]으로 한다.
> ㉣ 계획 정수량의 1.5~2시간분을 용량으로 한다.
> ㉤ 처리 수량의 변동이 적어야 한다.

① ㉠, ㉡ ② ㉠, ㉣ ③ ㉡, ㉢ ④ ㉡, ㉤ ⑤ ㉢, ㉣, ㉤

48. **다음 중 하수처리·재이용계획의 계획오수량에 대한 설명으로 적절하지 않은 것은?**

① 합류식에서 우천 시의 계획오수량은 계획시간 최대오수량의 3배 이상이어야 한다.

② 계획오수량은 생활오수량, 공장폐수량, 지하수량으로 분류된다.

③ 지하수량은 1인 1일 최대오수량의 10~20%로 결정된다.

④ 계획시간 최대오수량은 계획1일 평균오수량의 1시간당 수량의 2~3배를 표준으로 한다.

⑤ 계획1일 최대오수량은 1인 1일 최대오수량에 계획인구를 곱한 뒤에 공장폐수량과 지하수량 및 기타 배수량을 더한 값으로 결정된다.

49. **다음 중 완속여과지 대비 급속여과지의 특징으로 적절하지 않은 것은?**

① 유입수가 고탁도인 경우에 적합하다.

② 세균처리에 있어 확실성이 적다.

③ 자연 유하로 물을 흘려보내 중력의 힘으로 여과를 하는 방식이다.

④ 대규모처리에 적합하다.

⑤ 여과지의 면적이 작아 협소한 장소에서도 시공할 수 있다.

50. **다음 중 펌프 대수 결정 시 일반적으로 고려하는 사항이 아닌 것을 모두 고르면?**

㉠ 건설비 절약을 위해 예비 대수는 가능한 적게 소용량으로 한다. ㉡ 펌프의 설치 대수는 유지 관리를 고려하여 가능한 적게 하면서 동일 용량으로 한다. ㉢ 효율성을 고려했을 때, 펌프의 용량은 가능한 소용량으로 해야 한다. ㉣ 펌프의 대수 및 용량은 가능한 최고효율점 부근에서 운전할 수 있는 방향에서 결정해야 한다. ㉤ 공당 양수량에 따라 펌프 대수와 효율을 결정해야 한다.

① ㉠　② ㉢　③ ㉠, ㉡　④ ㉡, ㉣　⑤ ㉢, ㉣, ㉤

51. **단면이 20[cm] × 25[cm]인 압축부재가 있다. 기둥의 길이가 3[m]일 때, 이 압축부재의 세장비(λ)는 약 얼마인가?** (단, $\sqrt{3}=1.7$로 계산하고, 세장비는 소수점 첫째 자리에서 반올림하여 계산한다.)

( )

52. **단면적(A)이 10[cm^2]이고 길이(L)가 3[m]인 강봉(dL)을 0.3[mm] 늘리는 데 필요한 인장력[kgf]은?** (단, 탄성계수 $E=2\times10^6$[kgf/cm^2]이다.)

( )

53. **주곡선 간의 도상 길이가 1[cm]인 지형도에서 축적이 1:50,000이라고 할 때, 이 지형의 경사[%]는?**

( )

54. **폭이 7[m], 높이가 14[m]인 평판이 정지수중에서 8[m/s]의 속도로 이동하면서 항력계수는 0.2일 때, 평판에 작용하는 항력[kN]은?** (단, 무게 1[kg]은 10[N]이다.)

( )

55. **$A_g=180{,}000$[mm^2], $f_{ck}=24$[MPa], $f_y=350$[MPa]이고, 종방향 철근의 전체 단면적(A_{st})은 4,500[mm^2]라고 할 때, 나선철근기둥(단주)의 공칭축강도(P_n)[kN]는?** (단, 소수점 둘째 자리에서 반올림한다.)

( )

56. 단면이 인장지배 단면인 단철근 직사각형보의 유효깊이가 500[*mm*]이고, 설계강도는 21[*MPa*], 철근의 항복강도는 300[*MPa*], 폭은 350[*mm*], 철근비는 0.014일 때, 이 보의 설계휨강도는 약 몇 [*kN*·*m*]인가? (단, 설계휨강도는 소수점 첫째 자리에서 반올림하여 계산한다.)

( )

57. 함수비가 20[%]인 흙 150[*g*]을 함수비 25[%]로 만들려고 할 때, 필요한 물의 양[*g*]은?

( )

58. 10[*m*] 두께의 점토층이 10[년] 만에 90[%] 압밀이 된다면, 30[*m*] 두께의 동일한 점토층이 90[%]의 압밀에 도달할 때, 소요되는 기간[년]은?

( )

59. 지반의 일축압축강도가 24[kN/m^2]인 연약점성토층에 직경이 60[*cm*]인 철근콘크리트 파일을 관입 깊이 15[*m*]로 박았을 때, 부마찰력[*kN*]은? (단, $\pi = 3$으로 계산한다.)

( )

60. 수평인 지표에 위치한 연직옹벽의 높이가 4[*m*]이고, 내부 마찰각이 30°, 흙의 단위중량이 1.8[t/m^3]이며, 점착력이 없을 때, 전주동토압[*t*/*m*]은?

( )

정답·해설

01	02	03	04	05	06	07	08	09	10
④	④	②	②	⑤	②	②	⑤	④	④
11	12	13	14	15	16	17	18	19	20
③	④	①	①	②	③	⑤	②	⑤	③
21	22	23	24	25	26	27	28	29	30
②	③	③	②	④	④	①	①	②	②
31	32	33	34	35	36	37	38	39	40
④	⑤	③	③	③	⑤	①	③	⑤	④
41	42	43	44	45	46	47	48	49	50
①	④	①	④	②	③	①	④	③	②
51	52	53	54	55	56	57	58	59	60
51	2,000	4	640	4,381.9	276	6.25	90	324	4.8

01 정답 ④

제시된 내용은 Varignon의 정리에 대한 설명이다.

02 정답 ④

탄성계수$(E) = G \times 2 \times (1+v)$임을 적용하여 구한다.

$G = 8.4 \times 10^5$, $v = 0.25$이므로 탄성계수(E)는 $8.4 \times 10^5 \times 2 \times (1+0.25) = 21 \times 10^5 = 2.1 \times 10^6[kg/cm^2]$이다.

03 정답 ②

단면이 직사각형인 장주의 단면 2차 모멘트$(I) = \frac{bh^3}{12}$, 장주의 좌굴하중$(P_{cr}) = \frac{n\pi^2 EI}{l^2}$임을 적용하여 구한다.

직사각형 단면의 폭(b)은 $6[cm]$, 높이(h)는 $4[cm]$이므로 장주의 단면 2차 모멘트는 $\frac{60 \times 40^3}{12} = 320{,}000[mm^4]$이다. 이때, 양단고정 장주의 좌굴계수$(n)$는 4이고, 장주의 길이$(l)$는 $10[m]$이다.

따라서 이 장주의 좌굴하중은 $\frac{4 \times \pi^2 \times (2 \times 10^5) \times 320{,}000}{10{,}000^2} = 2{,}560\pi^2[kN]$이다.

04 정답 ②

제시된 내용은 표면부자에 대한 설명이다.

05 정답 ⑤

집중하중을 P, 보의 길이를 L, 탄성계수를 E, 단면 2차 모멘트를 I라 할 때, 자유단의 처짐$(y) = \frac{PL^3}{3EI}$임을 적용하여 구한다.

두 캔틸레버보의 처짐을 각각 y_1, y_2, 집중하중을 각각 P_1, P_2라고 하면,

두 캔틸레버보의 재질과 단면이 모두 동일하고, 자유단의 처짐이 동일하여 $y_1 = \frac{P_1 15^3}{3EI}$과 $y_2 = \frac{P_2 12^3}{3EI}$은 동일하므로 $P_1 \times \left(\frac{15^3}{3EI}\right) = P_2 \times \left(\frac{12^3}{3EI}\right)$이다.

따라서 자유단의 처짐을 같게 하는 $\frac{P_1}{P_2} = \frac{\frac{12^3}{3EI}}{\frac{15^3}{3EI}} = \frac{12^3}{15^3} = 0.512$이다.

06 정답 ②

직사각형의 면적을 A, x축과 y축으로부터 도심거리를 각각 x_0, y_0라 할 때, 단면 상승 모멘트$(I_{xy}) = A \times x_0 \times y_0$임을 적용하여 구한다.

직사각형의 면적은 $16 \times 24 = 384[cm^2]$이고, x축으로부터 도심거리는 $\frac{16}{2} = 8[cm]$, y축으로부터 도심거리는 $\frac{24}{2} = 12[cm]$이므로

$I_{xy} = 384 \times 8 \times 12 = 36{,}864[cm^4]$

따라서 단면 상승 모멘트는 $36{,}864[cm^4]$이다.

07 정답 ②

강선에 발생하는 힘은 강선의 탄성계수:동선의 탄성계수 = 2:1임을 적용하여 구한다.

동선에 발생하는 힘을 x라고 하면
강선에 발생하는 힘은 $2x$이고 강선과 동선으로 조립되어 있는 구조물에 100[kg]의 하중이 작용하므로 $x+2x=100 \rightarrow 2x \fallingdotseq 66.7$
따라서 강선에 발생하는 힘은 66.7[kg]이다.

08 정답 ⑤

수평반력은 힌지절점 C의 휨모멘트의 합 = 0임을 적용하여 왼쪽 또는 오른쪽만 구한다.
힌지절점 C를 기준으로 지점 B의 수직반력(V_b)과 절점 C에서 지점 B까지의 거리는 $\overline{AB}$ 거리(L)의 절반인 5[m]이고, 힌지절점 C에서 지점 B까지 수평반력(H_b)이 작용하는 거리(h)는 5[m]이다. 이때, 힘이 작용하는 방향에 따라 L은 음수가 된다.
힌지절점 C의 오른쪽 휨모멘트의 합(ΣM_{cr}) = 0이므로 $\Sigma M_{cr} = \left(V_b \times \frac{L}{2}\right) + (H_b \times h) = 0 \rightarrow -(V_b \times 5) + (H_b \times 5) = 0 \rightarrow V_b = H_b$이다.
또한, $V_a + V_b = \mathrm{P}$이고 $\Sigma M_a = (\mathrm{P} \times \mathrm{a}) - \left\{V_b \times \left(\frac{L}{2} + \frac{L}{2}\right)\right\} = 0$이므로
a는 $\overline{AB}$ 거리의 절반인 5[m]와 $\overline{CP}$ 거리 3[m]의 차이인 2[m]이고
$\Sigma M_a = 2\mathrm{P} - 10V_b = 0 \rightarrow 2\mathrm{P} = 10V_b \rightarrow V_b = \frac{\mathrm{P}}{5}$
따라서 $V_b = H_b = \frac{\mathrm{P}}{5}$이다.

09 정답 ④

제시된 내용은 고차식에 대한 설명이다.

10 정답 ④

접선각의 크기는 45° 이하가 좋으며 작을수록 정확하므로 적절하지 않다.

11 정답 ③

종단현의 길이를 l_2라 할 때, 종단현에 대한 편각(δ_2) = 1718.87′ × $\frac{l^2}{R}$, 곡선장($C.L$) = $\frac{\pi}{180^\circ} \times R \times I$, 종점의 위치($E.C$) = $B.C + C.L$임을 적용하여 구한다.
$C.L = \frac{\pi}{180^\circ} \times 100 \times 60 = 104.72$[$m$]이고, $B.C = No.8 + 20$[m]이므로 $E.C = No.8 + 20 + 104.72 = (20 \times 8) + 20 + 104.72 = 284.72$이다. 이때, 284.72 / 20 = 14.236임에 따라 $E.C = No.14 + 4.72$[m]이므로 $l_2 = 284.72 - No.14 = 4.72$[$m$]이다.
따라서 종단현의 편각(δ_2)은 $1718.87' \times \frac{4.72}{100} = 1°21'08''$이다.

12 정답 ④

사진축척(M) = 초점거리 / (촬영고도 − 대지고도)임을 적용하여 구한다.
초점거리는 153[mm]이고, 촬영고도는 3,300,000[mm], 대지고도는 600,000[mm]이다.
따라서 사진축척(M) = 153 / (3,300,000 − 600,000)
= 153 / 2,700,000 ≒ 1 / 17,647이다.

13 정답 ①

A 점의 표고를 H_A, A 점과 B 점의 고저 차를 H라 할 때, $H = \frac{(a_1 - b_1) + (a_2 - b_2)}{2}$, B 점의 표고($H_B$) = $H_A + H$임을 적용하여 구한다.
$a_1 = 1.413[m]$, $a_2 = 1.211[m]$, $b_1 = 1.655[m]$, $b_2 = 1.425[m]$이므로 $H = \frac{(1.413 - 1.655) + (1.211 - 1.425)}{2} = -0.228[m]$이고, $H_A = 52.562[m]$이다.
따라서 B 점의 표고는 52.562 − 0.228 = 52.334[m]이다.

14 정답 ①

완화 곡선에 대한 설명으로 적절한 것은 ㉡, ㉢이다.

오답 체크

㉠ 완화 곡선의 곡률은 곡선 길이에 비례하므로 적절하지 않다.
㉣ 곡선 반경은 완화 곡선의 시점에서 무한대, 종점에서 원곡선 R이 되므로 적절하지 않다.
㉤ 완화 곡선에 연한 곡률 반경의 감소율은 캔트의 증가율과 동률이며, 부호는 반대이므로 적절하지 않다.

15 정답 ②

지오이드에 대한 설명으로 적절한 것은 ㉠, ㉣이다.

오답 체크

㉡ 지하 물질의 밀도가 작은 곳은 지오이드가 낮으므로 적절하지 않다.
㉢ 지오이드면은 굴곡이 심하여 측지 측량의 기준으로 사용하기 어려우므로 적절하지 않다.

16 정답 ③

3점법(V_m) = $\frac{1}{4}(V_{0.2} + 2V_{0.6} + V_{0.8})$임을 적용하여 구한다.
최대 수심을 H라 하면, $V_{0.2}$, $V_{0.6}$, $V_{0.8}$은 각각 수면으로부터 최대 수심의 $0.2H$, $0.6H$, $0.8H$가 되는 깊이의 유속이며, 최대 수심이 2[m]이므로
$V_{0.2} = 2 \times 0.2 = 0.4[m]$ 지점의 유속 = 4.2[m/s],
$V_{0.6} = 2 \times 0.6 = 1.2[m]$ 지점의 유속 = 5.4[m/s],

$V_{0.8} = 2 \times 0.8 = 1.6[m]$ 지점의 유속 = $5.0[m/s]$이다.

따라서 3점법을 이용하여 구한 평균 유속은 $\frac{1}{4}\{4.2 + (2 \times 5.4) + 5.0\} = 5.0[m/s]$이다.

17 정답 ⑤

삼각망 임의의 한 변 길이는 계산 순서에 관계없이 항상 일정하므로 적절하지 않다.

18 정답 ②

비에너지$(H_e) = h + \alpha\frac{V^2}{2g} = h + \alpha\frac{Q^2}{2gA^2}$임을 적용하여 구한다.

수심$(h) = 0.9[m]$, 유량$(Q) = 0.6[m^3/s/m]$, 중력가속도$(g) = 9.8[m/s^2]$, 에너지 보정계수$(\alpha) = 1.0$이므로

유속$(V) = \frac{Q}{A} = \frac{0.6}{1.0 \times 0.9} \fallingdotseq 0.7[m/s]$이다.

따라서 비에너지는 $0.9 + \frac{1.0 \times 0.7^2}{2 \times 9.8} = 0.925[m]$이다.

19 정답 ⑤

관수로 내 난류인 경우 에너지 보정계수(α)의 값은 1.01~1.05, 운동량 보정계수(β)의 값은 1.0~1.05이므로 적절하지 않다.

20 정답 ③

마찰손실수두에 대한 설명으로 적절한 것은 ㉡, ㉢이다.

오답 체크

㉠ 레이놀즈수에 반비례하므로 적절하지 않다.
㉣ 관내 유속의 n승에 비례하므로 적절하지 않다.
㉤ 물의 점성에 비례하므로 적절하지 않다.

21 정답 ②

하천의 최대 유출량$(Q) = 0.2778 \times$ 유출계수$(C) \times$ 강우강도$(I) \times$ 유역면적(A)임을 적용하여 구한다.

하천의 최대 유출량은 $360[m^3/s]$, 강우강도는 $120[mm/h]$, 유역면적은 $25[km^2]$이다.

따라서 합리식의 유출계수$(C) = \frac{360}{0.2778 \times 120 \times 25} \fallingdotseq 0.43$이다.

22 정답 ③

레이놀즈수(Reynolds number)가 10 이상일 경우 다르시의 법칙이 유효하지 않으므로 적절하지 않다.

23 정답 ③

이중누가우량분석은 강수량 관측 시 일관성을 평가하고 보완하고자 할 때 활용하는 방법으로 우량계의 위치, 우량계의 형, 관측방법, 노출상태 등 주위 환경의 변화가 발생하면 변화 요소로 자료에 직접적인 영향을 미치도록 함으로써 자료에 일관성이 없어 기록치에 문제가 생기지 않도록 하기 위해 이용되므로 적절하다.

24 정답 ②

심해파는 수심의 파장이 절반보다 깊은 바다에서 나타나며, h/L이 0.5보다 크므로 적절하지 않다.

25 정답 ④

관수로 흐름에 대한 설명으로 적절한 것은 ㉠, ㉢, ㉤이다.

오답 체크

㉡ 유체 내부 점성력의 영향을 가장 크게 받으므로 적절하지 않다.
㉣ 관수로의 전단응력은 반지름에 비례하므로 적절하지 않다.

26 정답 ④

수문과 관련된 용어와 정의가 올바르게 연결된 것은 ㉡, ㉢, ㉣, ㉤으로 총 4개이다.

오답 체크

㉠ 침투(Infiltration): 강수가 지표를 통해 토양 내부로 스며드는 현상

27 정답 ①

슬래브 거푸집 설계 시 고려해야 할 연직 방향의 설계 하중에 해당하는 것은 ㉠, ㉢이다.

28 정답 ①

제시된 내용은 부분적 프리스트레싱(Partial prestressing)에 대한 설명이다.

29 정답 ②

탄성 계수비를 n, 크리프 계수를 ϕ, PS 강재 도심 위치에서의 콘크리트 압축 응력을 f_c, PS 강재의 응력을 f_p라 할 때, 인장력 손실량 $\Delta f_p = n \times \phi \times f_c$, 인장력 손실률 $= \frac{\Delta f_p}{f_p} \times 100$임을 적용하여 구한다.

$n = 6$, $\phi = 2$, $f_c = 10[MPa]$이므로 $\Delta f_p = 6 \times 2 \times 10 = 120[MPa]$이다.

따라서 $f_p = 1{,}500[MPa]$이므로 인장력 손실률은 $\frac{120}{1{,}500} \times 100 = 8[\%]$이다.

30 정답 ②

강교의 충격계수$(I)=\frac{15}{40+경간(L)}$임을 적용하여 구한다.

강교의 경간이 20[m]이므로

$I=\frac{15}{40+20}=0.25$

따라서 충격계수(I)는 0.25이다.

31 정답 ④

옹벽 본체 설계 시 캔틸레버식 옹벽의 저판은 전면벽과의 접합부를 고정단으로 하는 캔틸레버로 가정하여 단면이 설계되어야 하며, 뒷부벽식 옹벽 또는 앞부벽식 옹벽의 저판은 일반적으로 뒷부벽 또는 앞부벽 사이의 거리를 경간으로 가정하여 고정보나 연속보로 설계하여야 하므로 적절하지 않다.

32 정답 ⑤

강도설계법에서 구조의 안전을 확보하기 위해 사용되는 스트럿-타이 모델의 타이 강도감소계수는 0.85이므로 적절하지 않다.

33 정답 ③

콘크리트와 관련된 용어와 정의가 올바르게 연결된 것은 ㉠, ㉣, ㉤으로 총 3개이다.

오답 체크

㉡ 모래경량콘크리트: 잔골재로 자연산 모래를 사용하고, 굵은골재로는 경량골재를 사용하여 만든 콘크리트

㉢ 철근콘크리트: 외력에 대해 철근과 콘크리트가 일체로 거동하게 하고, 규정된 최소 철근량 이상으로 철근을 배치한 콘크리트

34 정답 ③

나선철근 기둥의 축방향 철근의 최소 개수는 6개 이상이어야 하므로 적절하지 않다.

35 정답 ③

지지력계수인 N_c, N_r, N_q는 흙의 내부 마찰각에 의해서 결정되므로 적절하지 않다.

36 정답 ⑤

투수 계수를 K, 수위를 H라 할 때, 성토층의 수평방향 평균 투수 계수$(K_h)=\frac{K_1H_1+K_2H_2+\cdots+K_nH_n}{H}$임을 적용하여 구한다.

따라서 3층 성토층의 수평방향 평균 투수 계수는

$\frac{(3.4\times10^{-4}\times2)+(2.9\times10^{-4}\times3)+(3.8\times10^{-4}\times2)}{2+3+2}=$

$\frac{(6.8\times10^{-4})+(8.7\times10^{-4})+(7.6\times10^{-4})}{7}=3.3\times10^{-4}$[$cm/sec$]이다.

37 정답 ①

흙의 동상 현상이 발생하기 위한 조건으로 적절한 것은 ㉠, ㉢이다.

오답 체크

㉡ 0[℃] 이하의 온도가 오랫동안 지속되어야 하므로 적절하지 않다.

㉣ 동결심도 하단부터 지하수면까지 거리가 모관 상승고보다 작아야 하므로 적절하지 않다.

38 정답 ③

압축성이 높은 무기질 실트는 MH로 분류되므로 적절하다.

오답 체크

① 압축성이 높은 무기질 점토는 CH로 분류되므로 적절하지 않다.

② 압축성이 낮은 무기질 실트는 ML로 분류되므로 적절하지 않다.

④ 압축성이 낮은 유기질 점토는 OL로 분류되므로 적절하지 않다.

⑤ 압축성이 높은 유기질 점토는 OH로 분류되므로 적절하지 않다.

39 정답 ⑤

점토 지반의 경우 기초 양측 모서리에서 최대 응력이 발생하므로 적절하다.

오답 체크

①, ③ 점토 지반의 경우 기초 양측 모서리에서 최대 응력이 발생하므로 적절하지 않다.

②, ④ 모래 지반의 경우 기초 중앙부에서 최대 응력이 발생하므로 적절하지 않다.

40 정답 ④

오거보링하고 표준관입시험용 샘플러를 타격 및 관입하여 채취하는 시료는 교란이 심하므로 적절하지 않다.

41 정답 ①

N_s가 작을수록 유량이 적은 고양정의 펌프가 되므로 적절하지 않다.

42 정답 ④

우수조정지는 분류식과 합류식 하수도에 설치하며, 우수를 저류하여 유출량을 조절하는 시설이므로 적절하다.

오답 체크

① 우수조정지는 하류지역 펌프장의 능력이 부족하거나 우수 유출량의 증대로 침수 방지가 필요한 곳 등에도 설치하므로 적절하지 않다.
② 우수조정지는 하류지역의 펌프장 능력이 부족한 곳, 하수관거의 유하 능력이 부족한 곳, 방류수역의 유하능력이 부족한 곳 등에 설치하고, 토사의 이동이 부족한 곳에는 설치하지 않으므로 적절하지 않다.
③ 우수조정지의 구조형식으로는 댐식, 굴착식, 지하식, 현지 저류식이 있으므로 적절하지 않다.
⑤ 댐식 우수조정지의 제방 높이는 15[m] 미만으로 하므로 적절하지 않다.

43 정답 ①

도수거의 평균유속은 최대한도가 3[m/s]이므로 적절하지 않다.

44 정답 ④

BOD 용적 부하 = $\frac{\text{하수의 BOD 농도} \times \text{하수의 유량}}{\text{폭기조의 용적}}$임을 적용하여 구한다.
따라서 BOD 용적 부하는
$\frac{(140 \times 10^{-3}) \times 4{,}800}{600} = 1.12[kgBOD/m^3 \cdot day]$이다.

45 정답 ②

㉠ 우수관거 및 합류관거의 최소 관경은 250[mm]를 표준으로 하므로 적절하지 않다.
㉣ 오수관거, 우수관거 및 합류관거에서는 1.0~1.8[m/s]의 유속이 가장 바람직하므로 적절하지 않다.

46 정답 ③

수원으로부터의 상수도의 계통으로 적절한 것은 ③이다.

47 정답 ①

㉠ 탁도와 수온은 변동이 적어야 하므로 적절하지 않다.
㉡ 원수 탁도는 10[NTU] 이상, 최고 탁도는 1,000[NTU] 이하여야 하므로 적절하지 않다.

48 정답 ④

계획시간 최대오수량은 계획1일 평균오수량의 1시간당 수량의 1.3~1.8배를 표준으로 결정되므로 적절하지 않다.

49 정답 ③

자연 유하로 물을 흘려보냄으로써 중력의 힘을 활용하여 여과를 하는 방식은 완속여과지이므로 적절하지 않다.

50 정답 ②

㉢ 펌프는 용량이 클수록 효율이 높아져 가능한 한 대용량으로 해야 하므로 적절하지 않다.
따라서 펌프 대수 결정 시 일반적으로 고려하는 사항이 아닌 것은 ㉢이다.

51 정답 51

세장비(λ) = 기둥의 길이(L) / 최소 회전 반지름(r)임을 적용하여 구한다.
단면이 20[cm] × 25[cm]이므로 최소 회전 반지름 r의 값은 20 / $\sqrt{12} \fallingdotseq 5.88[cm]$이다.
따라서 압축부재의 세장비(λ)는 300 / 5.88 ≒ 51이다.

52 정답 2,000

인장력(P) = $\frac{E \times A \times dL}{L}$임을 적용하여 구한다.
단면적(A)은 10[cm^2]이고, 길이(L)는 3,000[mm], 강봉(dL)은 0.3[mm]이다.
따라서 인장력(P) = $\frac{2 \times 10^6 \times 10 \times 0.3}{3{,}000} = 2{,}000[kgf]$이다.

53 정답 4

경사도 = $\frac{\text{지형도의 주곡선 간격(높이)}}{\text{지형도의 } 1[cm] \text{ 수평거리}} \times 100$임을 적용하여 구한다.
축적 1:50,000 지형도의 1[cm] 수평거리는 0.01 × 50,000 = 500[m], 주곡선 간격은 20[m]이다.
따라서 이 지형의 경사는 $\frac{20}{500} \times 100 = 4[\%]$이다.

54 정답 640

폭을 b, 높이를 h, 단위질량을 w, 중력가속도를 g, 항력계수를 C_D, 유속을 v라 할 때, 평판의 투영 면적(A) = $b \times h$, 밀도(p) = $\frac{w}{g}$, 항력(D) = $C_D \times A \times \frac{p \times v^2}{2}$임을 적용하여 구한다.
$C_D = 0.2$, $A = 7 \times 14 = 98[m^2]$, $p = \frac{w}{g} = \frac{1}{9.8}$, $v = 8[m/s]$임에 따라 $D = 0.2 \times 98 \times \frac{1 \times 8^2}{2 \times 9.8} = 64[t]$이다.
따라서 항력은 $64[t] = 64{,}000[kg] = 640{,}000[N] = 640[kN]$이다.

55

정답 4,381.9

$P_n = \alpha P_0$이고, $P_0 = 0.85 f_{ck}(A_g - A_{st}) + f_y A_{st}$임을 적용하여 구한다.

나선철근기둥(단주)의 α는 0.85이므로 $\alpha P_0 = 0.85 \times (0.85 \times 24 \times (180{,}000 - 4{,}500) + 350 \times 4{,}500) = 4{,}381{,}920[N] = 4{,}381.92[kN]$이다.

따라서 나선철근기둥(단주)의 공칭축강도는 $4{,}381.9[kN]$이다.

56

정답 276

철근비를 ρ, 철근의 항복강도를 f_y, 설계강도를 f_{ck}, 강도감소계수를 ϕ, 폭을 b, 유효깊이를 d라 할 때, $q = \frac{\rho f_y}{f_{ck}}$, 설계휨강도$(\phi M_n) = \phi f_{ck} q b d^2 (1 - 0.59q)$임을 적용하여 구한다.

$\rho = 0.014$, $f_y = 300[MPa]$, $f_{ck} = 21[MPa]$이므로 $q = \frac{0.014 \times 300}{21} = 0.2$이고,

인장지배 단면의 $\phi = 0.85$이고, $b = 350[mm]$, $d = 500[mm]$이므로 $\phi M_n = (0.85 \times 21 \times 0.2 \times 350 \times 500^2)\{1 - (0.59 \times 0.2)\} = 275{,}514{,}750[N \cdot mm]$이다.

따라서 설계휨강도는 $275{,}514{,}750[N \cdot mm] \fallingdotseq 276[kN \cdot m]$이다.

더 알아보기

강도감소계수(ϕ)

구분		강도감소계수
인장지배 단면		0.85
전단과 비틀림		0.75
압축지배 단면	나선철근	0.70
	띠철근	0.65
콘크리트 지압		0.65
무근 콘크리트		0.55
스트럿-타이 모델	타이	0.85
	스트럿, 절점부 및 지압부	0.75

57

정답 6.25

함수비를 w, 흙의 전체 무게를 W라 할 때, 물의 무게$(W_w) = \frac{w \times W}{100 + w}$임을 적용하여 구한다.

$w = 20[\%]$, $W = 150[g]$임에 따라 $W_w = \frac{20 \times 150}{100 + 20} = 25[g]$이다. 이때, 함수비를 $25[\%]$로 만들기 위해 추가해야 하는 물의 양$[g]$을 x라고 하면 $20[\%]:25[g] = (25-20)[\%]:x[g]$이다.

$20[\%]:25[g] = (25-20)[\%]:x[g] \rightarrow x = \frac{25 \times (25-20)}{20}$

따라서 함수비가 $20[\%]$인 흙 $150[g]$의 함수비를 $25[\%]$로 만들려고 할 때, 필요한 물의 양은 $\frac{25 \times (25-20)}{20} = 6.25[g]$이다.

58

정답 90

압밀시간 $= \frac{t_{90}H^2}{C_V}$임을 적용하여 구한다.

$H = 10$일 때 압밀계수 $= \frac{t_{90}H^2}{T_{90}} = (0.848 \times 10^2)/10 = 8.48[m^2/년]$이므로 $H = 30$일 때 압밀시간은 $\frac{t_{90}H^2}{C_V} = 0.848 \times 30^2 / 8.48 = 90[년]$이다.

따라서 $30[m]$ 두께의 동일한 점토층이 $90[\%]$의 압밀에 도달할 때 소요되는 기간은 90[년]이다.

59

정답 324

파일의 직경을 D, 관입 깊이를 l_c, 말뚝의 평균 마찰력을 f_s라 할 때, 말뚝의 주변장$(U) = \pi \times D$, 부마찰력$(R_{nf}) = U \times l_c \times f_s$임을 적용하여 구한다.

파일의 직경은 $60[cm]$이므로 말뚝의 주변장은 $\pi \times 0.6 = 3 \times 0.6 = 1.8[m]$이고, 말뚝의 평균 마찰력은 지반의 일축압축강도의 $\frac{1}{2}$이므로 평균 마찰력은 $\frac{24}{2} = 12[kN/m^2]$이다.

따라서 부마찰력은 $1.8 \times 15 \times 12 = 324[kN]$이다.

60

정답 4.8

내부 마찰각을 ϕ, 흙의 단위중량을 γ, 높이를 H라 할 때, 주동토압계수$(K_A) = \frac{1 - sin\phi}{1 + sin\phi}$, 전주동토압$(P_A) = \frac{1}{2}K_A \gamma H^2$임을 적용하여 구한다.

$\phi = 30^\circ$이므로 $K_A = \frac{1 - sin30^\circ}{1 + sin30^\circ} = \frac{1 - \frac{1}{2}}{1 + \frac{1}{2}} = \frac{1}{3}$이고,

$\gamma = 1.8[t/m^3]$, $H = 4[m]$이다.

따라서 전주동토압은 $\frac{1}{2} \times \frac{1}{3} \times 1.8 \times 4^2 = 4.8[t/m]$이다.

건축 전공 실전모의고사

01. 다음 중 피터 캘도프(Peter Calthorpe)가 주장한 대중교통중심개발(Transit-Oriented Development)을 위한 7가지 원칙에 해당하지 않는 것은?

① 대중교통서비스를 유지할 수 있는 수준의 고밀도 유지
② 역으로부터 보행거리 내에 주거, 상업, 직장, 공원, 공공시설 배치
③ 지구 내에는 걸어서 목적지까지 갈 수 있는 보행친화적인 가로망 구성
④ 주택의 유형, 밀도의 단일 배치를 통한 효율성 촉진
⑤ 기존 근린지구 내에 대중교통 노선을 따라 재개발 촉진

02. 다음 설명에 해당하는 학교의 운영방식은?

> 전 학급을 2분단으로 나누어 운영하며, 한 분단이 일반교실을 사용할 때 다른 쪽은 특별교실을 사용한다. 이에 따라 모든 시설의 효율적인 이용이 가능하다. 그러나 한편으로는 운영에 적당한 교사의 수와 시설이 필요하며, 동선계획과 시간표 짜기가 어렵다는 단점이 있다.

① 달톤형　② 플래툰형　③ 종합교실형
④ 교과교실형　⑤ 일반교실 및 특별교실형

03. 다음 중 아파트 단면형식의 하나인 메조넷형에 대한 설명으로 옳지 않은 것은?

① 통로면적은 감소하고 유효면적은 증가한다.
② 소규모 주택의 경우 면적 측면에서 비경제적이다.
③ 양면 개구가 가능하여 통풍과 채광이 좋다.
④ 트리플렉스형은 듀플렉스형보다 프라이버시 확보율이 높다.
⑤ 각 층에 복도와 엘리베이터 홀이 설치되어야 한다.

04. **학교의 음악 교실 사용에 대한 조건이 다음과 같을 때, 음악 교실의 이용률[%]과 순수율[%]은?** (단, 학급 회의 외에는 음악 교실을 다른 용도로 사용하지 않는다.)

- 1주간 평균 수업시간: 32시간
- 음악 교실이 사용되는 시간: 16시간
- 음악 교실에서 학급 회의를 위해 사용하는 시간: 2시간

	이용률	순수율
①	50.0[%]	87.5[%]
②	50.0[%]	56.3[%]
③	50.0[%]	88.9[%]
④	43.8[%]	87.5[%]
⑤	43.8[%]	88.9[%]

05. **다음 중 잔향이론에 대한 설명으로 옳지 않은 것은?**

① 천장과 벽의 흡음벽체 면적을 크게 할 경우 잔향시간을 줄일 수 있다.

② 원형 및 타원형의 공간보다 부채꼴형의 공간이 잔향시간이 길기 때문에 공연장 등의 내부의 형태로 많이 채용된다.

③ 잔향시간은 실내음의 발생을 중지시킨 후 음 에너지가 $60dB$ 감소하는 데 소요되는 시간이다.

④ 실공간의 체적이 크면 잔향시간은 길어진다.

⑤ 강연장 등 청취가 중요한 곳은 잔향시간을 짧게 하여 음성의 명료도를 높여야 한다.

06. 다음 설명과 관련 있는 극장 무대 용어가 올바르게 연결된 것은?

> ㉠ 연기자가 등장과 퇴장을 무대의 임의 장소에서 할 수 있도록 무대와 트랩 룸 사이를 계단 또는 사다리로 오르내릴 수 있게 하는 장치이다.
> ㉡ 그리드 아이언으로 올라가는 계단과 연결되도록 무대 주위의 벽에 설치하는 폭 1.2~2m, 높이 6~9m의 좁은 통로로, 조명을 비추거나 눈이 내리는 장면 연출을 위해 사용된다.
> ㉢ 출연자 대기실을 말하며, 일반적으로 무대와 같은 층의 가까운 장소이면서 크기는 $30m^2$ 이상이다.

	㉠	㉡	㉢
①	그리드 아이언	플라이 갤러리	플로어 트랩
②	플로어 트랩	플라이 갤러리	그린 룸
③	플라이 갤러리	플로어 트랩	그린 룸
④	플로어 트랩	잔교	박스오피스
⑤	그리드 아이언	플로어 트랩	박스오피스

07. 다음 중 결로에 대한 설명으로 옳지 않은 것은?

① 내부결로 예방을 위해서 단열재를 기준으로 실외 측에 방습층을 설치하면 효과적이다.
② 난방을 활용하여 결로를 방지하고자 한다면 단시간 높은 온도의 난방 대신 장시간 낮은 온도의 난방이 더 적절하다.
③ 단열성능을 높이기 위해서는 벽체의 내부 온도가 노점 온도 이상이 되도록 열관류율을 낮게 해야 한다.
④ 결로는 실내·외의 온도 차, 실내 습기의 과다발생, 생활 습관에 의한 환기 부족, 구조재의 열적 특성, 시공 불량과 같은 다양한 원인으로 인하여 발생할 수 있다.
⑤ 외단열은 벽체 내의 온도를 상대적으로 높게 유지해 주기 때문에 내단열 대비 결로 발생 가능성을 현저히 낮출 수 있다.

08. 다음 중 「주택법」상 부대시설에 해당하지 않는 것은?

① 주차장　② 어린이놀이터　③ 담장
④ 주택단지 안의 도로　⑤ 경비실

09. 다음 중 사무소 건축의 코어(Core) 형태에 대한 설명으로 옳은 것을 모두 고르면?

> ㉠ 중앙코어형은 내부공간과 외관이 획일적으로 되기 쉽다.
> ㉡ 편심코어형은 바닥면적이 큰 대규모의 고층 건물에 적합하다.
> ㉢ 양단코어형은 2방향 피난에 이상적이기 때문에 방재상 유리한 방식이다.
> ㉣ 외코어형은 코어와 업무공간이 분리되어 업무공간의 융통성이 높다.

① ㉠, ㉡　② ㉢, ㉣　③ ㉠, ㉡, ㉢　④ ㉠, ㉢, ㉣　⑤ ㉡, ㉢, ㉣

10. 다음 중 현장에 적용되는 가설시설물의 설치 기준으로 옳지 않은 것은?

① 공사현장 경계의 가설울타리는 높이 1.8[m] 이상으로 설치하고, 야간에도 잘 보이도록 발광 시설을 설치해야 하며, 차량과 사람이 출입하는 가설울타리 진입구에는 잠금장치가 있는 문을 설치해야 한다.

② 공사감독자 현장사무소는 수급인 및 감리인의 현장사무소와 별도로 설치하고, 현장사무소 내에는 공사시방서에서 별도로 정하는 바가 없을 때에는 상주 인원당 1개의 책상 및 의자가 준비되어야 하며, 탁자와 의자를 갖춘 공사회의실 또는 상황실을 설치해야 한다.

③ 시멘트 및 석회창고의 바닥은 지반에서 300[mm] 이상의 높이로 설치해야 한다.

④ 현장사무소와 가설창고는 신설하는 구조물에서 5[m] 이상 떨어진 곳에 설치해야 한다.

⑤ 공사표지판에는 공사명, 발주자, 건설사업관리자, 공사감독자 및 수급인과 주요 하도급수급인의 명칭, 공사기간, 긴급 연락처 등을 명시해야 한다.

11. 다음 중 콘크리트 관련 용어에 대한 설명이 옳은 것을 모두 고르면?

> ㉠ 결합재(Binder): 시멘트와 같이 접착력이 있는 재료로서 골재 입자들 사이를 채워서 콘크리트 구성 재료들을 결합하거나 콘크리트 강도 발현에 기여하는 물질을 생성하는 재료의 총칭. 고로슬래그 미분말, 플라이애시, 실리카 퓸, 팽창재 등 분말 형태의 재료
> ㉡ 골재의 유효 흡수율(Effective absorption ratio of aggregate): 골재가 표면건조포화상태가 될 때까지 흡수하는 수량의, 절대 건조 상태의 골재질량에 대한 백분율
> ㉢ 골재의 조립률(Fineness modulus of aggregate): 75, 40, 20, 10, 5, 2.5, 1.2, 0.6, 0.3, 0.15[mm] 등 10개의 체를 1조로 하여 체가름 시험을 하였을 때, 각 체에 남는 누계량의 전체 시료에 대한 질량 백분율의 합을 100으로 나눈 값
> ㉣ AE제(Air-Entraining admixture): 콘크리트 속에 많은 미소한 기포를 일정하게 분포시키기 위해 사용하는 혼화제

① ㉠, ㉡　② ㉠, ㉢　③ ㉠, ㉡, ㉣　④ ㉡, ㉢, ㉣　⑤ ㉠, ㉡, ㉢, ㉣

12. 방수공사 시 지붕슬래브 및 실내의 바닥 등의 물매가 적절하지 않으면 물이 고이면서 누수의 원인이 될 수 있다. 다음은 방수공사 중 물매와 배수에 대한 내용이다. ㉠~㉢에 들어갈 말이 올바르게 연결된 것은?

> 지붕 슬래브, 실내의 바닥 등에서 현장타설 철근콘크리트, 콘크리트 평판류, 아스팔트 콘크리트, 자갈 등으로 방수층을 보호할 경우, 바탕의 물매는 (㉠)로 하고, 방수층 마감을 보호도료(Top coat) 도포로 하거나 또는 마감하지 않을 경우에는 바탕의 물매를 (㉡)로 한다.

	㉠	㉡
①	1/100~1/50	1/50~1/20
②	1/100~1/50	1/100~1/50
③	1/50~1/20	1/150~1/100
④	1/50~1/20	1/50~1/20
⑤	1/30~1/10	1/100~1/50

13. 다음 중 외단열 시공에 대한 설명으로 옳지 않은 것은?

① 외단열의 시공은 주위 온도가 5[℃] 이상, 35[℃] 이하에서의 시공을 권장하며 혹한기, 혹서기 작업 시 접착력 유지를 위하여 온도 보양 조치 후 시공을 실시한다.

② 비계발판 설치의 경우 외벽 바탕면과의 간격은 최소 300[*mm*]로 한다.

③ 단열재를 설치할 때 접착제는 제조업자의 지정 비율에 따라 완전 반죽 형태가 되도록 충분히 교반하며 교반 후 2시간 이내에 사용한다.

④ 접착제, 바탕 모르타르, 마감재 등은 5[℃] 이상, 30[℃] 이하의 건조하며 차갑고 그늘진 장소에 보관한다.

⑤ 단열재 시공 후 햇빛에 노출시키지 않도록 주의하여야 하며 양생 시간은 기상조건에 따라 다르나 일반적으로 외기 기온 및 표면의 온도 20[℃], 습도 65[%]일 경우 24시간 후 후속 공정을 진행한다.

14. 다음 중 건축재료의 수량 산출 시 적용되는 재료별 할증률이 잘못 연결된 것은?

① 유리 – 1[%]　② 붉은벽돌 – 3[%]　③ 원형철근 – 5[%]
④ 고장력 볼트 – 7[%]　⑤ 단열재 – 10[%]

15. 다음은 시스템 동바리의 변위 방지를 위한 조치사항이다. ㉠, ㉡에 들어갈 말이 올바르게 연결된 것은?

> 콘크리트 두께가 (㉠) 이상일 경우에는 시스템 동바리 수직재 상단과 하단의 경계조건 및 U헤드와 조절형 받침철물의 나사부 유격에 의한 수직재 좌굴하중의 감소를 방지하기 위하여, U헤드 밑면으로부터 최상단 수평재 윗면, 조절형 받침철물 윗면으로부터 최하단 수평재 밑면까지의 순간격이 (㉡) 이내가 되도록 설치하여야 한다.

	㉠	㉡
①	0.5[m]	200[mm]
②	0.5[m]	300[mm]
③	0.5[m]	400[mm]
④	1.0[m]	300[mm]
⑤	1.0[m]	400[mm]

16. 다음 중 건축공사 표준시방서에 규정된 고강도 콘크리트의 설계기준강도는?

	보통 콘크리트	경량 콘크리트
①	33[MPa] 이상	15[MPa] 이상
②	33[MPa] 이상	24[MPa] 이상
③	40[MPa] 이상	21[MPa] 이상
④	40[MPa] 이상	24[MPa] 이상
⑤	40[MPa] 이상	27[MPa] 이상

17. **다음 중 「건축물의 설비기준 등에 관한 규칙」상 공동주택과 오피스텔의 난방설비를 개별난방설비방식으로 하는 경우에 대한 설명으로 옳지 않은 것은?**

① 보일러는 거실 외의 곳에 설치하되, 보일러를 설치하는 곳과 거실 사이의 경계벽은 출입구를 제외하고는 내화구조의 벽으로 구획해야 한다.

② 보일러실의 윗부분에는 그 면적이 $0.3m^2$ 이상인 환기창을 설치하고, 보일러실의 아랫부분에는 지름 $10cm$ 이상의 공기흡입구 및 배기구를 항상 열려있는 상태로 바깥공기에 접하도록 설치해야 한다.

③ 보일러실과 거실 사이의 출입구는 그 출입구가 닫힌 경우에는 보일러 가스가 거실에 들어갈 수 없는 구조로 해야 한다.

④ 기름보일러를 설치하는 경우에는 기름저장소를 보일러실 외의 다른 곳에 설치해야 한다.

⑤ 보일러의 연도는 내화구조로서 공동연도로 설치해야 한다.

18. **다음 중 낙하물 방지망에 대한 설명으로 옳지 않은 것은?**

① 낙하물 방지망의 설치높이는 10[m] 이내 또는 3개 층마다 설치해야 한다.

② 낙하물 방지망의 내민길이는 비계 또는 구조체의 외측에서 수평거리 2[m] 이상으로 하고, 수평면과의 경사각도는 20° 이상 30° 이하로 설치해야 한다.

③ 낙하물 방지망과 비계 또는 구조체와의 간격은 300[mm] 이하여야 한다.

④ 낙하물 방지망은 설치 후 3개월 이내마다 정기적으로 검사를 실시해야 한다.

⑤ 낙하물 방지망의 이음은 150[mm] 이상의 겹침을 두어 망과 망 사이에 틈이 없도록 해야 한다.

19. **다음은 단열공사에 따른 방습재 시공과 관련된 내용이다. ㉠~㉢에 들어갈 말이 올바르게 연결된 것은?**

> 단열공사에 따른 방습시공이 요구되는 개소는 도면 또는 공사시방에 정하되, 방습시공을 할 때는 단열재의 (㉠)에 방습필름을 대고, 접착부는 (㉡)mm 이하 (㉢)mm 이상 겹쳐 접착제 또는 내습성 테이프를 붙인다. 또한 방습시공 시 방습필름에 찢김, 구멍 등의 하자가 생겼을 경우에는 하자 부위가 묻히기 전에 보수하고, 담당원의 승인을 받은 후 다음 공정을 진행해야 한다.

	㉠	㉡	㉢
①	실내 측	100	50
②	실내 측	150	50
③	실내 측	200	100
④	실외 측	100	50
⑤	실외 측	150	100

20. **볼트조임 후 검사를 하는 방법에는 크게 토크관리법과 너트회전법이 있다. 다음 중 볼트조임 후 검사사항에 대한 설명으로 옳지 않은 것은?**

① 토크관리법을 활용하면 조임완료 후 각 볼트군 20[%]의 볼트 개수를 표준으로 하고, 토크렌치에 의하여 조임 검사를 진행하게 된다.

② 토크관리법에 의한 조임 시공법 확인 시험 결과 얻어진 평균 토크의 ±10[%] 이내의 것을 합격으로 한다.

③ 너트회전법에 의한 시험은 1차 조임 후에 너트회전량이 120°±30°의 범위에 있는 것을 합격으로 한다.

④ 너트회전법에서 너트회전량이 120°+30°를 넘어서 조여진 고장력볼트는 교체하며, 너트의 회전량이 부족한 너트에 대해서는 소요 너트회전량까지 추가로 조이게 된다.

⑤ 토크관리법과 너트회전법 모두 볼트의 여장은 너트면에서 돌출된 나사산이 1~6개의 범위에 들어야 합격으로 한다.

21. **건축물의 내진설계기준에 따른 지진력저항시스템에 대한 반응수정계수가 다음과 같을 때, 이에 대한 설명으로 옳지 않은 것은?**

[건축물의 내진설계기준]

구분	기본 지진력저항시스템	반응수정계수
1	내력벽시스템	-
1-a	철근콘크리트 특수전단벽	5
1-b	철근콘크리트 보통전단벽	4
1-c	철근보강 조적 전단벽	2.5
1-d	무보강 조적 전단벽	1.5
1-e	구조용 목재패널을 덧댄 경골목구조 전단벽	6
1-f	구조용 목재패널 또는 강판시트를 덧댄 경량철골조 전단벽	6

① 철근콘크리트 특수전단벽은 철근콘크리트 보통전단벽에 비해 반응수정계수를 뺀 나머지 조건이 동일하다면 밑면전단력이 작게 산출된다.

② 철근보강 조적 전단벽은 무보강 조적 전단벽에 비해 반응수정계수를 뺀 나머지 조건이 같다면 지진력에 대해 유연하게 거동하게 된다.

③ 철근콘크리트 특수전단벽과 철근콘크리트 보통전단벽을 조합하여 같은 방향으로 작용하는 횡력에 저항하도록 사용한 경우 반응수정계수는 5를 적용해야 한다.

④ 내력벽시스템은 수직하중과 함께 횡하중을 벽체가 지지하는 지진력저항시스템으로, 벽체는 지진하중에 대하여 충분한 면내 횡강성과 횡강도를 발휘해야 한다.

⑤ 철근콘크리트 특수전단벽과 철근콘크리트 보통전단벽에 의해 공유되는 구조부재의 경우 그중 큰 반응수정계수에 상응하는 상세를 갖도록 설계하여야 한다.

22. 다음 설명에 해당하는 금속 커튼월의 성능 시험 중 시험소 실물 모형 시험(Mock-up Test)의 시험종목은?

> 설계 풍압의 100%까지 단계별로 증감(대개 50%, 100%, −50%, −100%의 4단계로 구분)하여 설계 풍압의 ±100% 아래에서 구조재의 변위와 측정 유리의 파손 여부를 확인하고, 설계 기준 만족 여부를 확인한다. 그 이후, 설계 풍압의 ±150%에 대해 실시하며, 잔류 변형량을 측정하기 위해 $0kg/m^2$로 압력제거 시 변위를 측정하며 허용치는 $2L/1000$ 이하여야 한다. 여기에서 L은 지점 간의 거리이다.

① 기밀시험 ② 정압수밀시험 ③ 동압수밀시험
④ 구조시험 ⑤ 예비시험

23. 다음 중 활하중 적용 사항에 대한 설명으로 옳지 않은 것은?

① 사무실 또는 유사한 용도의 건물에서 가동성 경량칸막이벽이 설치될 가능성이 있는 경우에는 칸막이벽 하중으로 최소한 $1[kN/m^2]$을 기본등분포활하중에 추가하여야 하나, 기본활하중 값이 $4[kN/m^2]$ 이상인 경우에는 이를 제외할 수 있다.
② 집중활하중은 각 구조부재에 가장 큰 하중효과를 일으키는 위치에 작용하도록 해야 한다.
③ 총중량 $180[kN]$을 초과하는 중량차량이 통행하는 바닥의 활하중은 충격 및 피로를 고려하여 적용해야 한다.
④ 영향면적은 기둥 및 기초에서는 부하면적의 4배, 보 또는 벽체에서는 부하면적의 2배, 슬래브에서는 부하면적을 적용하지만, 부하면적 중 캔틸레버 부분은 4배 또는 2배를 적용하지 않고 영향면적에 단순 합산한다.
⑤ 건축물 내부에 설치되는 높이 $2.1[m]$ 이상의 각종 내벽은 벽면에 직각방향으로 작용하는 $0.1[kN/m^2]$ 이상의 등분포하중에 대하여 안전하도록 설계한다.

24. 다음 그림과 같은 구조물의 판별은?

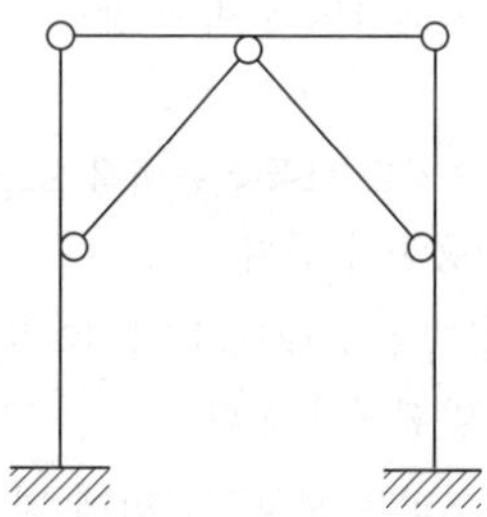

① 정정 ② 1차 부정정 ③ 2차 부정정 ④ 3차 부정정 ⑤ 4차 부정정

25. 내민보가 다음과 같을 때, B 점에 작용하는 반력[kN]과 모멘트[$kN \cdot m$]가 올바르게 연결된 것은?

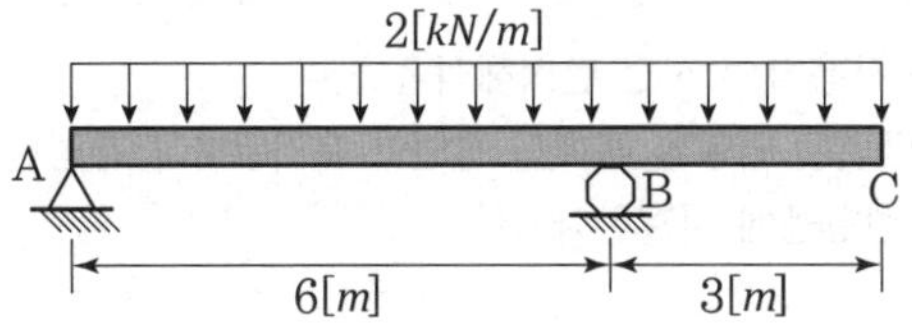

	반력	모멘트
①	+13.5	−4.5
②	+10.5	+9
③	+13.5	−9
④	−10.5	+9
⑤	−13.5	−9

26. 다음 중 합성부재에 대한 설명으로 옳지 않은 것은?

① 설계강도의 계산에 사용되는 콘크리트의 설계기준압축강도는 21MPa 이상이어야 하며 70MPa를 초과할 수 없다.

② 합성기둥의 강도를 계산하는 데 사용되는 구조용 강재 및 철근의 설계기준항복강도는 700MPa를 초과할 수 없다.

③ 압축력을 받는 충전형 합성부재의 단면은 조밀, 비조밀, 세장으로 분류한다.

④ 매입형 합성부재에 적용되는 강재코어의 단면적은 합성기둥 총단면적의 1% 이상으로 한다.

⑤ 충전형 합성부재는 국부좌굴을 고려해야 한다.

27. 콘크리트의 크리프(Creep) 변형은 탄성변형 이후 지속하중으로 인하여 콘크리트에 일어나는 소성적 장기변형이다. 다음 중 콘크리트의 크리프 변형을 증가시키는 요인으로 옳은 것을 모두 고르면?

㉠ 응력 증가	㉡ 습도 감소	㉢ 하중 재하속도 증가
㉣ 콘크리트 강도 및 재령 증가	㉤ 철근비 증가	

① ㉠, ㉡, ㉢　　② ㉠, ㉡, ㉣　　③ ㉠, ㉢, ㉣

④ ㉠, ㉡, ㉢, ㉣　　⑤ ㉠, ㉡, ㉢, ㉣, ㉤

28. **다음 설명에 해당하는 철근콘크리트 설계법은?**

> • 설계 하중(사용 하중)을 사용하여 선형 탄성해석을 한다.
> • 휨을 받기 전에 평면인 단면은 변형된 후에도 평면이 유지된다고 가정한다.
> • 콘크리트의 압축응력은 변형률에 비례한다.

① 허용응력설계법 ② 경험적설계법 ③ 강도설계법
④ 한계상태설계법 ⑤ 직접설계법

29. **탄성처짐은 하중이 실리자마자 발생되는 처짐으로 순간처짐 혹은 즉시처짐이라고도 한다. 단순등분포 하중(W)을 받는 철근콘크리트 보의 도해와 해당 최대탄성처짐을 산정하는 식에 대한 설명이 다음과 같을 때, 등분포 하중(W)을 받는 직사각형 단면의 철근콘크리트 단순보에서 균열 발생 전 최대처짐 양을 줄이기 위한 방법으로 옳은 것은?**

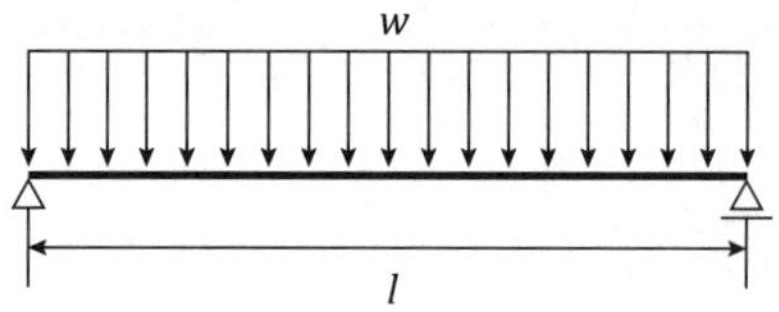

• 최대탄성처짐(δ_{max}) $= \dfrac{5Wl^4}{384EI}$
• W: 등분포 하중, l: 보의 길이, E: 부재의 탄성계수, I: 단면 2차 모멘트

① 압축 측 철근 양을 2배 많게 한다.
② 인장 측 철근 양을 2배 많게 한다.
③ 단면의 폭을 3배 증가시킨다.
④ 전단철근 양을 2배 많게 한다.
⑤ 단면의 깊이를 2배 높인다.

30. 다음 ㉠~㉣을 「주차장법 시행령」상 설치해야 하는 부설주차장의 최소 주차대수가 적은 것부터 차례대로 나열하면?

㉠ 시설면적 12,000m^2인 학생용 기숙사 ㉡ 시설면적 2,000m^2인 숙박시설 ㉢ 정원이 300명인 옥외 수영장 ㉣ 총 40타석의 골프연습장

① ㉡ − ㉠ − ㉣ − ㉢
② ㉡ − ㉢ − ㉠ − ㉣
③ ㉢ − ㉣ − ㉠ − ㉡
④ ㉣ − ㉠ − ㉢ − ㉡
⑤ ㉣ − ㉢ − ㉡ − ㉠

31. 다음 중 트랩에 대한 설명으로 옳지 않은 것은?

① 트랩은 역류방지를 위해 배수계통의 일부에 봉수가 고이게 하는 기구이다.
② 트랩은 일반적으로 트랩 중간에 가동부분을 두어 배수의 흐름을 더욱 원활하게 한다.
③ 사이펀작용을 이용하여 배수하는 사이펀식 트랩의 종류에는 S트랩, P트랩 등이 있으며, 주로 세면기, 소변기, 대변기 등에 적용되고 있다.
④ 트랩의 파괴 원인 중 모세관현상은 트랩 내에 실, 머리카락, 천 조각 등이 걸려 아래로 늘어져 있어 모세관현상에 의해 봉수가 파괴되는 현상이다.
⑤ 저집기형 트랩은 배수 중에 혼입된 여러 유해물질이나 기타 불순물 등을 분리·수집함과 동시에 트랩의 기능을 발휘하는 기구를 말한다.

32. 다음 그림과 같은 급수방식에 대한 설명으로 옳은 것은?

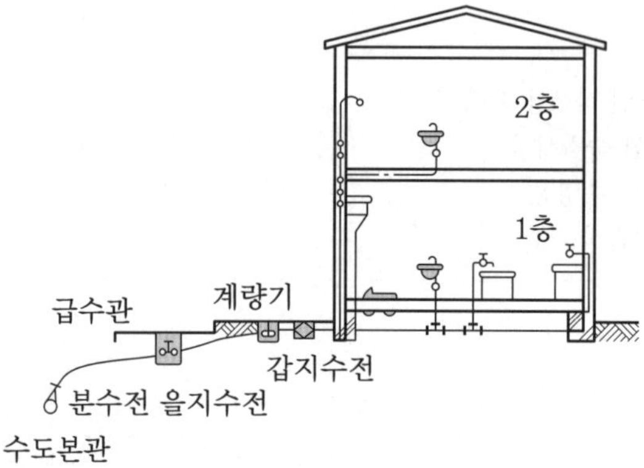

① 정전 시 급수가 가능하나, 단수 시 급수가 전혀 불가능하다.

② 항상 일정한 수압으로 급수가 가능하다.

③ 수질오염의 가능성이 높다.

④ 고압이 요구되는 특정 위치가 있을 경우 유용하다.

⑤ 제어방식에는 정속방식과 변속방식이 있다.

33. 다음 설명에 해당하는 오수정화조 관련 용어는?

물의 탁도 정도를 나타내는 용어로, 입경 2[*mm*] 이하 불용성의 부유물질을 ppm으로 표시한 것을 말한다.

① BOD(Biochemical Oxygen Demand)

② COD(Chemical Oxygen Demand)

③ DO(Dissolved Oxygen)

④ SS(Suspended Solids)

⑤ 스컴(Scum)

34. 다음 중 음압격리병실의 환기방식 및 인접실과 대비한 실내압 조건이 올바르게 연결된 것은?

① 2종 환기, 1.5[*Pa*] 정압　② 2종 환기, 2.0[*Pa*] 정압　③ 3종 환기, 1.5[*Pa*] 부압

④ 3종 환기, 2.0[*Pa*] 부압　⑤ 3종 환기, 2.5[*Pa*] 부압

35. 다음은 냉방부하의 종류 중 실내부하를 정리한 자료이다. ㉠~㉤ 중 현열과 잠열을 모두 포함하는 부하의 종류로 옳은 것을 모두 고르면?

구분	세부사항
외피부하	㉠ 전열부하(온도 차에 의하여 외벽, 천장, 유리, 바닥 등을 통한 관류열량) ㉡ 일사에 의한 부하 ㉢ 틈새바람에 의한 부하
내부부하	㉣ 조명기구 발생열 ㉤ 인체 발생열

① ㉠, ㉡　② ㉡, ㉢　③ ㉡, ㉣　④ ㉢, ㉣　⑤ ㉢, ㉤

36. 다음 중 「건축물의 피난·방화구조 등의 기준에 관한 규칙」상 건축물 내부에 설치하는 피난계단의 구조로 옳지 않은 것은?

① 계단실의 실내에 접하는 부분의 마감은 불연재료로 한다.

② 계단실의 바깥쪽과 접하는 망입유리 창을 제외한 창문 등은 당해 건축물의 다른 부분에 설치하는 창문 등으로부터 1.5m의 거리를 두고 설치한다.

③ 계단은 내화구조로 하고 피난층 또는 지상까지 직접 연결되도록 한다.

④ 계단실은 창문·출입구 기타 개구부를 제외한 당해 건축물의 다른 부분과 내화구조의 벽으로 구획한다.

⑤ 건축물의 내부에서 계단실로 통하는 출입구의 유효너비는 0.9m 이상으로 한다.

37. 다음 설명에 해당하는 공조방식의 특징으로 옳지 않은 것은?

- 물만을 열매로 해서 실내 유닛으로 공기를 냉각·가열하는 방식이다.
- 냉온수 코일 및 필터가 구비된 소형 유닛을 각 실에 설치하고 중앙 기계실에서 냉수 또는 온수를 공급받아 공기 조화를 하는 방식이다.

① 각 유닛마다의 조절, 운전이 가능하고, 개별 제어를 할 수 있다.

② 덕트 면적이 필요하지 않다.

③ 열운반동력이 적게 든다.

④ 나중에 부하가 증가해도 유닛을 증설하여 대처할 수 있다.

⑤ 실내 공기의 오염을 최소화할 수 있다.

38. 다음은 급탕배관의 신축이음(Expansion joint) 설치간격에 대한 재질별, 설치위치별 설치간격을 나타낸 표이다. ㉠, ㉡에 들어갈 수치가 올바르게 연결된 것은?

구분	동관[m]	강관[m]
수직	10	(㉠)
수평	20	(㉡)

	㉠	㉡
①	10	20
②	10	10
③	20	30
④	20	10
⑤	30	20

39. 다음 설명에 해당하는 배선공사 방식으로 적절한 것은?

- 옥내의 건조한 콘크리트 바닥면에 매입되는 방식이다.
- 커튼월을 설치할 때나 선풍기, 전화기 등의 이용에 편리하다.
- 강·약전을 동시에 배선할 수 있는 2로, 3로 방식도 가능하다.
- 면적이 넓은 사무용 건물에 사용된다.

① 금속관 공사 ② 합성수지관 공사 ③ 플로어덕트 공사
④ 버스덕트 공사 ⑤ 금속몰드 공사

40. 「건축법 시행령」상 정의를 따른다고 할 때, 다음 ㉠, ㉡, ㉢에 들어갈 값이 올바르게 연결된 것은?

제31조(건축선)
너비 8미터 미만인 도로의 모퉁이에 위치한 대지의 도로모퉁이 부분의 건축선은 그 대지에 접한 도로경계선의 교차점으로부터 도로경계선에 따라 다음의 표에 따른 거리를 각각 후퇴한 두 점을 연결한 선으로 한다.

(단위: 미터)

도로의 교차각	해당 도로의 너비		교차되는 도로의 너비
	6 이상 8 미만	4 이상 6 미만	
90° 미만	㉠	3	6 이상 8 미만
	3	㉡	4 이상 6 미만
90° 이상 120° 미만	㉢	2	6 이상 8 미만
	2	2	4 이상 6 미만

	㉠	㉡	㉢
①	4	2	3
②	4	2	2
③	3	3	3
④	3	3	2
⑤	3	2	2

41. 내화도장공사 관련 사항에 따른다고 할 때, 다음 ㉠, ㉡에 들어갈 말이 올바르게 연결된 것은?

- 시공 시 온도는 5℃~40℃에서 시공해야 하며, 도료가 칠해지는 표면은 이슬점보다 3℃ 이상 높아야 한다.
- 강우, 강설을 피해야 하며, 특히 중도시공 시 충분히 건조되기 전에는 수분이나 습기와의 접촉을 피하도록 해야 한다.
- 시공 장소의 습도는 (㉠) 이하, 풍속은 (㉡) 이하에서 시공해야 한다.

	㉠	㉡
①	90%	10*m*/*sec*
②	90%	5*m*/*sec*
③	85%	10*m*/*sec*
④	85%	7*m*/*sec*
⑤	85%	5*m*/*sec*

42. **다음 중 「건축법 시행령」상 대수선의 범위로 옳지 않은 것은?**

① 내력벽을 증설 또는 해체하거나 그 벽면적을 30[m^2] 이상 수선 또는 변경하는 것
② 기둥을 증설 또는 해체하거나 세 개 이상 수선 또는 변경하는 것
③ 방화벽 또는 방화구획을 위한 바닥 또는 벽을 증설 또는 해체하거나 수선 또는 변경하는 것
④ 다가구주택의 가구 간 경계벽 또는 다세대주택의 세대 간 경계벽을 증설 또는 해체하거나 수선 또는 변경하는 것
⑤ 건축물 내벽에 사용하는 마감재료를 증설 또는 해체하거나 벽면적 30[m^2] 이상 수선 또는 변경하는 것

43. **다음 중 「건축물의 에너지절약설계기준」상 용어의 정의로 옳지 않은 것은?**

① "완화기준"이라 함은 「건축법」, 「국토의 계획 및 이용에 관한 법률」 및 「지방자치단체 조례」 등에서 정하는 건축물의 건폐율, 용적률 및 높이제한 기준을 적용함에 있어 완화 적용할 수 있는 비율을 정한 기준을 말한다.
② "거실의 외벽"이라 함은 거실의 벽 중 외기에 직접 또는 간접 면하는 부위를 말한다. 다만, 복합용도의 건축물인 경우에는 해당 용도로 사용하는 공간이 다른 용도로 사용하는 공간과 접하는 부위를 외벽으로 볼 수 있다.
③ "투광부"라 함은 창, 문면적의 50[%] 이상이 투과체로 구성된 문, 유리블럭, 플라스틱패널 등과 같이 투과재료로 구성되며, 외기에 접하여 채광이 가능한 부위를 말한다.
④ "태양열취득률(SHGC)"이라 함은 입사된 태양열에 대하여 실내로 유입된 태양열 취득의 비율을 말한다.
⑤ "일사조절장치"라 함은 태양열의 실내 유입을 조절하기 위한 목적으로 설치하는 장치를 말한다.

44. **「주택법」 제28조 간선시설의 설치 및 비용의 상환에 따르면 일정 세대 수 이상의 주택건설사업 혹은 일정 면적 이상의 대지조성사업을 시행할 경우 간선시설을 설치해야 할 때, 다음 ㉠~㉢에 들어갈 숫자가 올바르게 연결된 것은?** (단, 예외조항은 고려하지 않는다.)

> • 일정 세대 수 이상의 주택건설사업
>   1) 단독주택의 경우: (㉠)호
>   2) 공동주택인 경우: (㉡)세대(리모델링의 경우에는 늘어나는 세대 수를 기준으로 한다)
> • 일정 면적 이상의 대지조성사업: (㉢)[m^2] 이상

	㉠	㉡	㉢
①	100	100	12,500
②	100	100	16,500
③	100	50	20,000
④	30	50	12,500
⑤	30	100	16,500

45. **다음 중「건축법 시행령」상 다중이용건축물로 옳지 않은 것은?**

① 종교시설로서 층수가 12층이고, 바닥면적의 합계가 5,000m^2인 건축물

② 판매시설로서 층수가 12층이고, 바닥면적의 합계가 5,000m^2인 건축물

③ 교육시설로서 층수가 12층이고, 바닥면적의 합계가 5,000m^2인 건축물

④ 업무시설로서 층수가 16층이고, 바닥면적의 합계가 3,000m^2인 건축물

⑤ 동물원 및 식물원을 제외한 문화 및 집회시설로서 층수가 16층이고, 바닥면적의 합계가 5,000m^2인 건축물

46. **「주택건설기준 등에 관한 규칙」에 따라 1,000세대 이상의 공동주택을 건설할 경우에는 장수명 주택 인증을 신청해야 한다. 다음 중 장수명 주택 인증기준을 충족하기 위한 3가지 평가 성능 척도는?**

① 내진성, 내구성, 마감 용이성

② 내구성, 가변성, 수리 용이성

③ 내진성, 가변성, 마감 용이성

④ 내구성, 마감용이성, 수리 용이성

⑤ 내진성, 마감용이성, 수리 용이성

47. **다음 중「건강친화형 주택건설 기준」상 플러시 아웃(Flush-out) 및 베이크 아웃(Bake-out)의 시행기준으로 옳지 않은 것은?**

① 시공자는 모든 실내 내장재 및 붙박이 가구류를 설치한 후부터 사용검사 신청 전까지의 기간에 플러시 아웃 또는 베이크 아웃을 실시하여 시공 과정 중에 발생한 오염물질이 충분히 배출되도록 하거나, 습식공법에 따른 잔여습기를 제거해야 한다.

② 플러시 아웃은 환기 등을 이용하여 신선한 외기를 실내에 충분히 도입함으로써 실내 오염원을 실외로 방출하는 것을 말한다.

③ 베이크 아웃은 실내 공기온도를 높여 건축자재나 마감재료에서 나오는 유해물질의 배출을 일시적으로 증가시킨 후 환기시켜 유해물질을 제거하는 것을 말한다.

④ 플러시 아웃을 시행할 경우 주방 레인지후드 및 화장실 배기팬을 이용하여 시행이 가능하다.

⑤ 플러시 아웃을 시행할 경우 세대별로 실내 면적 1[m^2]에 300[m^3] 이상의 신선한 외기 공기를 지속적으로 공급해야 한다.

48. **다음 중 「건축법 시행규칙」상 공사감리자가 수행해야 하는 업무로 옳지 않은 것은?** (단, 기타 공사감리계약으로 정하는 사항은 제외한다.)

① 시공계획 및 공사관리의 적정 여부의 확인

② 공사현장에서의 안전관리의 지도

③ 설계변경의 적정 여부 및 시험성과의 검토·확인

④ 실행예산의 작성 및 집행

⑤ 구조물의 위치와 규격의 적정 여부의 검토·확인

49. **다음 중 「국토의 계획 및 이용에 관한 법률」상 용도지역별 건폐율 상한 기준이 옳지 않은 것은?**

① 주거지역: 70% 이하

② 상업지역: 90% 이하

③ 농림지역: 20% 이하

④ 녹지지역: 20% 이하

⑤ 공업지역: 80% 이하

50. **다음 중 「장애인·노인·임산부 등의 편의증진 보장에 관한 법률 시행규칙」상 장애인전용주차구역에 대한 설명으로 옳지 않은 것은?**

① 장애인전용주차구역에서 건축물의 출입구 또는 장애인용 승강설비에 이르는 통로는 장애인이 통행할 수 있도록 높이 차이를 없애고, 유효폭은 1.2[m] 이상으로 하여 자동차가 다니는 길과 분리해야 한다.

② 장애인전용주차구역의 크기는 평행주차 이외의 경우 주차대수 1대에 대하여 폭 3.3[m] 이상, 길이 5[m] 이상이어야 한다.

③ 주차공간의 바닥면은 장애인 등의 승하차에 지장을 주는 높이 차이가 없어야 하며, 기울기는 1/50 이하로 할 수 있다.

④ 장애인전용주차구역 안내표지의 규격은 가로 0.7[m], 세로 0.6[m]이고, 지면에서 표지판까지의 높이는 1.5[m]이다.

⑤ 통로와 자동차가 다니는 길이 교차하는 부분의 색상과 질감은 바닥재와 동일해야 한다.

51. **주택에서 요구되는 조건이 다음과 같을 때, 주택 침실의 최소 바닥면적[m^2]은?**

- 성인 2인용 침실
- 침실의 천장 높이: 3.2[m]
- 실내 자연환기 횟수: 2[회/h]
- 성인 1인당 필요로 하는 신선한 공기 요구량: 50[m^3/h]

( )

52. **PERT(Programing Evaluation & Review Technique) 기법과 같이 기술적으로 전혀 경험이 없는 공사에서 작업 소요시간을 구하고자 할 경우 낙관·정상·비관의 3개의 추정치를 취하고, 이들에 대한 확률계산을 통해 공기를 산출하는 3점 시간 추정(Three time estimates) 방법을 활용한다. 다음 ㉠~㉢의 조건을 참고할 때, 3점 시간 추정에 따른 예상시간(기대시간 t_e: Expected time)[시간]은?**

㉠ 낙관적 시간(t_o, Optimistic time): 3시간
㉡ 정상적 시간(t_m, Most likely time): 5시간
㉢ 비관적 시간(t_p, Pessimistic time): 10시간

( )

53. **추락 위험이 있는 장소에 설치해야 하는 안전시설의 높이 기준이 다음과 같을 때, 빈칸에 공통으로 들어갈 숫자는?**

- 추락할 위험이 있는 높이 ( )[m] 이상의 장소에서 근로자에게 안전대를 착용시킨 경우 안전대를 안전하게 걸어 사용할 수 있는 설비 등을 설치하여야 한다.
- 높이 또는 깊이가 ( )[m]를 초과하는 장소에서 작업하는 경우 해당 작업에 종사하는 근로자가 안전하게 승강하기 위한 설비를 설치하여야 한다.
- 근로자가 높이 ( )[m] 이상에서 작업하는 경우 그 작업을 안전하게 하는 데에 필요한 조명을 유지하여야 한다.

( )

54. **모살치수 10[mm], 용접길이 300[mm]인 양면 모살용접의 유효단면적[mm^2]은?**

( )

55. **다음 그림과 같이 길이가 1.0[m]인 탄성 재질의 강봉을 50[kN]의 힘으로 당겼을 때 강봉의 변형률이 2.0×10^{-4} 이었다면, 강봉의 단면적[mm^2]은?** (단, 강봉의 탄성계수 $E = 2.0 \times 10^5$[MPa]이다.)

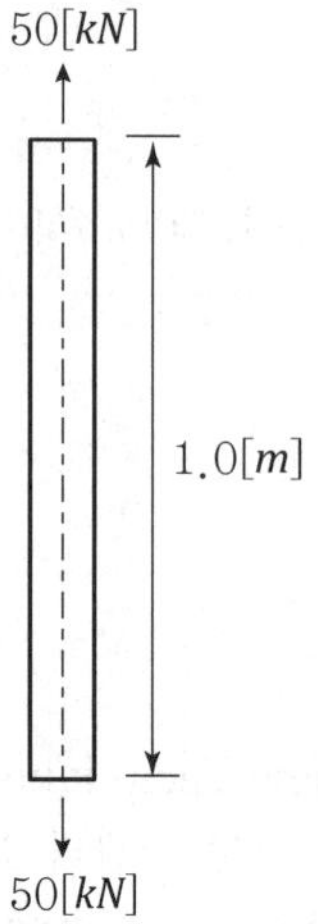

( )

56. **다음 조건과 같은 1방향 슬래브의 처짐을 계산하지 않을 때, 1방향 슬래브의 최소 두께[mm]는?**

- 리브 유무: 없음
- 지지조건: 캔틸레버
- 슬래브의 경간 길이(l): 2,100[mm]
- 단위 콘크리트 질량(m_c): 2,300[kg/m^3]
- 철근의 설계기준 항복강도(f_y): 420[MPa]

( )

57. **세장비는 기둥이 가늘고 긴 정도의 비를 나타내며, 기둥의 좌굴을 검토할 때 필수적으로 확인되어야 한다. 다음 조건을 참고하여 산출한다고 할 때, 강구조 기둥(압축재)의 세장비(λ)는?**

- 고정 방식: 양단 고정
- 횡좌굴 비지지 길이(L): 3.3[m]
- 단면 2차 반경(r): 30[mm]

( )

58. 배합강도(f_{cr})의 산정방식과 배합강도(f_{cr}) 산정을 위한 조건이 다음과 같을 때, 산정방식과 조건에 따른 배합강도(f_{cr})[MPa]는 약 얼마인가? (단, 소수점 첫째 자리에서 반올림하여 계산한다.)

1. 배합강도 산정방식

1) 시험 횟수가 30회 이상이고, 기록이 있는 경우 다음 두 식 중 큰 값으로 정한다.

$f_{ck} \le 35[MPa]$인 경우	$f_{ck} > 35[MPa]$인 경우
$f_{cr} = f_{ck} + 1.34s[MPa]$	$f_{cr} = f_{ck} + 1.34s[MPa]$
$f_{cr} = (f_{ck} - 3.5) + 2.33s[MPa]$	$f_{cr} = 0.9f_{ck} + 2.33s[MPa]$

여기서, s: 30회 이상 시험한 압축강도의 계산된 표준편차

2) 시험 횟수가 15회 이상 29회 이하이고, 기록이 있는 경우의 표준편차에 대한 보정은 보정된 표준편차(s_1)를 위의 1)번 식에 대입하여 배합강도를 산정한다.

가. 보정된 표준편차(s_1) = 표준편차(s) × 보정계수

나. 보정계수

시험 횟수	15회	20회	25회	30회 이상
보정계수	1.16	1.08	1.03	1.00

3) 압축강도의 시험 횟수가 14회 이하인 경우, 또는 현장강도 기록 자료가 없을 경우

설계기준압축강도(f_{ck})	20 이하	20 초과 35 이하	35 초과
배합강도(f_{cr})	$f_{ck} + 7.0$	$f_{ck} + 8.5$	$1.1f_{ck} + 5.5$

2. 배합강도 산정조건

1) 설계기준압축강도(f_{ck}): 30[MPa]

2) 표준편차(s): 1.0

3) 시험 횟수가 20회이며, 기록이 있는 경우임

(　　　　　　　　　　)

59. 「주차장법 시행규칙」상 장애인 전용주차구획을 설치할 때, 주차대수 규모가 20대 이상 50대 미만일 경우 설치해야 하는 장애인 전용주차구획의 최소 면 수는?

(　　　　　　　　　　)

60. 급수의 동시사용량[*L/min*]과 허용마찰손실 *R*[*kPa/m*]을 이용하여 마찰저항선도에서 관경을 구하고자 한다. 다음 조건과 마찰저항선도에 따라 산출한 관경[*A*]은?

- 동시사용량: 200[*L/min*]
- 허용마찰손실: 10[*kPa/m*]
- 유속: 0.8[*m/s*] 이하

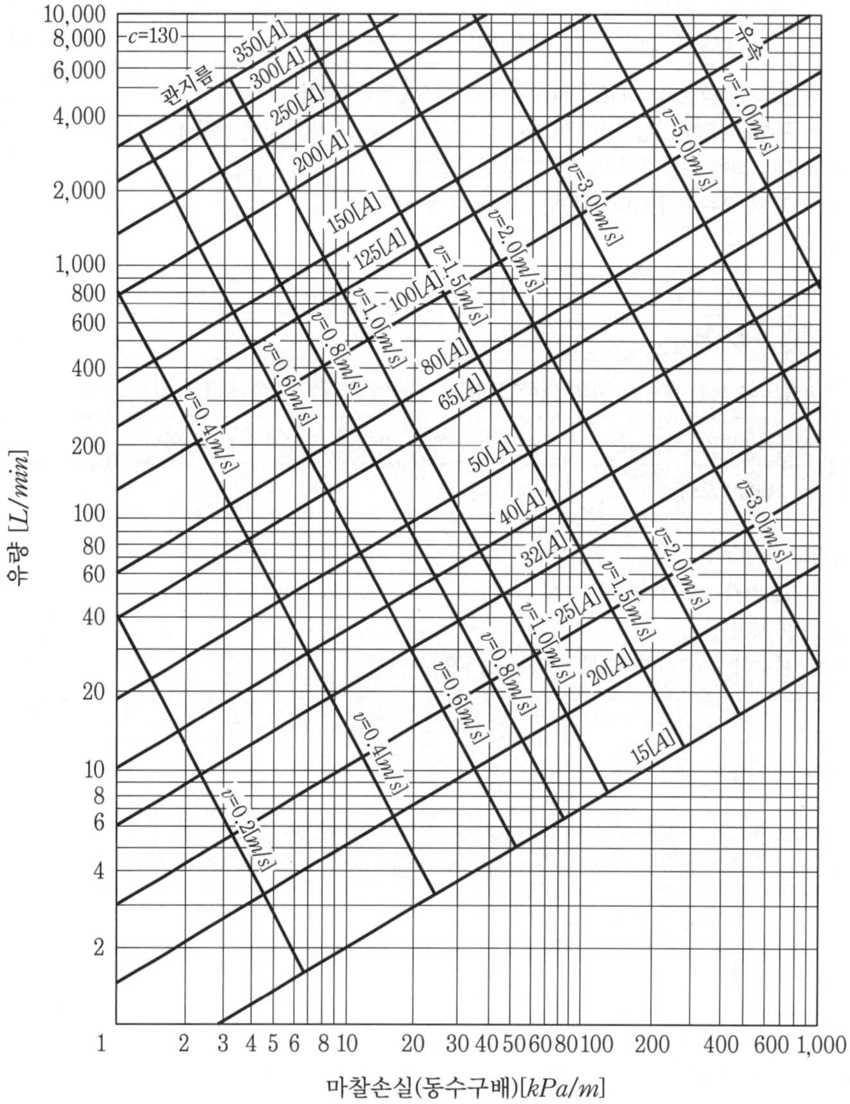

( )

정답·해설

01	02	03	04	05	06	07	08	09	10
④	②	⑤	①	②	②	①	②	④	④
11	12	13	14	15	16	17	18	19	20
⑤	①	③	④	③	⑤	②	③	②	①
21	22	23	24	25	26	27	28	29	30
③	④	⑤	④	③	②	①	①	⑤	②
31	32	33	34	35	36	37	38	39	40
②	①	④	⑤	⑤	②	⑤	③	③	①
41	42	43	44	45	46	47	48	49	50
⑤	⑤	①	②	③	②	⑤	④	⑤	⑤
51	52	53	54	55	56	57	58	59	60
15.625	5.5	2	3,920	1,250	216.3	55	31	1	80

01 정답 ④

주택의 유형, 밀도의 혼합 배치를 통해 다양한 주거형태가 대중교통을 중심으로 배치되는 것을 원칙으로 하므로 옳지 않은 내용이다.

더 알아보기

피터 캘도프(Peter Calthorpe)의 대중교통중심개발(Transit-Oriented Development)을 위한 7가지 원칙

- 대중교통서비스를 유지할 수 있는 수준의 고밀도 유지
- 역으로부터 보행거리 내에 주거, 상업, 직장, 공원, 공공시설 배치
- 지구 내에는 걸어서 목적지까지 갈 수 있는 보행친화적인 가로망 구성
- 주택의 유형, 밀도의 혼합 배치
- 양질의 자연환경과 공지 보전
- 공공 공간을 근린생활의 중심지로 조성
- 기존 근린지구 내에 대중교통 노선을 따라 재개발 촉진

02 정답 ②

제시된 내용은 플래툰형(P형)에 대한 설명이다.

오답 체크

① 달톤형(D형): 학년과 학급을 없애, 학생들이 능력에 맞게 교과를 선택하고 교과가 끝나면 졸업하는 방식

③ 종합교실형(U형): 교실 수는 학급 수와 일치하며, 각 학급이 자기 교실에서 모든 교과 수업을 시행하는 방식

④ 교과교실형(V형): 일반교실은 없고, 모든 교실이 특정 교과 수업을 위해 만들어진 방식

⑤ 일반교실 및 특별교실형(UV형): 각 학급이 하나의 일반교실을 가지며, 그 외에 특별교실을 갖는 방식

03 정답 ⑤

층마다 복도와 엘리베이터 홀이 설치되어야 하는 것은 단층형(플랫형)이므로 옳지 않다.

오답 체크

② 메조넷형 아파트의 경우 주호 내에 계단이 필요하여 소규모 주택에는 비경제적이다.

③ 메조넷형 아파트에서 복도가 없는 층은 양면 개구가 가능하여 통풍 및 채광이 좋다.

04 정답 ①

이용률 $= \frac{\text{교실이 사용되는 시간}}{\text{1주간 평균 수업시간}} \times 100$, 순수율 $= \frac{\text{교과를 위해 사용되는 시간}}{\text{교실이 사용되는 시간}} \times 100$임을 적용하여 구한다.

1주간 평균 수업시간이 32시간, 음악 교실이 사용되는 시간이 16시간이고, 교과를 위해 사용되는 시간은 음악 교실이 사용되는 시간과 음악 교실에서 학급 회의를 위해 사용하는 시간의 차이므로 16 − 2 = 14시간이다.

이용률 $= \frac{\text{교실이 사용되는 시간}}{\text{1주간 평균 수업시간}} \times 100 = \frac{16}{32} \times 100 = 50[\%]$

순수율 $= \frac{\text{교과를 위해 사용되는 시간}}{\text{교실이 사용되는 시간}} \times 100 = \frac{16-2}{16} \times 100 = 87.5[\%]$

따라서 이용률은 50[%], 순수율은 87.5[%]이다.

05 정답 ②

공연장의 내부 형태를 부채꼴형으로 많이 하는 이유는 무대에서 객석 쪽으로 공간이 넓어지는 형태를 통해 음 전달의 효율성을 높이기 위함이며, 잔향시간은 공간의 형태와는 무관하므로 옳지 않다.

06 정답 ②

㉠은 플로어 트랩(Floor trap), ㉡은 플라이 갤러리(Fly gallery), ㉢은 그린 룸(Green room)에 대한 설명이다.

오답 체크

- 그리드 아이언(Grid iron): 배경이나 조명을 매달고자 무대 천장 밑에 철골로 촘촘히 까는 격자 형태의 철골 구조물
- 잔교(Light bridge): 조명을 비추거나 눈 또는 비가 내리는 장면을 연출할 때 활용할 수 있도록 프로시니엄 아치 뒤에 접하여 설치하는 발판
- 박스오피스(Box office): 매표 또는 간단한 음료를 판매하는 장소

07 정답 ①

내부결로를 예방하기 위해서는 단열재를 기준으로 고온 측인 실내측에 방습층을 설치해야 하므로 옳지 않다.

더 알아보기

발생 유형에 따른 결로 방지법

구분	방지법
표면결로	· 실내기온을 노점 온도 이상으로 올린다. · 단열을 강화하거나 환기를 통해 절대 습도를 낮춘다. · 가능한 한 실내에 저온인 부분을 만들지 않는다. · 오랜 시간 동안 낮은 온도로 난방한다.
내부결로	· 실내에 발생하는 수증기를 억제한다. · 단열재를 시공한 벽의 고온 측(실내 측)에 방습층을 설치한다. · 환기를 통해 절대 습도를 낮춘다.

08 정답 ②

'주택법 제2조'에 따르면 어린이놀이터는 부대시설이 아닌 복리시설에 해당한다.

더 알아보기

주택법 제2조(정의)

13. "부대시설"이란 주택에 딸린 다음 각 목의 시설 또는 설비를 말한다.
    가. 주차장, 관리사무소, 담장 및 주택단지 안의 도로
    나. 「건축법」 제2조 제1항 제4호에 따른 건축설비
    다. 가목 및 나목의 시설·설비에 준하는 것으로서 대통령령으로 정하는 시설 또는 설비
14. "복리시설"이란 주택단지의 입주자 등의 생활복리를 위한 다음 각 목의 공동시설을 말한다.
    가. 어린이놀이터, 근린생활시설, 유치원, 주민운동시설 및 경로당
    나. 그 밖에 입주자 등의 생활복리를 위하여 대통령령으로 정하는 공동시설

주택법 시행령 제6조(부대시설의 범위)

법 제2조 제13호 다목에서 "대통령령으로 정하는 시설 또는 설비"란 다음 각 호의 시설 또는 설비를 말한다.

1. 보안등, 대문, 경비실 및 자전거보관소
2. 조경시설, 옹벽 및 축대
3. 안내표지판 및 공중화장실
4. 저수시설, 지하양수시설 및 대피시설
5. 쓰레기 수거 및 처리시설, 오수처리시설, 정화조
6. 소방시설, 냉난방공급시설(지역난방공급시설은 제외한다) 및 방범설비
7. 「환경친화적 자동차의 개발 및 보급 촉진에 관한 법률」 제2조 제3호에 따른 전기자동차에 전기를 충전하여 공급하는 시설
8. 「전기통신사업법」 등 다른 법령에 따라 거주자의 편익을 위해 주택단지에 의무적으로 설치해야 하는 시설로서 사업주체 또는 입주자의 설치 및 관리 의무가 없는 시설
9. 그 밖에 제1호부터 제8호까지의 시설 또는 설비와 비슷한 것으로서 사업계획승인권자가 주택의 사용 및 관리를 위해 필요하다고 인정하는 시설 또는 설비

09 정답 ④

사무소 건축의 코어(Core) 형태에 대한 설명으로 옳은 것은 ㉠, ㉢, ㉣이다.

오답 체크

㉡ 편심코어형은 코어가 기준층 평면의 한쪽에 치우친 형태로, 바닥면적이 커지면 피난상 불리하기 때문에 소규모 사무소 건축에 적합하므로 옳지 않다.

10 정답 ④

현장사무소와 가설창고는 신설하는 구조물에서 10[m] 이상 떨어진 곳에 설치해야 하므로 옳지 않다.

11 정답 ⑤

콘크리트 관련 용어에 대한 설명이 옳은 것은 ㉠, ㉡, ㉢, ㉣이다.

12 정답 ①

㉠에는 1/100~1/50, ㉡에는 1/50~1/20이 들어간다.

13 정답 ③

단열재를 설치할 때 접착제는 제조업자의 지정 비율에 따라 완전 반죽 형태가 되도록 충분히 교반하며 교반 후 1시간 이내에 사용해야 하므로 옳지 않다.

14 정답 ④

고장력 볼트의 할증률은 3[%]이다.

15 정답 ③

㉠에는 0.5[m], ㉡에는 400[mm]가 들어간다.

16 정답 ⑤

고강도 콘크리트의 설계기준강도는 보통 콘크리트에서 40[MPa] 이상으로 하며, 경량 콘크리트는 27[MPa] 이상으로 한다.

17 정답 ②

보일러실의 윗부분에는 그 면적이 0.5m^2 이상인 환기창을 설치하고, 보일러실의 윗부분과 아랫부분에는 각각 지름 10cm 이상의 공기흡입구 및 배기구를 항상 열려있는 상태로 바깥공기에 접하도록 설치해야 하므로 옳지 않다.

더 알아보기

건축물의 설비기준 등에 관한 규칙 제13조(개별난방설비)

공동주택과 오피스텔의 난방설비를 개별난방방식으로 하는 경우에는 다음 각 호의 기준에 적합하여야 한다.

1. 보일러는 거실 외의 곳에 설치하되, 보일러를 설치하는 곳과 거실 사이의 경계벽은 출입구를 제외하고는 내화구조의 벽으로 구획할 것
2. 보일러실의 윗부분에는 그 면적이 0.5m^2 이상인 환기창을 설치하고, 보일러실의 윗부분과 아랫부분에는 각각 지름 10cm 이상의 공기흡입구 및 배기구를 항상 열려있는 상태로 바깥공기에 접하도록 설치할 것. 다만, 전기보일러의 경우에는 그러하지 아니하다.
3. 보일러실과 거실 사이의 출입구는 그 출입구가 닫힌 경우에는 보일러 가스가 거실에 들어갈 수 없는 구조로 할 것
4. 기름보일러를 설치하는 경우에는 기름저장소를 보일러실 외의 다른 곳에 설치할 것
5. 오피스텔의 경우에는 난방구획을 방화구획으로 구획할 것
6. 보일러의 연도는 내화구조로서 공동연도로 설치할 것

18 정답 ③

낙하물 방지망과 비계 또는 구조체와의 간격은 250[mm] 이하여야 하므로 옳지 않다.

19 정답 ②

㉠에는 실내 측, ㉡에는 150, ㉢에는 50이 들어간다.

20 정답 ①

토크관리법은 조임완료 후 각 볼트군의 10[%]의 볼트 개수를 표준으로 하고, 토크렌치에 의하여 조임 검사를 시행하므로 옳지 않다.

21 정답 ③

철근콘크리트 특수전단벽과 철근콘크리트 보통전단벽을 조합하여 같은 방향으로 작용하는 횡력에 저항하도록 사용한 경우 반응수정계수 R은 4를 적용해야 하므로 옳지 않다. (서로 다른 구조시스템을 조합하여 같은 방향으로 작용하는 횡력에 저항하도록 사용한 경우, 반응수정계수 값은 각 시스템의 최솟값을 사용하여야 한다.)

더 알아보기

지진력저항시스템(지진력에 저항하도록 구성된 구조시스템) 일반사항

- 서로 다른 구조시스템을 조합하여 같은 방향으로 작용하는 횡력에 저항하도록 사용한 경우, 반응수정계수 값은 각 시스템의 최솟값을 사용하여야 한다.
- 반응수정계수가 서로 다른 시스템에 의하여 공유되는 구조부재의 경우, 그중 큰 반응수정계수에 상응하는 상세를 갖도록 설계하여야 한다.
- 임의층에서 해석방향의 반응수정계수 R은 옥상층을 제외하고, 상부층들의 동일방향 지진력저항시스템에 대한 R값 중 최솟값을 사용해야 한다.
- 구조물의 직교하는 2축을 따라 서로 다른 지진력저항시스템을 사용할 경우, 반응수정계수는 각 시스템에 해당하는 값을 사용하여야 한다.

22 정답 ④

제시된 내용은 시험소 실물 모형 시험 중 풍압에 대한 저항성을 시험하는 구조시험에 대한 설명이다.

23 정답 ⑤

건축물 내부에 설치되는 높이 1.8[m] 이상의 각종 내벽은 벽면에 직각방향으로 작용하는 0.25[kN/m^2] 이상의 등분포하중에 대하여 안전하도록 설계해야 하므로 옳지 않다.

24 정답 ④

m은 부정정 차수, n은 지점 반력수, s는 부재수, r은 강절점수, k는 절점수일 때, $m=(n+s+r)-2k$임을 적용하여 구한다.
따라서 $m=(6+8+3)-2\times7=3$이므로 3차 부정정 구조물이다.

25 정답 ③

B 점에서의 반력을 R_B, B 점에서의 모멘트를 M_B라고 하면,

- B 점에서의 반력(R_B)

  $\Sigma M_A=0$

  $\Sigma M_A=(-R_B\times6)+(2\times6\times3)+(2\times3\times7.5)=0$

  $R_B=13.5[kN](\uparrow)$
- B 점에서의 모멘트(M_B)

  $\Sigma M_B=-(2\times3\times1.5)=-9[kN\cdot m]$

따라서 B 점에 작용하는 반력은 +13.5[kN], 모멘트는 -9[$kN\cdot m$]이다.

26 정답 ②

합성기둥의 강도를 계산하는 데 사용되는 구조용 강재 및 철근의 설계기준항복강도는 650MPa를 초과할 수 없으므로 옳지 않다.

27 정답 ①

콘크리트의 크리프 변형을 증가시키는 요인으로 옳은 것은 ㉠, ㉡, ㉢이다.

오답 체크

㉣, ㉤ 콘크리트의 크리프 변형을 감소시키는 요인에 해당한다.

더 알아보기

콘크리트 크리프 변형에 영향을 미치는 요인

증가 요인	감소 요인
· 응력 증가 시 · 습도가 낮을수록 · 하중 재하속도 증가 시 · W/B(물결합재비) 증가 시 · 단위 시멘트량 증가 시 · 온도가 높을수록 · 수화열이 낮을수록 · 하중 재하시간 증가 시	· 콘크리트 강도 및 재령이 클수록 · 철근비 증가 시 · 습도가 높을수록 · 체적이 클수록 · 고온 증기양생 시

28 정답 ①

제시된 내용은 허용응력설계법에 대한 설명이다.

더 알아보기

허용응력설계법

탄성이론에 의해 철근콘크리트구조가 탄성거동을 한다는 가정하에 사용 하중 작용 시 부재 내에 발생하는 응력을 계산하고, 이를 허용응력과 비교하여 구조물의 안전 여부를 판별하는 설계방법으로, 탄성이론에 의해 해석하므로 탄성설계법이라고도 한다.

29 정답 ⑤

단순등분포 하중(W)을 받는 철근콘크리트의 최대탄성처짐(δ_{max})은 $\frac{5Wl^4}{384EI}$이다.
이때, I는 단면 2차 모멘트, b는 단면의 폭, h는 단면의 깊이라고 하면, 직사각형 단면 2차 모멘트 값은 $\frac{bh^3}{12}$이다.
따라서 단면의 깊이를 2배 높일 경우 단면 2차 모멘트의 증가가 가장 커져 최대탄성처짐(δ_{max}) 값을 가장 효과적으로 감소시킨다.

30 정답 ②

'주차장법 시행령 별표 1'에 따르면 부설주차장 설치기준은 학생용 기숙사가 시설면적 400m^2당 1대, 숙박시설이 시설면적 200m^2당 1대, 옥외 수영장이 정원 15명당 1대, 골프연습장이 1타석당 1대이다.
따라서 ㉠은 12,000 / 400 = 30대, ㉡은 2,000 / 200 = 10대, ㉢은 300 / 15 = 20대, ㉣은 40 × 1 = 40대이므로 설치해야 하는 부설주차장의 최소 주차대수가 적은 것부터 차례대로 나열하면 ㉡ - ㉢ - ㉠ - ㉣이 된다.

31 정답 ②

트랩에 가동부분(열리고 닫히는 부분)을 둘 경우 원활한 배수흐름을 저해하고 트랩 내 저항이 커질 수 있어 가동부분은 트랩 내에 설치하지 않고 있으므로 옳지 않다.

32 정답 ①

제시된 그림은 수도직결방식에 의한 급수방식이다.

① 수도직결방식의 경우 상수도 본관의 압력으로 직접급수되므로 정전 시 급수가 가능하나, 상수도 단수 시에는 급수가 불가능하다는 특징을 갖고 있으므로 옳다.

오답 체크

② 항상 일정한 수압으로 물 공급이 가능한 급수방식은 고가수조(고가탱크)방식이므로 옳지 않다.

③ 수질오염의 가능성이 높은 급수방식은 고가수조(고가탱크)방식이므로 옳지 않다.

④ 고압이 요구되는 특정 위치가 있을 경우 유용한 급수방식은 압력탱크(가압탱크)방식이므로 옳지 않다.

⑤ 제어방식이 정속방식과 변속방식으로 분류되는 급수방식은 탱크리스 부스터(펌프직송)방식이므로 옳지 않다.

더 알아보기

수도직결 급수방식의 특징

- 상수도 본관에서 바로 급수하는 방식이다.
- 오염 가능성이 적어 가장 위생적인 방식이다.
- 3층 이상으로의 급수가 불가능하고 수압 변화가 심하다.
- 정전 시에는 급수가 가능하나, 단수 시에는 급수가 불가능하다.
- 2층 규모의 주택, 소규모 건물에 적합하다.

33 정답 ④

제시된 내용은 오수 중 부유물질에 의한 탁도의 정도를 나타내는 SS(Suspended Solids)에 대한 설명이다.

오답 체크

① BOD(Biochemical Oxygen Demand): 물의 오염 정도를 나타내는 것으로, 미생물에 의해 오수 중의 오염물질이 분해될 때 필요한 산소량을 ppm으로 나타낸 값

② COD(Chemical Oxygen Demand): 화학적으로 오수 중의 오염물질이 분해될 때 필요한 산소량을 ppm으로 나타낸 값

③ DO(Dissolved Oxygen): 오수 중의 산소량을 ppm으로 나타낸 값

⑤ 스컴(Scum): 정화조 내 오수 표면 위에 떠오르는 오물찌꺼기

더 알아보기

오수정화조 수질 관련 용어

구분	내용
생물화학적 산소요구량 (BOD)	· 미생물에 의해 오수 중의 오염물질이 분해될 때 필요한 산소량을 ppm으로 나타낸 값이다.
화학적 산소요구량 (COD)	· 화학적으로 오수 중의 오염물질이 분해될 때 필요한 산소량을 ppm으로 나타낸 값이다. · 일반적으로 공장폐수는 무기물을 함유하고 있어 BOD 측정이 불가능하므로 COD로 측정한다. · 값이 작을수록 수질이 좋다.
용존산소량 (DO)	· 오수 중의 산소량을 ppm으로 나타낸 값이다. · 값이 클수록 정화능력이 큰 수질이다. · 깨끗한 물은 7~14ppm의 산소가 용존되어 있다. · 오염도가 높은 물은 산소가 용존되어 있지 않다. · 정화조의 폭기조 내에는 2ppm의 용존산소가 필요하다.
부유물질량 (SS)	· 오수 중의 부유물질량을 ppm으로 나타낸 값이다. · 값이 클수록 오염도가 큰 수질이다.
수소이온농도 (pH)	· 물의 산성, 알칼리성, 중성의 정도를 나타내는 지표이다. · pH 7은 중성, 7 초과는 알칼리성, 7 미만은 산성이다.

34 정답 ⑤

음압격리병실은 병실 내의 감염균이 밖으로 빠져나가지 않게 하기 위해 부압 조건인 '3종 환기'를 하게 되며 이때 다른 실과는 '2.5[Pa]' 만큼의 부압 조건을 갖게 한다.

35 정답 ⑤

현열과 잠열을 모두 포함하는 부하의 종류로 옳은 것은 ⓒ, ⓜ이다.

오답 체크

ⓐ, ⓑ, ⓓ 현열 부하만을 발생시키는 부하에 해당한다.

36 정답 ②

계단실의 바깥쪽과 접하는 창문 등은 당해 건축물의 다른 부분에 설치하는 창문 등으로부터 2m 이상의 거리를 두고 설치해야 하므로 옳지 않다.

더 알아보기

건축물의 피난·방화구조 등의 기준에 관한 규칙 제9조(피난계단 및 특별피난계단의 구조)

① 피난안전구역은 해당 건축물의 1개 층을 대피공간으로 하며, 대피에 장애가 되지 않는 범위에서 기계실, 보일러실, 전기실 등 건축설비를 설치하기 위한 공간과 같은 층에 설치할 수 있다. 이 경우 피난안전구역은 건축설비가 설치되는 공간과 내화구조로 구획하여야 한다.

② 제1항에 따른 피난계단 및 특별피난계단의 구조는 다음 각 호의 기준에 적합해야 한다.

1. 건축물의 내부에 설치하는 피난계단의 구조
   가. 계단실은 창문·출입구 기타 개구부(창문 등)를 제외한 당해 건축물의 다른 부분과 내화구조의 벽으로 구획할 것
   나. 계단실의 실내에 접하는 부분의 마감은 불연재료로 할 것

다. 계단실에는 예비전원에 의한 조명설비를 할 것
라. 계단실의 바깥쪽과 접하는 창문 등(망이 들어 있는 유리의 붙박이창으로서 그 면적이 각각 1m^2 이하인 것을 제외한다)은 당해 건축물의 다른 부분에 설치하는 창문 등으로부터 2m 이상의 거리를 두고 설치할 것
마. 건축물의 내부와 접하는 계단실의 창문 등(출입구를 제외한다)은 망이 들어 있는 유리의 붙박이창으로서 그 면적을 각각 1m^2 이하로 할 것
바. 건축물의 내부에서 계단실로 통하는 출입구의 유효너비는 0.9m 이상으로 하고, 그 출입구에는 피난의 방향으로 열 수 있는 것으로서 언제나 닫힌 상태를 유지하거나 화재로 인한 연기 또는 불꽃을 감지하여 자동적으로 닫히는 구조로 된 갑종방화문을 설치할 것. 다만, 연기 또는 불꽃을 감지하여 자동적으로 닫히는 구조로 할 수 없는 경우에는 온도를 감지하여 자동적으로 닫히는 구조로 할 수 있다.
사. 계단은 내화구조로 하고 피난층 또는 지상까지 직접 연결되도록 할 것

37 정답 ⑤

제시된 내용은 공조방식 중 전수방식(All water system)에 대한 설명이다.

⑤ 전수방식의 경우 물을 열매로 사용하기 때문에 외기의 도입량이 적어 실내 공기가 오염되기 쉽다는 특징을 가지고 있으므로 옳지 않다.

38 정답 ③

㉠에는 20, ㉡에는 30이 들어간다.

39 정답 ③

제시된 내용은 모두 플로어덕트 공사에 대한 설명이다.

오답 체크

① 금속관 공사: 금속관 내부에 절연전선을 넣어 설치하는 공사로, 옥내의 은폐장소와 노출장소, 습기가 많은 장소에도 시공할 수 있음
② 합성수지관 공사: 경질비닐제 합성수지관과 절연전선을 사용하는 공사로, 시공이 간편하고 내식성이 좋으나 열에 약하고 기계적 충격을 받기 쉬운 곳에는 적용이 어려움
④ 버스덕트 공사: 절연성 지지물로 공정한 배선용 덕트를 사용하는 공사로, 공장이나 빌딩 등 대용량 배선에 사용됨
⑤ 금속몰드 공사: 금속제 몰드 내부에 절연전선을 넣어 설치하는 공사로, 주로 철근콘크리트 건물의 증설 배선할 때 사용됨

40 정답 ①

㉠에는 4, ㉡에는 2, ㉢에는 3이 들어간다.

41 정답 ⑤

㉠에는 85%, ㉡에는 5m/sec이 들어간다.

42 정답 ⑤

건축물 외벽에 사용하는 마감재료를 증설 또는 해체하거나 벽면적 30[m^2] 이상 수선 또는 변경할 경우 대수선의 범위에 해당하므로 옳지 않다.

43 정답 ①

건폐율은 「건축물의 에너지절약설계기준」에서 규정한 완화기준에 해당하지 않으므로 옳지 않다.

더 알아보기

「건축물의 에너지절약설계기준」 제5조 제1항 제7호(용어의 정의)
"완화기준"이라 함은 「건축법」, 「국토의 계획 및 이용에 관한 법률」 및 「지방자치단체 조례」 등에서 정하는 건축물의 용적률 및 높이제한 기준을 적용함에 있어 완화 적용할 수 있는 비율을 정한 기준을 말한다.

44 정답 ②

㉠에는 100, ㉡에는 100, ㉢에는 16,500이 들어간다.

45 정답 ③

교육시설의 경우 면적에 관계없이 16층 이상일 경우에만 다중이용 건축물에 해당하므로 옳지 않다.

더 알아보기

건축법 시행령 제2조(정의)
17. "다중이용건축물"이란 다음 각 목의 어느 하나에 해당하는 건축물을 말한다.
가. 다음의 어느 하나에 해당하는 용도로 쓰는 바닥면적의 합계가 5천m^2 이상인 건축물
1) 문화 및 집회시설(동물원 및 식물원은 제외한다)
2) 종교시설
3) 판매시설
4) 운수시설 중 여객용 시설
5) 의료시설 중 종합병원

6) 숙박시설 중 관광숙박시설
나. 16층 이상인 건축물

46

정답 ②

'주택건설기준 등에 관한 규칙 제18조 제1항'에 따르면 장수명 주택 인증은 '내구성', '가변성', '수리 용이성'의 성능을 평가한 종합점수를 기준으로 심사한다.

더 알아보기

주택건설기준 등에 관한 규칙 제18조(장수명 주택 인증기준)

① 장수명 주택 인증은 다음 각 호의 성능을 평가한 종합점수를 기준으로 심사하여야 한다.
1. 콘크리트 품질 및 철근의 피복두께 등 내구성
2. 벽체재료 및 배관·기둥의 배치 등 가변성
3. 개수·보수 및 점검의 용이성 등 수리 용이성

47

정답 ⑤

플러시 아웃을 시행할 경우 세대별로 실내 면적 $1[m^2]$에 $400[m^3]$ 이상의 신선한 외기 공기를 지속적으로 공급해야 하므로 옳지 않다.

48

정답 ④

실행예산은 공사를 진행하기 위해 공사시공회사가 작성하고 집행하는 사항이므로 공사감리자가 수행하는 업무로 옳지 않다.

49

정답 ⑤

'국토의 계획 및 이용에 관한 법률 제77조 제1항'에 따르면 공업지역의 건폐율 상한 기준은 70% 이하이므로 옳지 않다.

더 알아보기

국토의 계획 및 이용에 관한 법률 제77조(용도지역의 건폐율)

① 제36조에 따라 지정된 용도지역에서 건폐율의 최대한도는 관할 구역의 면적과 인구 규모, 용도지역의 특성 등을 고려하여 다음 각 호의 범위에서 대통령령으로 정하는 기준에 따라 특별시·광역시·특별자치시·특별자치도·시 또는 군의 조례로 정한다.
1. 도시지역
   가. 주거지역: 70% 이하
   나. 상업지역: 90% 이하
   다. 공업지역: 70% 이하
   라. 녹지지역: 20% 이하
2. 관리지역
   가. 보전관리지역: 20% 이하
   나. 생산관리지역: 20% 이하
   다. 계획관리지역: 40% 이하
3. 농림지역: 20% 이하
4. 자연환경보전지역: 20% 이하

50

정답 ⑤

'장애인·노인·임산부 등의 편의증진 보장에 관한 법률 시행규칙 별표 1'에 따르면 장애인전용주차구역에서 통로와 자동차가 다니는 길이 교차하는 부분의 색상과 질감은 바닥재와 다르게 하여 장애인이 통로와 차도의 차이를 인식할 수 있게 해야 하므로 옳지 않다.

51

정답 15.625

$\text{실체적} = \frac{\text{소요 환기량}}{\text{환기 횟수}}$, 주택 침실의 최소 바닥면적 $= \frac{\text{실체적}}{\text{천장 높이}}$임을 적용하여 구한다.

실내 자연환기 횟수는 $2[\text{회}/h]$이고, 성인 1인당 필요로 하는 신선한 공기 요구량: $50[m^3/h]$일 때, 성인 2인용 침실의 소요 환기량은 $50 \times 2 = 100[m^3/h]$이므로

$\text{실체적} = \frac{\text{소요 환기량}}{\text{환기 횟수}} = \frac{100}{2} = 50[m^3]$

$\text{최소 바닥면적} = \frac{\text{실체적}}{\text{천장 높이}} = \frac{50}{3.2} = 15.625[m^2]$

따라서 주택 침실의 최소 바닥면적은 $15.625[m^2]$이다.

52

정답 5.5

제시된 조건을 토대로 3점 시간 추정에 따른 예상시간을 구하면 $t_e = \frac{t_o + 4t_m + t_p}{6} = \frac{3 + 4 \times 5 + 10}{6} = 5.5[\text{시간}]$이다.

53

정답 2

추락할 위험이 있는 높이 $2[m]$ 이상의 장소에서 근로자에게 안전대를 착용시킨 경우 안전대를 안전하게 걸어 사용할 수 있는 설비 등을 설치해야 하며, 높이 또는 깊이가 $2[m]$를 초과하는 장소에서 작업하는 경우 해당 작업에 종사하는 근로자가 안전하게 승강하기 위한 설비를 설치해야 하고, 근로자가 높이 $2[m]$ 이상에서 작업하는 경우 그 작업을 안전하게 하는 데에 필요한 조명을 유지해야 하므로 빈칸에 공통으로 들어갈 숫자는 2이다.

54

정답 3,920

A_e는 유효단면적, a는 유효목두께, l_e는 유효길이일 때, $A_e = a \times l_e$임을 적용하여 구한다.

a는 $0.7 \times$ 용접치수(S)이므로 $0.7 \times 10 = 7[mm]$이고, l_e는 용접길이$(l) - 2S$이므로 $300 - (2 \times 10) = 280[mm]$이다.
따라서 유효단면적 A_e는 $7 \times 280 = 1,960[mm^2]$, 이때 양면 모살용접이므로 $1,960 \times 2 = 3,920[mm^2]$이다.

55 정답 1,250

단면적(A) $= \dfrac{\text{P(작용하중)}}{\epsilon(\text{변형률}) \times E(\text{탄성계수})}$임을 적용하여 구한다.
길이가 $1.0[m]$인 탄성 재질의 강봉을 $50[kN]$의 힘으로 당겼을 때 강봉의 변형률이 2.0×10^{-4}, 강봉의 탄성계수는 $2.0 \times 10^5[MPa]$이므로 단면적 $= \dfrac{50 \times 10^3}{2.0 \times 10^{-4} \times 2.0 \times 10^5} = 1,250[mm^2]$가 된다.

56 정답 216.3

400$[MPa]$ 이외의 1방향 슬래브의 최소 두께는 $h \times \left(0.43 + \dfrac{f_y}{700}\right)$임을 적용하여 구한다.
h는 캔틸레버이면서 리브를 가지지 않은 1방향 슬래브의 경우이므로 $\dfrac{l}{10} = \dfrac{2,100}{10}$이고, 철근의 설계기준 항복강도$(f_y) = 420[MPa]$이므로 1방향 슬래브의 최소 두께 $= h \times \left(0.43 + \dfrac{f_y}{700}\right) = \dfrac{2,100}{10} \times \left(0.43 + \dfrac{420}{700}\right) = 216.3[mm]$
따라서 1방향 슬래브의 최소 두께는 $216.3[mm]$이다.

57 정답 55

세장비$(\lambda) = \dfrac{KL}{r}$임을 적용하여 구한다.
KL은 기둥의 좌굴유효길이, L은 기둥의 비지지 길이, K는 좌굴유효길이 계수, r은 단면 2차 반경이고, 고정 방식이 양단 고정일 경우 좌굴유효길이 계수는 0.5이며, K는 $3.3[m] = 3,300[mm]$이다.
따라서 세장비(λ)는 $\dfrac{0.5 \times 3,300}{30} = 55$이다.

더 알아보기

고정 방식별 좌굴유효길이 계수(K)

구분	좌굴유효길이 계수(K)
1단 자유 타단 고정	2.0
양단 힌지	1.0
1단 힌지 타단 고정	0.7
양단 고정	0.5

58 정답 31

배합강도는 $f_{ck} \leq 35[MPa]$인 경우 $f_{cr} = f_{ck} + 1.34s[MPa]$와 $f_{cr} = (f_{ck} - 3.5) + 2.33s[MPa]$ 중 큰 값,
$f_{ck} > 35[MPa]$인 경우 $f_{cr} = f_{ck} + 1.34s[MPa]$와 $f_{cr} = 0.9f_{ck} + 2.33s[MPa]$ 중 큰 값을 적용하여 구한다.
먼저 시험 횟수가 20회이며 기록이 있는 경우여야 하므로, 표준편차에 보정계수를 곱하여 보정된 표준편차(s_1)를 구하면 $1.0 \times 1.08 = 1.08$이고 설계기준압축강도가 $30[MPa]$이므로 배합강도 산정식 중 $f_{ck} \leq 35[MPa]$인 경우의 식을 활용하면
$f_{cr} = f_{ck} + 1.34s_1[MPa] = 30 + 1.34 \times 1.08 \fallingdotseq 31[MPa]$
$f_{cr} = (f_{ck} - 3.5) + 2.33s_1[MPa] = (30 - 3.5) + 2.33 \times 1.08 \fallingdotseq 29[MPa]$
따라서 두 식에서 산출된 값 중 큰 값을 배합강도로 정하므로 배합강도는 약 $31[MPa]$이다.

59 정답 1

'주차장법 시행규칙 제4조 제1항 제8호'에 따르면 노상주차장의 주차대수 규모가 20대 이상 50대 미만인 경우에는 장애인 전용주차구획을 1면 이상 설치해야 한다.

더 알아보기

주차장법 시행규칙 제4조(노상주차장의 구조·설비기준)

8. 노상주차장에는 다음 각 목의 구분에 따라 장애인 전용주차구획을 설치하여야 한다.
   가. 주차대수 규모가 20대 이상 50대 미만인 경우: 한 면 이상
   나. 주차대수 규모가 50대 이상인 경우: 주차대수의 2퍼센트부터 4퍼센트까지의 범위에서 장애인의 주차수요를 고려하여 해당 지방자치단체의 조례로 정하는 비율 이상

60 정답 80

Y축 유량에서 동시사용량 $200[L/min]$와 X축 마찰손실에서 허용마찰손실 $10[kPa/m]$ 간의 교점이 유속 $0.8[m/s]$ 이하임을 확인한다.
해당 교점이 $65[A]$와 $80[A]$ 중간에 있게 되는데, 이때 둘 중 큰 것을 관경으로 선택하므로 관경은 $80[A]$이다.

해커스 LH

한국토지주택공사 NCS+전공

봉투모의고사

NCS 실전모의고사 5회

고난도

해커스잡

수험번호	
성명	

NCS 실전모의고사
5회

고난도

문제 풀이 시작과 종료 시각을 정한 후, 실전처럼 모의고사를 풀어보세요.

시 분 ~ 시 분 (총 40문항/60분)

□ 시험 유의사항

[1] 한국토지주택공사 직무능력검사 구성은 다음과 같습니다. (신입직원 5·6급 공채 기준)

구분		문항 수	시간	평가 내용
5급	NCS 직업기초능력	40문항	60분	의사소통능력, 수리능력, 문제해결능력 등
	직무역량	60문항	80분	모집 직무별 전공시험
6급	NCS 직업기초능력	40문항	60분	의사소통능력, 수리능력, 문제해결능력 등

[2] 본 실전모의고사는 NCS 직업기초능력 40문항으로 구성되어 있습니다. 따라서 지원 분야에 따라 다음과 같이 풀이하시면 됩니다.
- 5급 사무(일반행정): NCS 직업기초능력 40문항 + 직무역량(경영/경제 중 택 1) 60문항
- 5급 기술(토목): NCS 직업기초능력 40문항 + 직무역량(토목) 60문항
- 5급 기술(건축): NCS 직업기초능력 40문항 + 직무역량(건축) 60문항
- 5급 사무(일반행정 외 분야)/5급 기술(토목·건축 외 분야)/6급: NCS 직업기초능력 40문항

[3] 본 실전모의고사 마지막 페이지에 있는 OMR 답안지와 해커스ONE 애플리케이션의 학습 타이머를 이용하여 실전처럼 모의고사를 풀어보시기 바랍니다.

[01 – 02] 다음 보도자료를 읽고 각 물음에 답하시오.

보 도 자 료		LH 한국토지주택공사	
배포일시	202X. 1. 12.(수)		
보도일시	즉시 보도 가능합니다.		
담당부서	재무처	담당자	송○○ 부장(055-123-1234) 윤○○ 차장(055-123-1235)

LH, 법정자본금 증액으로 국민 주거안정 기반 마련

– 공사법 개정안 본회의 통과, 50조 원으로 법정자본금 10조 원 증액

– 안정적인 공공임대주택 공급을 위해 법정자본금 증액 불가피

– 공공임대주택 연평균 8만 호 공급으로 서민 주거안정 지속 추진

LH는 법정자본금을 40조 원에서 50조 원으로 10조 원 증액하는 한국토지주택공사법 개정안이 11일 국회 본회의를 통과했다고 밝혔다. LH는 임대주택 관련 사업을 추진하면서 정부 출자금(자본금), 주택도시기금(융자금), 입주자 임대보증금 및 자체 자금을 활용하고 있다. LH는 지난 2018년 이후 연평균 6.5만 호의 공공임대주택을 공급했다. 그리고 지난해 말에는 납입자본금 누계액이 총 39조 9994억 원에 이르러 법정자본금 40조 원에 근접했다.

LH는 정부의 주거복지 로드맵에 따라 향후에도 매년 평균 8만 호의 임대주택을 지속 공급할 계획으로, 안정적인 사업추진을 위해서는 법정자본금 증액을 위한 공사법 개정이 시급했다. 실제로 2021년 말 기준, LH는 전국 공공임대주택의 70% 수준인 132.8만 호를 보유하고 있으며, 생애주기별 맞춤형 주택 공급과 함께 주거 취약계층을 위한 긴급 주거지원 등 촘촘한 주거안전망 구축으로 서민 주거안정에 기여하고 있다. 또한 법정자본금이 증액되지 않을 경우 정부 출자금 추가 납입이 제한됨에 따라 자체 자금 투입이 증가하며 자금조달 부담 가중 및 이자 부담 증가로 이어져 임대주택 사업 손실이 커질 수 있는 상황이었다.

이번 공사법 개정안의 국회 본회의 통과로 임대주택 관련 사업에 필요한 재원의 일부를 정부로부터 안정적으로 지원받을 수 있게 돼 주거복지 로드맵에 따른 공공임대주택 공급을 지속 추진할 수 있는 기반이 갖춰졌다. 또한, 재무적 부담의 완화로 3기 신도시 조성, 2.4대책 등 주택공급 관련 정부 정책사업의 차질 없는 수행을 통해 주택시장 안정화에도 크게 기여할 수 있을 것으로 기대된다. 아울러, 법정자본금 상향에 따라 납입자본금이 증가할 경우 LH 재무 건전성 ㉠ <u>제고</u>에도 도움이 될 것으로 전망된다.

김○○ LH 사장은 "이번 법 개정으로 안정적인 주택공급 기반이 마련된 만큼, 국민 눈높이에 맞는 품질 좋은 임대주택을 공급하는 등 국민 주거안정과 부동산 시장 안정에 더욱 노력하겠다"며 "또한 LH 혁신방안 이행 등 지속적 혁신 추진과 함께 본연의 역할에 더욱 매진해 국민의 신뢰를 회복하고 국민의 눈높이에 부응하는 새로운 LH로 거듭나겠다"고 말했다.

※ 출처: 한국토지주택공사 보도자료

01. **위 보도자료의 내용과 일치하는 것은?**

① LH는 서민 주거안정을 목표로 매년 평균 6.5만 호가량의 임대주택을 계속해서 공급할 계획을 밝혔다.

② LH는 전국의 70%가량의 공공임대주택으로 수립한 주거안전망을 기반으로 서민 주거안정에 기여하고 있어 법정자본금 증액이 시급하였다.

③ LH는 임대주택과 관련한 사업을 진행하며 지난해 말을 기준으로 납입자본금 누계액이 총 40조 원을 넘어섰다.

④ LH는 임대주택 관련 사업을 추진하기 위해 정부 출자금과 주택도시기금, 공사의 자체 자금만을 활용하고 있다.

⑤ LH의 재무적 부담을 완화해 줄 법정자본금 증액 관련 한국토지주택공사법 개정안이 국회 본회의 통과를 앞두고 있다.

02. **윗글의 밑줄 친 ㉠과 바꿔 쓸 수 있는 것은?**

① 악화 ② 갱고 ③ 증진 ④ 경감 ⑤ 지연

[03 – 04] 다음 보도자료를 읽고 각 물음에 답하시오.

혁신공간으로 거듭날 대학 찾는다 … 캠퍼스 혁신파크 신규 공모

– 19일부터 3월 9일까지 신청서 접수 … 3월 말 최종 2개 대학 선정 –

– 대학 내 기존 건축물 활용, 지방공사 참여, 지자체 지원 의지 등 평가 강화 –

□ 국토교통부(장관 변△△), 교육부(부총리 겸 교육부장관 유△△), 중소벤처기업부(장관 박△△)는 대학을 거점으로 하는 지역 내 혁신 생태계 조성을 위해 202X년 캠퍼스 혁신파크 사업의 신규 2개 대학 선정을 위한 공모를 추진한다.

○ 캠퍼스 혁신파크 사업은 대학의 유휴 부지를 도시첨단산업단지로 조성하고, 기업 입주 공간 건축, 정부의 산학연 협력 및 기업 역량 강화 사업 등을 집중하여 대학을 혁신성장 거점으로 육성하는 3개 부처 공동 사업이다.

○ 금번 공모는 지난 201X년도 선도사업 공모에 이어 두 번째로 실시하는 것이며, 선도사업(경쟁률 약 10:1)에 이어 많은 대학의 관심과 참여가 예상된다.

□ 선도사업과 달리 이번 공모에서 달라지는 점은 다음과 같다.

① 도심 내 대학은 충분한 부지 확보가 쉽지 않다는 점을 고려해 이번 공모는 대학 내 기존 건축물을 활용하는 경우도 허용하며, 이를 통해 캠퍼스 혁신파크 사업의 효율적 공간 활용이 기대된다.

※ 기존 건축물의 대지면적은 전체 산업단지 면적의 50% 미만이어야 하며, 캠퍼스 혁신파크의 취지에 맞게 활용되어야 함

② 선도사업과 달리 한국토지주택공사(LH) 외에도 지역 실정 등을 적극 반영할 수 있도록 지방공사 등 다른 공공기관과의 공동 사업 시행도 가능해진다.

③ 사업 효과성 제고를 위해 '산업단지로서의 개발 타당성'의 평가 배점은 20%만큼 강화하고, '지자체의 행·재정적 지원 의지'의 평가 배점은 50%만큼 강화한다.

평가 지표	배점
산업단지로서의 개발 타당성(사업목표, 규모 적정성, 정부 정책 연계성 등)	25
대학의 사업 추진 역량과 의지	30
기업 유치 및 지원기관 참여 가능성	25
지자체의 행·재정적 지원 의지	10
선도사업의 조기 활성화 가능성	10

▶

평가 지표	배점
산업단지로서의 개발 타당성(사업목표, 규모 적정성, 정부 정책 연계성 등)	(㉠)
대학의 사업 추진 역량과 의지	30
기업 유치 및 지원기관 참여 가능성	25
지자체의 행·재정적 지원 의지	(㉡)

□ 공모 신청대상은 대학 및 산업대학(산업입지법 제7조의2에 따라 인구 과밀 방지 등을 위해 서울은 도시첨단산업단지 지정이 불가하여 서울에 소재한 캠퍼스는 제외)이며, 민간 전문가들로 구성된 평가위원회가 평가 기준에 따라 서면평가, 현장실사, 종합평가 순으로 평가하여 최종 2개 대학을 선정하게 된다.

○ 선정된 대학은 도시첨단산업단지 조성비와 기업입주 공간으로 활용될 '산학연 혁신허브'의 건축비 일부를 국비(수도권 약 95억 원, 지방 약 190억 원)로 지원받는다. 아울러 산학연 협력 및 기업 역량 강화 지원 방안도 마련하여 지원해 나갈 계획이다.

○ 이번 공모 사업과 관련하여 자세한 내용은 18일(월)부터 국토교통부, 교육부, 중소벤처기업부 누리집을 통해 확인할 수 있으며, 19일(화)부터 참가 신청서를 접수해 3월 말 최종 선정할 계획이다.

□ 정부 관계자는 "기존 캠퍼스 혁신파크 3개 대학 선도사업이 모두 차질없이 추진되면서, 지역의 혁신공간으로 자리매김하고 있다"면서, "이번 공모에서도 우수사업을 발굴해 성공모델로 육성할 계획이며, 앞으로도 지역 곳곳에 대학을 거점으로 하는 혁신 생태계가 조성될 수 있도록 적극 지원할 계획"이라고 하였다.

※ 출처: 국토교통부 보도자료

03. 위 보도자료의 내용과 일치하지 않는 것은?

① 선도사업에서는 한국토지주택공사뿐만 아니라 여러 공공기관이 참여하여 지역 실정을 반영하였다.
② 캠퍼스 혁신파크 사업은 국토교통부, 교육부, 중소벤처기업부 3개 부처가 공동으로 주관하는 사업이다.
③ 공모 사업에 선정된 대학 캠퍼스는 지역에 따라 금액에 차등을 두어 국가로부터 재정적 지원을 받는다.
④ 캠퍼스 혁신파크 사업은 종전의 선도사업보다 정부 정책 및 사업과의 연계성 평가가 강화되었다.
⑤ 인구 과밀 방지를 위한 관련 법에 의해 캠퍼스 혁신파크 신청대상에서 서울 소재 캠퍼스가 제외되었다.

04. 위 보도자료의 ㉠, ㉡에 들어갈 숫자로 가장 적절한 것은?

	㉠	㉡
①	15	30
②	20	25
③	25	20
④	27	18
⑤	30	15

[05 – 06] **다음 글을 읽고 각 물음에 답하시오.**

소리는 파동이다. 여러 가지 물질을 통해서 전달된 파동이 최종적으로 공기를 통하여 우리 귓속으로 들어오고 귓속에서 소리를 듣는 기관을 자극하면 소리를 듣게 된다. 소리는 전달되는 물질 즉, 매질에 따라서 다양한 속도로 움직인다. 일반적으로 소리의 속도는 초속 340m로 알려져 있는데, 이것은 공기 중에서 소리가 전달되는 속도이다. 철에서 소리의 속도는 초속 5,300m로, 공기 중에서의 소리의 속도보다 10배 이상 빠른 셈이다. 철길에 귀를 대보면 아주 멀리서 오는 기차 소리도 들을 수 있는 이유가 바로 이것 때문이다.

콘크리트 또한 소리를 잘 전달하는 물질로, 콘크리트에서 소리의 속도는 초속 3,100m이다. 아파트와 같은 범용 주택은 철과 콘크리트를 결합한 물질인 철근 콘크리트로 지어진다. 그러므로 이 철근 콘크리트는 철과 콘크리트의 중간쯤 되는 소리 전달 능력을 갖췄을 것으로 예상할 수 있다. 따라서 철근 콘크리트를 사용해 여러 층을 쌓아 올리는 구조인 아파트는 처음부터 방음하기 아주 어려운 구조라는 것을 알 수 있다.

아파트에서 소리가 아래층에 전달되지 않게 하려면 일차적으로 콘크리트가 진동되지 않도록 해야 한다. (　　　) 우리나라는 아파트 바닥에 마감모르터를 시공하는 습식 난방이 기본이다. 즉, 얇은 합판으로 된 강화마루 등의 자재 바로 아래에 모르터가 있고, 이 모르터 바닥이 벽체로 연결되고, 다시 벽체는 사방으로 연결된 다른 집으로 연결되어 있다. 합판은 콘크리트와 거의 같은 속도로 소리를 전달하기 때문에 바닥에 까는 각종 타일 등은 방음 성능이 거의 없다고 보아도 무방하다. 그러므로 바닥을 통해 쉽게 소리가 콘크리트를 진동시키게 된다.

이것을 막기 위해서는 소리를 잘 전달하지 않는 물질로 바닥을 시공해야 한다. 대표적으로 모노륨이라 불리는 장판이 층간 소음 억제에 효과적이다. 이 장판은 고무판에 공기 방울을 넣은 것으로, 소리의 전달 속도가 매우 느린 자재에 속한다. 물렁한 고무판의 소리 전달 속도는 초속 35m로, 공기 중 소리 속도의 10분의 1에 불과하다. 그러나 요즘 아파트에는 모노륨과 같은 고무 장판을 설치하는 경우가 거의 없다. 대신 소리 전달 성능이 월등한 강화 마루, 강마루, 타일 같은 것을 시공하고 있다.

콘크리트 바닥에 전달된 소리가 다른 곳으로 전달되지 않도록 하려면 이 콘크리트 바닥을 벽체와 분리해야 한다. 이것이 소위 말하는 뜬 바닥 공법이다. 바닥의 가장자리와 아래쪽에 완충재를 넣어서 아래쪽 슬래브와 벽체를 분리하는 것이다. 그런데 이 공법에 사용되는 완충재라는 것은 보통 일반 스티로폼인데, 스티로폼은 고무보다 소리를 차단하는 데 효과적이지 않다. 따라서 뜬 바닥 공법도 생각만큼 층간 소음을 막지 못한다. 지금까지 층간 소음의 대책으로 나온 방법들은 대부분 바닥의 진동을 아래층으로 전달하지 않으려는 것이 전부이다. 따라서 층간 소음 발생을 억제하기 위해서는 소리가 발생하지 않도록 하는 것이 가장 중요하나, 이 점이 간과되고 있다는 것이 층간 소음으로 인한 이웃 간의 불편함을 해결하지 못하는 가장 큰 문제라고 할 수 있다.

05. 윗글의 중심 내용으로 가장 적절한 것은?

① 소리가 전달되는 속도는 전달된 소리를 흡수하는 물질에 따라 다양하게 나타난다.
② 층간 소음을 해결하기 위해서는 바닥의 진동이 주변으로 전달되지 않도록 하는 것이 우선시되어야 한다.
③ 소리를 전달하는 속도가 공기보다 빠른 자재를 이용한다면 층간 소음을 억제할 수 있다.
④ 층간 소음을 줄이기 위해서는 거주지의 바닥 시공 시 소리 전달 속도가 느린 자재를 사용해야 한다.
⑤ 층간 소음으로 인한 이웃 간의 갈등 해결을 위해 소음에 대한 법적 기준이 마련되어야 한다.

06. 윗글의 빈칸에 들어갈 단어로 가장 적절한 것은?

① 말하자면 ② 그런데 ③ 그리고 ④ 그래서 ⑤ 그뿐 아니라

07. 다음 글의 (가)~(마)를 논리적 순서대로 알맞게 배열한 것은?

(가) 일제강점기와 한국전쟁을 거치며 서울은 폐허가 되기도 하였지만, 경제 성장과 함께 급격한 발전을 이루어냈고 현재와 같은 대도시로 성장할 수 있었다. 1960년대 이후 서울의 도시발전과정은 크게 세 가지로 나눌 수 있다. 1960년부터 1979년까지는 기반기능을 확충하는 시기로, 당시 서울에서는 대규모 인구가 유입되는 시기였으나 사회기반시설이 부족했기 때문에 교통체증, 환경오염, 무허가정착촌, 주택부족과 같은 문제를 겪고 있었다. 이에 서울시에서는 개발을 위한 재정 계획을 수립함과 더불어 상하수도를 확충하고, 도로와 하천 정비를 이루어냈다.

(나) 2000년대 이후부터 대한민국이 고소득 국가로 거듭남에 따라 IT 기술 발전과 함께 삶의 질 향상을 원하는 시민들의 욕구가 커졌고 이에 발맞추기 위해 소프트웨어 중심의 도시정책으로 전환하기 시작하였다. 서울의 도시관리방식은 서울을 지속 가능한 도시이자 최첨단 IT 도시로 바꾸는 방향으로 이루어졌으며, 그에 따라 청계천 복원, 서울숲 조성과 같은 공원 조성사업이 진행되었다. 최근에는 경제성장이 다소 느려지고 고령화와 같은 문제가 대두되면서 도시재생으로 패러다임이 변화된 상태이다.

(다) 대한민국의 수도인 서울은 한반도 중심부 서쪽에 존재한다. 서울의 도시역사는 백제의 수도 위례성이 서울 동남부의 한강변에 위치했던 약 2천 년 전부터로 볼 수 있지만, 1394년 조선의 수도가 되면서 본격적으로 시작되었다. 오늘날의 서울과 달리 과거의 서울에는 현재의 종로구와 중구만이 포함되었었다. 하지만 19세기 말 개항과 더불어 전기, 철도, 전차, 공원, 상수도, 학교와 병원 시설이 도입되었고, 그 영역이 확대되며 점차 정치·경제·교육·문화·교통의 중심 도시로 발전하게 되었다.

(라) 오랜 기간에 걸쳐 발전을 거듭해 왔음에도 불구하고 서울은 아직까지 교통, 주택난, 대기 오염과 같은 문제를 안고 있다. 그중에서도 교통 문제와 주택난은 매우 심각한데, 곳곳에 지하철이 놓이고 수도권에 신도시를 건설하는 등의 노력이 이어짐에도 쉽게 해결되지 않은 것이 현실이다. 하지만 서울은 과거와 현재가 공존한다는 점에서 그 역사적 가치가 크다. 경복궁, 창덕궁 등 역사 도시로서의 모습은 물론 높은 빌딩숲을 통해 문화와 산업을 이끄는 최첨단 도시로서의 모습도 확인 가능하다. 따라서 앞으로의 서울 발전은 기존의 여러 문제점을 해결하되 서울의 역할과 가치를 훼손하지 않는 방향으로 정해질 필요가 있다.

(마) 1980년부터 2000년까지는 도시 성장기로, 기반기능을 확충한 이후 도심환경을 개선하면서 서울 인구와 기반시설의 포화를 대비하고자 한 시기이다. 1980년부터 10년간은 서울시내 부도심지역 개발은 물론 교통시설 등을 정비해내며 도시개선 및 미화정책이 이루어졌는데, 이는 1986년 아시안게임과 1988년 올림픽을 유치함에 따른 결과라고 보기도 하지만 한강 종합개발계획에 따라 여러 도로는 물론 지하철 2~8호선의 개통, 대규모 아파트 단지 건설이 이루어진 것으로 보아야 한다. 다만 다소 급격하고 무분별하게 개발이 진행된 탓에 자연환경이 파괴되고, 역사자원과 공동체 파괴 등의 문제가 나타나기도 하였다.

① (다) – (가) – (마) – (나) – (라)

② (다) – (마) – (가) – (나) – (라)

③ (가) – (다) – (마) – (나) – (라)

④ (가) – (다) – (나) – (마) – (라)

⑤ (마) – (다) – (가) – (나) – (라)

08. **다음 글의 ㉠~㉤을 바르게 고쳐 쓴다고 할 때, 가장 적절하지 않은 것은?**

신경세포(Neuron)는 중심부에 위치한 세포핵과 여기에서 ㉠ 삐친 수많은 돌기로 구성되어 있는데, 돌기는 기능과 구조적인 특성에 따라 축삭돌기(Axon)와 수상돌기(Dendrite)로 나뉜다. 축삭돌기는 세포체로부터 나온 전기화학적 신경정보를 신경말단의 시냅스를 거쳐 다른 신경세포로 전달한다. (㉡) 수상돌기는 축삭돌기보다 길이가 상대적으로 짧고 가지의 수가 많은 돌기로, 다른 신경세포와 형성된 시냅스로부터 신경을 입력받아 세포체로 다시 전달하는 역할을 한다. 수상돌기는 나뭇가지와 비슷한 형태를 띠는데, 일반적으로 세포체에서 나온 ㉢ 여러개의 수상돌기는 다시 수많은 가지로 갈라지게 된다. 이러한 형태로 인해 수상돌기는 세포체에서 수십에서 수백 마이크로미터까지 형성되며, 하나의 신경세포가 만들어 낸 전체 수상돌기가 나무와 비슷한 형태이기 때문에 이를 일컬어 가지돌기 나무(Dendritic tree)라고도 부른다. 수상돌기로 형성된 나무는 신경세포를 구분하는 중요한 기준으로 작용한다는 특징이 있다. 성상세포의 경우 수상돌기의 나무가 별 모양이고, 추상세포의 경우 수상돌기의 나무가 피라미드 모양인 것이 대표적이다. 한편, 수상돌기의 가지를 자세히 살펴보면 표면에 가시가 ㉣ 침하해 있는데, 이는 흥분성 시냅스(Excitatory synapse)의 시냅스후(Postsynapse)로 기능한다. ㉤ 수상돌기의 가시 개수 및 크기는 신경세포가 발달한 과정과 시냅스가 활성화된 정도에 따라 변화하기 때문에 매우 다양하다. 특히 수상돌기의 가시 표면에는 시냅스후가 기능할 때 필요한 신경전달물질 수용체가 존재하며, 내부에는 분자신호전달과 수상돌기 가시 구조 조절 시 필요로 하는 다양한 단백질이 있는 것으로 알려져 있다.

① 어문 규범에 어긋난 표현이 사용된 ㉠을 '뻗친'으로 수정한다.

② 앞의 문장과 뒤의 문장이 자연스럽게 이어지도록 ㉡에 '반면에'를 넣는다.

③ 띄어쓰기가 올바르지 않은 ㉢은 '여러 개'로 띄어 쓴다.

④ 잘못된 어휘가 사용된 ㉣을 '돌출'로 수정한다.

⑤ 글의 전체적인 흐름과 어울리지 않는 ㉤은 삭제한다.

[09 – 10] 다음 안내문을 읽고 각 물음에 답하시오.

[20XX LH 하우징 플랫폼 페스타]

1. 행사 개요
 1) 일자 및 시간: 20XX년 12월 18일(수)~12월 20일(금) 10:00~18:00
 2) 장소: 일산 킨텍스 제1전시장 3홀A
 3) 주관/후원: 한국토지주택공사/국가건축정책위원회, 국토교통부

2. 등록기간 및 방법
 1) 등록기간: 20XX년 12월 18일(수)~12월 20일(금), 오전 9시부터 오후 4시까지 현장 등록 신청 가능
 2) 등록방법: 행사 당일 행사장 입구 유인 등록 데스크에서 현장 등록 신청서 작성 후 입장 가능

3. 주요 행사 및 일정
 1) Session 1: LH 공공임대주택 비전 선포식

날짜	시간	프로그램	세부 내용
12월 18일(수)	13:30~13:50	기념 퍼포먼스	희망 메시지 기념 영상 및 퍼포먼스
	13:50~14:00	축사	국토교통위원회 위원장, 국토교통부 장관, 국가건축정책위원회 위원장
	14:00~14:10	시상식	– LH 하우징 디자인 어워드 시상식 – 중소기업 디자인 공모전 시상식
	14:10~14:20	비전 선포	비전 선언(LH 사장)
	14:20~14:30	비전 세리머니	공공임대주택 비전 선포 세리머니

 2) Session 2: 공공주택의 새로운 방향 모색 콘퍼런스

날짜	시간	세부 내용
12월 18일(수)	15:00~18:00	– 하우징 플랫폼 페스타 기념 국제 콘퍼런스 • 기조연설: Mladen Jadric(믈라덴 야드리치) • 주제발표: 김○○ 교수, 이○○ 소장, 서○○ 처장 • 토론회: 손○○ 명예교수, 이○○ 과장, 박○○ 교수
12월 19일(목)	10:00~11:30	생활변화 관찰 세미나
	13:30~18:00	스마트홈 기술교류 콘퍼런스
12월 20일(금)	10:00~13:30	모듈러 주택 활성화를 위한 콘퍼런스

 3) Session 3: 공공주택의 비전 및 기술, 자재, 디자인 전시회

날짜	전시관	세부 내용
12월 18일(수) ~20일(금)	비전 주제관	– 주제: 적극적 주거권 보호 – 내용: 공공임대주택 비전, 핵심 가치 및 전략 과제 총괄 소개
	비전 기술관	– 주제: 최적성능, 최소 주거비 실현 – 내용: 미세먼지 안심 주택, 스마트 주택 전시
	비전 사업관	– 주제: 사회 공동체적 가치 구현 – 내용: 공공주택 사업 소개 및 신혼 희망타운, 공공리모델링 임대 사업 전시

12월 18일(수) ~20일(금)	비전 어워드관	– 주제: 지속 가능한 도시공간 조성 – 내용: LH 하우징 디자인 어워드, 대한민국 공공주택 설계공모대전, 대학생 주택설계대전 등 설계공모 수상작 전시
	비전 협력관	– 주제: 첨단 기술 선도, 글로벌 이슈 대응 – 내용: 중소기업 디자인 공모전 수상자 및 모듈러 주택 전시
	이벤트관	팝업 세미나 '공공주택 컬러 유니버설 디자인 도입의 이해'

※ 행사기간 및 시간 내 자유롭게 관람 가능

09. 위 안내문을 통해 추론한 내용으로 가장 적절하지 않은 것은?

① 행사기간 내 이벤트관에서 공공주택의 컬러 유니버설 디자인 도입 관련 팝업 세미나를 관람할 수 있다.
② 등록은 현장에서만 가능하므로 행사 당일 16시 이전에 행사장 입구에서 등록해야 입장할 수 있다.
③ 스마트홈 관련 기술교류 콘퍼런스에 참석하고 싶다면 행사 마지막 날에 맞추어 가야 한다.
④ 별도로 지정된 시간이 없는 Session 3의 경우 행사가 진행되는 3일간 시간 내 자유로이 볼 수 있다.
⑤ LH 공공임대주택의 비전 선포식에 참석하고 싶다면 행사 첫날에 행사장에 가야 한다.

10. 행사 운영사무국 소속의 김 사원은 행사 진행 관련 문의에 답변하는 업무를 담당하고 있다. 김 사원이 위 안내문을 토대로 고객 A~D의 질문에 답변한 내용으로 가장 적절하지 않은 것은?

A 고객: 중소기업 디자인 공모전 시상식이 진행된다고 들었는데 언제 진행되는지와 수상작을 행사장에서 확인할 수 있는지 궁금합니다.
김 사원: ㉠ 중소기업 디자인 공모전에 대한 시상은 행사 첫째 날인 12월 18일에 Session 1 비전 선포식의 프로그램으로 14시부터 10분간 LH 하우징 디자인 어워드 시상과 함께 진행될 예정이며, ㉡ 수상작은 Session 3 비전 어워드관에서 행사 종료 시까지 자유롭게 관람하실 수 있습니다.
B 고객: 저는 우리 사회의 공동체적 가치 구현에 대해 큰 관심을 갖고 있습니다. 이와 관련 있는 공공주택 사업 전시도 진행하는지 궁금합니다.
김 사원: 네, ㉢ Session 3에서는 공공주택의 비전 및 기술, 자재, 디자인 전시회가 진행되는데, 사회 공동체적 가치 구현을 주제로 공공주택 사업 소개 및 신혼 희망타운, 공공리모델링 임대 사업이 전시될 예정이며 이와 관련된 전시는 비전 사업관에서 확인 가능합니다.
C 고객: 둘째 날 오후 2시쯤 행사장에 도착할 예정입니다. 생활변화 관찰 세미나에 참석할 수 있을까요?
김 사원: ㉣ 생활변화 관찰 세미나는 행사 둘째 날인 12월 19일 오전 10시부터 1시간 30분 동안 진행됩니다. 따라서 14시에 행사장에 도착하신다면 세미나 참석이 어렵습니다.
D 고객: 18일에 행사장에 갈 수 없어 비전 선포식에 참석하기 어렵습니다. 이후에는 LH 공공임대주택 비전을 확인할 기회가 없는지 궁금합니다.
김 사원: ㉤ 비전 선포식에 참석하지 않더라도 Session 3의 비전 주제관에서 공공임대주택 비전, 핵심 가치 및 전략 과제 총괄을 소개하는 전시가 진행되니 행사기간 내에 언제든지 확인할 수 있습니다.

① ㉠ ② ㉡ ③ ㉢ ④ ㉣ ⑤ ㉤

[11 – 12] 다음 글을 읽고 각 물음에 답하시오.

일제 강점기에 우메하라 스에지 등의 일본 학자들은 한반도에 구석기 시대가 존재하지 않는다고 주장하였다. 심지어 1932년 함경북도 종성군 동관진 유적에서 석기와 동물의 뼈에 해당하는 구석기 시대 유물이 발굴되어 1941년 나오라 노부오가 이와 관련한 논문을 발표하였으나, 일본 학계는 일본에서도 발견되지 않은 구석기 시대 유적이 한반도에서 발견될 리가 없다는 이유로 한반도에 구석기 시대가 존재했다는 이론을 받아들이지 않았다. 이러한 역사 인식의 왜곡은 당시 일본의 식민지인 한국의 역사가 일본보다 오래되었다고 인정할 수 없었기 때문이었던 것으로 보인다. 우리나라에 구석기 시대가 없었다는 인식은 광복 이후에도 지속되었으나, 고고학자 파른 손보기는 한반도에 구석기 시대가 있으리라 판단하였다. 손보기는 일본이 날조한 우리나라의 역사를 바로잡겠다는 굳은 신념을 지니고 있었으며, 구석기 시대의 유적을 발굴하는 것은 우리나라의 근원을 제대로 알기 위해서 필요한 일이라고 생각하였다. 한반도에 언제부터 인류가 살았는지, 생활 방식은 어떠했는지 밝힐 수 있다는 점에서 의의가 있다고 여긴 것이다. 미국 위스콘신대 고고학 박사 과정을 밟던 앨모트 모어 부부는 1962년에서 1963년 사이에 충청남도 공주시 석장리를 방문했다가 쪼개진 돌을 발견하였는데, 이 돌을 확인한 손보기는 석장리가 구석기 시대와 관련이 있다는 것을 알아차리고는 수많은 사람의 반대를 물리치고 발굴 사업을 출범하였다. 결국 1964년 손보기는 석장리에서 약 70만 년 전의 구석기 시대 유적을 발굴하면서 한반도의 역사는 신석기 시대가 아닌 구석기 시대부터 시작되었다는 사실이 증명되었다. 그리고 1970년 4월 석장리 발굴 현장에서 남한에서는 처음으로 구석기 시대 막집의 집터와 긁개, 밀개 등의 유물이 발견되었는데, 집터의 위치와 유물의 양상으로 당시 수렵·이동 생활을 했던 구석기인들의 생활을 추측할 수 있게 되었다. 참고로 북한에서는 석장리보다 1년 앞선 1969년에 굴포리에서 구석기 시대 막집의 집터가 발견되었다. 손보기는 석장리 집터에서 발견된 목탄을 가지고 국내 고고학계에서는 최초로 목탄에 대한 방사성 탄소 연대 측정을 시행하였다. 한국원자력연구소의 연구 결과 해당 목탄의 연대가 후기 구석기 시대인 3만 690년 전임을 밝혀 구석기 연대의 과학화를 달성하였고, 우리나라 국사 교과서에 처음으로 구석기 시대 문화에 관한 내용이 수록되었다. 이후 구석기 시대 유적을 조사할 때는 필수적으로 방사성 연대 측정 결과를 도출하도록 하여, 손보기의 행보는 한반도 구석기 시대 유적의 세계화에 표준을 이룩하였다는 평가를 받는다. 이후 30년이 넘는 세월을 한반도의 구석기 시대 연구와 대중화에 헌신한 손보기는 석장리 유적, 점말 유적 등 우리나라의 대표적인 구석기 시대 유적을 발굴하였다. 이뿐만 아니라 그는 석장리 유적을 조사하면서 구석기 시대 용어들을 우리말로 재정립하는 업적도 세웠다. 영어식 용어인 핸드 액스(Hand–axe), 일본식 용어인 타제 석기, 마제 석기 등의 명칭이 직관적으로 이해되지 않고 우리의 개념과 부합하지 않아 각 도구의 실제 기능을 고려하여 주먹 도끼, 찌르개, 자르개 등의 우리말 이름을 붙였다. 손보기는 이름만 들어도 발굴 현장의 인부와 어린아이까지도 쉽게 이해할 수 있는 명칭을 사용하고자 하였던 것이다.

11. **윗글의 내용과 일치하지 않는 것은?**

① 손보기는 1964년에 한반도의 역사가 구석기 시대부터 시작되었다는 사실을 입증하는 유적을 발굴하였다.

② 나오라 노부오는 함경북도 동관진 유적에서 발굴된 구석기 시대 유물과 관련된 논문을 발표하였다.

③ 앨모트 모어 부부는 석장리가 구석기 시대와 연관되어 있음을 알아채고 손보기에게 발굴을 권하였다.

④ 손보기는 국내 고고학계에서는 처음으로 목탄을 가지고 방사성 탄소 연대 측정을 시행하였다.

⑤ 영어식, 일본식 용어로 사용되던 구석기 시대 도구의 명칭은 손보기에 의해 우리말로 재정립되었다.

12. **윗글을 읽고 작성한 독후감의 일부가 다음과 같을 때, 빈칸에 들어갈 속담으로 가장 적절한 것은?**

> 정규 교육을 받은 우리나라의 국민이라면 누구나 한반도의 역사가 구석기 시대부터 시작되었다는 사실을 알고 있을 것이다. 이는 한반도의 구석기 시대 연구와 대중화에 기여한 손보기의 업적 덕분이라고 볼 수 있다. (　　　　　　　　　　　　　　)는 말이 있듯, 한반도의 역사를 제대로 이해하고 우리의 근원을 파악하는 것은 역사적 자부심을 바탕으로 어떠한 시련이라도 이겨낼 수 있는 역량을 얻게 된다는 점에서 중요성을 갖는다고 생각한다.

① 돌쩌귀에 녹이 슬지 않는다

② 뿌리 깊은 나무 가뭄 안 탄다

③ 비 온 뒤에 땅이 굳어진다

④ 솔개도 오래면 꿩을 잡는다

⑤ 하늘이 무너져도 솟아날 구멍이 있다

13. 다음 공고문을 읽고 이해한 내용으로 가장 적절하지 않은 것은?

[20X2 제1차 LH 인증 신기술 공모]

1. 공모대상

구분		종류
정부 인증 신기술	인증 신기술	NET(건설·교통·환경·방재 신기술)
	인증 신자재	성능인증제품, 우수조달제품, 신제품, NET 제품, 혁신제품(지급자재 및 사급자재 모두 가능)
기타 신기술	특허공법	국내 특허를 등록한 공법
	특허자재	국내 특허 또는 실용신안을 등록한 자재(사급자재만 가능)

※ 1) 지급자재란 물품 제조나 공사를 발주할 경우에 자재의 품질, 수급 상황 및 공사 현장 따위를 종합적으로 참작하여 필요하다고 인정되어 정부, 공공기관 등이 직접 공급하는 주요 자재를 말함
2) 사급자재란 지급자재 이외의 자재를 말함

2. 공모업체 자격
- 신기술에 대한 권리를 가진 법인기업(개인사업자 제외)
- 다음 어느 하나에도 해당하는 경우 신청 불가
  - 기업이 부도 상태에 있는 경우
  - 과거 2년간(20X0년, 20X1년) 재무제표의 부채비율(부채총계 / 자본총계)이 1,000% 이상인 경우(단, 20X0년 이후 설립된 신생 법인의 경우 발급 가능한 재무제표에 한해 제출)
  - 과거 2년간(20X0년, 20X1년) 재무제표에 완전 자본잠식 상태에 있는 경우
  - 기업신용평가등급이 CCC+ 이하인 경우
  - 신기술 권리가 건설신기술협약 또는 전용실시권, 통상실시권인 경우

3. 신기술의 요건
- 공모대상 신기술은 LH에 적용 실적이 없으며 LH에 적용 가능한 신기술 또는 자재일 것
- 보호(유효, 인증)기간이 공고일 기준으로 1년 이상일 것
- 인증 신기술과 특허공법은 응모업체가 보유(임차 포함)한 공장 또는 주문자 위탁생산 계약을 체결한 공장에서 핵심 기자재가 양산되고 있을 것
- 인증 신자재는 응모업체가 보유(임차 포함)한 공장에서 해당 신자재를 직접 생산하고 있을 것
- 특허자재는 응모업체가 보유(임차 포함)한 공장에서 해당 신자재를 직접 생산하고 있을 것

4. 공모신청 제한
- 해당 신기술 공모의 공고일 기준으로 1년 전 신기술 공모에서 미 채택된 신기술은 신청 불가

※ 1) 공모업체 자격 또는 신기술의 요건 부적격 사항에 해당되어 미 채택된 신기술은 공모신청 제한 적용에서 제외됨
2) 미 채택된 신기술: 검토위원회, 심의위원회 평가 결과 LH 인증신기술로 선정되지 못한 신기술

① 1년 전의 신기술 공모에서 공모업체 자격이 적합하지 않아 채택되지 못한 업체는 이번 공모에 신청할 수 있다.
② 12개월 전 설립된 신생 법인기업은 발급 가능한 재무제표를 공모업체 자격 인증을 위해 제출해야 한다.
③ 국내 실용신안 등록 자재로 공모를 신청하려면 임차 공장에서 해당 사급자재를 직접 생산하고 있어야 한다.
④ 정부 및 공공기관이 직접 공급하는 주요 자재에 해당해야만 성능인증제품으로 공모에 신청할 수 있다.
⑤ 개인사업자가 아닌 법인기업이 신기술에 대한 권리를 보유했더라도 기업신용평가등급이 CCC+인 업체에는 공모자격이 주어지지 않는다.

14. A, B, C, D, E, F 6명이 원형의 테이블에 같은 간격으로 둘러앉아 이야기를 나누고 있을 때, A와 D가 서로 이웃하여 앉을 확률은?

① $\frac{1}{5}$ ② $\frac{2}{5}$ ③ $\frac{5}{12}$ ④ $\frac{3}{5}$ ⑤ $\frac{2}{3}$

15. 가스 납품 업체 직원인 수혁, 재민, 유진이는 오늘 납품할 가스통을 창고에서 꺼내 옮겼다. 재민이가 혼자 가스통을 모두 옮기면 10시간이 걸리고, 수혁이와 유진이가 둘이 함께 가스통을 모두 옮기면 6시간이 걸린다. 오늘은 세 사람이 함께 가스통을 옮기다가 중간에 재민이가 조퇴했고, 수혁이와 유진이가 이어서 2시간 만에 일을 끝낼 수 있었을 때, 오늘 가스통을 모두 옮기는 데 걸린 시간은?

① 2시간 30분 ② 3시간 ③ 4시간 ④ 4시간 30분 ⑤ 5시간

[16 – 17] 다음은 월별 가계대출 현황 및 대출 연리 추이에 대한 자료이다. 각 물음에 답하시오.

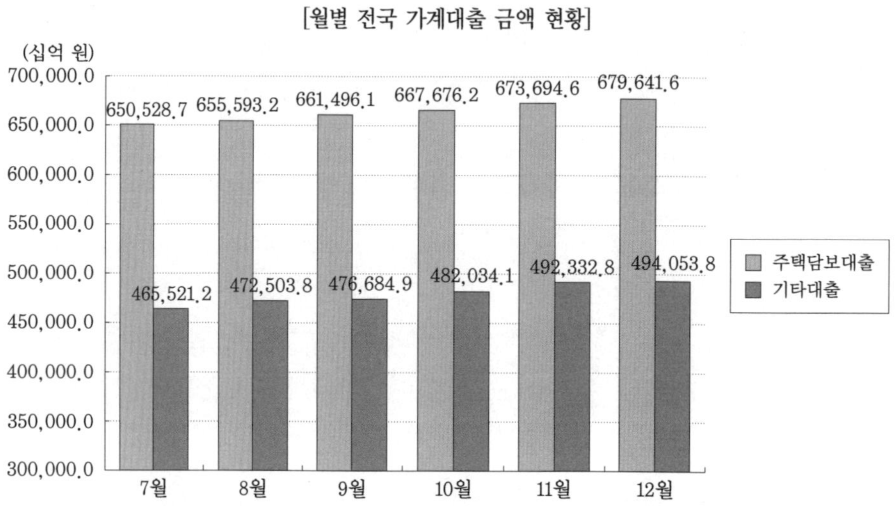

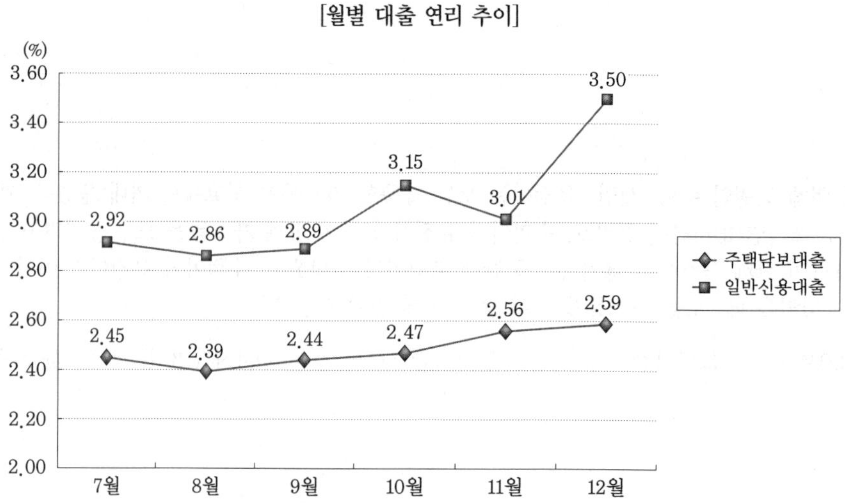

※ 출처: KOSIS(한국은행, 통화금융통계)

16. 위 자료에 대한 설명으로 옳은 것을 모두 고르면?

㉠ 8월 이후 주택담보대출의 전월 대비 연리 추이는 일반신용대출의 전월 대비 연리 추이와 매월 동일하다.
㉡ 제시된 기간 중 주택담보대출 금액이 처음으로 670,000십억 원을 넘어선 달에 주택담보대출 금액은 전월 대비 6,020십억 원 이상 증가하였다.
㉢ 9월 전체 가계대출 금액에서 기타대출 금액이 차지하는 비중은 40% 이상이다.
㉣ 일반신용대출 연리가 처음으로 3.0%를 넘어선 달에 일반신용대출 연리는 전월 대비 0.26% 증가하였다.

① ㉡ ② ㉢ ③ ㉠, ㉡ ④ ㉢, ㉣ ⑤ ㉡, ㉢, ㉣

17. **다음은 일부 지역의 월별 주택담보대출 현황에 대한 자료이다. 위 자료와 제시된 자료를 모두 고려하였을 때, A와 B를 바르게 연결한 것은?** (단, 소수점 둘째 자리에서 반올림하여 계산한다.)

[일부 지역의 월별 주택담보대출 금액 현황]

(단위: 십억 원)

구분	7월	8월	9월	10월	11월	12월
서울	203,613.0	205,553.2	208,142.8	210,849.4	212,534.3	214,865.6
부산	46,843.2	47,355.8	48,123.6	48,657.7	49,578.3	50,243.1
대구	29,009.7	29,132.3	29,399.2	29,733.6	30,355.7	30,514.7
인천	42,132.2	42,790.1	43,039.7	43,335.4	43,690.7	44,009.7
광주	16,801.8	16,886.7	17,076.7	17,169.7	17,488.1	17,714.6
대전	15,894.0	15,927.6	16,124.0	16,311.6	16,423.5	16,589.2
울산	11,011.7	11,019.4	11,051.4	11,125.4	11,170.9	11,232.9
경기	179,003.9	180,816.2	181,814.5	183,295.2	184,525.9	185,633.8

※ 출처: KOSIS(한국은행, 통화금융통계)

1. 12월 서울 지역 주택담보대출 현황
   - 12월 전국 주택담보대출 금액에서 서울 지역 주택담보대출 금액이 차지하는 비중은 약 (A)%로 5개월 전 대비 0.3%p가량 증가하였음
   - 월별 대출 연리 추이에서 나타난 주택담보대출 연리를 적용하여 추정하면, 12월 서울 지역 주택담보대출 금액의 1년 이자액은 약 5,565.0십억 원으로 예상할 수 있음

   ※ 1년 이자액 = 대출 금액 × 연리

2. 12월 경기 지역 주택담보대출 현황
   - 12월 전국 주택담보대출 금액에서 경기 지역 주택담보대출 금액이 차지하는 비중은 약 27.3%로 5개월 전 대비 0.2%p가량 감소하였음
   - 월별 대출 연리 추이에서 나타난 주택담보대출 연리를 적용하여 추정하면, 12월 경기 지역 주택담보대출 금액의 1년 이자액은 약 (B)십억 원으로 예상할 수 있음

   ※ 1년 이자액 = 대출 금액 × 연리

	A	B
①	31.3	4,807.9
②	31.3	6,497.2
③	31.5	4,585.2
④	31.6	4,807.9
⑤	31.6	6,497.2

[18 - 19] 다음은 연도별 전체 지정폐기물 발생량 및 환경청별 의료폐기물 발생량을 나타낸 자료이다. 각 물음에 답하시오.

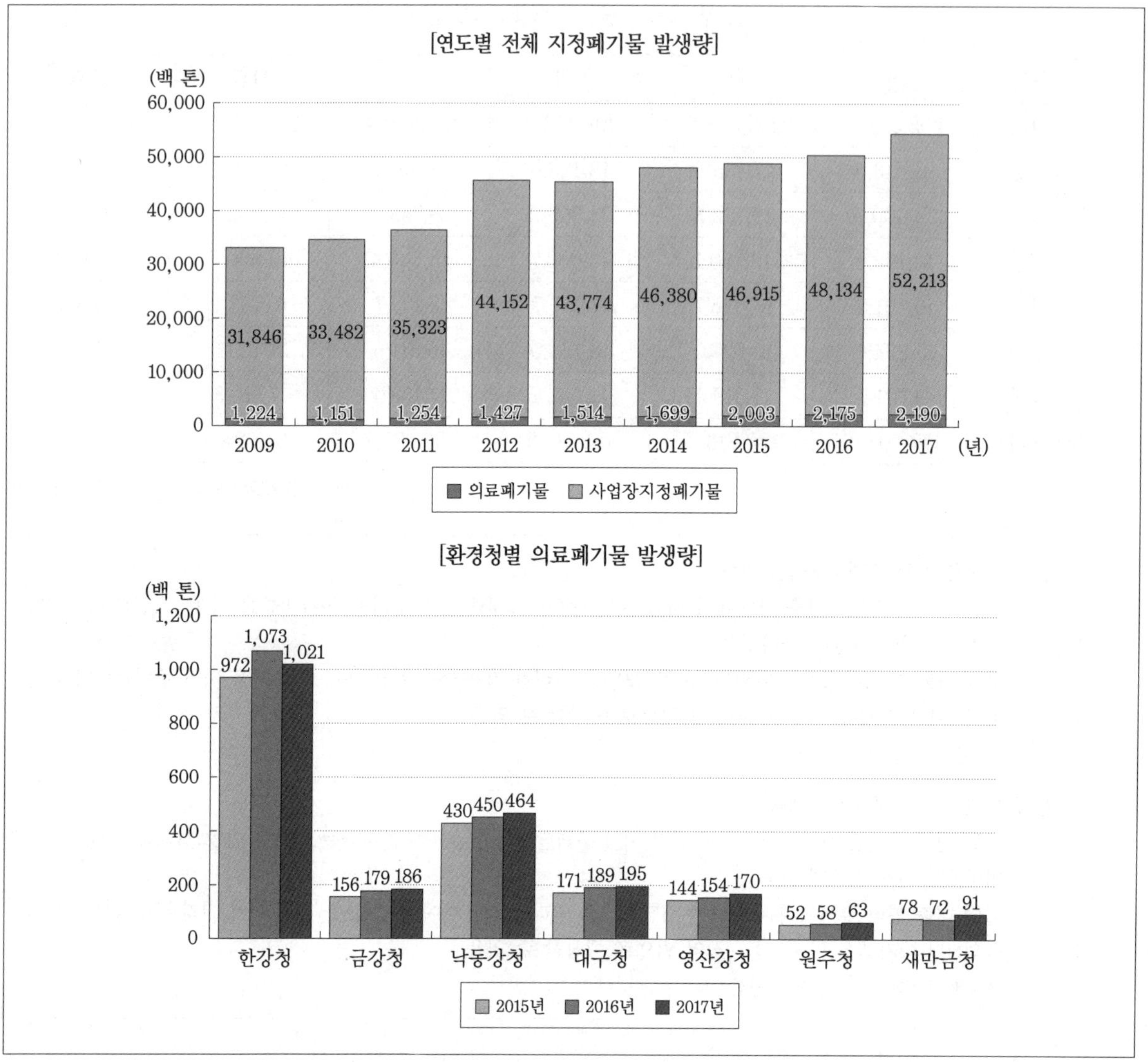

※ 전체 지정폐기물 = 의료폐기물 + 사업장지정폐기물

18. **다음 중 자료에 대한 설명으로 가장 적절한 것은?**

① 의료폐기물 발생량이 매년 전년 대비 증가한 환경청은 4곳이다.

② 2017년 전체 지정폐기물 발생량은 2009년 전체 지정폐기물 발생량의 약 2.65배이다.

③ 주변에 폐기물 시설이 가장 많은 환경청은 한강청이다.

④ 2015년부터 2017년까지 의료폐기물 발생량이 영산강청보다 적은 환경청은 매년 3곳이다.

⑤ 의료폐기물 발생량의 전년 대비 증가율은 2015년에 가장 크다.

19. **2011년 이후 의료폐기물 발생량의 전년 대비 증가량이 가장 작은 해에 전체 의료폐기물 발생량 대비 낙동강청의 의료폐기물 발생량의 비중은?** (단, 소수점 첫째 자리에서 반올림하여 계산한다.)

① 15% ② 19% ③ 21% ④ 24% ⑤ 26%

[20 – 21] 다음은 상위 수출입 기업의 수출액 및 무역집중도에 대한 자료이다. 각 물음에 답하시오.

[상위 5대, 10대, 100대 수출입 기업의 무역집중도]

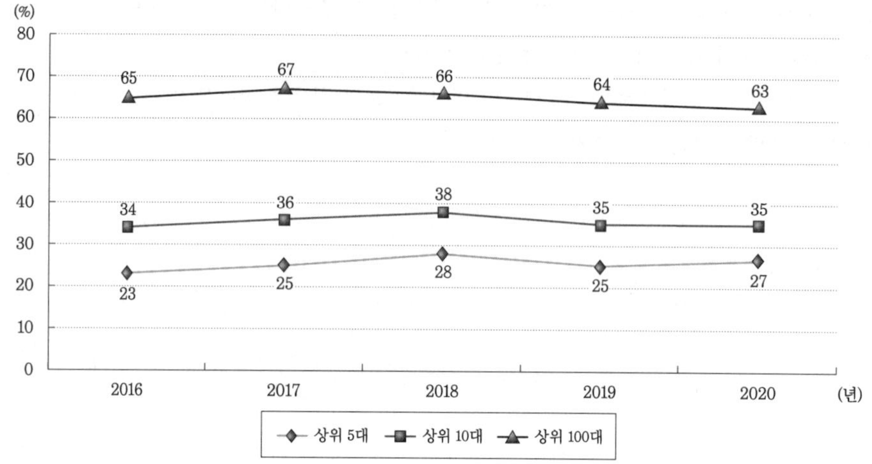

[상위 수출입 기업별 수출액]

(단위: 십억 달러)

구분	2016년	2017년	2018년	2019년	2020년
상위 5대	111.4	143.2	169.8	137.3	139.6
상위 10대	167.6	207.3	228.8	187.5	180.9
상위 20대	223.6	276.7	292.2	247.9	230.7
상위 50대	288.0	345.2	362.1	309.3	290.9
상위 100대	320.1	381.0	401.3	345.0	323.2
상위 500대	384.2	453.7	475.8	417.8	393.6
상위 1,000대	409.4	481.5	505.5	446.5	421.1
전체 기업	494.3	572.6	603.6	541.2	511.2

※ 무역집중도: 수출입 기업 중 상위 n개 기업이 전체 수출입에서 차지하는 정도

※ 출처: KOSIS(통계청/관세청, 기업특성별무역통계)

20. **다음 중 자료에 대한 설명으로 옳은 것은?**

① 2017년 이후 상위 5대 수출입 기업의 무역집중도가 전년 대비 감소했던 해에 상위 5대 수출입 기업 수출액의 전년 대비 감소율은 20% 미만이다.

② 상위 5대, 10대, 100대 수출입 기업의 무역집중도가 가장 높았던 해는 모두 2018년이다.

③ 제시된 기간 동안 상위 5대 수출입 기업의 연평균 수출액은 140십억 달러 미만이다.

④ 2016년 대비 2017년 상위 50대 수출입 기업의 수출액 증가율은 20% 이상이다.

⑤ 2020년 상위 수출입 기업별 수출액은 전년 대비 모두 감소하였다.

21. **제시된 기간 동안 상위 6~10위 수출입 기업의 수출액이 가장 큰 해에 상위 500대 수출입 기업 수출액의 전년 대비 증가율은 얼마인가?** (단, 소수점 둘째 자리에서 반올림하여 계산한다.)

① 4.9% ② 8.6% ③ 11.4% ④ 15.5% ⑤ 18.1%

[22 – 23] 다음은 2020년 분기별·시도별 대형소매점 판매액에 대한 자료이다. 각 물음에 답하시오.

[2020년 분기별·시도별 대형소매점 판매액]

(단위: 십억 원)

구분	1분기	2분기	3분기	4분기
서울	4,306	4,542	4,777	5,016
부산	1,220	1,284	1,392	1,412
대구	816	890	998	1,041
인천	572	544	623	614
광주	374	408	392	431
대전	490	500	501	558
울산	363	382	389	397
세종	101	106	119	118
경기	3,772	3,762	4,079	4,229
강원	239	242	267	260
충북	246	237	262	257
충남	383	398	422	411
전북	240	239	266	262
전남	189	185	206	194
경북	317	308	349	328
경남	592	589	634	605
제주	121	121	140	130
전국	14,341	14,737	15,816	16,263

※ 출처: KOSIS(통계청, 서비스업동향조사)

22. 다음 중 자료에 대한 설명으로 옳은 것은?

① 2020년 1분기에 판매액이 1,000십억 원 미만인 지역의 판매액의 합은 전국 판매액의 40% 미만이다.

② 2020년 1분기 대비 2020년 4분기의 전국 판매액 증감률은 15% 이상이다.

③ 경기의 판매액이 처음으로 4,000십억 원 이상을 기록한 분기에 판매액이 경기 판매액의 10% 미만인 지역은 총 8개 지역이다.

④ 2020년 4분기에 판매액이 전분기 대비 증가한 지역은 총 8개 지역이다.

⑤ 2020년 2분기에 서울과 경기를 제외한 15개 지역의 평균 판매액은 450십억 원 이상이다.

23. 위의 자료와 2021년 1분기와 2분기의 분기별·시도별 대형소매점 판매액에 대한 자료를 모두 고려하였을 때, 다음 중 자료에 대한 설명으로 옳지 않은 것을 모두 고르면?

[2021년 분기별·시도별 대형소매점 판매액]

(단위: 십억 원)

구분	1분기	2분기
서울	5,022	5,363
부산	1,443	1,470
대구	1,029	1,032
인천	632	619
광주	428	434
대전	546	533
울산	400	388
세종	123	120
경기	4,220	4,187
강원	261	260
충북	263	249
충남	421	415
전북	264	256
전남	200	192
경북	343	331
경남	626	622
제주	132	134
전국	16,353	16,605

※ 출처: KOSIS(통계청, 서비스업동향조사)

㉠ 2020년 강원의 분기별 판매액 평균은 2021년 1분기와 2분기 강원 판매액의 평균보다 7.5십억 원 더 적다.
㉡ 2020년 2분기 인천 판매액의 전분기 대비 감소량은 2021년 2분기 인천 판매액의 전분기 대비 감소량보다 15십억 원 더 많다.
㉢ 2021년 1분기 전북 판매액은 전년 동분기 대비 10% 증가하였다.
㉣ 2021년 2분기 부산 판매액은 경남 판매액의 2.5배 미만이다.

① ㉠ ② ㉠, ㉡ ③ ㉡, ㉢ ④ ㉢, ㉣ ⑤ ㉡, ㉢, ㉣

[24 – 26] 다음은 공유 저작물 종류별 DB 이용 건수에 대한 자료이다. 각 물음에 답하시오.

[공유 저작물 종류별 DB 이용 건수]

(단위: 천 건)

구분	2018년			2019년			2020년		
	조회	원문 보기	다운 로드	조회	원문 보기	다운 로드	조회	원문 보기	다운 로드
어문	814	408	350	4,003	1,185	669	8,231	4,611	785
음악	849	7	270	877	13	314	2,455	24	1,613
미술	5,270	3	777	3,780	16	428	3,284	29	670
건축	0	0	0	0	0	0	0	0	0
사진	6,612	550	2,803	13,387	1,104	3,863	12,557	1,749	2,391
영상	436	12	196	984	132	62	1,648	358	203
컴퓨터 프로그램	100	1	77	175	0	143	262	0	1,679
기타	550	0	427	18	3	0	262	80	0
전체	14,631	981	4,900	23,224	2,453	5,479	28,699	6,851	7,341

※ 출처: KOSIS(한국저작권위원회, 저작권통계)

24. 다음 중 자료에 대한 설명으로 옳지 않은 것은?

① 공유 저작물 전체의 조회, 원문보기, 다운로드 건수의 합은 2020년이 2018년의 2배 이상이다.

② 2020년 컴퓨터프로그램 다운로드 건수는 전년 대비 1,500천 건 이상 증가하였다.

③ 2020년 조회, 원문보기, 다운로드 건수의 합은 음악이 미술보다 109천 건 더 많다.

④ 2018년 대비 2019년 사진 조회 건수의 증가율은 100% 이상이다.

⑤ 제시된 기간 동안 매년 조회, 원문보기, 다운로드 건수가 모두 가장 많은 저작물은 사진이다.

25. 2020년 전체 다운로드 건수에서 사진이 차지하는 비중은 약 얼마인가? (단, 소수점 둘째 자리에서 반올림하여 계산한다.)

① 25.5% ② 27.6% ③ 32.6% ④ 35.5% ⑤ 43.8%

26. 다음 중 제시된 자료를 바탕으로 연도별 영상 조회 건수와 영상 다운로드 건수의 차를 나타낸 그래프로 옳은 것은?

①
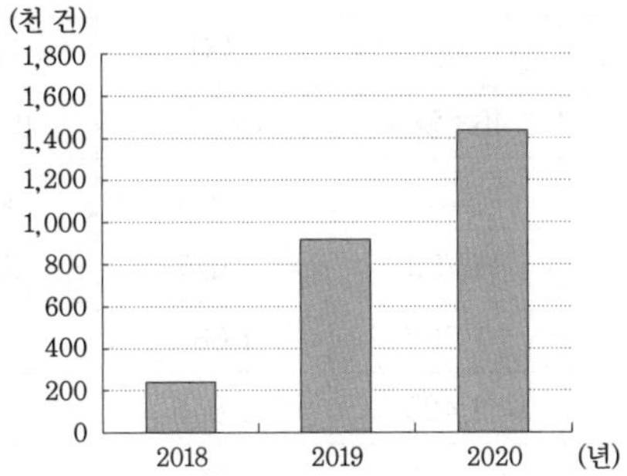

②
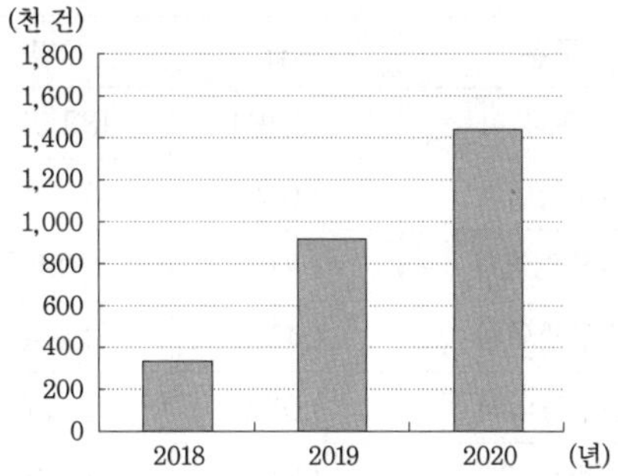

③
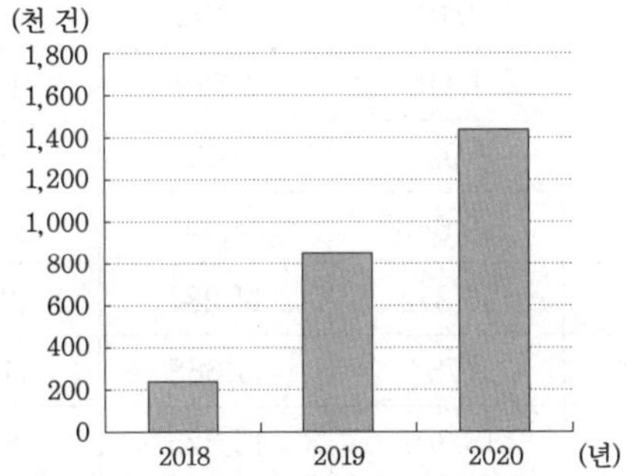

④
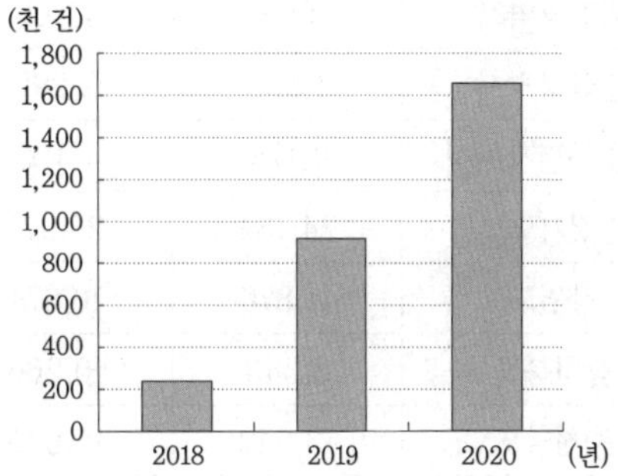

⑤
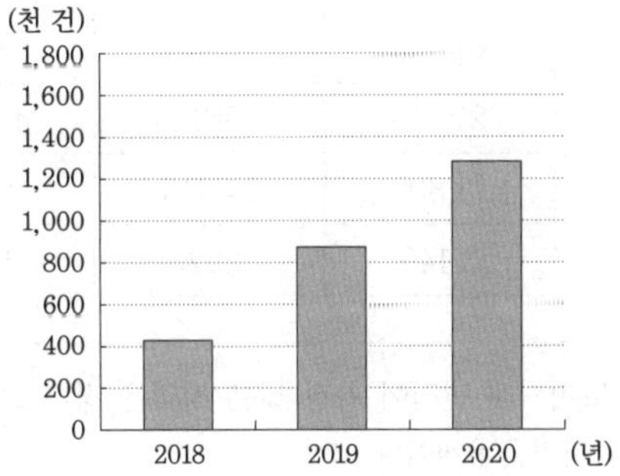

27. 다음은 전국 토지거래 현황에 대한 자료이다. 자료에 대한 설명으로 옳지 않은 것을 모두 고르면?

[월별 토지거래 현황]

(단위: 천 m^2)

구분	1월	2월	3월	4월	5월	6월
전국	136,164	183,997	168,581	163,884	157,651	194,713
서울특별시	2,069	2,158	1,584	1,444	1,696	2,311
부산광역시	1,716	1,517	1,905	1,750	1,677	2,815
대구광역시	1,450	1,996	1,625	1,207	1,685	1,453
인천광역시	3,004	2,730	3,004	2,425	2,845	3,034
광주광역시	1,767	1,249	1,602	1,114	1,052	1,592
대전광역시	902	1,265	1,096	946	1,102	1,228
울산광역시	1,568	2,292	1,734	1,415	1,529	1,836
세종특별자치시	1,178	1,425	1,141	1,999	949	857
경기도	24,184	26,971	27,403	39,645	24,443	31,007
강원도	11,876	16,674	16,088	16,372	14,287	18,259
충청북도	8,343	10,266	13,911	9,784	11,668	11,285
충청남도	13,542	15,845	18,814	15,307	15,325	18,544
전라북도	11,437	12,979	16,384	13,081	15,266	12,859
전라남도	20,411	43,791	23,983	19,234	21,907	23,293
경상북도	19,858	25,736	19,570	21,210	23,312	43,856
경상남도	10,998	14,644	16,316	13,802	15,985	18,084
제주특별자치도	1,861	2,459	2,421	3,149	2,923	2,400

㉠ 제시된 기간 중 전국의 총 토지거래 면적이 가장 넓은 달에 토지거래 면적이 가장 넓은 지역은 경기도이다.
㉡ 5월에 전국의 토지거래 면적 평균보다 토지거래 면적이 좁은 지역은 9개이다.
㉢ 제시된 기간 동안 대전광역시의 토지거래 면적 평균은 1,100천 m^2 이상이다.
㉣ 제시된 기간 중 서울특별시의 토지거래 면적이 가장 좁은 달에 울산광역시의 토지거래 면적도 제시된 기간 중 가장 좁다.

① ㉠ ② ㉣ ③ ㉠, ㉢ ④ ㉡, ㉣ ⑤ ㉠, ㉡, ㉢

28. 다음 명제가 모두 참일 때, 항상 옳은 것은?

- 클래식 음악을 즐겨 듣는 모든 사람은 감수성이 풍부하다.
- 감수성이 풍부하지 않은 모든 사람은 시를 쓰지 않는다.
- 논리적인 사고를 하는 모든 사람은 시를 쓴다.
- 수학 문제를 푸는 것을 좋아하는 모든 사람은 논리적인 사고를 하지 않는다.
- 코딩을 취미로 하는 모든 사람은 수학 문제를 푸는 것을 좋아한다.

① 코딩을 취미로 하는 모든 사람은 클래식 음악을 즐겨 듣지 않는다.

② 수학 문제를 푸는 것을 좋아하는 모든 사람은 시를 쓴다.

③ 코딩을 취미로 하는 모든 사람은 클래식 음악을 즐겨 듣는다.

④ 시를 쓰는 모든 사람은 코딩을 취미로 하지 않는다.

⑤ 논리적인 사고를 하는 모든 사람은 감수성이 풍부하다.

29. A~E 5명은 12시, 13시, 14시 중 한 타임을 정해 영화를 관람하였다. 5명 중 1명만 거짓을 말하고, 12시 타임에 영화를 관람한 사람은 2명, 14시 타임에 영화를 관람한 사람은 1명일 때, 14시 타임에 영화를 관람한 사람은?

- A: 나 또는 B는 12시 타임에 영화를 관람했다.
- B: 나와 A는 1시간 간격으로 영화를 관람했다.
- C: 나와 D는 12시 타임에 영화를 관람했다.
- D: 14시 타임에 영화를 관람한 사람은 C, D, E가 아니다.
- E: A와 C는 1시간 간격으로 영화를 관람했다.

① A　② B　③ C　④ D　⑤ E

30. △△기업은 6층짜리 A 건물과 B 건물 2개를 사용 중이다. 다음 조건을 모두 고려하였을 때, 항상 옳지 않은 것은?

- A 건물에는 경영지원팀, 홍보팀, 회계팀이 근무하고, B 건물에는 기획팀, 영업 1팀과 영업 2팀이 근무한다.
- 같은 건물에서 근무하는 모든 팀은 서로 다른 층에서 근무하며, 두 건물의 1층에는 어떤 팀도 근무하지 않는다.
- 경영지원팀은 회계팀의 바로 아래층에서 근무한다.
- 가장 높은 층에서 근무하는 팀은 기획팀이며, 기획팀과 같은 층에 근무하는 팀은 없다.
- 홍보팀이 근무하는 층에는 영업 1팀과 영업 2팀 모두 근무하지 않는다.
- 기획팀이 근무하는 층은 홀수 층이다.

① 홍보팀은 홀수 층에서 근무하지 않는다.

② 영업 1팀은 3층에서 근무하지 않는다.

③ 기획팀 바로 아래층에는 어떤 팀도 근무하지 않는다.

④ 영업 1팀이 4층에서 근무하면 회계팀은 3층에서 근무한다.

⑤ 짝수 층에 근무하는 팀은 3팀이다.

31. 갑, 을, 병, 정, 무, 기 6명은 각 2명씩 바다, 계곡, 수영장 중 한 곳으로만 물놀이를 다녀왔다. 바다를 다녀온 사람은 모두 진실을, 계곡과 수영장을 다녀온 사람은 모두 거짓을 말하고 있을 때, 계곡에 다녀온 사람으로 바르게 묶인 것은?

- 갑: 병과 무 중 한 명은 수영장에 다녀왔어.
- 을: 갑과 정은 서로 다른 곳에 다녀왔어.
- 병: 나는 계곡에 다녀오지 않았어.
- 정: 을은 진실을 말하고 있어.
- 무: 병과 기는 같은 곳에 다녀왔어.
- 기: 나는 바다에 다녀왔어.

① 갑, 기　② 병, 무　③ 병, 기　④ 을, 정　⑤ 을, 무

32. **다음은 업무수행 과정에서 발생하는 문제의 분류에 대한 내용이다. 제시된 글을 토대로 ㉠~㉢ 유형에 해당하는 문제 유형을 바르게 짝지은 것은?**

> 발생형 문제란 보이는 문제로 이미 발생되어 당장 해결하기 위해 걱정하거나 고민해야 하는 문제를 의미한다. 즉, 눈에 보이는 이미 일어난 문제로, 어떤 기준을 일탈함으로써 생기는 일탈 문제와 기준에 미달하여 생기는 미달문제로 나타나며 원래 상태로 되돌릴 필요가 있다. 또한 문제의 원인이 내재되어 있어 원인지향적인 문제라고도 불린다.
>
> 탐색형 문제란 찾는 문제로 현재의 상황을 나아지게 하거나 효율을 높이기 위해 개선해야 하는 문제를 의미한다. 즉, 눈에 보이지 않는 문제로, 이를 방치하게 되면 후에 큰 손실이 발생하거나 결국 해결할 수 없는 문제로 확장되기도 하므로 확인하여 해결할 필요가 있으며, 잠재 문제, 예측 문제, 발견 문제의 세 가지 형태로 구분된다. 잠재 문제는 문제가 잠재되어 있어 인식하지 못하고 방치하다가 결국은 확대되어 해결이 어려워진 문제를 말하며, 잠재되어 숨어있기 때문에 조사 및 분석을 통해 찾을 수 있다. 예측 문제는 지금 당장의 문제는 아니지만 계속해서 현재 상태로 진행할 경우를 가정하고 앞으로 일어날 수 있는 문제를 의미하며, 발견 문제는 현재 상태에서는 담당 업무에 아무런 문제가 없으나 우리와 비슷한 타 기업의 업무방식이나 선진기업의 업무 방법 등의 정보를 얻음으로써 지금보다 좋은 제도나 기법, 기술을 발견하여 개선하고 향상시킬 수 있는 문제를 말한다.
>
> 설정형 문제란 미래 문제로 미래상황에 대비하여 고민하는 장래 경영전략과 관련된 문제이며 '앞으로 어떻게 할 것인가'에 대한 문제를 의미한다. 즉, 지금까지 해오던 것과 전혀 관계없이 미래 지향적으로 새로운 과제 또는 목표를 설정함에 따라 발생할 수 있는 문제로서, 목표 지향적 문제라고도 볼 수 있으며, 이러한 문제는 해결하는데 많은 창조적인 노력과 발전을 필요로 하기 때문에 창조적 문제라고도 한다.

> ㉠ 현재 가동 중인 공장의 기계에 고장이 발생하여 바로 해결해야 하는 경우
> ㉡ 유럽 시장에 신규 진출하기 위해 잠재 위험 요소를 고려하여 미래 경영 계획을 수립하려는 경우
> ㉢ 현재 진행 중인 업무의 생산성 제고를 위해 방안을 고민하는 경우

	㉠	㉡	㉢
①	발생형 문제	설정형 문제	탐색형 문제
②	발생형 문제	탐색형 문제	설정형 문제
③	설정형 문제	탐색형 문제	발생형 문제
④	탐색형 문제	설정형 문제	발생형 문제
⑤	탐색형 문제	발생형 문제	설정형 문제

[33 - 34] 다음은 K 공사의 미아 예방 캠페인 수행기관 모집 공고이다. 각 물음에 답하시오.

[미아 예방 캠페인 수행기관 모집 공고]

1. 사업 개요

사업목적	• 미아 예방·교통안전 물품배부로 아동 실종 및 사고 예방		
사업내용	• 미아 예방 스마트밴드, 옐로카드 제작 및 배부 • 미아 예방 캠페인 관련 사항 소셜미디어 활용 대외 홍보		
사업예산	• 1억 원		
사업기간	• 202X년 5월~202X년 12월		
제작기준	• 스마트밴드: 아동 인적사항 저장이 가능한 NFC 내장 실리콘 팔찌 • 옐로카드: 빛 반사로 운전자에게 보행자 시인성을 높여주는 교통 용품		
배부대상 및 배부 예정 물량	구분	스마트밴드	옐로카드
	K 공사 사회봉사단 (15개 본부 × 각 400개)	6,000개	6,000개
	지역아동센터 (280개 기관 × 각 50개)	14,000개	14,000개

2. 공모안내

공모자격	기부금 영수증 발급이 가능한 비영리 단체
공모기간	공모일~202X년 4월 28일 수요일까지
공모방법	사업 수행 계획서 이메일 접수(dh.kim@Kgongsa.co.kr) ※ 이메일에 수행기관명, 담당자 성명, 연락처, 주소 기재 요망

3. 추진 일정 및 추진 기관

K 공사		수행기관		K 공사·수행기관		K 공사·수행기관
수행기관 선정(4월)	▶	미아 관련 물품 제작·배송(5월 초)	▶	캠페인 시행 및 홍보 활동(5~12월)	▶	결과 보고 및 사업효과 분석(12월 말)

4. 수행기관 선정 기준

구분	평가항목	배점				
		A 등급	B 등급	C 등급	D 등급	E 등급
사업 역량 평가	유사 사업 실적	30점	25점	20점	15점	10점
	사업 수행 계획	30점	25점	20점	15점	10점
	사업 수행 인력	20점	18점	15점	13점	10점
	사업비 집행 효율성	20점	18점	15점	13점	10점
합계		100점 만점				

※ 수행기관은 합계가 높은 기관 순으로 선정하며 합계가 동점인 기관은 사업비 집행 효율성, 유사 사업 실적, 사업 수행 계획, 사업 수행 인력 순으로 점수를 비교하여 점수가 높은 기관을 선정함

5. 참고사항

- 증빙서류 반환되지 않으며 평가 결과는 개별 연락 예정

33. 위 안내문을 토대로 판단한 내용으로 옳은 것은?

① 스마트밴드와 옐로카드의 총 배부 예정 물량 중 70%는 지역아동센터에 배부할 예정이다.

② 미아 관련 물품의 제작 및 배송은 K 공사와 수행기관이 함께 추진할 예정이다.

③ 평가 결과는 K 공사 홈페이지에서 공지사항으로 확인할 수 있다.

④ 스마트밴드는 빛 반사로 운전자에게 보행자 시인성을 높여주는 교통 용품으로 제작되어야 한다.

⑤ 모든 비영리단체가 미아 예방 캠페인 수행기관 모집에 공모할 수 있다.

34. K 공사에서 미아 예방 캠페인 사업을 수행할 1개의 수행기관을 모집하려고 한다. 기부금 영수증 발급이 가능한 가~마 5개의 비영리단체가 공모에 접수하여 수행기관 선정 기준을 토대로 평가한 결과가 다음과 같을 때, 수행기관으로 선정되는 비영리단체는?

[수행기관 평가 결과]

구분	가	나	다	라	마
유사 사업 실적	B	D	E	A	C
사업 수행 계획	E	A	D	C	B
사업 수행 인력	B	D	A	E	C
사업비 집행 효율성	A	B	A	C	D

① 가 ② 나 ③ 다 ④ 라 ⑤ 마

[35 – 36] 다음 안내문을 읽고 각 물음에 답하시오.

[LH 공공주택 인테리어 사진·영상 공모전 온라인 투표 참여 안내]

1. 공모전 개요
   1) 주제: 나를 덧댄 라이프 스타일, 우리 집 언택트 집들이
   2) 공모 분야: 1인 가구, 다인 가구로 구분
   3) 추진 일정: 공고(7월 말) → 접수 마감(9월 초) → 심사(9월) → 당선작 발표(10월 말) → 당선작 시상(11월 중)
   4) 심사 방법: 서류 심사 → 예비 심사 → 본 심사 → 최종 당선작 결정
      ※ 1) 서류 심사 결과 최종 당선작의 4배수를, 예비 심사 결과 최종 당선작의 2배수를 선발할 예정
      2) 본 심사 기준(100점): 심미성, 활용성, 대중성, 창의성 각 25점 만점 기준
      3) 최종 당선작 결정 방법: 본 심사 점수 80%와 온라인 투표 점수 20%의 가중치를 적용함
   5) 포상 규모: 대상 1명(100만 원) 포함 총 13건

구분	분야	상금	비고
대상	구분 없음	100만 원	분야 관계없이 총 1건
최우수상	1인 가구	50만 원	분야별 1건
	다인 가구	50만 원	
우수상	1인 가구	30만 원	분야별 2건
	다인 가구	30만 원	
장려상	1인 가구	20만 원	분야별 3건
	다인 가구	20만 원	

2. 온라인 투표 참여 방법
   1) 투표 참여 기간: 20XX. 9. 17.~20XX. 10. 4.
   2) 투표 방법: LH 홈페이지 내 온라인 투표 QR코드 접속 후 가장 선호하는 작품에 대해 분야별 1인당 3개씩 투표
   3) 참가상: 온라인 투표 참여자 중 100명을 추첨하여 모바일 마트 상품권 5천 원권 지급
   4) 참가 자격: 전 국민 누구나

35. 위 안내문을 근거로 판단한 내용으로 적절한 것은?

① 온라인 투표 참가상인 모바일 마트 상품권의 총액은 1인 가구 분야가 받는 장려상 상금의 합보다 많다.

② 예비 심사 대상으로는 총 52건의 작품이 선별될 것이다.

③ 온라인 투표 시에는 분야별로 1건씩만 투표 가능하다.

④ 공모전 수상작에 대한 총상금은 540만 원이다.

⑤ 공모전 수상작에 대한 시상은 공모전 당선작이 발표된 달에 진행된다.

36. 본 심사 및 온라인 투표 결과 A~E 중 점수가 가장 높은 작품이 대상을 수상했다고 할 때, 대상을 수상한 작품은? (단, 온라인 투표 점수는 100점을 만점으로 한다.)

구분	심미성	활용성	대중성	창의성	온라인 투표 점수
A	15점	22점	17점	20점	80점
B	17점	19점	21점	19점	88점
C	16점	15점	12점	24점	92점
D	19점	17점	16점	17점	90점
E	20점	16점	16점	21점	85점

① A ② B ③ C ④ D ⑤ E

[37 - 38] A~E 5명은 각자 필요한 달에 셰어하우스에 거주하였으며, 자신이 거주한 달에만 전기 요금과 가스 요금을 부담하였다. 전기 요금과 가스 요금은 매월 거주 인원수를 고려하여 부담했다고 할 때, 각 물음에 답하시오.

[셰어하우스 월별 전기 요금 및 가스 요금]

구분	전기 요금	가스 요금
1월	12,500원	55,000원
2월	10,800원	63,000원
3월	8,000원	42,000원
4월	15,000원	32,400원
5월	13,000원	22,500원
6월	4,800원	12,000원
7월	20,200원	12,500원
8월	13,400원	9,800원
9월	9,000원	13,400원
10월	11,000원	35,000원
11월	16,700원	49,000원
12월	11,300원	59,500원

[A~E의 셰어하우스 거주 정보]

구분	1월	2월	3월	4월	5월	6월	7월	8월	9월	10월	11월	12월
A	○	○	○	○				○	○	○	○	○
B	○		○		○	○		○	○			
C		○	○		○		○	○	○	○		○
D		○	○		○			○		○	○	○
E	△	△		△							△	△

※ 1) E의 거주 정보(△)는 한 달에 10일만 거주했음을 의미함
2) E가 거주한 달에는 E를 포함하여 해당 달의 거주 인원수로 전기 요금과 가스 요금의 합계를 동일하게 분배한 뒤 분배한 각 요금의 1/3만 E가 부담하며, E가 부담하고 남은 전기 요금과 가스 요금의 합계를 다시 남은 거주자가 동일하게 분배하여 부담함
3) E가 거주하지 않은 달의 전기 요금과 가스 요금의 합계는 해당 달의 거주 인원수로 동일하게 분배하여 부담함

37. E가 부담한 전기 요금과 가스 요금의 합계가 최소인 달에 E가 부담한 요금은?

① 5,900원 ② 6,150원 ③ 7,300원 ④ 7,500원 ⑤ 7,900원

38. A~E가 부담한 전기 요금과 가스 요금을 모두 계산했을 때, 다음 중 옳은 내용은? (단, 소수점 첫째 자리 이하는 버림한다.)

① 1~3월에 B가 부담한 전기 요금과 가스 요금의 합계는 C가 부담한 전기 요금과 가스 요금의 합계보다 적다.

② 8월에 1인당 부담한 전기 요금과 가스 요금의 합계는 9월에 1인당 부담한 전기 요금과 가스 요금의 합계보다 많다.

③ A가 1월에 부담한 전기 요금과 가스 요금의 합계보다 11월에 부담한 전기 요금과 가스 요금의 합계가 더 적다.

④ 4월에 A가 부담한 전기 요금과 가스 요금의 합계는 6월과 7월에 B와 C가 각각 부담한 전기 요금과 가스 요금의 총합과 같다.

⑤ C가 10월에 부담한 전기 요금과 가스 요금의 합계는 12월에 부담한 전기 요금과 가스 요금의 합계보다 많다.

[39 – 40] 다음 격투기 게임 설명서를 읽고 각 물음에 답하시오.

[게임 설명서]

1. 게임 내용
- 두 명의 플레이어가 선택한 캐릭터끼리 격투를 벌여 상대 캐릭터를 먼저 쓰러트리는 플레이어가 승리하는 게임이다.

2. 캐릭터 특성

[공격형 캐릭터 특성]

구분	공격 A형	공격 B형	공격 C형
공격력	250	240	215
방어력	40	45	55
체력	305	340	375

※ 단, 해당 라운드가 종료될 때 공격형 캐릭터의 남은 체력이 처음 체력의 50% 미만이면, 다음 라운드가 시작될 때 최초 1회에 한하여 방어력이 처음 방어력의 20%만큼 증가하고 해당 방어력이 최종 라운드 종료 시까지 유지됨

[방어형 캐릭터 특성]

구분	방어 A형	방어 B형	방어 C형
공격력	85	95	100
방어력	140	130	125
체력	480	505	525

※ 단, 해당 라운드가 종료될 때 방어형 캐릭터의 남은 체력이 처음 체력의 50% 미만이면, 다음 라운드가 시작될 때마다 방어력의 40%만큼을 체력으로 회복함

3. 게임 규칙
1) 두 명의 플레이어는 각각 캐릭터를 한 가지씩 선택하며, 동일한 캐릭터를 선택할 수 없다.
2) 각 플레이어가 선택한 캐릭터끼리 한 번씩 번갈아 공격하는 순서로 게임을 진행하고, 서로 한 번씩 공격하면 1라운드가 진행된 것으로 간주한다.
3) 공격형 캐릭터와 방어형 캐릭터가 격투를 벌이는 경우, 방어형 캐릭터가 먼저 공격을 시작한다.
4) 공격형 캐릭터끼리 격투를 벌이거나 방어형 캐릭터끼리 격투를 벌이는 경우, 공격력이 낮은 캐릭터가 먼저 공격을 시작한다.
5) 공격 차례인 캐릭터가 방어 차례인 캐릭터에게 주는 피해를 '데미지'라 하고, 데미지는 공격 차례인 캐릭터의 공격력에서 방어 차례인 캐릭터의 방어력을 뺀 값으로 한다. 방어 차례인 캐릭터는 공격 차례인 캐릭터에게 받은 데미지만큼 체력이 감소한다. (단, 방어형 캐릭터끼리 격투를 벌이는 경우, 두 캐릭터의 방어력은 무시한다.)
   예 공격 C형 캐릭터가 방어 C형 캐릭터를 공격하면 공격 C형 캐릭터의 데미지는 215 – 125 = 90이다.
   방어 B형 캐릭터가 방어 A형 캐릭터를 공격하면 방어력은 무시하므로 방어 B형 캐릭터의 데미지는 95이다.
6) 캐릭터의 체력이 0 이하가 되면 해당 캐릭터는 쓰러지고 바로 게임이 종료된다.

39. 공격 A형 캐릭터와 방어 B형 캐릭터가 격투를 벌이다가 6라운드에 게임이 종료되었을 때, 승리한 캐릭터의 남은 체력은?

① 9 ② 46 ③ 61 ④ 77 ⑤ 93

40. 캐릭터끼리 격투를 벌인 때의 가 상황으로 옳지 않은 것은?

① 공격 A형 캐릭터와 공격 C형 캐릭터가 격투를 벌일 때, 공격 A형이 승리한다.

② 방어 C형 캐릭터의 남은 체력이 처음 체력의 50% 미만으로 라운드가 종료되면 다음 라운드가 시작될 때 방어 C형 캐릭터는 50만큼의 체력을 회복한다.

③ 공격 B형 캐릭터가 방어 A형 캐릭터를 공격할 때 데미지는 100이다.

④ 공격 B형 캐릭터의 남은 체력이 처음 체력의 50% 미만으로 라운드가 종료되면 다음 라운드가 시작될 때부터 방어력은 54로 최종 라운드가 종료될 때까지 유지된다.

⑤ 방어 A형 캐릭터가 방어 B형 캐릭터를 공격할 때 데미지는 85이다.

약점 보완 해설집 p.44

자르는 선

해커스잡

실전모의고사 5회

성명	

수험번호							
⓪	⓪	⓪	⓪	⓪	⓪	⓪	⓪
①	①	①	①	①	①	①	①
②	②	②	②	②	②	②	②
	③	③	③	③	③	③	③
	④	④	④	④	④	④	④
	⑤	⑤	⑤	⑤	⑤	⑤	⑤
	⑥	⑥	⑥	⑥	⑥	⑥	⑥
	⑦	⑦	⑦	⑦	⑦	⑦	⑦
	⑧	⑧	⑧	⑧	⑧	⑧	⑧
	⑨	⑨	⑨	⑨	⑨	⑨	⑨

응시분야

감독관 확인

직무역량						NCS 직업기초능력			
1	① ② ③ ④ ⑤	21	① ② ③ ④ ⑤	41	① ② ③ ④ ⑤	1	① ② ③ ④ ⑤	21	① ② ③ ④ ⑤
2	① ② ③ ④ ⑤	22	① ② ③ ④ ⑤	42	① ② ③ ④ ⑤	2	① ② ③ ④ ⑤	22	① ② ③ ④ ⑤
3	① ② ③ ④ ⑤	23	① ② ③ ④ ⑤	43	① ② ③ ④ ⑤	3	① ② ③ ④ ⑤	23	① ② ③ ④ ⑤
4	① ② ③ ④ ⑤	24	① ② ③ ④ ⑤	44	① ② ③ ④ ⑤	4	① ② ③ ④ ⑤	24	① ② ③ ④ ⑤
5	① ② ③ ④ ⑤	25	① ② ③ ④ ⑤	45	① ② ③ ④ ⑤	5	① ② ③ ④ ⑤	25	① ② ③ ④ ⑤
6	① ② ③ ④ ⑤	26	① ② ③ ④ ⑤	46	① ② ③ ④ ⑤	6	① ② ③ ④ ⑤	26	① ② ③ ④ ⑤
7	① ② ③ ④ ⑤	27	① ② ③ ④ ⑤	47	① ② ③ ④ ⑤	7	① ② ③ ④ ⑤	27	① ② ③ ④ ⑤
8	① ② ③ ④ ⑤	28	① ② ③ ④ ⑤	48	① ② ③ ④ ⑤	8	① ② ③ ④ ⑤	28	① ② ③ ④ ⑤
9	① ② ③ ④ ⑤	29	① ② ③ ④ ⑤	49	① ② ③ ④ ⑤	9	① ② ③ ④ ⑤	29	① ② ③ ④ ⑤
10	① ② ③ ④ ⑤	30	① ② ③ ④ ⑤	50	① ② ③ ④ ⑤	10	① ② ③ ④ ⑤	30	① ② ③ ④ ⑤
11	① ② ③ ④ ⑤	31	① ② ③ ④ ⑤	51		11	① ② ③ ④ ⑤	31	① ② ③ ④ ⑤
12	① ② ③ ④ ⑤	32	① ② ③ ④ ⑤	52		12	① ② ③ ④ ⑤	32	① ② ③ ④ ⑤
13	① ② ③ ④ ⑤	33	① ② ③ ④ ⑤	53		13	① ② ③ ④ ⑤	33	① ② ③ ④ ⑤
14	① ② ③ ④ ⑤	34	① ② ③ ④ ⑤	54		14	① ② ③ ④ ⑤	34	① ② ③ ④ ⑤
15	① ② ③ ④ ⑤	35	① ② ③ ④ ⑤	55		15	① ② ③ ④ ⑤	35	① ② ③ ④ ⑤
16	① ② ③ ④ ⑤	36	① ② ③ ④ ⑤	56		16	① ② ③ ④ ⑤	36	① ② ③ ④ ⑤
17	① ② ③ ④ ⑤	37	① ② ③ ④ ⑤	57		17	① ② ③ ④ ⑤	37	① ② ③ ④ ⑤
18	① ② ③ ④ ⑤	38	① ② ③ ④ ⑤	58		18	① ② ③ ④ ⑤	38	① ② ③ ④ ⑤
19	① ② ③ ④ ⑤	39	① ② ③ ④ ⑤	59		19	① ② ③ ④ ⑤	39	① ② ③ ④ ⑤
20	① ② ③ ④ ⑤	40	① ② ③ ④ ⑤	60		20	① ② ③ ④ ⑤	40	① ② ③ ④ ⑤

해커스 LH

한국토지주택공사 NCS+전공 봉투모의고사

NCS 실전모의고사 3회

해커스잡

수험번호	
성명	

NCS 실전모의고사
3회

문제 풀이 시작과 종료 시각을 정한 후, 실전처럼 모의고사를 풀어보세요.

시　　분 ~ 　　시　　분 (총 40문항/60분)

□ 시험 유의사항

[1] 한국토지주택공사 직무능력검사 구성은 다음과 같습니다. (신입직원 5·6급 공채 기준)

구분		문항 수	시간	평가 내용
5급	NCS 직업기초능력	40문항	60분	의사소통능력, 수리능력, 문제해결능력 등
	직무역량	60문항	80분	모집 직무별 전공시험
6급	NCS 직업기초능력	40문항	60분	의사소통능력, 수리능력, 문제해결능력 등

[2] 본 실전모의고사는 NCS 직업기초능력 40문항으로 구성되어 있습니다. 따라서 지원 분야에 따라 다음과 같이 풀이하시면 됩니다.

- 5급 사무(일반행정): NCS 직업기초능력 40문항 + 직무역량(경영/경제 중 택 1) 60문항
- 5급 기술(토목): NCS 직업기초능력 40문항 + 직무역량(토목) 60문항
- 5급 기술(건축): NCS 직업기초능력 40문항 + 직무역량(건축) 60문항
- 5급 사무(일반행정 외 분야)/5급 기술(토목·건축 외 분야)/6급: NCS 직업기초능력 40문항

[3] 본 실전모의고사 마지막 페이지에 있는 OMR 답안지와 해커스ONE 애플리케이션의 학습 타이머를 이용하여 실전처럼 모의고사를 풀어보시기 바랍니다.

[01 – 02] **다음 글을 읽고 각 물음에 답하시오.**

분자생물학적 연구 결과에 의하면 인류는 대략 500만 년에서 600만 년 전에 영장류로부터 분화하여 영장류 및 유인원과는 다른 형태로 진화하였다고 한다. 영장류로부터 분리된 인류를 우리의 조상으로 보고 있지만, 인류가 지구상 언제 어디에서 가장 먼저 등장하게 되었는지는 아직 밝혀지지 않아 일반적으로 약 350만 년 전쯤에 아프리카 등지에서 생활하던 오스트랄로피테쿠스를 최초의 인류로 보고 있다.

오스트랄로피테쿠스가 최초의 인류로 여겨지는 이유는 송곳니가 줄어들어 현 인류와 치아 구조가 비슷했으며, 직립보행이 가능했기 때문이다. 인류는 두 발로 설 수 있게 됨으로써 두 손이 자유로워지자 도구를 사용하게 되었다. 오스트랄로피테쿠스는 생김새 면에서는 원숭이 및 침팬지와 크게 다르지 않았지만, 같은 무게의 포유동물에 비해 뇌의 용적이 3배 이상으로 컸다. 이들은 200만 년 전부터 아프리카에서 유럽, 아시아 등의 넓은 지역으로 흩어졌고, 그 결과 지역 환경에 따라 각기 다른 인류 종으로 진화하게 되었다.

여러 지역으로 이동한 오스트랄로피테쿠스 중 유럽과 서아시아로 이동한 인류는 50만 년 전쯤에 이르러 네안데르탈인으로 진화하였으며, 이들은 도구를 사용한다는 점 외에도 불을 사용한다는 특징이 있었다. 불의 발견과 사용은 인류에게 큰 발전을 가져다주었다. 학설에 의하면 인류가 불을 사용하게 되면서 많은 음식을 먹는 것이 가능해졌고, 이는 몸속의 창자를 짧게 만들어 에너지 소비를 줄이고 더 큰 용적의 뇌를 갖도록 만들었다고 한다. 비록 DNA 분석 결과에 따라 네안데르탈인은 현생 인류와는 관련이 없었으나, 현생 인류의 직접적인 조상과 꽤 오랜 시간 공존한 것으로 알려져 있다.

한편, 대개 사람들은 영장류에 불과했던 인류가 불을 사용하고, 뇌 용적이 커져 학습 능력이 향상되자 자연스럽게 먹이사슬의 최상위 포식자로 자리 잡았을 것으로 생각한다. 하지만 인류는 15만 년 전까지 변방의 연약한 존재에 불과하였다. 인류는 100만 년 전부터 뇌의 용적이 커지고 날카로운 도구를 만들어 사용할 수 있었으나 힘이 센 포식자를 두려워하였고, 큰 사냥감을 잡는 일도 드물었다. 이에 따라 주로 식물을 채취하거나 벌레를 잡아먹고, 육식동물이 먹다 남긴 썩은 고기를 먹었다.

인류가 먹이사슬의 정점으로 뛰어오르게 된 것은 현생 인류의 직접적인 조상으로 알려진 호모사피엔스가 등장한 이후이다. '지혜가 있는 사람'이라는 의미를 지닌 호모사피엔스는 언어가 매우 발달한 인류 종으로 융통성이 많고 창의적인 방법을 통해 이방인과도 무리를 형성하였다. 그리고 무리를 지어 초기 발생지인 아프리카를 벗어나 아라비아반도, 더 나아가 유라시아 전체로 빠르게 퍼져나가게 되었다.

01. 윗글에 이어질 내용으로 가장 적절한 것은?

① 호모사피엔스와 현생 인류의 유전적 알고리즘상의 유사성

② 인류가 영장류로부터 네안데르탈인으로 발전하게 된 과정

③ 호모사피엔스 무리의 이동 직후 나타난 생태계의 변화

④ 오스트랄로피테쿠스의 직립보행이 인류에게 미친 영향

⑤ 호모사피엔스와 네안데르탈인을 구분할 수 있는 방법

02. 윗글을 통해 추론한 내용으로 가장 적절하지 않은 것은?

① 오스트랄로피테쿠스는 무게가 동일한 포유동물과 비교하면 3배 이상 큰 뇌 용적을 갖고 있었다.

② 현생 인류의 조상인 호모사피엔스는 유라시아 전체로 흩어지며 이방인과 무리를 이루기도 하였다.

③ 인류가 지구상에 등장한 시점은 정확하지 않지만 대개 오스트랄로피테쿠스를 최초의 인류로 보고 있다.

④ 불을 사용할 수 있었던 네안데르탈인은 DNA 구조가 현생 인류와 비슷해 동일한 인류 종으로 여겨진다.

⑤ 인류는 약 100만 년 전부터 도구를 이용하였으나 15만 년 전까지 주변부에 속하는 연약한 존재였다.

[03－04] 다음 안내문을 읽고 각 물음에 답하시오.

[한국토지주택공사 도시재생현장 견학 프로그램 참여자 모집 안내]

1. 목적
- 한국토지주택공사(이하 LH)에서 운영하거나 지원하는 도시재생사업에 대한 국민들의 이해와 공유의 장을 마련하기 위함

2. 행사 안내
1) 행사기간: 20XX년 12월 16일~12월 17일 (2일간)
2) 행사참가대상: 일반인, 대학생 및 대학원생
※ 행사 첫째 날에는 일반인을 대상으로, 둘째 날에는 대학생 및 대학원생을 대상으로 견학 프로그램을 진행함
3) 행사수용인원: 1일 40명 선착순 마감
4) 참가비용: 무료

3. 신청 안내
1) 신청기간: 20XX년 11월 21일~12월 17일
2) 신청방법: 전화 신청(055-123-4567, 4568, 4569)

4. 경남권 도시재생현장 견학 프로그램 코스

시간	행사 내용	장소
9:30~10:00	집결 및 LH 소개	LH 진주사옥
10:00~11:00	LH 토지주택 박물관 견학(일반인)	LH 진주사옥
	전문가 특강(대학생 및 대학원생)	
11:00~11:30	이동(LH 진주사옥 → 진주시 옥봉동)	–
11:30~12:30	진주시 옥봉동 새뜰마을 투어	진주시 옥봉동
12:30~13:30	점심 식사(◇◇마을식당)	진주시 옥봉동
13:30~14:30	이동(진주시 옥봉동 → 통영)	–
14:30~15:30	통영 리스타트 플랫폼 견학 (폐조선소 재생·복합단지)	통영시 도남동
15:30~16:30	이동(통영 → LH 진주사옥)	–
16:30~17:00	기념촬영, 기념품 증정 및 해산	LH 진주사옥

5. 코스별 특징
1) LH 토지주택 박물관: 우리 민족의 주거·건축·토목기술 관람
2) 진주시 옥봉동 새뜰마을: 주민 주도형 도시재생사업단지 투어
3) 통영 리스타트 플랫폼: 폐조선소를 활용한 창업 지원형 도시재생뉴딜사업지 견학

03. 위 안내문의 내용과 일치하지 않는 것은?

① 도시재생현장 견학 프로그램의 목적은 LH에서 운영 또는 지원하는 도시재생사업에 대한 국민들의 이해도를 제고하기 위함에 있다.

② 통영시의 리스타트 플랫폼에서는 폐조선소 기반의 창업 지원형 도시재생뉴딜사업지가 조성되어 있다.

③ 도시재생현장 견학 프로그램은 2일 동안 진행되며 하루에 일반인과 대학생 각각 20명씩 참가하여 견학한다.

④ LH 토지주택 박물관에서는 우리 민족의 주거와 건축, 토목기술 등을 확인할 수 있다.

⑤ 도시재생현장 견학 프로그램의 마지막 일정으로는 기념촬영과 기념품 증정이 이루어질 예정이다.

04. LH에서 근무하는 귀하는 고객으로부터 도시재생현장 견학 프로그램에 관련된 문의를 받았다. 위 안내문을 근거로 판단할 때, 학생의 문의에 대한 귀하의 답변 내용으로 가장 적절하지 않은 것은?

> 학 생: 안녕하세요. 저는 ○○대학교 학생입니다. 도시재생현장 견학 프로그램에 어떻게 신청하나요?
> 귀 하: ㉠ 11월 21일부터 12월 17일까지 전화로 신청해 주시면 됩니다.
> 학 생: 프로그램에 참가하고 싶은데 별도의 참가비가 있나요?
> 귀 하: ㉡ 프로그램에는 별도의 요금 없이 무료로 참여하실 수 있습니다.
> 학 생: 제가 12월 16일에는 갈 수 없는데, 17일에도 LH 토지주택 박물관을 견학할 수 있을까요?
> 귀 하: ㉢ 네, LH 토지주택 박물관 견학은 오전 10시부터 1시간 동안 진행되어 17일에도 견학 가능합니다.
> 학 생: 프로그램 일정에 점심 식사도 포함된다고 들었는데 점심 식사는 어디에서 하나요?
> 귀 하: ㉣ 점심 식사는 새뜰마을 투어를 마치고 진주시 옥봉동의 ◇◇마을식당에서 예정되어 있습니다.
> 학 생: 네, 답변 감사합니다. 일단 일정 확인해보고 나중에 신청 가능할까요?
> 귀 하: ㉤ 가능합니다. 다만, 신청은 선착순으로 이루어지므로 조기에 마감될 수 있습니다.

① ㉠ ② ㉡ ③ ㉢ ④ ㉣ ⑤ ㉤

[05-06] **다음 글을 읽고 각 물음에 답하시오.**

정부는 지난 7일 '수소선도국가 비전'을 발표했다. 우리나라는 지난 2019년 1월 '수소경제 활성화 로드맵' 발표 이후 세계 최초 수소법 제정, R&D·인프라·수소차·충전소·안전·표준 등 6대 분야별 정책 마련, 수소경제위원회 출범 등 수소경제 이행을 위한 제도적 기반을 구축했다. 이를 바탕으로 수소차·수소충전소·연료전지 보급에 2년 연속 세계 3관왕을 기록했으며 트램, 화물·청소트럭, 지게차 등 다양한 수소 모빌리티도 실증 중이다. 또 수소트럭·차량용 수소연료전지시스템, 발전용 연료전지 등 신제품을 수출하는 쾌거도 이뤘다. 민간기업도 청정수소 생산, 액화수소 생산·유통, 수소연료전지와 다양한 수소모빌리티 보급 확대 등에 2030년까지 43+α조 원 규모의 투자계획을 발표했다.

정부가 이날 내놓은 수소선도국가 비전은 수소차·연료전지 중심의 구축 초기 단계를 넘어 생산-유통-활용의 전주기를 아우르는 생태계를 구축하기 위한 전략을 담고 있다. 우선 청정수소 중심의 수소경제로의 빠른 전환을 위해 향후 실증 지원 등을 통해 국내 청정수소 생산을 본격화한다. 재생에너지와 연계한 그린수소 생산을 가속화하고 국내외 탄소저장소를 확보, 이산화탄소가 없는 청정 블루수소 생산을 확대할 방침이다. 또 우리나라가 주도해 글로벌 수소공급망을 구축, 수소 자급률을 높이고 에너지 안보를 강화한다. 이를 위해 수소사용량을 현재 22만 톤 수준에서 2030년 390만 톤, 2050년 2,700만 톤까지 확대한다. 이는 당초 수소경제로드맵상 2030년 수소사용량 194만 톤보다 2배 늘어난 양이다.

청정수소 비율도 2030년 50%, 2050년 100%로 높여갈 계획이다. 블루수소의 경우 2030년 75만 톤을 생산하고 2050년에는 200만 톤으로 생산을 늘린다. 그린수소는 2030년에 25만 톤, 2050년에 300만 톤을 생산할 계획이다. 정부는 청정수소를 다방면에 편리하게 사용할 수 있도록 수소인프라 구축에도 나선다. 'K-조선' 강점을 활용, 암모니아 추진선·액화수소 운반선 등을 조기에 상용화하고 수소항만을 조성해 원활한 해외수소 도입 기반을 마련할 계획이다. 아울러 수소차 이용자들이 언제 어디서든 이용할 수 있는 전국 충전망을 ㉠ <u>구축하고</u> 기체수소 대비 경제적이고 안전한 액화수소 인프라 및 주요 거점별 수소배관을 구축해 대규모 청정수소 유통망을 활성화한다.

세계적 수준의 기술력을 바탕으로 모든 일상에 수소 활용을 적극 확대해 나가기로 했다. 최고의 연료전지 기술을 활용해 현재의 수소차 초격차를 유지하는 한편 열차·선박·UAM·건설기계 등 다양한 모빌리티로 적용을 확대한다. 현재의 수소연료전지 발전에 더해 수소터빈(혼소·전소), 석탄 암모니아 혼소 등 수소발전을 확대해 온실가스를 획기적으로 감축할 계획이다. 철강·석유화학·시멘트 등 산업분야 수소활용을 적극 확대하고 탄소중립 공정을 실현해 친환경 산업구조로 전환해 나간다. 국내 수소경제 생태계의 경쟁력도 강화한다. 이를 위해 민간이 계획하고 있는 대규모 투자가 효과적으로 실현될 수 있도록 정부가 R&D·세제·금융 등 다양한 정책적 지원을 할 계획이다.

또 수소전문 대학원·대학교 과정 신설, 업종전환 재교육 등을 통해 2030년까지 양질의 일자리 5만 개를 창출하고 규제 샌드박스를 활용한 우선 실증 등으로 선제적인 안전관리체계를 구축할 예정이다. 아울러 빠르게 발전하고 있는 수소경제 경험을 바탕으로 우리나라 주도의 '국제 수소이니셔티브'를 추진, 글로벌 청정수소경제를 선도해 나가겠다는 계획이다. 정부는 이번에 발표된 수소선도국가 비전을 수소경제이행기본계획에 담아 다음 달 중 제4차 수소경제위원회 개최를 통해 최종 확정할 방침이다.

※ 출처: 산업통산자원부 보도자료

05. 윗글의 중심 내용으로 가장 적절한 것은?

① 정부에서는 빠르게 발전하고 있는 수소경제 상황을 고려해 우리나라에서 적용 가능한 수소경제 활성화 로드맵을 발표할 예정이다.

② 정부에서는 수소 관련 민간사업이 발전할 수 있도록 R&D·세제·금융 등의 분야에서 정책적 지원을 시행할 것임을 밝혔다.

③ 정부에서는 청정수소를 확대하는 생산체제를 구축하고, 글로벌 수소기업들을 육성하여 글로벌 청정수소경제를 선도하겠다는 수소선도국가 비전을 발표했다.

④ 정부에서는 2050년까지 블루수소 200만 톤을 생산하고, 그린수소를 300만 톤을 생산할 예정임을 수소선도국가비전에 포함하였다.

⑤ 정부에서는 금번 수소선도국가 비전 발표식에서 수소경제이행기본계획을 발표하고 최종적으로 확정된 안을 발표하였다.

06. 윗글의 밑줄 친 ㉠과 바꿔 쓸 수 있는 것은?

① 조율하고 ② 조성하고 ③ 퍼벌하고 ④ 정비하고 ⑤ 확보하고

[07 - 08] 다음 보도자료를 읽고 각 물음에 답하시오.

보도자료		LH 한국토지주택공사	
배포일시	202X. 12. 10.(금)		
보도일시	즉시 보도 가능합니다.		
담당부서	스마트시티개발처	담당자	부장 최○○(055-123-1234) 차장 김○○(055-123-1235) 과장 정○○(055-123-1236)

LH, '202X LH 스마트시티 포럼' 개최

- '스마트시티 추진현황과 과제' 주제로 각계 전문가 주제발표 및 토론 진행
- 모든 사업지구에 스마트시티 전략계획 적용 등 스마트시티 확대 노력

LH는 10일, LH 경기지역본부 3층 대회의실에서 스마트시티 분야의 국내 석학 및 전문가들과 함께 '202X LH 스마트시티 포럼'을 개최했다고 밝혔다. LH, 스마트도시협회, 스마트도시건축학회 공동 주재로 열린 이번 포럼은 국내외 스마트시티 조성 사례와 핵심 기술, 정부의 탄소중립 정책과 관련한 '스마트그린' 등 스마트시티와 관련한 다양한 주제를 공유하고 대한민국 스마트시티 산업의 정책과 발전방향을 모색하기 위해 개최됐다. 그리고 포럼 내용은 유튜브 'LH 한국토지주택공사' 채널에 공유된다. 김○○ LH 사장은 개회사를 통해 "LH는 대한민국 스마트시티 선도기관으로서 각계 전문가들의 의견을 지속적으로 청취하고, 공공·민간·시민·학회의 협력 네트워크 구축을 통해 스마트시티 산업 발전에 앞장설 것"이라고 밝히며 세종 국가시범도시, 3기 신도시, 해외 신도시 등 LH의 스마트시티 주요 추진계획을 함께 설명했다.

포럼은 '스마트시티 추진현황과 과제'에 대해 3개 세션으로 구분돼 세부 주제를 정하고 전문가가 발표 및 토론하는 방식으로 진행됐다. 1부에서는 '스마트시티 정책과 LH 추진방향', 2부에서는 '미래 스마트시티 핵심 기술과 솔루션', 3부에서는 '스마트그린도시 R&D와 미래 전략'이 세부 주제로 선정됐다. 특히 그간의 LH 스마트시티 사업 추진현황을 설명하고, 스마트시티 조성을 위한 LH의 노력과 고민을 공유하는 시간을 가졌다. 2부에서는 자율주행 등 스마트시티 미래교통, 탄소중립을 위한 그린에너지 도시, 미래의 집에 대한 스마트 솔루션, 메타버스와 디지털트윈 등 스마트기술의 현재와 미래에 대해 각계 전문가의 의견을 나눴으며, 3부에서는 LH 토지주택연구원에서 정부의 그린뉴딜 정책에 발맞춘 LH 스마트그린도시 계획에 대한 연구 내용을 발표했다.

LH는 지난 2000년대 초부터 U-City(유비쿼터스 시티)를 사업지구에 도입했으며, U-City 개발 노하우를 바탕으로 대한민국 스마트시티 개발 선도기관으로서의 역할을 수행 중이다. 특히 국가시범도시로 지정된 세종 5-1 생활권에서 첨단 도시관리기술과 스마트 서비스를 자유롭게 적용해 향후 미래형 도시모델을 제시할 테스트베드 도시로 조성 중이고, 수도권 내 안정적인 주택공급을 위해 추진 중인 3기 신도시 사업지구에는 자율주행, 로봇배송, 스마트에듀, 환경관리 등 지구별 스마트시티 특화모델을 계획해 입주민 삶의 만족도를 높이고 지속가능한 도시발전을 위해 적극 힘쓰고 있다. (　　　) 국가시범도시 및 3기 신도시 스마트시티 개발 노하우를 바탕으로 LH가 개발하는 모든 사업지구에 대해 스마트시티 특화 전략계획(Smartcity Startegy Plan)을 적용하고, 이를 바탕으로 베트남 등에 한국형 스마트시티를 해외로 수출하기 위해 노력 중이다.

한편 기존 도시에서는 일정 구역을 대상으로 지역 주민의 의견을 반영한 스마트 서비스의 발굴·실증 및 확산을 위한 챌린지사업을 진행하고 있으며, 시민이 직접 도시문제를 발굴하고, 민간이 보유한 스마트기술을 통해 해결하는 '리빙랩'을 세종시를 시작으로 향후 전체 사업지구로의 확대 및 적용하는 것을 계획하고 있다. 아울러 여성 화장실 출입관리 시스템, 스마트 가로 주차관리 시스템, 특허를 출원·등록하고 시스템 개발을 추진하는 등 시민 체감형 스마트 서비스의 신규 발굴·적용을 위해서도 적극 노력 중이다. LH는 대한민국 스마트시티 개발의 선도기업으로서 앞으로도 도시 가치를 높이고 지속적인 혁신 창출이 가능한 스마트시티를 만들어 나갈 계획이다.

※ 출처: 한국토지주택공사 보도자료

07. 위 보도자료의 내용과 일치하는 것은?

① 포럼에서는 LH 스마트그린도시 계획에 대한 연구 내용 발표에 이어 각계 전문가들이 스마트기술의 현재와 미래에 대해 의견을 나누었다.

② 포럼에서 LH는 스마트시티 특화 전략계획을 기반으로 한국형 스마트시티를 해외로 수출하여 얻은 결과를 발표하였다.

③ 시민이 직접 도시문제를 찾아내고 이를 민간이 갖고 있는 스마트기술로 해결하는 리빙랩은 세종시를 포함한 전체 사업지구로 확대되었다.

④ LH는 포럼을 통해 그간 추진한 LH 스마트시티 사업 현황에 대해 설명했을 뿐 아니라 스마트시티 조성을 위한 노력과 고민을 공유하였다.

⑤ LH는 U-City를 사업지구에 도입하여 스마트시티 개발 선도기관으로서의 역할을 수행하고자 하였으나 U-City 개발이 미진한 상황이다.

08. 위 보도자료의 빈칸에 들어갈 단어로 가장 적절한 것은?

① 그러나 ② 다만 ③ 예컨대 ④ 또한 ⑤ 즉

09. 다음 문단을 논리적 순서대로 알맞게 배열한 것은?

(가) 우리는 흔히 영양제로 비타민과 무기질을 보충하려는 경향이 있다. 그런데, 사실 체내에서 충족되어야 하는 비타민과 무기질 대부분은 음식을 고르게 섭취하면 보충할 수 있어 별도로 복용할 필요는 없다. 오히려 사람마다 결핍되는 영양소가 달라 섭취해야 하는 영양소 및 섭취량은 과학적 근거로 산정된 영양섭취기준(DRI, Dietary Reference Intakes)에 따르는 것이 좋다.

(나) 이를테면, 임신을 했거나 수유 중인 여성은 아이에게도 영양소를 제공해야 하므로 엽산, 칼슘, 비타민D의 섭취량을 늘려야 하고 채식주의자의 경우 고기를 통해 얻을 수 있는 비타민 B12, 비타민D, 칼슘, 오메가3 등이 결핍된 상태일 수 있어 영양제를 이용해서라도 영양소를 채워주어야 한다. 그뿐만 아니라 음식을 골고루 섭취하는 사람이라도 위장장애나 노화로 인해 영양소 흡수에 어려움을 겪는다면 영양제를 복용하여 체내에 영양소를 공급해주어야 한다.

(다) 다만, 유익한 영양소가 체내에 쌓이는 데 가장 효과적인 방법은 자연에 있는 음식들을 가리지 않고 잘 먹는 것이라는 걸 명심해야 한다. 영양제는 '영양 보충제'라고도 불리는데, 결과적으로 영양제는 우리 몸에서 필요로 하는 영양분을 보충해주는 역할에 지나지 않는다. 만약 건강한 사람이 균형 있게 식사한다면 영양 결핍 문제를 크게 염려할 필요가 없으므로 영양제를 따로 섭취하지 않아도 된다. 오히려 영양제에 과도하게 의존할 경우 식사에 소홀해져 건강을 해칠 수 있으므로 주의해야 한다.

(라) 우리가 건강한 삶을 영위하기 위해서는 신체 건강에 도움이 되는 영양소를 충분히 섭취하여야 한다. 하지만 음식을 통해서는 필요한 영양분을 모두 충족하기 어렵기 때문에 영양 균형 상태를 유지하고자 많은 사람이 영양제를 먹는다. 결국 영양제란 영양 결핍을 예방하기 위해 각종 영양 성분을 배합하여 정제(錠劑)나 음료 형태로 만들어 체내 흡수가 잘되도록 만든 영양 보충 약이다.

① (가) – (나) – (다) – (라)

② (가) – (라) – (나) – (다)

③ (라) – (가) – (나) – (다)

④ (라) – (가) – (다) – (나)

⑤ (라) – (나) – (가) – (다)

10. **다음 글의 빈칸에 들어갈 말로 가장 적절한 것은?**

> 경제적 자립(Financial Independence)을 기반으로 한 자발적인 조기 은퇴(Retire Early)를 목표로 하는 사람을 일컫는 파이어(FIRE)족은 1990년대 미국에서 최초로 등장한 이후 2008년 세계 금융 위기를 기점으로 확산되었다. 이는 세계 금융 위기 이래 경기 침체기에 경제생활을 시작한 밀레니얼 세대를 중심으로 전 세계에 퍼져나갔다. 불황이 지속되는 상황에서 부모 세대인 베이비붐 세대가 준비 없이 은퇴하고, 은퇴한 이후에도 경제적 어려움을 겪는 모습을 본 자녀 세대가 불확실한 미래에 대해 불안감을 느끼면서 파이어족에 관심을 두게 된 것으로 분석된다. 또한, 밀레니얼 세대가 사회적인 성공보다 개인의 일상과 행복을 중요시하며, 성취감이 낮은 직장에 대해 불만을 느끼고 있다는 점이 파이어족의 확산에 영향을 준 것으로 알려졌다. 파이어족은 사람들이 보편적으로 은퇴하는 시기인 50~60대가 아니라 빠르면 30대 말, 늦어도 40대 초에는 은퇴하여 경제적 자유를 달성하고 진정으로 하고 싶은 일을 하겠다는 목표를 갖고 있다. 이들은 직장 생활을 하는 20대부터 주택의 규모를 줄이고 외식과 여행을 자제하며 걸어서 출퇴근하는 등 생활비를 극단적으로 절약하고 수입의 70~90%가량을 저축한다. 또한, 텃밭을 재배하는 등 스스로 먹거리를 생산하거나 본업 외에 부업과 부동산 및 주식 투자를 통해 추가 수입을 얻기도 한다. 파이어족은 삶의 가치를 소비에서 찾지 않기 때문에 (　　　　　　　　　　　　　　　　　　　　　　　　) 물론 이들은 은퇴하고 나서도 제한된 자산으로 남은 생애를 살아야 해서 은퇴 이전과 마찬가지로 절약이 필수적이므로 경제적으로 풍요로운 생활과는 거리가 있다. 즉, 부자가 되겠다는 것이 아니라 돈에 속박되는 삶보다 자유로운 삶을 좇겠다는 것이다. 파이어족은 실제로 조기 은퇴를 목표로 하지 않는 사람에게도 불필요한 소비에 대한 경각심을 심어 주고, 저축과 장기 투자에 대한 중요성과 관심을 환기한다는 점에서 의의가 있다. 그러나 대다수 직장인의 소득이 40대에 최고점에 달한다는 점을 근거로 파이어족의 이른 은퇴를 탐탁지 않게 바라보는 전문가도 있다. 파이어족이 조기 은퇴를 하고 경제적 활동을 하지 않으면 잠재 소득이 감소할뿐더러 연금과 같은 사회보장제도의 혜택을 받는 데 부정적인 영향을 줄 가능성이 있다. 또한, 은퇴하고 난 뒤에는 근로 소득이 없어서 부동산, 주식 등의 투자 소득에 의존하게 될 확률이 높아지기에 금융시장의 상황에 따라 개개인의 생활이 좌우될 수 있다는 문제도 지적된다.

① 대부분이 투자 소득에 과도하게 의지하는 경향을 보여 경제적 위험성이 높다는 평가를 받는다.

② 덜 쓰고 덜 편하게 사는 대신 최대한 빨리 재정적으로 자립하여 노동에서 벗어나고자 한다.

③ 현재의 만족보다 미래의 안정감을 중시하여 풍요로운 노년을 향유하고자 젊은 시절에 근검절약한다.

④ 극단적 절약을 추구하는 베이비붐 세대의 가치관 형성에도 막대한 영향을 미친 것으로 분석된다.

⑤ 생산 활동에서 즐거움을 찾는 경우가 다수 있어 높은 급여보다 업무에서 얻는 만족감을 중시한다.

[11 – 12] 다음 보도자료를 읽고 각 물음에 답하시오.

ㅁ 태양광설비는 중앙공원 1단계 및 수목원 주차장 약 37천 m^2의 부지를 대상으로 약 2.4MW의 설비가 설치되었다. 이 태양광발전설비로 연간 약 700가구가 사용 가능한 3,000MWh의 전력량이 생산된다. 특히 약 1,300t의 온실가스 배출을 저감할 수 있는데, 소나무 약 20만 그루를 (㉠)하였을 때 얻는 효과와 거의 동일하다. ㉡ 반면, 여름철에는 주차된 차량에 그늘을 제공하고 우천과 강설 시 비와 눈의 가림막 역할을 하는 등 부수적인 기능도 제공한다.

ㅁ 위 사업은 주변 경관과 어울리는 우수한 디자인 선정을 위해 ㉢ 각분야 전문가의 평가 및 '행복도시 에너지·환경 자문단'의 자문을 거쳐 설계안을 확정하였으며, 산림청, 세종특별자치시, 한국토지주택공사 등 정부혁신을 위한 관계기관 간 소통과 협업을 통해 추진되었다.

ㅁ 행정중심복합도시건설청에서는 2030년까지 전체 에너지 소비량의 25%를 신재생에너지로 도입하기 위해 태양광발전시설 등 다양한 신재생에너지원을 지속적으로 확충하여 왔다. 현재까지 대전~유성 자전거도로, 방음터널 등 총 13개소의 상업용 태양광발전시설이 운영 중이며, 건축물 등에 도입된 자가용 태양광설비를 포함하여 약 36MW를 도입하여 이전 대비 연간 20,200t CO_2의 온실가스가 ㉣ 감축되었다.

ㅁ 행정중심복합도시건설청 녹색에너지환경과장은 "행복도시를 저탄소 청정에너지도시로 조성하기 위해 태양광에너지뿐만 아니라 다양한 신재생에너지원을 도입하도록 노력할 것"이라고 밝혔다. ㉤ 행정중심복합도시건설청은 행복도시 중앙공원 1단계 및 국립세종수목원 주차장 내 태양광발전시설 설치공사를 완료하였다고 밝혔다.

※ 출처: 행정중심복합도시건설청

11. 위 보도자료의 ㉠~㉤을 바르게 고쳐 쓴다고 할 때, 적절하지 않은 것은?

① 빈칸이 있는 문장의 흐름을 고려하여 ㉠에 '식재'를 넣는다.
② 앞뒤 문장이 자연스럽게 연결되도록 ㉡을 '또한'으로 바꾼다.
③ 띄어쓰기가 올바르지 않은 ㉢을 '각 분야'로 띄어 쓴다.
④ 단어의 쓰임이 바르지 않은 ㉣은 '증대'로 수정한다.
⑤ 보도자료의 전체적인 내용을 고려하여 ㉤을 가장 처음으로 이동시킨다.

12. 위 보도자료의 내용과 일치하지 않는 것은?

① 태양광발전설비는 비가 오거나 눈이 올 때 가림막 역할을 해주기도 한다.
② 행복도시 태양광 설치 설계안은 산림청과 세종특별자치시의 의견에 따라 확정되었다.
③ 행복도시에서 태양광발전을 확대한 궁극적인 목표는 저탄소 청정에너지도시 이룩에 있다.
④ 태양광발전설비로 생산되는 3,000MWh는 연간 약 700가구가 사용할 수 있는 전력량이다.
⑤ 행정중심복합도시건설청에서는 2030년까지 전체 에너지 소비량의 약 1/4을 신재생에너지로 바꿀 예정이다.

13. 다음 상황에서 을 팀장의 경청 방해 요인으로 가장 적절한 것은?

> 신입사원 갑이 "최근 고객 CS에 악성 민원이 폭주해서 감당하기 어려워요. 이게 제 길이 맞는지 모르겠어요"라고 하자마자, 팀장 을은 "그럼 FAQ부터 새로 짜 봐요. 내가 예전에 해봤는데 효과 좋아요. 내일 초안 가져와요"라고 지시했다. 갑 사원이 울먹이며 힘듦을 토로했지만, 을 팀장은 회의록에 'FAQ 보강'이라 적으며 다음 안건으로 넘어갔다.

① 언쟁하기

② 대답할 말 준비하기

③ 짐작하기

④ 판단하기

⑤ 조언하기

14. 민호는 집에서 학교까지 일정한 속력으로 걸어서 등교할 때 35분이 걸렸고, 학교가 끝나고 집으로 돌아올 때는 8km/h 더 빠르게 걸어 등교할 때보다 14분이 적게 걸렸다. 민호는 항상 같은 길로 이동할 때, 집과 학교 사이의 거리는?

① 6km ② 7km ③ 8km ④ 9km ⑤ 10km

15. △△사에서는 회사의 창립기념일을 맞이하여 직원 50명을 대상으로 경품 추첨을 진행하였다. 경품은 백화점 상품권이며, 상품권의 금액별로 준비된 장수는 다음과 같을 때, 직원들이 받을 수 있는 백화점 상품권의 평균 금액은?

상품권 금액(원)	50,000	100,000	200,000	500,000
상품권 수(장)	29	15	5	1

① 17,000원 ② 68,000원 ③ 89,000원 ④ 103,000원 ⑤ 135,000원

16. 어느 제조업체는 원가가 50,000원인 부품을 240개 제작하여 12% 이익률을 적용해 판매하려 했으나, 잉크 부족으로 180개만 제작할 수 있었다. 이때, 180개를 판매하여 원래 계획한 총이익과 동일한 이익을 남기려면, 부품 1개당 얼마의 이익률을 적용해야 하는가?

① 16% ② 17% ③ 18% ④ 19% ⑤ 20%

17. 다음은 연구수행 주체별 연구개발비 현황에 대한 자료이다. 자료에 대한 설명으로 옳은 것을 모두 고르면?

[연구수행 주체별 연구개발비 현황]

구분		연구개발 수행기관(개)	외부로부터 받은 연구개발비 (백만 원)	자체 부담 연구개발비 (백만 원)	외부로 지출한 연구개발비 (백만 원)
공공 연구 기관	소계	419	10,264,932	940,022	1,036,188
	국·공립	80	651,479	376,165	191,981
	정부 출연	77	7,937,141	448,582	579,055
	지방자치단체 출연	55	222,898	34,087	19,031
	기타 비영리	171	1,314,899	58,643	232,043
	국·공립 병원	16	20,822	1,048	4,037
	사립 병원	20	117,693	21,497	10,041
대학	소계	368	7,306,684	368,784	303,819
	국·공립	77	3,237,251	157,408	120,089
	사립	291	4,069,433	211,376	183,730
기업체	소계	52,218	6,319,993	69,466,626	4,279,956
	정부투자 기관	48	90,167	927,949	149,227
	민간	52,170	6,229,826	68,538,677	4,130,729
합계		53,005	23,891,609	70,775,432	5,619,963

※ 자체 사용 연구개발비 = 외부로부터 받은 연구개발비 + 자체 부담 연구개발비 – 외부로 지출한 연구개발비

※ 출처: KOSIS(과학기술정보통신부, 연구개발활동조사)

㉠ 외부로부터 받은 연구개발비는 국·공립 대학이 국·공립 공공연구기관의 5배 이상이다.
㉡ 민간 기업체의 자체 사용 연구개발비는 70,637,774백만 원이다.
㉢ 사립 대학 1개당 외부로 지출한 연구개발비는 약 631백만 원이다.
㉣ 공공연구기관에서 외부로부터 받은 연구개발비와 자체 부담 연구개발비가 많은 순서에 따른 연구수행 주체의 순위는 동일하다.

① ㉠, ㉡　② ㉠, ㉢　③ ㉠, ㉣　④ ㉡, ㉢　⑤ ㉡, ㉣

[18 – 19] 다음은 Z 국의 지역별 정신의료기관 입원환자 수에 대한 자료이다. 각 물음에 답하시오.

[지역별 정신의료기관 입원환자 수]

(단위: 명)

구분	2022년	2023년	2024년
A 지역	16,744	15,823	12,682
B 지역	10,578	10,542	9,905
C 지역	10,206	9,966	8,627
D 지역	8,801	8,904	8,734
E 지역	5,462	5,153	4,752
F 지역	3,213	3,248	2,699
G 지역	3,048	3,203	2,584
H 지역	166	154	130
I 지역	33,027	31,848	27,544
J 지역	4,757	4,536	3,795
K 지역	6,075	6,021	5,113
L 지역	7,759	7,485	6,590
M 지역	7,401	6,911	6,161
N 지역	5,618	5,492	4,956
O 지역	11,618	10,924	9,847
P 지역	15,438	14,552	13,088
Q 지역	1,189	1,095	1,009
전국	151,100	145,857	128,216

18. 제시된 기간 중 입원환자 수 상위 5개 지역의 입원환자 수의 합이 가장 큰 해에 전국 입원환자 수에서 상위 5개 지역의 입원환자 수가 차지하는 비중은 얼마인가?

① 57.8% ② 59.1% ③ 60.2% ④ 63.4% ⑤ 65.3%

19. 2024년 입원환자 수의 2년 전 대비 변화량이 세 번째로 큰 지역의 2024년 입원환자 수의 2년 전 대비 감소율은 얼마인가?

① 11.8% ② 12.9% ③ 13.4% ④ 14.5% ⑤ 15.2%

[20 - 21] 다음은 연도별 전시사업자 현황에 대한 자료이다. 각 물음에 답하시오.

[전시사업자 업종별 사업체 수 및 종사자 수]

구분			전시시설업	전시주최업	전시디자인 설치업	전시서비스업	전체
2018년	사업체 수(개)		14	831	562	1,363	2,770
	종사자 수(명)		364	4,895	4,387	11,428	21,074
		남자	202	2,462	2,416	7,920	13,000
		여자	162	2,433	1,971	3,508	8,074
2019년	사업체 수(개)		15	891	719	1,452	3,077
	종사자 수(명)		331	5,086	4,779	11,541	21,737
		남자	182	2,618	2,804	7,956	13,560
		여자	149	2,468	1,975	3,585	8,177
2020년	사업체 수(개)		16	563	508	1,041	2,128
	종사자 수(명)		287	3,308	3,251	3,088	9,934
		남자	175	1,547	1,855	1,956	5,533
		여자	112	1,761	1,396	1,132	4,401

[전시사업자 전체 매출액 및 영업이익]

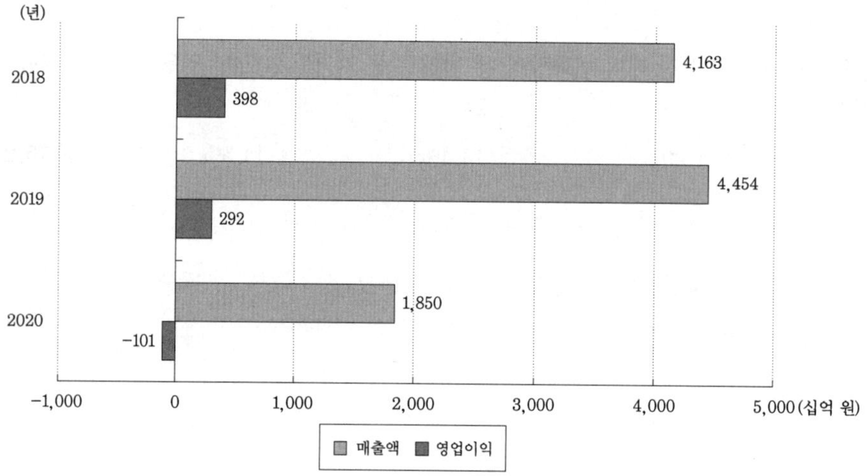

※ 출처: KOSIS(한국전시산업진흥회, 전시산업통계조사)

20. 다음 중 자료에 대한 설명으로 옳은 것은?

① 2019년 대비 2020년의 감소율은 전시사업자 전체 매출액이 전시사업자 전체 영업이익보다 크다.

② 2019년 대비 2020년 제시된 모든 업종별 사업체 수는 감소하였다.

③ 2020년 제시된 모든 업종에서 남자 종사자 수가 여자 종사자 수보다 많다.

④ 제시된 기간 동안 전시사업자 전체 매출액이 가장 큰 해에 전체 종사자 1명당 매출액은 2억 원 이상이다.

⑤ 2018~2020년 연도별 남자 종사자 수의 평균은 전시주최업이 전시디자인설치업보다 더 많다.

21. 다음 중 제시된 자료를 바탕으로 연도별 전체 사업체 1개당 종사자 수를 나타낸 그래프로 옳은 것은?

①
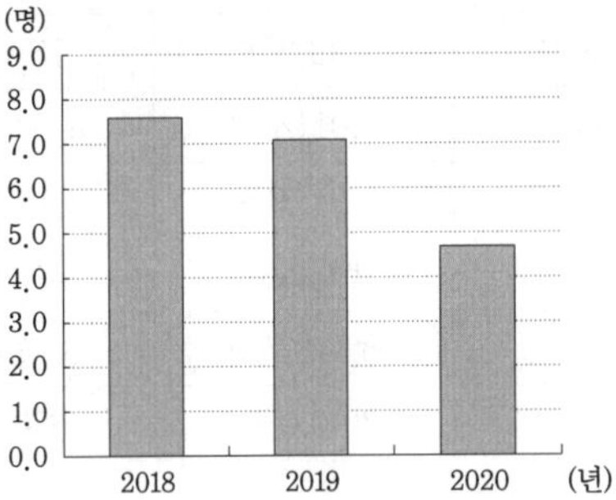

②
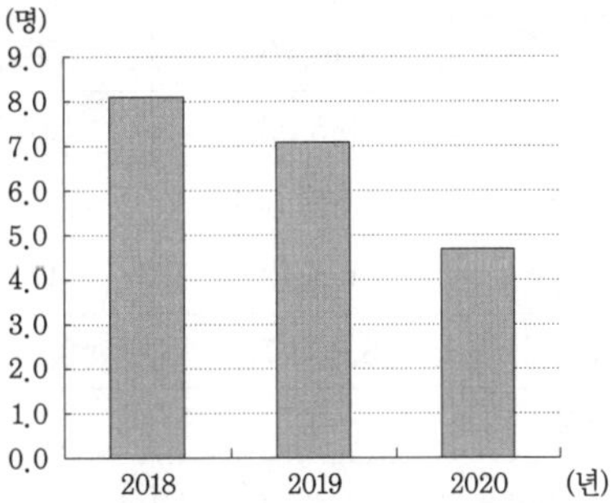

③
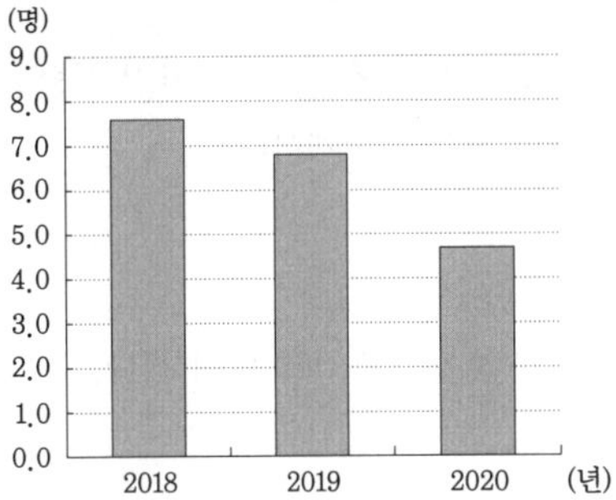

④
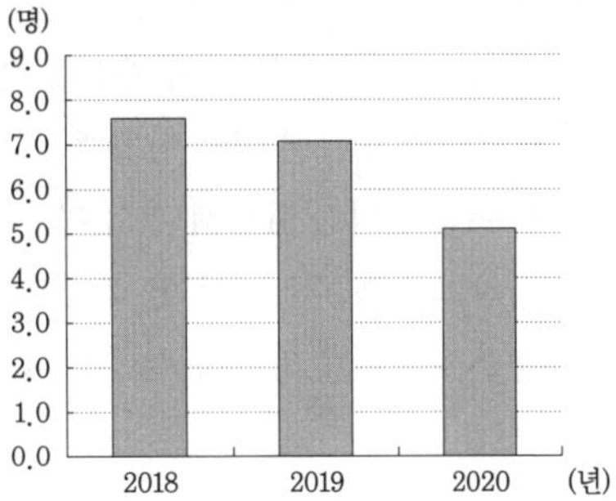

⑤
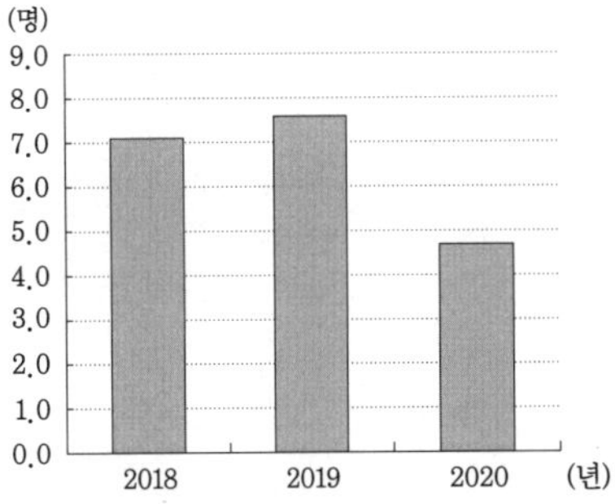

22. 다음은 국립공원으로 지정된 산들의 연도별 탐방객 수에 대한 자료이다. 자료에 대한 설명으로 옳은 것은?

[연도별 국립공원 탐방객 수]

(단위: 명)

구분	2015	2016	2017	2018	2019
지리산	2,929,709	2,876,031	3,067,190	3,308,833	3,005,498
계룡산	1,653,004	1,325,480	1,721,735	1,817,602	1,949,660
설악산	2,821,271	3,654,211	3,693,991	3,241,484	2,868,098
속리산	1,115,247	1,223,152	1,349,381	1,244,854	1,285,804
한라산	1,255,731	1,065,898	1,001,437	891,817	848,279
내장산	1,688,948	1,641,589	2,102,467	1,948,616	1,907,905
가야산	717,091	771,724	860,181	672,901	654,682
덕유산	1,759,248	1,710,143	1,731,939	1,501,306	1,222,691
오대산	1,695,725	1,247,730	1,510,658	1,399,119	1,360,966
주왕산	901,306	1,009,712	1,312,445	1,155,063	1,064,590
북한산	6,371,791	6,087,156	5,955,251	5,518,508	5,574,539
치악산	616,403	662,137	670,880	738,368	759,346
월악산	995,003	1,052,118	1,055,621	1,014,793	1,000,518
소백산	1,351,661	1,288,566	1,224,129	1,193,986	1,158,325
월출산	485,137	477,629	508,118	408,930	493,538
무등산	3,609,717	3,571,712	3,513,576	3,143,779	3,155,903
태백산	-	-	596,676	680,068	676,429

※ 태백산은 2016년 8월 22일에 국립공원으로 지정되어 2017년부터 집계됨

※ 출처: KOSIS(국립공원공단, 국립공원기본통계)

① 2019년 탐방객 수가 다른 산 대비 가장 많은 산과 가장 적은 산의 탐방객 수 차이는 5,081,001명이다.

② 태백산을 제외하고 2017년 이후 탐방객 수가 전년 대비 매년 증가한 산은 총 3개이다.

③ 제시된 기간 동안 설악산 탐방객 수의 평균은 3,300,000명 이상이다.

④ 2017년 내장산 탐방객 수는 2년 전 대비 25% 이상 증가하였다.

⑤ 2016년 계룡산과 덕유산 탐방객 수의 합은 같은 해 무등산 탐방객 수보다 536,069명 더 적다.

23. 다음은 서울시 자치구별 공중위생영업소 수에 대한 자료이다. 자료에 대한 설명으로 옳지 않은 것은?

[서울시 자치구별 공중위생영업소 수]

(단위: 개소)

구분	숙박업	이용업	미용업	목욕장업	세탁업	건물위생 관리업
계	2,954	2,647	26,906	891	4,574	3,207
종로구	226	90	414	32	84	70
중구	350	83	581	43	95	148
용산구	104	78	549	37	109	77
성동구	84	78	703	22	158	93
광진구	90	105	1,052	28	195	100
동대문구	171	126	858	31	166	101
중랑구	109	132	1,017	25	182	67
성북구	89	116	1,010	28	199	53
강북구	169	103	952	30	169	40
도봉구	33	88	791	22	139	51
노원구	34	123	1,118	30	178	82
은평구	81	135	1,273	32	202	69
서대문구	90	73	800	28	120	48
마포구	93	96	1,476	32	179	174
양천구	22	105	1,181	33	178	80
강서구	143	116	1,549	42	235	145
구로구	133	106	1,032	37	198	132
금천구	86	84	621	19	135	120
영등포구	244	141	999	42	190	240
동작구	48	96	906	32	169	65
관악구	148	124	1,238	35	254	71
서초구	62	76	1,262	55	212	276
강남구	153	109	2,416	96	329	376
송파구	95	142	1,812	51	297	411
강동구	97	122	1,296	29	202	118

※ 출처: KOSIS(서울특별시, 서울특별시기본통계)

① 숙박업 영업소 수가 세탁업 영업소 수보다 많거나 같은 서울시 자치구는 총 5개이다.

② 서울시의 건물위생관리업 영업소 수에서 용산구의 건물위생관리업 영업소 수가 차지하는 비중은 약 2.4%이다.

③ 서울시에서 이용업 영업소 수가 가장 많은 자치구는 서울시에서 목욕장업 영업소 수가 2번째로 많다.

④ 강남구의 미용업 영업소 수는 도봉구의 미용업 영업소 수의 3배 이상이다.

⑤ 마포구의 공중위생영업소 수는 총 2,050개소이다.

[24 - 26] 다음은 A 지역의 대학 계열별 졸업자 수를 나타낸 자료이다. 각 물음에 답하시오.

[대학 계열별 졸업자 수]

(단위: 백 명)

구분	2014년		2015년		2016년		2017년		2018년	
	남자	여자	남자	여자	남자	여자	남자	여자	남자	여자
전문대학	779	1,054	796	1,028	784	1,000	744	968	746	942
대학	1,525	1,491	1,621	1,603	1,668	1,679	1,667	1,689	444	469
산업대학	97	60	94	57	76	34	71	22	49	17
일반대학원	251	196	245	195	248	200	252	209	245	205
전체	2,652	2,801	2,756	2,883	2,776	2,913	2,734	2,888	1,484	1,633

24. 다음 중 자료에 대한 설명으로 옳지 않은 것을 모두 고르면?

㉠ 제시된 기간 동안 전체 졸업자 수는 매년 여자가 남자보다 많다.
㉡ 2017년 남자의 전체 졸업자 수에서 일반대학원을 졸업한 남자의 비중은 같은 해 여자의 전체 졸업자 수에서 일반대학원을 졸업한 여자의 비중보다 작다.
㉢ 제시된 기간 동안 남자와 여자의 전문대학 졸업자 수의 전년 대비 증감 추이는 서로 동일하다.
㉣ 2018년 여자의 전체 졸업자 수의 전년 대비 감소율은 40% 이상이다.

① ㉠, ㉡ ② ㉡, ㉢ ③ ㉢, ㉣ ④ ㉠, ㉡, ㉢ ⑤ ㉡, ㉢, ㉣

25. 2019년 전문대학 졸업자 수가 전년 대비 10% 증가하였고, 2019년 일반대학원 졸업자 수가 전년 대비 10% 감소하였을 때, 2019년 전문대학과 일반대학원 졸업자 수의 합은 약 얼마인가? (단, 소수점 첫째 자리에서 반올림하여 계산한다.)

① 1,924백 명 ② 2,262백 명 ③ 2,352백 명 ④ 2,586백 명 ⑤ 2,846백 명

26. 다음 중 제시된 자료를 바탕으로 만든 그래프로 옳지 않은 것은?

① [산업대학 졸업자 수]

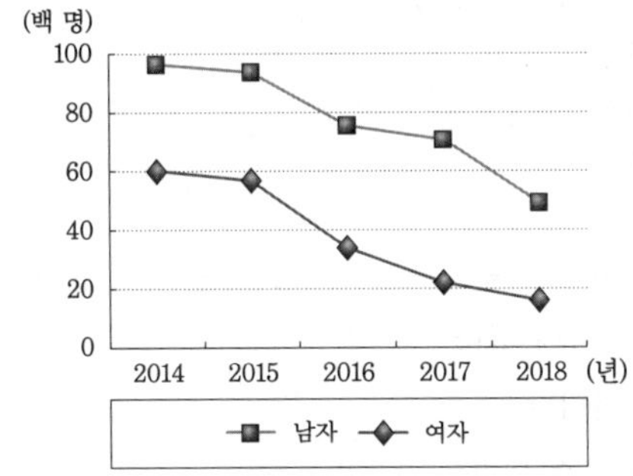

② [2018년 대학 계열별 졸업자 수]

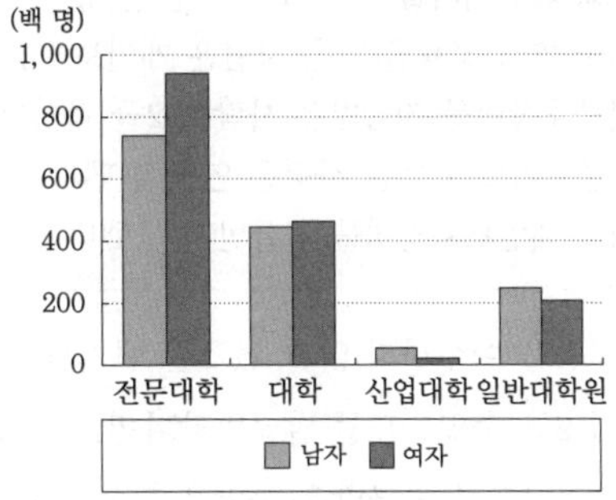

③ [대학 졸업자 수]

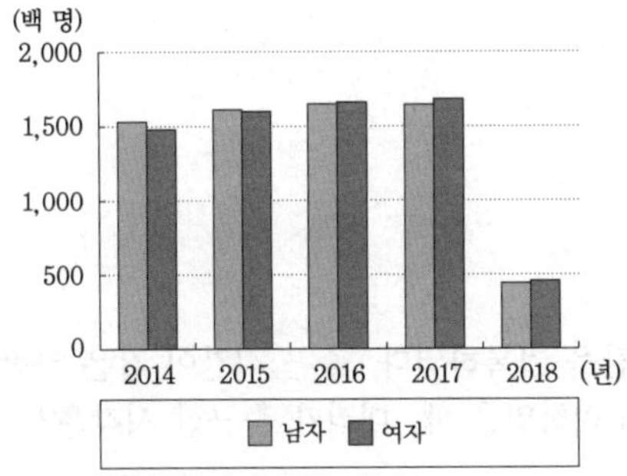

④ [전문대학 졸업자 수]

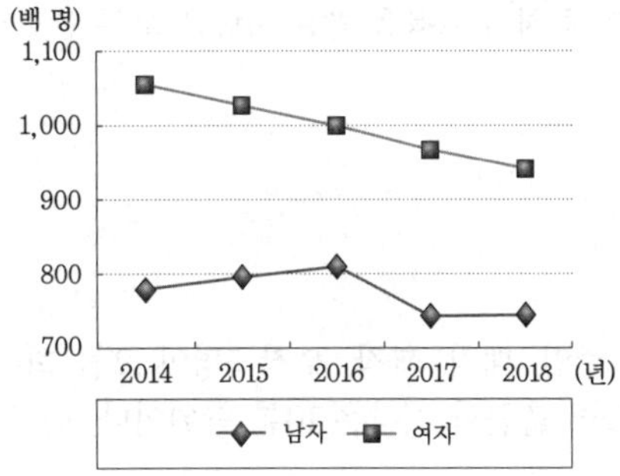

⑤ [2016년 대학 계열별 여자 졸업자 비중]

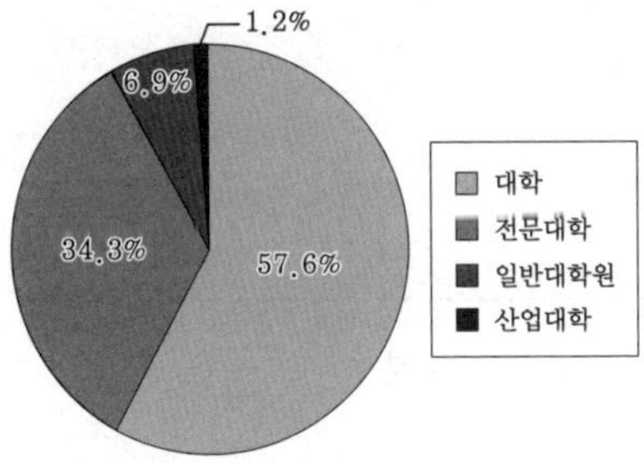

27. **다음 명제가 모두 참일 때, 항상 옳은 것은?**

> • 안전교육과 폐기물 처리 교육을 받은 경우에만 연구실 벤치를 사용할 수 있다.
> • 폐기물 처리 교육을 받은 사람은 개인보호장비를 지급받는다.
> • 개인보호장비를 지급받은 사람은 2급 출입카드를 발급받는다.
> • 2급 출입카드가 없는 사람은 연구실 벤치를 사용할 수 없다.
> • 민지는 개인보호장비를 지급받지 못했다.

① 안전교육을 이수하지 않고 연구실 벤치를 사용할 수 있는 사람이 있다.

② 민지가 2급 출입카드를 발급받았다면, 안전교육을 이수한 것이다.

③ 2급 출입카드를 발급받은 사람은 모두 연구실 벤치를 사용할 수 있다.

④ 민지는 연구실 벤치를 사용할 수 없다.

⑤ 폐기물 처리 교육을 받은 사람은 모두 안전교육도 받았다.

28. **사원, 주임, 대리, 과장, 부장 5명이 오늘 회사에 출근한 시간을 기록하였다. 출근 시간이 같은 사람은 없고, 사람들이 출근한 시각은 10분 단위이다. 다음 조건을 모두 고려하였을 때, 대리가 출근한 시각은?**

> • 가장 먼저 출근한 사람은 8시 20분에 출근하였다.
> • 과장은 가장 늦게 출근한 사람이 아니다.
> • 주임은 대리보다 늦게 출근하였다.
> • 부장과 과장이 출근한 시각의 차는 30분이다.
> • 사원은 과장과 대리보다 먼저 출근하였다.
> • 대리는 부장보다 늦게 출근하였다.

① 8시 20분 ② 8시 30분 ③ 8시 40분 ④ 8시 50분 ⑤ 9시

29. **A~E 5명이 근무하고 있는 ◇◇공사의 한 지사에서 문서 유출 사건이 발생하였다. A~E 5명 중 2명은 거짓을 말하고, 3명은 진실을 말하고 있다. 문서를 유출한 사람은 1명일 때, 문서를 유출한 사람은?**

> • A: B 또는 E가 문서를 유출했습니다.
> • B: D의 말은 진실입니다.
> • C: E가 문서를 유출했습니다.
> • D: C는 문서를 유출하지 않았습니다.
> • E: 제가 문서를 유출했습니다.

① A ② B ③ C ④ D ⑤ E

30. 다음 보도자료의 내용을 근거로 판단한 내용으로 옳지 않은 것은?

국토교통부는 지난달 28일에 공고한 올해 첫 번째 공공 사전청약인 5차 신혼희망타운 사전청약 접수를 마감한 결과, 지구별로 3기 신도시인 남양주 왕숙2, 인천 계양, 남양주 왕숙 순으로 높은 청약률을 보였다고 밝혔다. 남양주 왕숙 $55m^2$ 테라스형의 경우 5가구 모집에 215명이 신청해 43.0 대 1의 최고 경쟁률을 기록했다. 인천 가정2 지구는 다른 지구와 달리 당해 지역 100%로 491가구를 공급한 결과, 680명이 접수해 조기 마감됐다.

국토교통부는 이번 지구들은 서울 접근성, 교통 편의성, 공원·녹지, 일자리 여건 등이 우수할 뿐만 아니라 육아·교육 특화형 설계와 국·공립 유치원이 설치되는 등 아이 키우기 좋은 도시로 특화돼 신혼부부들에게 인기가 많았다고 분석했다. 5차 신혼희망타운 사전청약 신청자의 연령대는 30대가 66.2%, 20대가 23.4%로 20~30대가 대부분이었다. 신청자의 거주지역은 서울이 43.8%, 경기·인천이 56.1%로 나타나 서울 거주자들도 경기·인천 지역의 청약에 관심이 많은 것으로 조사됐다.

국토교통부는 향후 청약통장 적정 여부 확인 등을 거쳐 오는 31일에 당첨자를 우선 발표하고 소득·무주택 등 기준에 부합하는지를 추가로 심사해 확정할 예정이며, 신청자는 사전청약.kr에서 당첨여부를 확인할 수 있다. 김○○ 국토부 주택토지실장은 "다음 주에는 2기 신도시 등에 공공분양 1,300가구, 민간분양 3,200가구 등 모두 4,500가구 규모의 사전청약 물량을 신규로 공급할 예정"이라고 밝혔다.

[5차 신혼희망타운 사전청약 접수 결과]

구분	블록	타입	신청	공급
남양주 왕숙	A20	$55m^2$	2,005건	577건
		$55Tm^2$	215건	5건
남양주 왕숙2	A4	$55m^2$	3,305건	483건
인천 계양	A17	$55m^2$	1,734건	284건
인천 가정2	A2	$55m^2$	680건	491건

※ 타입의 T는 테라스형을 의미함

※ 출처: 국토교통부 보도자료

① 5차 신혼희망타운 이후에 2기 신도시 등에 공급될 4,500가구 규모의 물량 중 민간분양 가구에 대한 신규 사전청약 신청 건수가 15,000건이라면, 경쟁률은 약 4.7 대 1이다.

② 5차 신혼희망타운 사전청약 신청자 중 경기·인천에 거주하는 사람의 비율은 서울에 거주하는 사람의 비율보다 13%p 이상 많다.

③ 5차 신혼희망타운 중 남양주 왕숙2 $55m^2$ 타입의 공급 물량에 대한 경쟁률은 약 6.8 대 1이다.

④ 5차 신혼희망타운 중 당해 지역 100%를 공급해 조기에 마감한 지구의 경쟁률은 2 대 1보다 낮다.

⑤ 5차 신혼희망타운 사전청약 접수 결과, 총 공급 물량인 1,840건에 대한 신청 건수는 총 7,939건이었다.

31. 다음 일반 토지 매입 안내문의 일부와 감정평가업자 갑, 을의 평가 방법을 근거로 판단할 때, A 토지의 최대 매입 금액은?

[일반 토지 매입 안내]

1. 일반 토지 매입의 정의
   - 토지를 처분하는 토지소유자로부터 토지를 매입하여 향후 공공 개발 사업 등에 직접 활용하거나, 해당 토지를 필요로 하는 실수요자에게 매각하는 제도

2. 매입 금액의 결정
   - 2인의 감정평가업자가 평가한 감정평가액을 산술평균한 금액 이내에서, 매입 대상 토지의 개별 여건 및 인근 토지의 거래 상황 등을 종합적으로 고려하여 결정함

3. 토지 매입 절차
   - 토지 매입 공고 → 매각 신청 접수 → 토지 조사 및 심사 → 매수 적격 통보 → 측량, 감정평가 예치금 입금 → 측량, 감정평가 → 금액 협의 → 계약 체결 → 예치금 반환 → 대금 지급 소유권 이전

[갑의 감정평가 방법]

- 평가금액 = 표준지 공시지가 × 표준지 공시지가 시점 수정 × 지역 요인 × 개별 요인 × 기타 요인

[을의 감정평가 방법]

- 평가금액 = 개별 공시지가 × 개별 공시지가 시점 수정 × 지역 요인 × 개별 요인 × 기타 요인

[A 토지 정보]

- 소재지: ○○시 ○○구 ○○동 123
- 면적: 150m^2
- 표준지 공시지가: 2,000,000원/m^2
- 표준지 공시지가 시점 수정: 1.05
- 개별 공시지가: 2,500,000원/m^2
- 개별 공시지가 시점 수정: 1.00
- 지역 요인: A 토지가 표준지 공시지가 및 개별 공시지가 토지의 인근 지역에 위치하여 동일하게 1.00으로 계산함
- 개별 요인: A 토지가 표준지 공시지가 및 개별 공시지가 토지보다 환경 조건이 20% 우세하고 다른 조건은 동일하여 개별 요인을 1.20으로 계산함
- 기타 요인: 그 밖의 요인으로 보정할 사항 없으므로 기타 요인은 1.00으로 계산함

① 378,000,000원 ② 396,000,000원 ③ 414,000,000원 ④ 450,000,000원 ⑤ 486,000,000원

[32 – 33] **다음은 야구 리그가 진행 중인 갑~무 5팀의 팀별 경기 기록과 팀별 외국인 타자 5명의 평가항목별 점수에 대한 자료이다. 각 물음에 답하시오.** (단, 승률 및 비율은 소수점 둘째 자리에서 반올림하여 계산한다.)

[팀별 경기 기록]

팀 \ 상대팀	갑	을	병	정	무
갑	–	10승 4무 18패	9승 8무 15패	9승 1무 22패	12승 7무 13패
을	18승 4무 10패	–	13승 1무 18패	8승 0무 24패	8승 0무 24패
병	15승 8무 9패	18승 1무 13패	–	18승 5무 9패	10승 0무 22패
정	22승 1무 9패	24승 0무 8패	9승 5무 18패	–	6승 0무 26패
무	13승 7무 12패	24승 0무 8패	22승 0무 10패	26승 0무 6패	–

※ 각 팀의 승률은 각 팀이 치른 모든 경기 결과에서 {승리한 경기 수 / (승리한 경기 수 + 패배한 경기 수) × 100}으로 산출함

[팀별 외국인 타자의 평가항목별 점수]

(단위: 점)

타자 \ 평가항목	타격 정확도	힘	수비	스피드	신체 조건
갑 팀 타자	18	11	15	13	17
을 팀 타자	12	15	18	15	17
병 팀 타자	16	12	13	12	18
정 팀 타자	15	18	17	18	11
무 팀 타자	18	13	11	16	16

※ 1) 5개의 평가항목 외 다른 평가항목은 없음
2) 평가항목별 만점은 20점으로 모두 같음

32. **승률이 가장 높은 팀과 가장 낮은 팀의 승률을 합한 값은?**

① 75.2% ② 87.0% ③ 90.5% ④ 107.2% ⑤ 108.2%

33. **다음 평가항목별 가중치를 고려하여 팀별 외국인 타자의 평가항목별 점수를 다시 계산한 후 평가항목별 점수를 합산한 총점이 가장 높은 타자가 속한 팀을 찾았다고 할 때, 해당 팀이 치른 전체 경기 수 중 무승부로 끝난 경기 수의 비율은?**

구분	타격 정확도	힘	수비	스피드	신체 조건
가중치	0.3	0.4	0.15	0.05	0.1

① 3.9% ② 4.7% ③ 5.5% ④ 10.9% ⑤ 15.6%

[34 - 35] 다음은 ○○공사 비상근무비 운영 지침 관련 자료이다. 각 물음에 답하시오.

[비상근무비 운영 지침]

1. 목적
- 이 지침은 사규에 의한 비상근무비 지급 및 비상근무지시에 관하여 필요한 사항을 규정함을 목적으로 한다.

2. 용어의 정의
- 비상근무자는 상황근무자, 현장근무자, 대기근무자로 구분한다.

용어	내용
상황근무자	회사의 비상근무명령을 받아 소집되어 피해 및 복구현황 집계·보고, 고객 전화응대, 기상 및 언론 모니터링, 유관기관 협조체제 유지, 홍보 등의 임무를 수행하는 자
현장근무자	회사의 비상근무명령 및 사규에서 규정한 비상근무지시를 받아 소집·동원되어 재난의 예방 또는 복구 및 긴급한 조치를 위해 실제 현장에 투입된 자
대기근무자	회사의 비상근무명령을 받아 소집되었으나 실제 상황이 발생되지 않아 현장에 투입되지 않거나 상황근무를 하지 않은 자

3. 비상근무지시 기준
- 비상근무지시는 다음의 지시 기준에 한하여 사업소장이 해당 근무자에게 비상근무 수행 전에 지시하여야 하며, 비상상황과 무관한 사전 근무 편성은 금지한다.

지시 기준	• 재해상황 발생으로 국민생활에 심각한 불편을 줄 우려가 있어 긴급한 조치가 필요한 경우 • 재해상황 종료 후 피해 확산 및 안전사고 방지를 위해 시설의 피해를 신속히 파악 및 복구하는 등 긴급한 조치가 필요한 경우 • 일과 후 또는 휴(무)일 중 시설의 이용 및 안전한 시설 이용과 관련하여 고객 민원 해소를 위한 조치가 필요한 경우 • 국가중요행사 시 또는 기상악화로 시설의 직접적인 피해 예상에 따라 시설의 고장 예방을 위한 작업이 필요한 경우

- 비상발령, 긴급 조치가 필요한 경우 등 사후 처리가 불가피한 경우에는 비상근무 시행 후 실제 근무한 시간, 내용 등을 증빙할 수 있는 비상근무 보고서, 내부결재 등의 서류를 첨부 후 사업소장 승인을 받아야 한다.

4. 비상근무비 지급기준
- 비상근무자에게는 비상근무비를 지급한다.
- 비상근무비는 주야간 구분 없이 비상근무 시작 시간을 기준으로 산정한 실제 근무 시간에 따라 아래와 같이 지급하며, 실제 근무 시간이 24시간을 초과했을 시에는 초과된 시점부터 새로이 근무 시간을 산정한다.

실제 근무 시간	비상근무비		대체휴무
	상황·현장근무자	대기근무자	
4시간 미만	30,000원	15,000원	0.5일
4시간 이상~8시간 미만	60,000원	30,000원	
8시간 이상~13시간 미만	90,000원	45,000원	1일
13시간 이상~18시간 미만	120,000원	60,000원	
18시간 이상~24시간 이하	150,000원	75,000원	

– 비상종류에 따른 비상근무자 유무

구분	백색비상	청색비상	적색비상
상황근무자	O	O	O
현장근무자	X	O	O
대기근무자	X	O	O

5. **대체휴무 사용 기준**

– 비상근무자는 근무종료일 이후 정상 근무일에 휴무할 수 있다. 다만, 사업소 업무 사정이나 부득이한 사유로 휴무를 사용하지 못할 경우 근무종료일로부터 일주일 이내까지 사용할 수 있으며, 재난발생, 연속휴전 등의 사유로 휴무를 사용하지 못할 경우는 피해복구(휴전작업) 완료일로부터 15일 이내까지 사용할 수 있다.

– 비상근무 대체휴무는 반일 단위로 분할하여 사용할 수 없다.

34. **위 자료를 근거로 판단한 내용으로 옳지 않은 것은?**

① 비상상황 발생 시 피해 및 복구현황 집계·보고 업무 등을 수행하는 상황근무자는 백색과 청색, 적색비상 시에 모두 근무해야 한다.

② 청색비상 시 회사의 비상근무명령을 받아 26시간을 근무한 대기근무자와 12시간을 근무한 상황근무자가 받는 비상근무비는 동일하다.

③ 회사의 비상근무명령을 받아 소집된 근무자 중 현장에 투입되지 않고 기상 및 언론 모니터링의 업무에만 투입되는 근무자는 대기근무자이다.

④ 적색비상 시 30시간을 근무한 현장근무자는 총 21만 원의 비상근무비와 1.5일의 대체휴무를 받는다.

⑤ 비상근무종료일 이후에 발생한 재난상황으로 인해 대체휴무를 사용하지 못한 경우에는 해당 재난 피해복구 완료일로부터 15일이 지나면 사용이 불가능하다.

35. **다음 중 사업소장이 사내 담당 직원에게 비상근무 편성을 지시할 수 있는 상황으로 옳지 않은 것은?**

① 근무일이 아닌 주말이나 법정 공휴일 중 시설의 안전한 이용과 관련하여 고객의 민원 처리가 필요한 상황

② 접수된 피해는 없지만 기상악화로 인해 시설의 직접적인 피해가 예상되어 고장 예방을 위한 작업이 필요한 상황

③ 재난으로 인한 돌발상황은 종료되었으나 피해 확산 방지를 위해 시설의 피해 정도를 신속히 파악하여 복구가 필요한 상황

④ 재해상황 발생으로 국민의 생활에 심각한 불편을 줄 우려가 있어 긴급히 조치가 필요한 상황

⑤ 비상상황은 아니나 국가의 중요행사 진행 시 시설의 간접적인 피해가 예상되어 사전 점검이 필요한 상황

36. 귀하는 유통회사 입사를 희망하는 취업준비생으로, 자기소개서를 작성하기 전에 지원하려는 A 유통회사의 SWOT 분석을 하기 위해 자료를 수집하였다. 귀하가 수집한 자료가 다음과 같을 때, 분석 결과에 대응하는 전략으로 가장 적절한 것은?

[자료 1] A 유통회사 웹진 최신 호 발췌 자료

바야흐로 PB 제품의 시대이다. 마케팅 비용이 거의 들지 않아 가격이 상대적으로 저렴하다는 강점을 기반으로 많은 유통회사에서 식료품, 생활용품, 가공식품 등 다양한 제품을 PB로 출시하고 있다. 특히 A 유통회사는 "전 국민이 A 유통회사의 PB를 먹어보았다."라는 말이 있을 정도로 식료품 관련 PB의 높은 인기로 제품 경쟁력을 확보하였다는 평을 받는다. …(중략)… A 유통회사의 마케팅 부서 관계자는 "자사 PB 제품의 경우 식료품에 비해 생활용품 분야 PB 제품의 매출이 저조하다는 점이 아쉽다."라고 밝혔다.

[자료 2] 신문 기사

1. 최첨단 배송 시스템과 안정적인 온라인 전용 물류센터를 기반으로 우리나라의 대표적인 유통회사로 자리 잡은 A 유통회사가 요즘 깊은 고민에 빠졌다. 수도권을 중심으로 전국에 무리하게 점포를 확장하면서 적자 폭이 확대되었기 때문이다. 전문가들은 A 유통회사가 경쟁사 대비 자금 조달 능력이 부족하다는 점을 지적한다. …(중략)… A 유통회사는 저가 전략을 내세운 외국 유통회사의 국내 진출 활성화도 고려해야 한다.
2. 가구원수별 가구 구성 중 1인 가구의 비중이 지속적으로 증가하면서 1인 가구를 겨냥한 간편식 시장 규모가 확대되고 있다. 간편식에는 냉동식품을 비롯한 즉석조리식품, 밀키트 등이 포함되며, 간편식에 대한 수요는 성별, 연령, 소득 수준과 관계없이 높게 나타나는 것으로 분석된다.

[자료 3] 통계 자료

1. 소비자 대상 국내 유통회사 평균 인지도 조사 결과

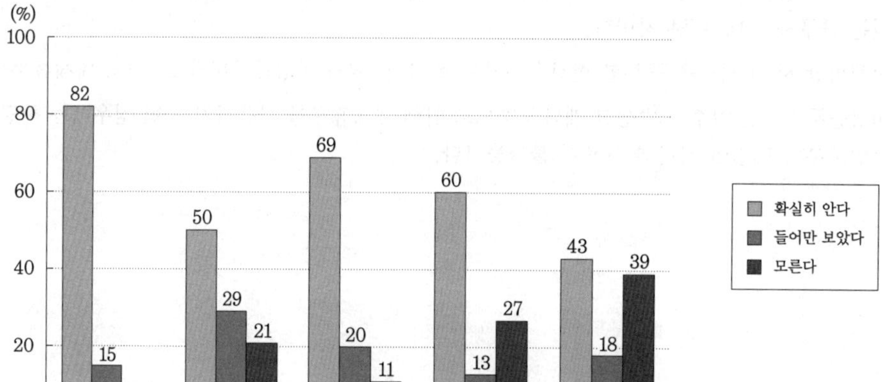

2. 연령대별 A 유통회사 브랜드 이미지 조사 결과

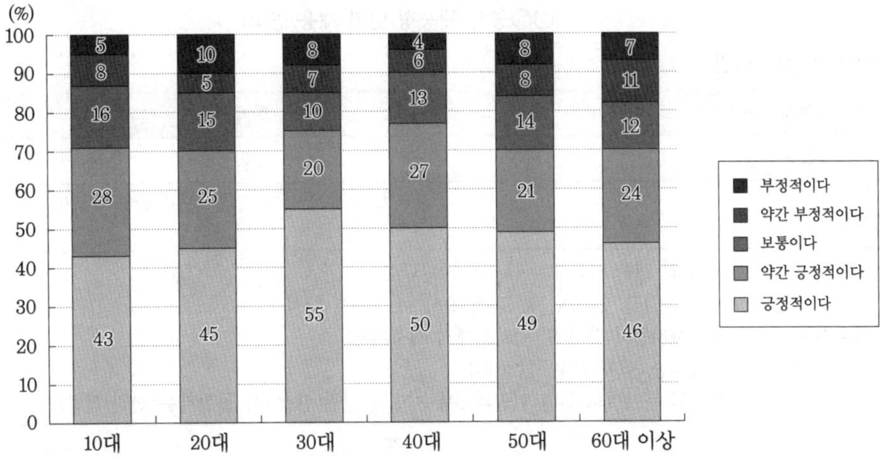

[자료 4] 전문가 인터뷰

유통산업발전법에 따른 대형 마트 영업 규제 강화와 비대면 소비의 증가로 온라인 시장이 급속도로 성장하면서 유통회사의 오프라인 매출이 감소하고 있다. 특히 영상 플랫폼을 통해 정보를 얻는 소비자가 증가함에 따라 온라인에서 영상을 보고 바로 제품을 구매하는 경우가 많은 것으로 분석된다. 물론 오프라인 소비가 완전히 사라진 것은 아니다. 다만, 소비자들이 제품과 더불어 경험을 구매하려는 경향이 두드러지면서 단순히 필요한 제품만을 구매할 수 있는 매장보다는 복합형 쇼핑 시설을 선호하는 트렌드가 확산되고 있다.

내부 환경 / 외부 환경	강점(Strength)	약점(Weakness)
기회(Opportunity)	① 영업 시간 제한 및 의무 휴업으로 인한 매출 감소를 보완하기 위해 온라인 전용 물류센터를 통한 새벽 배송 서비스를 확대한다. ② 1인 가구를 겨냥한 간편식을 개발하여 PB 제품으로 출시한다.	③ 생활용품 PB 제품의 품질 향상 및 제품력 홍보에 집중하여 전반적인 PB 매출 실적 개선과 외국 유통회사의 저가 제품에 대응한다.
위협(Threat)	④ 매출이 저조한 점포를 통폐합하고 복합형 쇼핑 시설을 확충하여 소비자의 다양한 욕구를 충족시킨다.	⑤ 기업의 공식 유튜브 채널을 개설하고 자사의 제품 경쟁력을 강조하는 홍보 영상을 지속적으로 올려 긍정적인 브랜드 이미지를 제고한다.

[37 – 38] 다음은 ○○공사의 채용형 인턴 채용 공고문이다. 각 물음에 답하시오.

[○○공사 채용형 인턴 채용 공고]

1. 모집 분야 및 선발 인원

인사	총무	회계	전산
2명	3명	1명	1명

2. 전형 단계

서류전형	• 대상: 제한 없음 • 접수 기간: 20XX. 4. 5.(월) 9시~4. 9.(금) 18시 • 입사지원서 작성 및 자기소개서 제출(80점) • 자격증, 어학 점수 등(20점) • 모집 분야별로 선발 인원의 8배수 이내 인원 선발(단, 동점자는 전원 선발)

▼

필기전형	• 대상: 서류전형 합격자 • 일시: 20XX. 5. 1.(토) 14시 • NCS 직업기초능력(70점) + 직무역량(30점) • NCS 직업기초능력 평가와 직무역량 평가는 동시에 진행함 • 모집 분야별로 선발 인원의 3배수 이내 인원 선발(단, 동점자는 전원 선발)

▼

면접전형	• 대상: 필기전형 합격자 • 인성면접 일시: 20XX. 5. 13.(목) 14시 • 직무면접 일시: 20XX. 5. 14.(금) 14시 • 인성면접(50점) + 직무면접(50점)

▼

최종 합격자 발표	• 발표 일시: 20XX. 5. 26.(수) 14시 • 모집 분야별 선발 인원의 1배수를 선정하며, 각 전형 점수를 합산한 총점의 고득점자순으로 선정함 (단, 동점자는 면접전형 점수 → 필기전형 점수 → 서류전형 점수순의 고득점자를 선정함) • 입사 일시: 20XX. 6. 7.(월) 9시

3. 채용 우대 사항

1) 특별 우대

– 취업지원대상자(국가유공자), 장애인, 국민기초생활수급자, 북한이탈주민, 다문화 가족, 이전지역인재 등 해당자는 서류전형과 필기전형은 지원자 점수의 10%씩, 면접전형은 지원자 점수의 5% 가산점을 부여함

2) 체험형 인턴 우대

– 체험형 인턴 수료자는 전형별로 지원자 점수의 5%씩 가산점을 부여함(단, 인턴 기간이 6개월 이상으로 자사 체험형 인턴 수료자에 한함)

※ 특별 우대와 체험형 인턴 우대는 중복 적용되지 않으며, 모두 해당하는 경우 특별 우대가 적용됨

4. 유의 사항
- 블라인드 채용에 따라 자기소개서 작성 시 직·간접적으로 학교명, 가족관계 등 개인 인적 사항이 발견될 경우 서류전형 불합격자로 처리함
- 전형 단계별로 제출해야 할 관련 증빙서류를 제출하지 않는 경우 합격이 취소되며, 입사지원서 및 자기소개서에 기재한 내용, 제출 서류 기재 사항이 허위 혹은 위·변조임이 판명될 경우 영구적으로 지원이 불가함
- 채용형 인턴 합격 후 인턴 기간(약 3개월) 동안 채용에 부적격하다고 인정될 때에는 인턴 성적을 0점 처리하고 정규직 전환 대상에서 제외됨
- 부적격자를 포함한 전체 인원 중 인턴 성적이 우수한 순으로 최대 80% 인원만 정규직 전환 가능함

37. 위 자료를 토대로 판단한 내용으로 옳은 것은?

① 서류전형 동점자가 없다면 서류전형에 합격한 사람은 최대 48명이다.

② 인성면접은 직무면접을 진행한 바로 다음 날 진행한다.

③ 부적격자에 해당하지 않더라도 인턴 성적이 하위 10%인 경우에는 정규직 전환이 불가능하다.

④ 두 지원자의 면접전형 점수가 동일하다면 특별 우대 대상자가 면접전형에서 부여받는 가산점은 체험형 인턴 우대 대상자가 면접전형에서 부여받는 가산점보다 높다.

⑤ 자기소개서에 기재한 내용이 허위임이 판명되면 추후 1회에 한하여 지원이 불가하다.

38. ○○공사 채용형 인턴 채용 공고의 최종 합격자 이력 사항이 다음과 같을 때, 총점이 250점 이상인 합격자는 총 몇 명인가?

[최종 합격자 이력 사항]

구분	서류 전형 점수	필기 전형 점수	면접 전형 점수	특이 사항
A	84점	82점	83점	△△공사 8개월 체험형 인턴 수료
B	81점	75점	74점	이전지역인재
C	82점	78점	80점	○○공사 6개월 체험형 인턴 수료
D	76점	79점	78점	국민기초생활수급자
E	83점	85점	81점	○○공사 4개월 체험형 인턴 수료
F	77점	76점	80점	다문화 가족
G	75점	83점	72점	이전지역인재

※ 전형별 점수는 채용 우대 사항 가산점이 적용되지 않은 점수이며, 총점은 전형별로 가산점 적용 후 합산한 점수임

① 2명 ② 3명 ③ 4명 ④ 5명 ⑤ 6명

[39 – 40] 다음 안내문을 읽고 각 물음에 답하시오.

[20XX년 대학생 주택건축대전 공모 안내]

1. 공모 주제: 생활 속 거리 두기를 고려한 공유 주거 방안

2. 응모 자격: 휴학생을 포함한 국내 대학 및 대학원 재학생으로, 전공을 불문하고 1팀당 2인 이내로 팀 구성

3. 공모 절차
- 공모 신청 → 1차 접수(판넬 축소본 및 전자파일 제출) → 1차 결과 발표 → 2차 접수(판넬 및 모형 제출) → 최종 결과 발표 → 시상식

4. 시상 내역

구분	대상(1팀)	금상(1팀)	은상(1팀)	동상(2팀)	장려상(15팀)
장학금(1팀당)	300만 원	200만 원	150만 원	100만 원	80만 원
해외 건축 기행	제공(연기 또는 취소될 수 있으며, 취소 시 별도의 보상 제공)				미제공
입사 시 가점	제공(수상일로부터 서류 접수 마감일 기준 3년 내 1회)				

※ 해외 건축 기행은 장려상을 제외한 팀원 모두 참가 가능하며, 본인 사유로 불참 시 별도의 보상은 없음

5. 유의사항
- 이전까지 진행된 대학생 주택건축대전 공모전에서 동상 이상을 수상한 사람은 본 공모전에 참여 불가
- 참가 작품(판넬, 모형)은 본인이 직접 디자인 및 제작한 경우에 한하며, 위반 시 수상이 취소될 수 있음
- 작품 운송과정 중의 파손이나 분실은 당사가 책임지지 않음
- 제출 장소에서 도판 및 모형 등 보완작업 일체 불허하나, 이동 중의 일부 파손 등에 의한 단순 보완작업은 가능함

39. 위 안내문의 내용과 일치하는 것은?

① 개인 사정으로 인해 해외 건축 기행에 참석하지 못하는 수상자의 경우 별도의 보상금을 받을 수 있다.
② 이전에 대학생 주택건축대전 공모전에 참가하여 장려상을 수상했다면 20XX년 공모전에 참가가 거부된다.
③ 대상 수상자는 수상 이후 3년간 LH 입사 지원 시 매번 가점을 받을 수 있다.
④ 전공에 관계없이 대학교 휴학생만으로 팀을 구성하여 공모전에 참가하는 것도 가능하다.
⑤ 1차 접수 시에는 판넬과 모형을, 2차 접수 시에는 판넬 축소본과 전자파일을 함께 제출해야 한다.

40. 위 안내문과 시상 종류별 팀원 수를 근거로 판단할 때, 장학금과 해외 건축 기행에 소요되는 총비용은? (단, 해외 건축 기행은 1인당 50만 원이 소요되며, 해외 건축 기행에 불참하는 수상자는 없다.)

[시상 종류별 팀원 수]

구분	대상	금상	은상	동상	장려상
1인 팀 구성	–	1팀	1팀	1팀	8팀
2인 팀 구성	1팀	–	–	1팀	7팀

① 2,000만 원 ② 2,050만 원 ③ 2,400만 원 ④ 2,800만 원 ⑤ 3,150만 원

약점 보완 해설집 p.24

✂ 자르는 선

해커스잡

실전모의고사 **3회**

성명	

수험번호							
⓪	⓪	⓪	⓪	⓪	⓪	⓪	⓪
①	①	①	①	①	①	①	①
②	②	②	②	②	②	②	②
	③	③	③	③	③	③	③
	④	④	④	④	④	④	④
	⑤	⑤	⑤	⑤	⑤	⑤	⑤
	⑥	⑥	⑥	⑥	⑥	⑥	⑥
	⑦	⑦	⑦	⑦	⑦	⑦	⑦
	⑧	⑧	⑧	⑧	⑧	⑧	⑧
	⑨	⑨	⑨	⑨	⑨	⑨	⑨

응시분야

감독관 확인

직무역량						NCS 직업기초능력			
1	① ② ③ ④ ⑤	21	① ② ③ ④ ⑤	41	① ② ③ ④ ⑤	1	① ② ③ ④ ⑤	21	① ② ③ ④ ⑤
2	① ② ③ ④ ⑤	22	① ② ③ ④ ⑤	42	① ② ③ ④ ⑤	2	① ② ③ ④ ⑤	22	① ② ③ ④ ⑤
3	① ② ③ ④ ⑤	23	① ② ③ ④ ⑤	43	① ② ③ ④ ⑤	3	① ② ③ ④ ⑤	23	① ② ③ ④ ⑤
4	① ② ③ ④ ⑤	24	① ② ③ ④ ⑤	44	① ② ③ ④ ⑤	4	① ② ③ ④ ⑤	24	① ② ③ ④ ⑤
5	① ② ③ ④ ⑤	25	① ② ③ ④ ⑤	45	① ② ③ ④ ⑤	5	① ② ③ ④ ⑤	25	① ② ③ ④ ⑤
6	① ② ③ ④ ⑤	26	① ② ③ ④ ⑤	46	① ② ③ ④ ⑤	6	① ② ③ ④ ⑤	26	① ② ③ ④ ⑤
7	① ② ③ ④ ⑤	27	① ② ③ ④ ⑤	47	① ② ③ ④ ⑤	7	① ② ③ ④ ⑤	27	① ② ③ ④ ⑤
8	① ② ③ ④ ⑤	28	① ② ③ ④ ⑤	48	① ② ③ ④ ⑤	8	① ② ③ ④ ⑤	28	① ② ③ ④ ⑤
9	① ② ③ ④ ⑤	29	① ② ③ ④ ⑤	49	① ② ③ ④ ⑤	9	① ② ③ ④ ⑤	29	① ② ③ ④ ⑤
10	① ② ③ ④ ⑤	30	① ② ③ ④ ⑤	50	① ② ③ ④ ⑤	10	① ② ③ ④ ⑤	30	① ② ③ ④ ⑤
11	① ② ③ ④ ⑤	31	① ② ③ ④ ⑤	51		11	① ② ③ ④ ⑤	31	① ② ③ ④ ⑤
12	① ② ③ ④ ⑤	32	① ② ③ ④ ⑤	52		12	① ② ③ ④ ⑤	32	① ② ③ ④ ⑤
13	① ② ③ ④ ⑤	33	① ② ③ ④ ⑤	53		13	① ② ③ ④ ⑤	33	① ② ③ ④ ⑤
14	① ② ③ ④ ⑤	34	① ② ③ ④ ⑤	54		14	① ② ③ ④ ⑤	34	① ② ③ ④ ⑤
15	① ② ③ ④ ⑤	35	① ② ③ ④ ⑤	55		15	① ② ③ ④ ⑤	35	① ② ③ ④ ⑤
16	① ② ③ ④ ⑤	36	① ② ③ ④ ⑤	56		16	① ② ③ ④ ⑤	36	① ② ③ ④ ⑤
17	① ② ③ ④ ⑤	37	① ② ③ ④ ⑤	57		17	① ② ③ ④ ⑤	37	① ② ③ ④ ⑤
18	① ② ③ ④ ⑤	38	① ② ③ ④ ⑤	58		18	① ② ③ ④ ⑤	38	① ② ③ ④ ⑤
19	① ② ③ ④ ⑤	39	① ② ③ ④ ⑤	59		19	① ② ③ ④ ⑤	39	① ② ③ ④ ⑤
20	① ② ③ ④ ⑤	40	① ② ③ ④ ⑤	60		20	① ② ③ ④ ⑤	40	① ② ③ ④ ⑤

해커스 LH

한국토지주택공사 NCS+전공

봉투모의고사

NCS 실전모의고사 4회

고난도

해커스잡

수험번호	
성명	

NCS 실전모의고사
4회

고난도

문제 풀이 시작과 종료 시각을 정한 후, 실전처럼 모의고사를 풀어보세요.

시 분 ~ 시 분 (총 40문항/60분)

ㅁ 시험 유의사항

[1] 한국토지주택공사 직무능력검사 구성은 다음과 같습니다. (신입직원 5·6급 공채 기준)

구분		문항 수	시간	평가 내용
5급	NCS 직업기초능력	40문항	60분	의사소통능력, 수리능력, 문제해결능력 등
	직무역량	60문항	80분	모집 직무별 전공시험
6급	NCS 직업기초능력	40문항	60분	의사소통능력, 수리능력, 문제해결능력 등

[2] 본 실전모의고사는 NCS 직업기초능력 40문항으로 구성되어 있습니다. 따라서 지원 분야에 따라 다음과 같이 풀이하시면 됩니다.

- 5급 사무(일반행정): NCS 직업기초능력 40문항 + 직무역량(경영/경제 중 택 1) 60문항
- 5급 기술(토목): NCS 직업기초능력 40문항 + 직무역량(토목) 60문항
- 5급 기술(건축): NCS 직업기초능력 40문항 + 직무역량(건축) 60문항
- 5급 사무(일반행정 외 분야)/5급 기술(토목·건축 외 분야)/6급: NCS 직업기초능력 40문항

[3] 본 실전모의고사 마지막 페이지에 있는 OMR 답안지와 해커스ONE 애플리케이션의 학습 타이머를 이용하여 실전처럼 모의고사를 풀어보시기 바랍니다.

[01 - 02] 다음은 전세임대 계약 업무 수탁자 모집 공고문이다. 각 물음에 답하시오.

[전세임대 계약 업무 수탁자 모집 공고]

1. 개요

- 무주택 저소득층의 주거안정과 주거복지 서비스 향상을 위해 수행 중인 전세임대주택 사업과 관련하여 업무 효율성 및 고객 만족도 향상을 위해 권리 분석 및 전세 계약 업무를 수행할 법무법인을 공개 모집함

2. 모집 내용

1) 신청 자격: 사무소 주소지가 경상남도인 법무법인(변호사 포함)

구분	권역	지역	관할본부
1	창원 권역	창원시	경남지역본부
2	김해 권역	김해시, 양산시, 밀양시	
3	진주 권역	진주시, 사천시, 거제시, 통영시, 기타 군	

※ 희망 권역을 1~3순위까지 기재하되, 1순위 권역 중 법무사 사무소 소재지 또는 소재지의 연접시에 해당하는 지역이 1개 이상 있어야 함

2) 모집 수탁자 수: 3개 업체(3개 권역별 각 1개 업체 선정)

3) 수행기간: 20X1. 5. 1.~20X3. 4. 30.

3. 위탁 업무 및 수수료

1) 권리분석: 40,000원/건

2) 계약 체결: 평일 60,000원/건, 주말 80,000원/건

3) 확정일자 검인: 확정일자 + 계약 체결 업무 위임 시 1,000원/건, 확정일자 업무만 위임 시 50,000원/건

4) 대항력 조사: 30,000원/건

5) 분쟁민원 및 법률상담: 50,000원/건

6) 출장비: 이동거리를 기준으로 하되, 여건에 따라 50% 범위에서 조정 가능

거리	20km 미만	20km 이상 ~40km 미만	40km 이상 ~60km 미만	60km 이상 ~100km 미만	100km 이상
출장비	20,000원	40,000원	60,000원	80,000원	100,000원

※ 사무소가 소재한 시·군 외 지역에서 수행한 계약 체결, 대항력 조사 업무에 한하여 지급함

4. 기타사항

- 접수업체 수가 모집 수탁자 수에 미달할 경우 접수업체를 우선 선정하고, 선정자가 없는 권역에 대해서는 재공고할 예정이며, 재공고에도 접수업체 수가 모집 수탁자 수에 미달할 경우 수의계약 진행함(단, 수의계약 대상자는 본심사 60점 이상 업체에 한함)
- 권역별 1순위 신청자 중 고득점순으로 선정(평점 60점 이상)하며, 선정자가 없을 경우 후순위(2순위 → 3순위) 신청자 중 고득점순으로 선정함
- 공정한 심사를 위해 비계량 항목 평가 시 업체명을 비공개하여 진행함
- 선정심사 제안서는 기한 내에 제출 장소에 도달하여야 하며, 기한 내에 도달하지 않은 제안서는 선정심사 대상에서 제외됨
- 제출된 제안신청서 및 증빙서류는 반환하지 않음

01. 위 공고문의 내용과 일치하는 것은?

① 사무소 소재지 내에서 수행한 1건의 위탁 업무 수수료로 평일에 지급받은 계약 체결 업무의 건당 수수료에 20,000원이 추가된 금액을 지급받았다면 권리분석 업무를 수행했을 것이다.

② 희망 권역 신청 시 1순위로 김해 권역을 기재한 법무법인의 사무소는 김해시, 양산시, 밀양시 중 1개 지역에 소재지를 두고 있어야만 한다.

③ 선정심사 제안서를 제출했음에도 선정심사 대상에서 제외되었다면 접수 기한 내에 제안서가 제출 장소에 도달하지 못한 경우일 것이다.

④ 전세 계약 업무를 수행할 법무법인 선정심사를 진행할 때 심사의 공정함을 위해 비계량 항목 평가 시 법무법인명을 공개한다.

⑤ 수탁자로 선정된 변호사가 위탁 업무 수행으로 인한 출장비를 지급받았다면 업무 수행 장소가 사무소 소재지 내의 지역일 것이다.

02. LH에서 근무하는 귀하는 사무소의 주소지를 경상남도에 두고 있는 김 변호사로부터 전세임대 계약 업무 수탁자 신청과 관련된 문의를 받았다. 위 공고문을 근거로 판단할 때, 김 변호사의 문의에 대한 귀하의 답변 내용으로 가장 적절하지 않은 것은?

김 변호사: 안녕하세요. 이번 전세임대 계약 업무 수탁자 모집에 지원하기 전에 몇 가지 문의할 사항이 있습니다. 수탁자로 선정될 경우 업무 수행기간은 총 몇 년인가요?

귀　　하: 네, ① 전세임대 계약 업무 수탁자로 선정될 경우 20X1년 5월 1일부터 2년간 업무를 수행하게 됩니다.

김 변호사: 수탁자는 권역별 1순위 신청자 중 최고득점자가 선정되는 것으로 알고 있는데, 1순위 신청자 중 선정자가 없을 경우 선정 기준은 어떻게 달라지나요?

귀　　하: ② 기본적으로 권역별 1순위 신청자 중 평점 60점 이상 중에서도 고득점순으로 선정합니다. ③ 다만, 1순위 신청자 중에 선정자가 없을 경우에는 부득이 평점 60점 미만의 신청자 중 최고득점자가 선정됩니다.

김 변호사: 출장지에서의 업무 수행 시 이동거리에 따라 출장비를 지급받을 수 있는 것으로 알고 있는데, 출장비 조정도 가능한가요?

귀　　하: 출장비는 기본적으로 계약 체결 및 대항력 조사 업무에 한하여 지급하며, 이동거리에 따라 지급되는 출장비가 다릅니다. ④ 그러나, 여건에 따라 이동거리에 맞춰 책정된 출장비의 50% 범위 내에서 조정이 가능합니다.

김 변호사: 신청 시 제출한 제안신청서 및 증빙서류를 반환받을 수 있는 방법이 있나요?

귀　　하: ⑤ 원칙적으로 제출하신 제안신청서와 증빙서류 등은 반환하지 않는 점 양해해 주시면 감사하겠습니다.

[03 – 04] **다음 글을 읽고 각 물음에 답하시오.**

신재생에너지는 기상 조건이나 지역의 특성에 따라 발전 출력을 예측하기 힘들고 출력 변동이 심하여 안정적인 전력 공급과 양질의 전력 품질을 유지하기 어렵다는 문제가 있다. 게다가 실제 전력계통에서 필요한 용량 및 시점과 전력을 공급하는 시점이 달라 전력계통에 불확실성을 가중하는 요인으로 작용하기도 한다. 이를 해결하기 위한 대안으로 ㉠ 에너지 저장 장치(ESS, Energy Storage System) 기술이 등장하게 되었으며, 최근에는 정부의 에너지 전환 정책에 따라 신재생에너지의 확대가 더욱 중요해지며 ESS의 역할이 커지고 있다.

ESS는 전력계통에서 생산된 에너지를 저장해 두었다가 필요할 때 전력을 공급하는 장치이다. 전력계통은 생산과 소비가 동시에 이루어져 전력 수요의 변화에 따라 실시간으로 전력 생산량을 조절해야 하는 특징이 있다. 그러나 ESS는 기존의 전력계통 패러다임을 '생산 – 저장 – 소비'로 전환하여 전력 이용 및 수요 관리의 효율성을 증진한다. 특히 전력 수요가 줄어드는 야간에 유휴전력을 저장하였다가 전력 수요가 증가하는 주간에 공급하여 전력 부하를 예방하고 과잉 발전이나 과잉 설비 확보 등의 비효율이 발생하는 것을 막을 수 있다.

전기를 생산하는 발전 영역, 전기를 수송하는 송배전 영역, 전기를 사용하는 소비자 영역에 모두 적용 가능하고, 차세대 전력 인프라 구성의 핵심 요소 중 하나가 될 것으로 전망되는 ESS는 에너지 저장 방식에 따라 비(非)배터리 방식과 배터리 방식으로 나뉜다. 비배터리 방식은 양수발전과 압축공기 저장과 같이 물리적으로 에너지를 저장하는 방식이다. 한편, 배터리 방식은 리튬 전지, 나트륨 유황 전지 등 에너지를 화학적으로 저장하는 방식인데, 우리가 흔히 일컫는 ESS는 배터리 방식을 의미한다.

배터리 방식 ESS의 구성 요소는 배터리, BMS(Battery Management System), PCS(Power Conditioning System), PMS(Power Management System)가 있으며, 각 요소의 기능은 다음과 같다. 먼저, 배터리 부분은 배터리와 BMS로 구성되는데, 배터리는 직류 전기에너지를 화학에너지 형태로 저장하고, BMS는 배터리 내부 상태를 감시하는 역할을 한다. PCS는 배터리에 저장된 직류를 교류로 바꾸어 방전하거나 전력계통의 교류를 직류로 바꾸어 배터리를 충전할 수 있어 양방향 전력제어를 가능하게 한다. PMS는 실시간으로 배터리의 충전 및 부하 상태, 전력계통의 정보를 전달받아 내부 제어 알고리즘을 시행하며, PCS와 배터리에 충·방전 제어 명령을 전달한다.

ESS는 가정용, 산업부문 피크 저감용, 신재생에너지 발전 연계용 등 다양한 용도로 개발이 진행 중이다. 예를 들어, 한국전력공사에서 도입한 KG-ESS는 출력 변동성이 큰 대규모 신재생에너지 전원을 안정적으로 전력계통에 수용하기 위한 대안으로, 계통 주파수 조정을 통해 전력계통의 안정도를 개선하는 신개념 에너지 저장 장치이다. 전력계통에서 수요와 공급이 일치하지 않을 경우 주파수의 변화가 나타나는데, KG-ESS는 발전량이 많아 주파수가 올라가면 전력을 저장하고, 발전량이 적어 주파수가 낮아지면 전력을 내보내 한국의 표준 주파수인 60Hz로 일정하게 유지하는 기능을 수행한다.

03. 윗글을 통해 밑줄 친 ㉠에 대해 추론한 내용으로 가장 적절하지 않은 것은?

① 신재생에너지 발전 외에도 가정이나 산업부문 등 다양한 영역과 연계된 장치가 개발되고 있다.
② 배터리를 충전하거나 방전하기 위해서는 PCS에서 직류와 교류를 변환하는 과정을 거쳐야 한다.
③ 에너지를 화학적 방식이나 물리적 방식으로 저장하기 위해서는 반드시 배터리라는 저장 매체가 있어야 한다.
④ 신재생에너지들이 공통으로 겪고 있는 불규칙한 전력 공급과 전력 품질 저하 문제를 해결할 수 있다.
⑤ 전력을 생산한 즉시 사용하지 않더라도 후에 해당 전력을 이용할 수 있어 전력 수요 관리에 유용하다.

04. 윗글의 내용과 일치하는 것의 개수는?

㉠ 전기를 발전·수송·소비하는 일련의 과정에서 ESS를 적용할 수 있는 영역은 발전 영역에 한정되어 있다. ㉡ KG-ESS는 전력 수요가 높으면 전력을 저장하고 공급이 많으면 전력을 방출하여 주파수를 조정한다. ㉢ 정부 정책에 의해 신재생에너지 확대의 중요성이 증가한 반면, ESS의 역할은 점차 줄어드는 추세이다. ㉣ BMS는 배터리 내부의 충전 상태와 부하 상태를 감시하여 PCS가 배터리를 충·방전하도록 명령을 내린다.

① 0개 ② 1개 ③ 2개 ④ 3개 ⑤ 4개

[05 – 06] 다음 글을 읽고 각 물음에 답하시오.

콘크리트는 시멘트와 자갈, 모래 혹은 부순 돌 등의 골재를 섞은 후 물로 반죽하여 굳힌 것이다. 콘크리트는 기본 강도를 결정하는 자갈과 모래 60~70%, 재료를 결합하는 시멘트 10~20%, 음용이 가능한 수준의 깨끗한 물 10~20%에 소량의 혼화재료를 배합하여 만들어진다. 여기서 시멘트는 물과 만남으로써 점성을 띠게 되는데, 시간이 경과할수록 시멘트, 골재, 물이 결합하면서 굳어지는 수화 반응이 일어난다. 콘크리트의 수화 반응은 상온에서 나타나는 특성이며, 반죽 상태의 콘크리트를 거푸집에 부어 굳히면 다양한 크기와 모양의 구조물을 만들 수도 있기 때문에 콘크리트는 건설 등의 작업 시 쉽게 사용될 수 있다.

콘크리트는 혼합된 각 재료의 비율에 따라 최종적으로 만들어진 콘크리트의 강도와 밀도가 달라진다. (   ) 시멘트의 비율을 높이면 경화된 콘크리트의 내구성과 강도가 증가하게 되며, 반대로 물의 함량을 높이면 경화된 콘크리트의 강도가 떨어지게 된다. 다만, 콘크리트의 강도를 높이고자 물을 적게 사용하면 콘크리트의 경화 정도가 작업에 적합하지 않게 될 수도 있기 때문에 적절한 재료 배합이 중요하다. 콘크리트의 강도는 골재들 간의 접촉 정도에 비례하므로 배합 시 서로 다른 크기의 골재를 사용하는 것도 콘크리트의 강도를 높일 수 있는 방법이다.

그러나 콘크리트는 압축력에 상당히 강한 반면 인장력과 전단력에는 매우 취약하기 때문에 구조물을 세우기 위해 필요한 힘을 모두 갖췄다고 보기에는 어려움이 있다. 이때 콘크리트의 인장력과 전단력을 보강하기 위해 등장한 것이 바로 철근 콘크리트이다. 콘크리트가 철근 콘크리트로 발전함에 따라 건축은 구조적으로 더욱 견고해졌으며, 형태 면에서는 더욱 다양하고 자유로운 표현이 가능해졌다. 철근은 누르는 힘인 압축력에도 쉽게 부서지지 않을 뿐 아니라 당기는 힘인 인장력, 크기가 같고 방향이 서로 반대가 되도록 단면에 평행하게 작용하는 힘인 전단력에도 쉽게 부서지지 않는다. 콘크리트에 철근을 넣으면 콘크리트의 강점과 철근의 강점을 모두 살릴 수 있게 되기 때문에 철근 콘크리트가 탄생하게 된 것이다.

이처럼 철근과 콘크리트는 결합했을 때 그 특성이 강하게 드러나는데, 특히 철근과 콘크리트의 열팽창계수가 거의 동일하기 때문에 외부 온도의 변화에도 균열이 발생하지 않고 계속 붙어있게 된다. 게다가 콘크리트는 강알칼리성의 성질을 띠기 때문에 철근의 약점인 부식을 막는 데 탁월하다. 보통 건설 현장에서 철근 콘크리트를 세울 때 철근을 설계에 맞춰 정글짐과 같은 형태로 배열하는데, 수평 방향의 철근은 인장력을, 수직 방향의 철근은 전단력을 강하게 만드는 역할을 한다. 또한, 콘크리트는 외부의 강한 힘을 받으면 즉시 부서지지만, 철근 콘크리트 구조물은 콘크리트가 파괴되기 전에 철근이 먼저 처짐이나 균열이 발생하기 때문에 구조물 붕괴의 위험을 미리 알려준다는 장점이 있다.

05. 윗글을 통해 추론한 내용으로 적절하지 않은 것은?

① 당기는 힘뿐 아니라 단면에 평행하게 작용하는 힘에 대한 저항력은 콘크리트보다 철근이 더욱 크다.
② 철근 콘크리트가 외부 온도 변화에 민감하지 않은 이유는 철근과 콘크리트의 열팽창계수가 유사하기 때문이다.
③ 배합 시 크기가 다양한 골재보다 서로 비슷한 크기의 골재를 사용해야 콘크리트의 강도를 높일 수 있다.
④ 수화 반응은 콘크리트를 구성하는 재료들이 시간이 흐르면서 경화 반응을 보이는 현상을 말한다.
⑤ 건축물을 세울 때 정글짐의 형태로 배열된 수평의 철근은 인장력, 수직의 철근은 전단력을 강화시킨다.

06. 윗글의 빈칸에 들어갈 단어로 가장 적절한 것은?

① 그런데 ② 그것은 ③ 그렇건마는 ④ 예컨대 ⑤ 한편

07. 다음 안내문의 내용과 일치하는 것은?

[부동산 등기제도 안내]

1. 부동산 등기란?

- 국가가 법원등기관으로 하여금 등기부에 부동산의 표시와 그 부동산에 관한 권리관계를 기재하는 일로, 누구나 등기기록을 열람하거나 등기사항 증명서를 발급받아 보면 그 부동산에 관한 권리관계를 알 수 있도록 일반인에게 널리 공시하기 위한 것

※ 부동산에 관한 소유권 등의 권리관계가 발생하거나 그 권리가 이전 또는 변경되기 위해서는 등기가 되어야만 그 효력이 발생함

2. 부동산 등기의 종류

기입 등기	새로운 등기 원인을 근거로 하여 어떤 사항을 등기사항 증명서에 새로이 기입하는 등기 예 소유권 보존 및 이전 등기, 근저당권설정 등기
변경 등기	어떤 등기가 행하여진 후에 등기된 사항에 변경이 생겨서 변경사항을 기재하는 등기 예 소유권변경 등기, 근저당권변경 등기, 등기명의인표시변경 등기
경정 등기	이미 행하여진 등기에 대하여 그 절차에 착오가 있어 잘못 기재된 경우 바로 잡기 위해 하는 등기 예 소유권경정 등기, 근저당권경정 등기, 등기명의인표시경정 등기
말소 등기	이미 등기된 사항을 법률적으로 소멸시키기 위해 하는 등기 예 근저당권말소 등기, 전세권말소 등기
회복 등기	기존 등기가 부당하게 소멸된 경우 이를 부활하는 등기 예 근저당권말소회복 등기, 전세권말소회복 등기

3. 등기 가능 권리

부동산물권인 경우	소유권, 지상권, 지역권, 전세권, 저당권
부동산물권이 아닌 경우	부동산임차권과 부동산환매권 등

※ 부동산물권(토지 및 건물에 대한 물권) 중 점유권, 유치권은 점유를 본질로 하므로 등기할 권리가 아님

4. 등기할 사항

설정	당사자 간의 계약에 의하여 새로이 소유권 이외의 권리를 창설하는 것을 말함 예 근저당권설정, 저당권설정, 전세권설정, 지상권설정, 지역권설정 등
보존	미등기의 부동산에 대하여 소유권의 존재를 공시하기 위하여 처음으로 하는 등기로서 소유권만이 보존 등기를 할 수 있음 예 소유권보존
이전	어떤 자에게 귀속되어 있던 권리가 다른 자에게 옮겨가는 것으로, 이전은 소유권뿐 아니라 소유권 이외의 권리에도 인정됨 예 소유권이전, 전세권이전, 저당권이전 등
변경	권리의 내용변경(권리의 존속기간의 연장, 자료나 임료의 증감)인 실체법상의 변경 외에 부동산 표시의 변경이나 등기명의인 표시의 변경 등을 말함
처분의 제한	소유권자나 기타 권리자가 가지는 권리의 처분 기능을 제한하는 것으로, 공유물의 분할금지나 압류, 가압류, 가처분에 의한 처분금지 등이 해당됨
소멸	부동산이나 권리가 어떤 사유로 인하여 없어지는 것을 말함

5. 등기부 내용 수정

신청 착오인 경우	처음부터 등기신청을 잘못한 경우
등기관이 잘못 기재한 경우	등기 신청서에는 잘못이 없으나, 등기관이 등기부에 잘못 기록한 경우

※ 1) 등기는 일단 등기부에 기록되고 교합하여 등기가 완료되면 그 등기신청 절차에 착오가 있거나 등기기록에 착오가 있더라도 이를 함부로 고칠 수 없음
2) 다만, 신청 착오인 경우나 등기관이 잘못 기재한 경우에는 언제, 어떤 근거로 등기를 수정하는 것인지 알 수 있도록 새로운 등기란을 만들어 경정등기를 함

① 부동산 등기가 완료된 경우에는 신청 착오로 인해 등기신청 절차 자체에 착오가 생겼다고 하더라도 이를 수정할 수 없다.

② 소유권, 지상권, 지역권, 전세권, 저당권, 유치권은 모두 부동산에 관한 소유를 본질로 하여 권리관계를 기재할 수 있는 부동산물권에 해당한다.

③ 어떤 자에게 귀속되어 있던 권리가 다른 사람에게 옮겨간 사항을 등기할 경우 소유권뿐 아니라 소유권 이외의 권리관계에도 효력이 발생한다.

④ 이미 행하여진 등기에 대해 절차상의 착오로 내용이 잘못 기재된 경우 이를 바로 잡기 위해서는 변경 등기 신청을 해야 한다.

⑤ 법원등기관에 의해 부동산에 관한 권리관계가 기재된 등기사항 증명서는 해당 부동산에 관한 권리관계가 인정되는 사람에 한해 열람이 가능하다.

[08 – 09] 다음은 LH에서 게시한 신혼희망타운 모집 안내문의 일부이다. 각 물음에 답하시오.

[신혼희망타운 모집 안내]

1. 신혼희망타운이란?
   – 신혼부부, 예비 신혼부부, 한부모 가족에 공급하는 전용 60m² 이하의 주택으로, 육아·보육을 비롯한 신혼부부 수요를 반영하여 건설하고, 전량을 신혼부부에게 공급하는 신혼부부 특화형 공공주택

2. 공급대상

신혼부부	혼인기간이 7년 이내 또는 6세 이하의 자녀를 둔 무주택 세대구성원
예비 신혼부부	공고일로부터 1년 이내에 혼인 사실을 증명할 수 있으면서 혼인으로 구성될 세대 전부 무주택 세대에 해당되는 분
한부모 가족	6세 이하의 자녀가 있는 무주택 세대구성원(자녀의 부 또는 모로 한정함)

3. 공급대상별 청약자격
   – 입주기준: 입주할 때까지 무주택 세대구성원일 것
   – 주택청약 종합저축: 가입 6개월 경과, 납입 인정 횟수 6회 이상(청약저축 포함)
   – 소득기준: 전년도 가구당 도시근로자 월평균 소득 130%(3인 기준 월 783만 원 수준), 140%(3인 기준 월 844만 원 수준)
   – 총 자산기준: 341,000천 원 이하(2022년 적용 기준)
   – 전용 모기지 가입 기준: 주택가격이 총 자산기준을 초과하는 주택을 공급받은 입주 예정자는 입주할 때까지 신혼희망타운 전용 주택담보 장기대출상품에 주택가격의 최소 30% 이상 가입할 것

4. 입주자 선정방법
   1) 1단계 우선 공급(30%)

가점항목	평가항목	점수	비고
가구소득	가구당 도시근로자 월평균 소득의 70% 이하	3	(예비)배우자가 맞벌이인 경우 80% 이하
	가구당 도시근로자 월평균 소득의 70% 초과 100% 이하	2	(예비)배우자가 맞벌이인 경우 80% 초과 110% 이하
	가구당 도시근로자 월평균 소득의 100% 초과	1	(예비)배우자가 맞벌이인 경우 110% 초과
해당 시·도 연속 거주기간	2년 이상	3	시는 특별시·광역시·특별자치시 기준이고, 도는 도·특별자치도 기준
	1년 이상 2년 미만	2	
	1년 미만	1	
주택청약 종합저축 납입 인정 횟수	24회 이상	3	입주자저축 가입 확인서 기준
	12회 이상 23회 이하	2	
	6회 이상 11회 이하	1	

※ 혼인기간이 2년 이내이거나 2세 이하의 자녀를 둔 신혼부부와 예비 신혼부부 및 2세 이하의 자녀를 둔 한부모 가족에게 가점제로 우선 공급

2) 2단계 잔여 공급(70%)

가점항목	평가항목	점수	비고
미성년 자녀 수	3명 이상	3	태아(입양) 포함
	2명	2	
	1명	1	
무주택기간	3년 이상	3	신청자가 만 30세가 되는 날(만 30세 이전에 혼인한 경우 혼인신고일)부터 공고일 기준 세대구성원(예비 신혼부부는 혼인으로 구성될 세대) 전원이 계속하여 무주택인 기간을 합산
	1년 이상 3년 미만	2	
	1년 미만	1	
해당 시·도 연속 거주기간	2년 이상	3	시는 특별시·광역시·특별자치시 기준이고, 도는 도·특별자치도 기준
	1년 이상 2년 미만	2	
	1년 미만	1	
주택청약 종합저축 납입 인정 횟수	24회 이상	3	입주자저축 가입 확인서 기준
	12회 이상 23회 이하	2	
	6회 이상 11회 이하	1	

※ 혼인기간이 2년 초과 7년 이내이거나 3세 이상 6세 이하 자녀를 둔 신혼부부, 3세 이상 6세 이하 자녀를 둔 한부모 가족 및 1단계 우선 공급 낙첨자 전원을 대상으로 가점제로 공급

08. 위 안내문의 내용과 일치하는 것은?

① 혼인기간이 만 5년인 신혼부부 또는 5세 자녀를 둔 신혼부부와 달리 3세 자녀를 둔 한부모 가족은 2단계 잔여 공급 대상자에 포함되지 않는다.

② 주택청약 종합저축에 따른 청약자격을 갖추기 위해서는 주택청약 종합저축에 가입한 지 6개월이 지남과 동시에 청약저축 포함 6회 이상 납입을 인정받아야 한다.

③ 예비 신혼부부가 신혼희망타운 청약을 신청하려면 공고일 기준 6개월 경과 전 혼인 사실을 입증해야만 한다.

④ 1단계 우선 공급 대상자 중 다른 청약 신청자 대비 무주택기간이 긴 사람일수록 높은 가점을 받을 것이다.

⑤ 맞벌이 신혼부부의 경우 가구소득이 가구당 도시근로자 월평균 소득의 110%라면 1단계 우선 공급 시 1점의 가점을 받을 수 있다.

09. 위 안내문을 토대로 추론할 때, 신청자에게 부여되는 가점에 대한 설명으로 적절한 것은?

① 2단계 잔여 주택 공급 시 공고일 기준 혼인신고 후 1년이 지난 만 28세 동갑 부부 각각의 무주택기간이 1년일 경우 가점은 1점이다.

② 입주자저축 가입 확인서를 기준으로 주택청약 종합저축 납입 인정 횟수 항목에서 3점의 가점을 받기 위해서는 20회 이상 납부했음을 인정받아야 한다.

③ 2단계 잔여 주택 공급 시 태아 1명을 포함한 미성년 자녀의 수가 3명인 신혼부부의 미성년 자녀 수에 대한 가점은 3점이다.

④ 해당 시·도 연속 거주기간 항목의 가점은 1단계 우선 공급 가점 기준과 2단계 잔여 공급 가점 기준이 서로 다르다.

⑤ 3세 이상 6세 이하의 자녀를 둔 한부모 가족은 가점제로 1단계 우선 공급 대상자에 포함된다.

10. 다음 안내문을 읽고 이해한 내용으로 가장 적절한 것은?

[□□지구 설계 아이디어 공모 안내]

1. 목적
   - 지역 특색을 반영한 유기적인 공간계획을 조성하고자 지역 맞춤 특화설계 아이디어를 공모하여 □□지구만의 차별화된 이야기가 흐르는 단지를 구현하기 위함

2. 응모방법
   1) 응모기간 및 방법
      - 응모기간: 20XX. 4. 7.(화)~4. 10.(금) 18:00
      - 응모방법: 방문(○○토지주택공사 본사 8층 미래주택기획처) 또는 E-mail(kim01@lh.or.kr) 접수
   2) 응모자격: 하기의 사항을 모두 만족하는 자
      - 공고일 기준 만 45세 이하인 건축사(외국 건축사 면허·자격을 취득한 자 포함)
      - 최근 5년 내 신진건축사상이나 젊은 건축가상 등 수상 경력이 있는 자
      - 공동주택 설계 경험이 있는 건축가로서 협회로부터 추천을 받은 자

3. 공모방식
   1) 공모방식: □□지구에 대한 과제 1, 과제 2를 모두 수행하여야 함
      - 과제 1: 대상지구 중 1개 BL의 대지 일부에 저층(1~4층)과 중층(5~8층) 주동설계 및 특화
        ※ 대지 면적의 10%(±5%), 건폐율 50% 이내, 용적률 100~150%, 세대 수 5~10% 적용
      - 과제 2: 지역 관련 키워드를 통하여 유추할 수 있는 공간적 이미지 구현
        ※ 주동 공용공간에 대하여 건축적, 물리적 이미지 구현 필수
   2) 대상지구: □□지구 6개 BL(A1BL, A2BL, A3BL, B1BL, B2BL, B3BL)

지구	BL 수	대지 면적	세대 수
□□지구	6개	1,674천m^2	3,632호

4. 시상내역

1위	2위	3위	4위
A1BL, A2BL, A3BL 중·저층 계획 설계	B1BL, B2BL, B3BL 중·저층 계획 설계	상금 300만 원	상금 200만 원

※ 상금은 부가세 포함이며, 아이디어(과제에 대한 제안 내용 등 제안서에 명시된 계획이나 아이디어 일체를 말함) 사용권 포함임

※ 기타 궁금한 사항은 ○○토지주택공사 미래주택기획처 김△△ 과장에게 문의하시기 바랍니다.
(☎: 02-111-1111, FAX: 02-111-1112, E-mail: kim01@lh.or.kr)

① 공모방식으로는 과제 1과 과제 2를 모두 수행하여야 하며, 그중 과제 1은 □□지구의 6개 BL 전체에 대해서 수행해야 한다.

② 공모전에 응모하려면 응모기간 내에 ○○토지주택공사 본사에 직접 방문 또는 E-mail, FAX를 이용하면 된다.

③ □□지구 설계 아이디어 공모전의 시행 목적은 □□지구만의 지역 특색에서 벗어난 개성 있고 자유분방한 공간을 설계하기 위함에 있다.

④ 3, 4위 상금에는 과제 내용 및 제안서에서 제시하고 있는 아이디어 전부에 대한 사용료도 포함되어 있다.

⑤ 공동주택 설계 경력이 있는 건축가의 경우 다른 응모자격을 만족하지 않더라도 공모전에 지원할 수 있다.

11. **다음 빈칸에 들어갈 말로 가장 적절한 것은?**

> 문예사조에서 고전주의는 넓은 의미로 과거 그리스·로마의 예술 작품을 모범으로 삼아 계승하려는 경향을 가리키며, 좁은 의미로는 17세기 프랑스에서 발생하여 유럽의 다양한 나라들로 파급된 문예사조를 일컫는다. 특히 프랑스의 루이 14세는 문학가와 예술가들을 보호하고, 그들의 창작활동을 지원하여 고전주의 문화 이룩에 큰 공헌을 한 것으로 알려져 있다. 문학에서는 프랑스의 라신, 영국의 드라이든, 독일의 괴테 등이 대표적이고, 미술에서는 다비드, 앵그르 등이, 음악에서는 하이든, 모차르트 등이 대표적인 고전주의 예술가이다. 고전주의를 추구하는 사람들은 형식과 이성을 존중하였는데, 이들은 인간의 본성이 이성 및 직관과 조화를 이룸으로써 비로소 완전해질 수 있다고 믿었다. 그로 인해 고전주의는 내용과 더불어 형식을 중요하게 생각했으며, 내용과 형식이 조화되는 세계를 추구하였다. 특히 고전주의자들은 완전한 인간을 추구하며 합리성과 질서를 중시하였기 때문에 그들에게 있어서 ( ) 더 귀하게 여겨졌다. 개성이나 독창성보다는 규범성과 보편성을 추구하여 개성적인 것이 경시되었고, 작가의 상상력이나 천재성도 평가절하되었다. 결과적으로 고전주의는 완전함을 찾고자 조화, 질서, 균형의 미를 추구하며 개개의 사물과 순간적인 것 대신 보편적이고 영구적인 것을 추구했다고 볼 수 있다. 고전주의는 19세기에 이르러 자연주의와 낭만주의가 팽배해지며 주류에서 멀어졌으나, 20세기 초 프랑스를 중심으로 유럽 전역에서 그리스 및 로마의 전통과 양식으로의 복귀를 지향하는 신고전주의자들이 등장하기도 하였다.

① 독창적인 것이 합리적인 것보다
② 자연스럽고 일상적인 것들이 기발한 것보다
③ 이성과 직관이 본성보다
④ 자연주의와 낭만주의가 내용과 형식보다
⑤ 개별 인간의 독특함이 보통의 인간보다

12. 다음 글의 제목으로 가장 적절한 것은?

출근해서 일하다가 집에 가고 싶다고 생각하거나, 밥을 맛있게 먹은 식당을 일부러 몇 번씩 찾아본 경험이 있는가? 일반적으로 좋은 기억을 떠올리게 하는 특정 장소는 뇌리에서 잘 잊히지 않는다. 뇌 과학에서는 이러한 현상을 보상이 주어지는 특정 장소에 대해 CPP가 발생했다고 표현한다. 집에 가면 쉬면서 하고 싶은 일을 할 수 있고, 그 식당에 가면 맛있는 밥을 먹을 수 있다. 이처럼 어떠한 장소에 갔을 때 좋은 일이 일어난다고 학습하면서 그 장소에 애착을 가지게 되는데, 장소에서 얻을 수 있는 보상에 따라 장소에 대한 선호도가 달라진다는 점에서 '조건화된 장소 선호(Conditioned Place Preference)'라고 지칭한다. 조건화된 장소 선호는 별 세포와 오피오이드가 결합하는 과정에서 나타난다. 뇌에서 기억을 담당하는 해마의 별 세포에는 뮤-오피오이드 수용체가 있는데, 행복감을 유발하는 화합물인 오피오이드가 뮤-오피오이드 수용체와 결합하여 선호하는 장소에 관한 기억을 형성한다는 것이다. 오피오이드에는 신경 호르몬 엔도르핀, 마약성 진통제 모르핀, 합성 오피오이드 담고 등이 포함된다. CPP는 기초과학연구원과 경북대학교, 한국과학기술원이 공동으로 추진한 연구를 통해 최초로 증명되었다. 연구팀은 오피오이드의 분비로 특정 장소를 좋아하는 현상이 나타난다는 가설을 증명하고자 우선 두 개로 나뉜 방에 쥐를 넣어 자유롭게 오갈 수 있도록 하고 어느 방에 더 오래 머무는지 확인하였다. 특정 방에 오래 머물수록 그 방을 선호한다고 해석할 수 있기 때문이다. 이후 쥐가 상대적으로 덜 선호하는 방에 있을 때, 오피오이드 역할을 하여 뮤-오피오이드 수용체에 결합하는 모르핀을 쥐에게 주사하였고, 그 결과 쥐가 원래 덜 선호하던 방을 더 선호하게 되었다는 사실을 확인하였다. 이는 해마의 별 세포에 있는 뮤-오피오이드 수용체가 선호하는 장소에 관한 기억에 관여한다는 점을 증명한다. 이어서 연구팀은 뮤-오피오이드 수용체의 발현을 조절하여 관찰한 결과 뮤-오피오이드 수용체가 별 세포로부터 흥분성 신경전달물질인 글루타메이트의 분비를 촉진한다는 것을 알아냈다. 글루타메이트가 해마 내 시냅스 신경세포 간의 신호 전달을 강화하여 장기 기억으로 이어지게 했고, 이를 통해 오랜 기간 특정 장소를 좋아하게 만든다는 것이다. 다시 말해 뇌에서 엔도르핀이 분비되거나 몸에 모르핀을 투약하면 행복한 기분을 느끼면서 장소에 관한 정보를 수용하여 특정 장소를 선호하는 기억이 형성된다.

① 엔도르핀 분비가 우리 몸에 미치는 영향

② CPP가 발생하는 장소의 공통점과 차이점

③ 장소에 대한 선호와 체류 시간의 상관관계

④ 특정 장소를 선호하게 되는 뇌의 메커니즘

⑤ 조건화된 장소 선호의 유형별 사례

13. **다음 글의 ㉠~㉤을 바르게 고쳐 쓴다고 할 때, 가장 적절하지 않은 것은?**

대기가 단위 면적 $1m^2$를 수직으로 누르는 힘을 의미하는 기압은 기상예보에서 공기의 움직임을 파악하는 데 굉장히 중요한 요소로, 측정 시 다른 기상요소보다 훨씬 높은 정밀함이 요구된다. 실제로 강수량은 몇 %가량의 오차가 있어도 큰 문제가 되지 않지만, 정확한 예보를 위해서는 일기도 기압의 오차가 0.2~0.3hPa 이하가 되어야 한다. 이 오차를 ㉠ 백분률로 나타내면 평지 기압의 값이 약 1,000hPa이므로 0.02~0.03%가 된다. 평상시에 기압의 변화는 매우 완만하지만, 집중호우나 뇌우, 태풍 등의 ㉡ 기상현상 하에서는 기압이 급격하게 변화하기 때문에 특정 지역의 기상 분석을 할 때 기압 변화의 값이 상당히 중요하다. 그래서 기상청 관측소에서는 기압을 정시에 가까운 시각에 측정하도록 한다. 기압을 정확하게 측정하려면 기압계의 설치 장소에 유의할 필요가 있는데, 급격한 온도 변화, 진공 상태의 불량, 바람으로 인한 기압의 과도한 진동 등의 영향으로 오차가 발생할 수 있기 때문이다. 그래서 대개 수은기압계는 온도 변화가 적으며 직사광선이 없고 공기 운동을 최소화할 수 있는 장소에 설치한다. 일반적으로 기압은 토리첼리 실험의 원리를 이용하여 수은주의 높이로 측정하는데, 수은은 같은 부피의 물보다 대략 13.6배 무거워서 가느다란 시험관 안에서 상승하기 쉽기 때문에 기압계에 널리 사용된다. 수은기압계는 수은 용기 내부에 상단이 진공 상태로 막힌 관이 세로로 존재하는데, 관의 바깥쪽에 새겨진 mmHg 또는 mb 단위의 눈금을 읽어서 관 내 수은주의 높이를 ㉢ 파악함으로서 기압을 측정할 수 있다. 기압이 낮아지면 수은면에 영향을 주는 압력이 낮아져서 수은주가 내려가고, 기압이 높아지면 수은면에 영향을 주는 압력이 높아져서 수은주가 올라간다. 수은기압계의 종류에는 포르탕 형, 스테이션 형, 마린 형 등이 있는데, 이 중에서 포르탕 형이 가장 많이 사용되고 있는 것으로 알려졌다. 포르탕 형 수은기압계는 mmHg 또는 mb 눈금 반대편에 hPa 눈금이 붙어 있고, 관측할 때 ㉣ 아래쪽의 나사를 돌려서 수은 용기의 용적을 변화시킨 후에 수은면을 눈금의 원점에 맞추는 방법으로 사용한다. 이와 달리 스테이션 형 수은기압계는 수은주의 상면을 읽고 관측할 수 있기 때문에 관측 시 수은면을 ㉤ 일일히 눈금의 원점에 맞추지 않는다. 그리고 마린 형 수은기압계는 수은 용기 내부에 동요방지판(動搖防止板)이 삽입되어 바다에서 사용하기 적합하도록 제작된 것을 말한다.

① 맞춤법에 맞지 않게 표기된 ㉠을 '백분율'로 수정한다.

② 띄어쓰기가 적절하지 않은 ㉡을 '기상현상하에서는'으로 수정한다.

③ 조사가 잘못 사용된 ㉢을 '파악함으로써'로 수정한다.

④ 올바른 한글 표기법에 따라 ㉣을 '아랫쪽'으로 수정한다.

⑤ 잘못된 표준어로 작성된 ㉤을 '일일이'로 수정한다.

[14 – 15] 다음은 지역별·연도별 어린이집 수에 대한 자료이다. 각 물음에 답하시오.

[지역별 전체 어린이집 수]

(단위: 개소)

구분	2016년	2017년	2018년	2019년	2020년
서울	6,368	6,226	6,008	5,698	5,370
부산	1,937	1,920	1,891	1,848	1,778
대구	1,483	1,464	1,405	1,322	1,268
인천	2,231	2,186	2,141	2,049	1,943
광주	1,238	1,240	1,195	1,122	1,072
대전	1,584	1,505	1,406	1,288	1,185
울산	895	881	868	842	790
세종	250	289	343	359	350
경기	12,120	11,825	11,682	11,305	10,761
강원	1,180	1,149	1,086	1,036	999
충북	1,208	1,186	1,157	1,130	1,082
충남	1,974	1,955	1,916	1,812	1,717
전북	1,562	1,497	1,397	1,288	1,195
전남	1,251	1,241	1,205	1,147	1,084
경북	2,102	2,063	1,976	1,844	1,725
경남	3,158	3,084	2,982	2,777	2,544
제주	543	527	513	504	489

[연도별 전국의 전체 및 민간 어린이집 수]

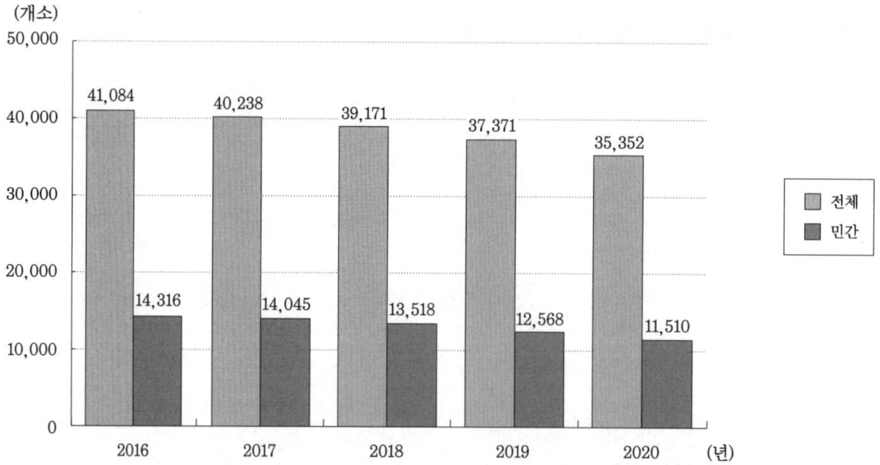

※ 출처: KOSIS(보건복지부, 어린이집이용자통계)

14. 다음 중 자료에 대한 설명으로 옳은 것은?

① 2020년 경기의 어린이집이 모두 민간이라면 서울의 민간 어린이집 수는 최대 1,249개소이다.

② 제시된 기간 동안 전국의 전체 어린이집 수와 민간 어린이집 수의 차이는 매년 2만 5천 개소 이상이다.

③ 2018년 전체 어린이집 수가 2,000개소 이상인 지역의 수와 2019년 전체 어린이집 수가 2,000개소 이상인 지역의 수는 동일하다.

④ 2016년 전체 어린이집 수가 1,000개소 미만인 지역 각각의 2017년 이후 전년 대비 증감 추이는 모두 동일하다.

⑤ 제시된 기간 동안 경기의 전체 어린이집 수는 매년 충북의 전체 어린이집 수의 10배 이상이다.

15. 2017년 서울, 인천, 경기를 제외한 모든 지역의 전체 어린이집 수의 전년 대비 감소량은?

① 352개소 ② 358개소 ③ 364개소 ④ 368개소 ⑤ 374개소

[16 – 17] 다음은 시도별 자전거 안전시설 및 주차시설 설치현황에 대한 자료이다. 각 물음에 답하시오.

[시도별 자전거 안전시설 설치현황]

(단위: 개)

구분	2018년		2019년		2020년	
	안전표시판	횡단도	안전표시판	횡단도	안전표시판	횡단도
서울	24,636	1,821	26,615	1,958	29,038	2,370
부산	1,837	670	2,085	545	2,164	599
대구	2,505	545	2,583	555	2,771	584
인천	2,484	1,591	2,365	1,216	2,381	1,216
광주	893	166	575	166	585	166
대전	1,654	866	1,558	789	1,685	802
울산	315	231	427	235	464	244
세종	1,147	649	1,147	649	1,147	649
경기	14,150	5,633	14,336	5,922	15,507	6,048
강원	2,523	307	2,579	326	2,542	345
충북	3,071	1,641	3,097	1,642	2,199	2,115
충남	2,682	693	3,569	634	3,627	883
전북	3,527	257	3,603	364	3,850	386
전남	4,577	392	3,942	398	4,013	398
경북	5,869	932	5,868	1,335	5,883	1,286
경남	5,701	1,359	5,496	1,363	5,503	1,363
제주	3,189	431	3,202	457	2,016	157
전국	80,760	18,184	83,047	18,554	85,375	19,611

[시도별 자전거 주차시설 설치현황]

구분	2018년		2019년		2020년	
	주차장 (개)	주차 대수 (천 대)	주차장 (개)	주차 대수 (천 대)	주차장 (개)	주차 대수 (천 대)
서울	5,237	147	5,244	145	4,854	131
부산	986	12	1,146	15	1,034	14
대구	1,628	19	1,594	21	1,512	21
인천	553	14	544	9	1,761	26
광주	1,527	19	1,520	19	1,710	20
대전	791	9	747	8	756	8
울산	372	6	367	6	368	6
세종	659	10	701	10	701	10

경기	8,324	212	8,393	197	8,411	197
강원	1,703	22	1,987	24	1,969	24
충북	919	11	934	11	974	12
충남	7,851	43	3,002	48	3,064	51
전북	1,027	34	1,042	34	1,087	35
전남	1,290	17	1,655	20	1,674	21
경북	788	13	1,275	18	1,293	18
경남	3,171	72	3,183	72	3,189	72
제주	797	8	1,240	15	1,242	15
전국	37,623	668	34,574	672	35,599	681

※ 자전거 안전시설 수는 안전표시판과 횡단도 수의 합이며, 자전거 주차시설 수는 주차장 수를 의미함

※ 출처: KOSIS(행정안전부, 자전거이용현황)

16. 다음 중 자료에 대한 설명으로 옳은 것은?

① 제시된 기간 동안 매년 전국의 주차장 수와 주차 대수는 각각 꾸준히 증가하였다.

② 2020년 서울과 경기 안전표시판 수의 합은 전국 안전표시판 수의 55% 이상이다.

③ 제시된 지역 중 2020년에 주차장 수가 두 번째로 적은 지역의 주차장 1개당 주차 대수는 15대 미만이다.

④ 2018년부터 2020년까지 울산 주차장 수의 평균은 366개이다.

⑤ 제시된 지역 중 2018년에 주차 대수가 50천 대가 넘는 지역은 총 4곳이다.

17. 다음 중 자료에 대한 설명으로 옳지 않은 것을 모두 고르면?

㉠ 2019년 전국의 안전표시판 수는 횡단도 수의 4배 이상이다.
㉡ 제시된 지역 중 2018년에 횡단도 수가 가장 적은 지역은 2020년에도 횡단도 수가 가장 적다.
㉢ 2020년 강원의 주차장 수는 2년 전 대비 15% 이상 증가하였다.
㉣ 2019년 이후 대구의 자전거 안전시설 수와 자전거 주차시설 수의 증감 추이는 정반대이다.

① ㉠　② ㉡　③ ㉠, ㉢　④ ㉡, ㉣　⑤ ㉢, ㉣

[18 – 19] 다음은 지역별 토지 거래량에 대한 자료이다. 각 물음에 답하시오.

[지역별 토지 거래량]

(단위: 필지)

구분	2018년		2019년		2020년	
	상반기	하반기	상반기	하반기	상반기	하반기
A	4,050	4,100	4,180	4,240	4,370	4,400
B	1,700	1,800	1,820	1,870	1,890	1,930
C	7,200	8,100	8,890	9,750	10,600	11,200
D	1,250	1,400	1,350	1,370	1,420	1,450

18. 다음 중 자료에 대한 설명으로 옳지 않은 것은?

① 2020년 상반기 A~D 지역의 토지 거래량 합은 총 18,280필지이다.

② 2019년 하반기 C 지역의 토지 거래량은 전년 동 반기 대비 20% 이상 증가하였다.

③ 제시된 기간 동안 D 지역 대비 A 지역의 상반기 토지 거래량 비율은 매년 3.0 이상이다.

④ 제시된 기간 동안 A~D 지역의 토지 거래량은 각각 전 반기 대비 꾸준히 증가하였다.

⑤ 2019년부터 2020년까지 B 지역의 1년 평균 토지 거래량은 3,755필지이다.

19. 다음 중 제시된 자료를 바탕으로 만든 그래프로 옳은 것은?

① [2018년 토지 거래량]

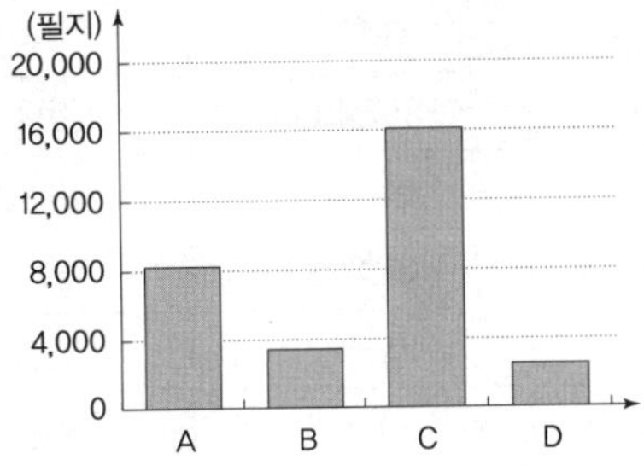

② [상반기 대비 하반기 토지 거래량의 증가량]

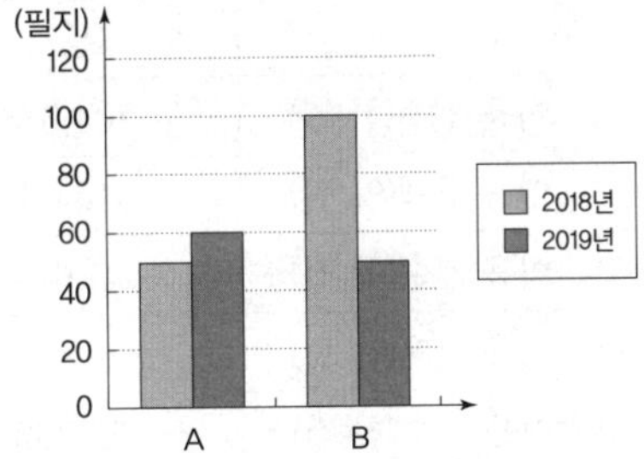

③ [2019년 토지 거래량]

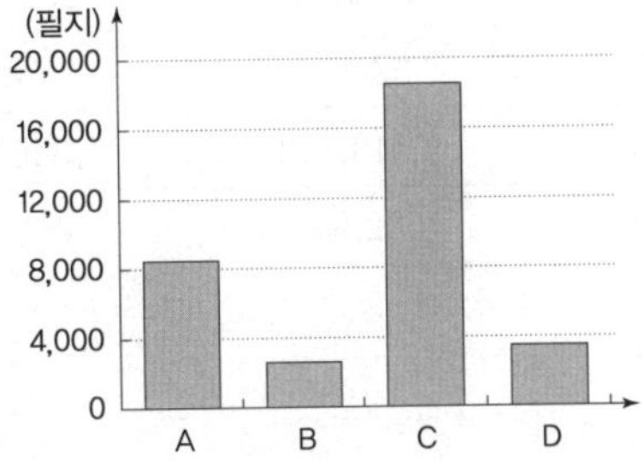

④ [전년 동 반기 대비 토지 거래량의 증가량]

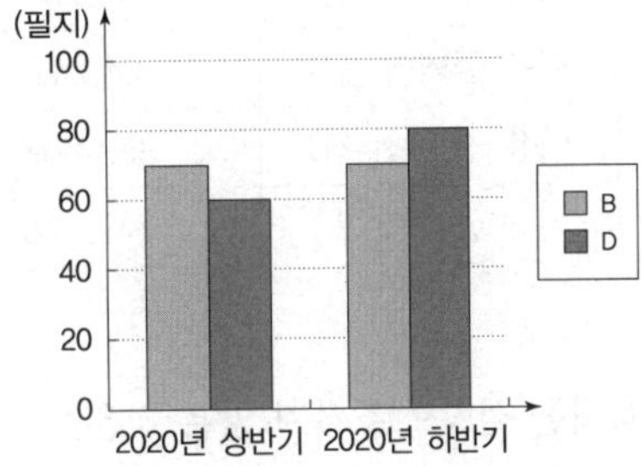

⑤ [2020년 토지 거래량]

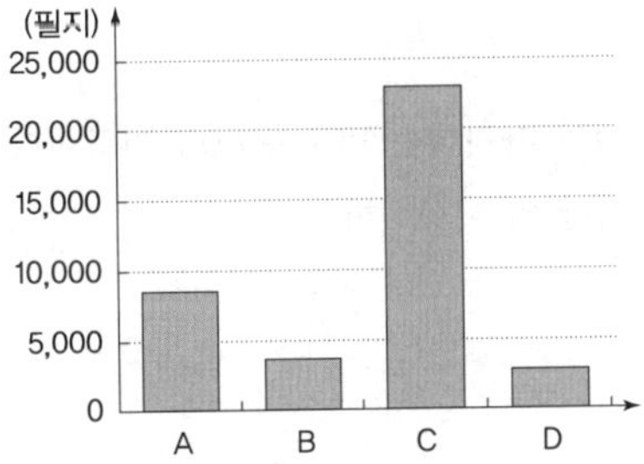

[20 - 21] 다음은 Z 국의 2024년 분기별 전자지급결제대행 이용 현황에 대한 자료이다. 각 물음에 답하시오.

[2024년 분기별 전자지급결제대행 이용 현황]

구분		1분기	2분기	3분기	4분기
신용카드	이용 건수(천 건)	704,878	779,890	857,495	1,014,461
	이용 금액(억 원)	348,033	360,058	384,268	452,828
계좌이체	이용 건수(천 건)	41,610	46,834	51,398	57,116
	이용 금액(억 원)	21,800	24,841	25,492	26,400
가상계좌	이용 건수(천 건)	52,062	54,295	60,036	61,671
	이용 금액(억 원)	55,452	54,445	60,691	60,553
기타	이용 건수(천 건)	100,258	129,836	175,056	207,512
	이용 금액(억 원)	24,241	26,339	32,495	37,357
합계	이용 건수(천 건)	898,808	1,010,855	1,143,985	1,340,760
	이용 금액(억 원)	449,526	465,683	502,946	577,138

20. 위 자료에 대한 설명으로 옳지 않은 것은?

① 4분기 가상계좌 이용 건수는 전 분기 대비 증가하였으나 이용 금액은 전 분기 대비 감소하였다.
② 3분기 기타 이용 금액은 1분기 대비 8,254억 원 증가하였다.
③ 1분기부터 4분기까지 계좌이체 이용 건수의 평균은 49,239.5천 건이다.
④ 2분기 전자지급결제대행 이용 금액 합계에서 신용카드 이용 금액이 차지하는 비중은 80% 이상이다.
⑤ 가상계좌 이용 건수당 이용 금액은 1분기부터 3분기까지 모두 10만 원 이상이다.

21. 2024년 4분기 계좌이체 이용 금액의 전 분기 대비 증감률이 이후에도 동일하게 유지된다면, 2025년 1분기 계좌이체 이용 금액은? (단, 증감률과 이용 금액은 소수점 첫째 자리에서 반올림하여 계산한다.)

① 26,664억 원 ② 27,192억 원 ③ 27,456억 원 ④ 27,720억 원 ⑤ 28,248억 원

[22 – 23] 다음은 2019~2024년 전국 항만물동량 현황에 대한 자료이다. 각 물음에 답하시오.

[연도별 전국 항만물동량 현황]

(단위: 천 톤)

구분		2019	2020	2021	2022	2023	2024
수출입 물동량	수입	629,370	658,576	674,111	698,009	730,910	753,013
	수출	284,270	293,145	296,356	301,581	322,076	336,393
	전체	913,640	951,720	970,467	999,590	1,052,986	1,089,406
환적 물동량	환적수입	106,480	118,048	125,359	122,326	129,455	162,496
	환적수출	103,080	114,873	120,955	120,681	130,049	154,023
	전체	209,570	232,921	246,314	243,007	259,504	316,520
연안물동량		235,720	231,263	246,272	266,882	261,851	218,730
합계		1,358,930	1,415,904	1,463,053	1,509,479	1,574,341	1,624,656

22. 다음 중 자료에 대한 설명으로 옳은 것은?

① 2019~2024년 중 물동량 합계가 처음으로 15억 톤을 넘은 해의 수출물동량은 전년 대비 23,898천 톤 증가하였다.

② 2024년 수입물동량의 5년 전 대비 증가율은 약 19.6%이다.

③ 2021년 이후 연안물동량은 매년 전년 대비 증가하였다.

④ 2019년 전체 수출입물동량은 같은 해 전체 환적물동량의 4.5배 이상이다.

⑤ 제시된 기간 중 환적수입물동량이 환적수출물동량보다 적은 해는 없다.

23. 제시된 기간 중 연안물동량이 가장 적은 해에 전체 수출입물동량에서 수입물동량이 차지하는 비중과 전체 환적물동량에서 환적수입물동량이 차지하는 비중의 차이는 약 얼마인가? (단, 소수점 둘째 자리에서 반올림하여 계산한다.)

① 17.5%p ② 17.8%p ③ 18.0%p ④ 18.5%p ⑤ 19.5%p

[24 – 25] 다음은 K 국의 2024년 하반기 수도권 민간 아파트의 규모별 평균 분양가격지수 및 2024년 12월 수도권 민간 아파트의 규모별 평균 분양가격을 나타낸 자료이다. 각 물음에 답하시오.

[2024년 하반기 수도권 민간 아파트의 규모별 m^2당 평균 분양가격지수]

구분		7월	8월	9월	10월	11월	12월
$60m^2$ 이하	A 지역	137.6	137.3	137.9	137.1	140.3	144.5
	B 지역	140.0	147.0	147.0	149.2	150.3	153.0
	C 지역	147.4	141.6	142.1	142.2	142.3	139.6
$60m^2$ 초과 $85m^2$ 이하	A 지역	130.1	130.0	129.9	129.5	132.3	127.6
	B 지역	151.2	153.3	153.3	155.0	156.5	154.9
	C 지역	144.4	144.8	146.1	146.1	145.8	147.4
$85m^2$ 초과 $102m^2$ 이하	A 지역	144.0	144.0	144.0	144.0	144.0	141.6
	B 지역	144.8	144.8	144.8	145.2	147.7	150.6
	C 지역	133.2	134.6	134.6	135.2	130.2	131.2
$102m^2$ 초과	A 지역	131.3	131.3	131.3	130.9	130.9	143.0
	B 지역	131.7	133.9	133.9	137.5	139.4	140.4
	C 지역	122.7	121.0	124.1	137.6	148.9	152.0

※ 2014년 m^2당 평균 분양가격지수 = 100

[2024년 12월 수도권 민간 아파트의 규모별 m^2당 평균 분양가격]

(단위: 천 원)

구분	A 지역	B 지역	C 지역
$60m^2$ 이하	8,691	4,051	4,710
$60m^2$ 초과 $85m^2$ 이하	7,892	4,403	4,664
$85m^2$ 초과 $102m^2$ 이하	9,769	4,610	5,097
$102m^2$ 초과	9,481	5,380	4,918

24. 위 자료에 대한 설명으로 옳은 것을 모두 고르면?

㉠ 2024년 12월에 $60m^2$ 이하 규모에서 A 지역 민간 아파트의 m^2당 평균 분양가격은 C 지역 민간 아파트의 m^2당 평균 분양가격의 2배 이상이다. ㉡ 2024년 11월에 $102m^2$ 초과 규모 B 지역 민간 아파트의 m^2당 평균 분양가격은 전월 대비 증가하였다. ㉢ 제시된 기간 중 $60m^2$ 초과 $85m^2$ 이하 규모 A 지역 민간 아파트의 m^2당 평균 분양가격지수가 가장 높은 달은 7월이다. ㉣ 2024년 12월에 C 지역 민간 아파트의 m^2당 평균 분양가격은 $85m^2$ 초과 $102m^2$ 이하 규모에서 가장 높다.

① ㉠, ㉢　② ㉡, ㉣　③ ㉢, ㉣　④ ㉠, ㉡, ㉢　⑤ ㉡, ㉢, ㉣

25. 2024년 9월에 $85m^2$ 초과 $102m^2$ 이하 규모에서 C 지역 민간 아파트의 m^2당 평균 분양가격과 B 지역 민간 아파트의 m^2당 평균 분양가격의 차이는 약 얼마인가? (단, 소수점 첫째 자리에서 반올림하여 계산한다.)

① 475천 원　② 487천 원　③ 642천 원　④ 719천 원　⑤ 797천 원

26. 다음은 A 국의 교육 방법별 저작권 교육 인원 및 교육 횟수에 대한 자료이다. 자료에 대한 설명으로 옳은 것을 모두 고르면?

[교육 방법별 저작권 교육 인원]

(단위: 명)

구분		2020년	2021년	2022년	2023년	2024년
오프라인	총계	426,156	433,591	446,258	421,597	362,080
	교양 교육	425,328	432,713	445,163	420,458	361,094
	전문 교육	605	724	702	967	825
	기타	223	154	393	172	161
온라인	총계	32,296	36,286	39,958	40,726	48,957
	교양 교육	21,085	23,869	27,586	30,742	26,834
	전문 교육	11,211	12,417	12,372	9,984	22,123
	기타	0	0	0	0	0

[교육 방법별 저작권 교육 횟수]

(단위: 회)

구분		2020년	2021년	2022년	2023년	2024년
오프라인	총계	9,613	11,189	11,365	11,907	10,205
	교양 교육	9,583	11,158	11,327	11,870	10,170
	전문 교육	23	27	28	32	30
	기타	7	4	10	5	5
온라인	총계	897	760	760	829	1,723
	교양 교육	553	507	536	545	1,390
	전문 교육	344	253	224	284	333
	기타	0	0	0	0	0

㉠ 2021년 이후 오프라인 교양 교육에서 교육 인원과 교육 횟수의 전년 대비 증감 추이는 매년 서로 동일하다.
㉡ 2022년에 온라인 교양 교육 1회당 온라인 교양 교육 인원은 온라인 전문 교육 1회당 온라인 전문 교육 인원보다 적다.
㉢ 2020년에 전체 교육 횟수에서 온라인 교양 교육 횟수가 차지하는 비중은 약 5.3%이다.
㉣ 제시된 기간 중 오프라인 기타 교육 인원이 가장 많은 해에 오프라인 기타 교육 인원은 전년 대비 229명 증가하였다.

① ㉠, ㉢　② ㉡, ㉢　③ ㉢, ㉣　④ ㉠, ㉡, ㉢　⑤ ㉡, ㉢, ㉣

27. A~F 6명 중 2명만 일요일에 출근을 하였으며, 일요일에 출근한 2명 중 1명은 퇴근하기 전에 고객을 만났다. 6명은 각각 한 가지 또는 두 가지씩 진술하고 있으며, 일요일에 출근한 사람은 자신의 모든 진술을 거짓으로 말하고, 출근하지 않은 사람은 자신의 모든 진술을 진실로 말하고 있다. 다음 조건을 모두 고려하였을 때, 항상 옳지 않은 것은?

- A: C는 일요일에 출근을 했지만, 퇴근하기 전에 고객을 만나지는 않았어.
- B: 나는 일요일에 출근을 하지 않았어.
- C: 일요일에 출근을 한 사람은 B와 D야.
- D: E는 진실을 말하고 있고, F는 거짓을 말하고 있어.
- E: A는 일요일에 출근을 하지 않았고, D도 일요일에 출근을 하지 않았어.
- F: D는 일요일에 출근을 했고, 퇴근하기 전에 고객도 만났어.

① E는 일요일에 출근을 하지 않았다.

② B는 진실을 말하고 있다.

③ 일요일에 출근을 한 뒤, 퇴근하기 전에 고객을 만난 사람은 F이다.

④ D는 거짓을 말하고 있다.

⑤ C는 일요일에 출근을 했지만, 퇴근하기 전에 고객을 만나지는 않았다.

28. 한 복합 쇼핑몰에는 대형마트, 여성복 매장, 남성복 매장, 식당가, 영화관, 웨딩홀이 입점해 있다. 다음 조건을 모두 고려하였을 때, 항상 옳은 것은?

- 복합 쇼핑몰은 총 6층 건물이며, 대형마트, 여성복 매장, 남성복 매장, 식당가, 영화관, 웨딩홀은 모두 다른 층에 입점해 있다.
- 대형마트는 맨 위층에 입점해 있지 않다.
- 영화관은 홀수 층에 위치한다.
- 식당가와 영화관은 연속된 층에 입점해 있다.
- 대형마트와 웨딩홀은 연속된 층에 입점해 있다.
- 여성복 매장이 입점한 층과 남성복 매장이 입점한 층 사이에는 짝수개의 층이 있다.
- 여성복 매장이 입점한 층수와 남성복 매장이 입점한 층수의 차는 영화관의 층수와 같다.

① 영화관은 4층 이상에 입점해 있지 않다.

② 대형마트는 1층에 입점해 있지 않다.

③ 식당가는 영화관보다 높은 층에 입점해 있다.

④ 웨딩홀은 2층에 입점해 있지 않다.

⑤ 여성복 매장은 1층에 입점해 있다.

29. 한 야시장에 닭강정, 츄러스, 다코야키, 떡볶이, 타코, 새우튀김 트럭이 참여하기로 했다. 각 트럭은 야시장 오픈 전 도착하는 순서대로 앞에서부터 자리를 잡는다. 다음 조건을 모두 고려하였을 때, 항상 옳은 것은?

- 다코야키와 츄러스 트럭은 연속해서 도착하며, 다코야키 트럭이 츄러스 트럭보다 먼저 도착한다.
- 타코 트럭은 첫 번째나 마지막으로 도착하지는 않는다.
- 닭강정 트럭은 떡볶이 트럭보다 먼저 도착하며, 두 트럭 사이에는 최소 2대 이상의 트럭이 있다.
- 새우튀김 트럭과 츄러스 트럭은 서로 이웃하지 않는다.
- 떡볶이 트럭과 타코 트럭은 서로 이웃한다.

① 타코 트럭이 다섯 번째로 도착하지 않는다면, 닭강정 트럭은 첫 번째로 도착한다.

② 츄러스 트럭은 세 번째 또는 여섯 번째로 도착한다.

③ 새우튀김 트럭은 짝수 번째로 도착한다.

④ 다코야키 트럭이 첫 번째로 도착한다면, 타코 트럭은 네 번째로 도착한다.

⑤ 떡볶이 트럭은 항상 타코 트럭 다음으로 도착한다.

30. 다음은 주거용 녹색건축 인증 수수료에 대한 자료이다. 건물 소유주 A가 연면적이 55,000m²이면서 세대수는 1,000세대인 주거용 공동주택의 녹색건축 인증을 신청하려고 할 때, A가 지불해야 할 녹색건축 인증 수수료의 총액은? (단, 제시된 내용 이외의 사항은 고려하지 않는다.)

[주거용 녹색건축 인증 수수료]

1. 녹색건축 인증 수수료의 산정
- 녹색건축 인증 수수료 = (총 인건비 + 기술 경비 + 간접 경비) × 주거용 건축물 가중치 + 기타 경비

구분		내역				
		기술자 등급	노임 단가	인원수	투입률	일수
인건비	서류심사	기술자	371,000원	2	1	3
	현장심사	특급 기술자	264,000원	3	1	10
	행정	고급 기술자	209,000원	2	0.2	10
기술 경비	보유기술 사용	총 인건비의 10%				
간접 경비	인증평가 업무	총 인건비의 10%				
기타 경비	심의비	150,000원/건				

※ 1) 총 인건비 = 서류심사 인건비 + 현장심사 인건비 + 행정 인건비
2) 인건비 = 노임 단가 × 인원수 × 투입률 × 일수

2. 주거용 건축물 가중치
- 공동주택의 경우 연면적별 가중치와 세대수별 가중치 중 더 작은 가중치를 적용

1) 연면적별

구분	가중치
5,500m² 미만	0.5
5,500m² 이상~33,000m² 이하	0.7
33,000m² 초과~55,000m² 이하	0.8
55,000m² 초과~110,000m² 이하	1.0
110,000m² 초과~220,000m² 이하	1.2
220,000m² 초과	1.4

2) 세대수별

구분	가중치
50세대 미만	0.5
50세대 이상~300세대 이하	0.7
300세대 초과~500세대 이하	0.8
500세대 초과~1,000세대 이하	1.0
1,000세대 초과~2,000세대 이하	1.2
2,000세대 초과	1.4

① 10,178,460원 ② 10,542,720원 ③ 10,692,720원 ④ 13,178,460원 ⑤ 13,328,460원

[31 – 33] 다음 자료를 읽고 각 물음에 답하시오.

[건설산업 BIM 로드맵 추진 계획]

1. BIM이란?
- 건설정보모델링(Building Information Modeling)으로, 시설물의 생애주기 동안 발생하는 모든 정보를 3차원 모델 기반으로 통합하여 건설 정보와 절차를 표준화된 방식으로 상호 연계하고 디지털 협업이 가능하도록 하는 디지털 전환(Digital Transformation) 체계를 의미함

2. 적용수준
- 건설사업의 조사 – 설계 – 발주 – 조달 – 시공 – 감리 – 유지관리 등 전(全) 생애주기에 대해 BIM을 도입하며, 특히 설계 단계는 전면 BIM 설계를 원칙으로 함
※ (기존) 2D와 BIM을 함께 사용하는 병행설계 및 2D 설계 후 BIM으로 전환하는 전환설계 사용 시 비효율 발생 → (개정) 처음부터 BIM으로 설계하는 전면설계 사용으로 효율성 증대

3. 전략 분야 및 중점 추진 과제

구분	전략 분야	중점 추진 과제
1단계	제도 개선 • 기준/제도 제·개정 • BIM 적용 건축물 확대	- BIM 기준/제도 정비 - BIM 적용 의무화(공공) 및 설계 지원(민간) 사업 확대
2단계	기술 개발 • 인허가 디지털화 • 건설산업 생산성 향상	- BIM 표준 환경 구축 - BIM 설계 자동화 기술 개발 - BIM 기반 시공 자동화 지원 기술 및 지능형 유지관리 기술 개발
3단계	인력 양성 • 신규 인력 양성 • 기존 전문 인력 숙련도 향상	- BIM 교육 커리큘럼 보급 및 시행 - BIM 수행역량 관리 체계 구축 - BIM 인적 네트워크 지원 체계 구축
4단계	산업 활성화 • 통합관리기관 설립 • 민간 BIM 사용률 향상	- 국가 BIM 통합 관리기관 설립 및 운영 - BIM 평가 및 성공사례 관리 방안 마련 - BIM 신규 산업 창출 및 디지털 산업으로 확장

4. 연구 수행 체계

건설산업 BIM 로드맵 기술 개발 수행 체계

과제 1 BIM 표준 환경 구축	과제 2 BIM 설계 자동화 기술 개발	과제 3 BIM 기반 시공 자동화 지원 기술 및 지능형 유지관리 기술 개발
1-1: 코드, 분류, 정보, 포맷 등 BIM 모델 작성을 위한 국가 표준화를 통하여 건축산업 BIM 사용 활성화 및 활용 범위 확장	2-1: 설계 데이터 정량화 및 데이터 처리 기술을 통해 건축물 용도별 배치, 공간 형태 자동 생성 등 설계 최적안 제공	3-1: 시공 전 가상시공 단계에서의 클라우드 기반 협업 환경 구축, 오류 검토 및 시공 관리 지원 기술 개발
1-2: 생산된 BIM 데이터의 통합·공유를 통해 공정 간 의사결정 지원을 위한 통합 플랫폼 및 협업 솔루션 구축	2-2: 설계 자동화 기술이 적용된 신한옥 설계 지원 도구 플러그인 개발 및 라이브러리 구축	3-2: 3D 스캐너 활용 자동 측량, 3D 프린터·지능형 중장비 활용 자동 시공 등 건설 자동화 지원 기술 개발

1-3: 라이브러리 유통 활성화를 위한 민간보유 라이브러리 통합 플랫폼 구축 및 라이브러리 품질검토 기술 개발	2-3: 공정종류별 BIM 모델 오류·누락 검토 기술과 구조 및 에너지 등 성능분석 기술을 통한 최적대안 산출 기술 개발	3-3: BIM 데이터 토대의 AI 기반 건축물 모니터링 기술 및 설비·시설물 등의 성능수준 예측 기술 개발과 함께 국가 디지털트윈 플랫폼 구축을 통한 건축물 유지관리 이력 활용

31. 위의 자료를 근거로 판단한 내용으로 가장 적절하지 않은 것은?

① 2D와 BIM을 함께 활용하는 병행설계와 달리 전면설계는 시작부터 BIM으로 설계하는 것을 말한다.

② 민간보유 라이브러리 통합 플랫폼 구축과 품질검토 기술 개발로 라이브러리 유통이 활성화될 전망이다.

③ 건설산업 BIM 로드맵에 따르면 BIM의 기준 및 제도가 가장 먼저 정비될 예정이다.

④ 건설단계의 생애주기 중 설계단계를 제외한 전 생애주기에 대해 BIM을 적용할 수 있다.

⑤ BIM을 도입하면 해당 시설물의 생애주기 내에 나타나는 정보 전체를 3차원 모델로 통합할 수 있다.

32. 위의 자료를 읽고 추론한 내용으로 가장 적절한 것은?

① 산업 활성화를 위해 민간 BIM 통합 관리기관이 설립될 예정이다.

② 연구 수행 체계의 경우 3개의 과제가 각 3단계로 구성된다.

③ 제도 개선에 따라 BIM 적용 의무화 건축물에 민간 사업도 포함된다.

④ 에너지 등의 성능분석 기술로 공정종류별 BIM 모델의 오류도 찾을 수 있게 될 것이다.

⑤ 인력 양성에 따라 추진되는 결과는 신규 인력에게만 적용된다.

33. 건설산업 BIM 로드맵의 연구 수행 체계를 요약한 내용이 다음과 같을 때, ㉠~㉤ 중 가장 적절하지 않은 것은?

연구 수행 체계	요약 내용
과제 1	㉠ 국가 BIM 표준 제정
과제 2	㉡ 설계 데이터 자동화 기술 개발 및 적용 ㉢ 건설 자동화 지원 기술 개발
과제 3	㉣ 가상시공 등의 시공 자동화 기술 개발 ㉤ 건축물 유지관리 기술 개발

① ㉠ ② ㉡ ③ ㉢ ④ ㉣ ⑤ ㉤

34. 한국토지주택공사의 청렴 마일리지 제도 운영 기준의 일부가 다음과 같을 때, A 부서의 부서 평균 청렴 마일리지 점수는?

제1조(목적)
이 기준은 한국토지주택공사(이하 LH라 한다)의 청렴 마일리지 관리와 관련하여 필요한 사항을 규정함으로써 LH 청렴 마일리지 제도 운영의 합리성과 투명성을 제고하는 데 그 목적이 있다.

제5조(청렴 마일리지 부여 기준)
① 청렴 마일리지 점수 부여에 관한 기준은 다음과 같다.

구분	청렴 마일리지 부여 항목	부여 기준	배점	
개인	윤리경영 관련 아이디어	등록 시	50점	
		채택 시	최우수	300점
			우수	200점
			장려	100점
	청탁 신고	신고 시	50점	
	청렴 선도자	지정 시	20점	
	인권 윤리 통합 교육	사내 강사	교육 진행	회당 100점
			사전 교육 참여	20점
		교육 참석자	100점	
	청렴 콘텐츠 등 윤리 관련 공모 대회	최우수	100점	
		우수	70점	
		장려	30점	
	임직원 행동 강령 위반에 따른 처분	주의 이상	포상 제외	
부서	자체 청렴도 측정 결과	평가군 내 1위	부서원 수 × 30점	
		평가군 내 2위	부서원 수 × 15점	
	청렴 옴부즈맨 제언 사항	의뢰 시	부서원 수 × 10점	
		권고 이행	부서원 수 × 5점	
	부서별 윤리활동 관련 자료 등록	관리자 인정 시	부서원 수 × 5점	

※ 인권 윤리 통합 교육 참석자의 경우 최초 참석 1회에 대해서만 청렴 마일리지를 부여함

② 부서 청렴 마일리지 점수 감점에 관한 기준은 다음과 같다.

구분	청렴 마일리지 감점 항목	감점 기준	감점 비율
부서	행동 강령 위반에 따른 부서원 처분	파면	20%
		강등	15%
		정직	12%
		감봉	9%
		견책	6%

※ 행동 강령 위반에 따른 부서원 처분으로 누적된 감점 비율만큼 부서 청렴 마일리지에서 차감함

제6조(청렴 마일리지 관리)
① 청렴 마일리지는 개인별로 부여하여 관리함을 원칙으로 한다. 다만 필요한 경우 부서 단위로 마일리지를 부여할 수 있다.
② 청렴 마일리지 점수는 윤리·청렴 실천 활동 실적 및 징계 유무 등 청렴 마일리지 부여 기준에 따라 산출한다.

제7조(청렴 마일리지 우수 부서에 대한 포상)
평가 기간 중 청렴 마일리지 평균 점수가 우수한 부서에 대해서는 아래의 기준에 따라 예산의 범위 내에서 포상을 실시할 수 있다.

구분	세부기준
선정 방법	부서 평균 청렴 마일리지 점수가 우수한 5개 부서에 포상금 지급
부서 평균 청렴 마일리지 점수 산정 방법	(부서원별 개인 청렴 마일리지 점수의 합 + 부서 청렴 마일리지 점수) / 부서원 수

[A 부서 관련 사항]

구분		관련 사항
부서원	김미연	• 청탁 신고 • 인권 윤리 통합 교육 참석
	박채린	• 청렴 콘텐츠 공모 대회 우수상 수상 • 행동 강령 위반에 따른 견책
	최영진	• 인권 윤리 통합 교육 사내 강사 • 인권 윤리 통합 사전 교육 1회 참석 • 인권 윤리 통합 교육 3회 진행
	고현승	• 윤리 경영 관련 아이디어 등록(채택되지 않음) • 행동 강령 위반에 따른 정직
자체 청렴도 측정 결과		평가군 내 2위
청렴 옴부즈맨 제언 사항		권고 이행
부서별 윤리활동 관련 자료 등록		관리자 인정

① 164점 ② 166점 ③ 168점 ④ 170점 ⑤ 172점

[35 – 36] 다음 글을 읽고 각 물음에 답하시오.

탄소배출권 거래제(ETS)는 기업들이 이산화탄소와 같은 온실가스의 배출 권한을 서로 사고팔 수 있도록 하는 제도로, 오염방지 활동에 대한 권리와 의무를 다해 온실가스 배출량을 줄이기 위한 시장기반의 정책수단이다. 즉, 온실가스 배출 권한에 대한 자율적 조정을 통해 최소한의 사회적 비용으로 적정한 환경을 유지하는 것을 목적으로 하는 재산권 제도의 일종이라 할 수 있다. 우리나라는 지난 2015년부터 시행된 탄소배출권 거래제를 통해 정부가 기업에 탄소배출 허용 총량을 정하고 있으며, 기업은 정해진 배출 허용 총량 내에서만 온실가스를 배출할 수 있는 권리를 부여받고 있다. 이에 따라 각 기업은 탄소배출 허용 총량 내에서 생산 활동을 하게 되며, 실제로 배출한 온실가스의 양이 탄소배출 허용 총량보다 적어 실제로 배출하고 남은 배출 허용량만큼의 잉여 배출량이 발생한 기업은 이산화탄소 1톤을 거래의 최소 단위로 실제 배출량이 배출 허용 총량을 초과한 기업에 탄소배출권을 판매할 수 있다.

2015년부터 시행된 우리나라의 탄소배출권 거래제는 3년씩 두 번의 계획기간에 걸쳐 운영되었으며, 2021년부터 시작된 제3차 계획기간은 2025년까지 5년간 운영될 계획이다. 이에 따라 정부는 본격적인 온실가스 감축을 목표로 연평균 탄소배출 허용 총량을 규정하고, 탄소배출권 부여 대상 기업에 탄소배출권을 할당하는 제3차 국가 탄소배출권 할당계획을 수립하였다. 이번 제3차 국가 탄소배출권 할당계획은 제2차 탄소배출권 할당계획에서 처음 도입된 유상할당 비중을 3%에서 10%로 상향 조정하여 69개의 업종 중 41개의 업종에 대해서 탄소배출권의 90%는 무상으로, 10%는 경매 등의 방법을 통해 유상으로 할당하고 있다.

한편, 탄소배출권 거래제는 탄소배출권 거래 외에도 다양한 대응방안을 활용하여 탄소배출 감축을 위한 유연성을 부여하고 있는데, 여기에는 배출량 이월이나 차입, 상쇄 제도 등이 있다. 이월이나 차입은 해당 연도의 잉여 배출량을 다음 해로 넘기거나 다음 해에 할당된 배출권을 미리 당겨 쓸 수 있는 제도이며, 상쇄는 탄소배출권 거래제 적용 대상 이외의 영역에 대한 투자를 통한 감축실적을 탄소배출권으로 바꿔 사용하는 것을 인정하는 제도이다. 여기서 이월은 탄소배출권 할당대상업체가 해당 계획기간 내에서의 다음 이행연도 혹은 해당 계획기간의 마지막 이행연도에서 다음 계획기간의 최초 이행연도로 잉여 배출량을 넘기는 것으로, 주무관청의 승인을 받아야 가능하다. 만약 올해 갑 기업이 주무관청의 승인을 받아 잉여 배출량을 다음 연도로 이월한 경우 해당 수량은 다음 연도의 탄소배출 허용 총량에 합산된다. 또한, 매년 발생한 잉여 배출량은 다음 연도로 이월하거나 매도하는 등의 방식으로 처리할 수 있는데, 이때 기업이 갖게 되는 권한을 잉여 배출권이라 한다.

배출권거래법 제25조 및 시행령 제46조에 따르면 정부 정책에 의한 할당 대상 기업들은 이행연도 종료일로부터 5개월 안에 배출권 등록부에 배출권 인증 내역을 등록해야 하며, 기업별로 배출권 인증 내역을 등록한 날로부터 10일 이내에 이월 신청을 해야 한다고 규정하고 있다. 즉, 2020년도 할당 탄소배출권에 대한 배출권 인증 내역 등록 마감일은 2021년 5월 31일이며, 이월 신청 마감일은 당해 6월 10일이다. 2018~2020년의 제2차 계획기간 동안의 이월제한제도의 경우 2018년도에서 2019년도로의 이월한도는 순매도량의 3배 수량만, 2019년도에서 2020년도로의 이월한도는 순매도량의 2배의 수량만 이월이 가능하며, 2020년도에서 2021년도로의 이월한도는 해당 계획기간의 연평균 순매도량만을 이월할 수 있도록 설정하고 있다. 결국 이월을 위해서는 잉여 배출권에 대해 일정 비율 매도가 수반되어야 한다는 것이다.

35. **윗글을 근거로 판단한 내용으로 옳지 않은 것은?**

① 2019년에 허용된 탄소배출권 중 잉여 배출량 9.6톤에 대해서 3톤을 매도한 기업은 매도하고 남은 잉여 배출량 6.6톤 중 6톤에 대해서만 2020년으로 이월 신청할 수 있다.

② 탄소 배출 허용 총량 내 잉여 배출량이 2.3톤인 기업의 경우 2톤의 탄소배출권에 대해서만 거래가 가능하다.

③ 2020년에 할당된 배출 허용 총량 중 잉여 배출량은 제3차 계획기간으로 이월하여 2025년까지 추가 배출 허용량으로 사용 가능하다.

④ 온실가스의 잉여 배출량은 배출 허용 총량에 실제 배출량을 뺀 값으로 나타낼 수 있다.

⑤ 제3차 국가 탄소배출권 할당계획 이행연도 내에 탄소배출권 100톤을 부여 받고자 하는 기업 중에는 10톤의 탄소배출권을 유상할당 받아야 하는 기업이 있다.

36. **다음은 A 기업의 연도별 실제 배출량 및 순매도량이다. A 기업이 매년 이월한도 내에서 최대한 다음 연도로 이월했다고 할 때, 윗글을 근거로 판단한 내용으로 옳지 않은 것은?**

[A 기업의 연도별 실제 배출량 및 순매도량]

(단위: 톤)

연도	실제 배출량	순매도량
2018	240,000	27,500
2019	275,000	52,500
2020	295,000	100,000

※ 1) 제2차 계획기간 내 A 기업에 할당된 배출 허용 총량은 매년 35만 톤임
2) 2017년도에서 2018년도로 이월된 탄소배출권은 없음

① A 기업이 2019년도의 잉여 배출권 내에서 2020년도로 이월할 수 있는 최대 수량은 105,000톤이다.

② A 기업이 2018년도의 잉여 배출권 내에서 2019년도로 이월할 수 있는 최대 수량은 82,500톤이다.

③ A 기업이 2021년도로 이월할 수 있는 잉여 배출량은 최대 105,000톤이었을 것이다.

④ A 기업이 2021년도로 이월 또는 매도할 수 있는 잉여 배출량은 최대 160,000톤이다.

⑤ A 기업의 2018년도의 이월한도와 2020년도의 이월한도를 합한 수량은 2019년도의 이월한도보다 많다.

37. **청년전용 전세자금 대출에 대한 안내문이 다음과 같을 때, 갑~무 중 가장 낮은 금리로 청년전용 전세자금 대출을 받을 수 있는 사람의 최대 대출 한도는?** (단, 제시된 내용 이외의 사항은 고려하지 않는다.)

[청년전용 전세자금 대출 안내]

1. **대출 대상**(아래의 요건을 모두 충족하여야 함)
   1) 세대주 기준: 대출 접수일 기준 만 19세 이상 만 34세 이하인 신청자
      ※ 단, 셰어하우스에 입주하는 경우 세대주 기준을 만족하지 않아도 해당 상품 이용 가능함
   2) 소득 기준: 신청인과 배우자 소득을 합한 연 소득이 5,000만 원 이하인 신청자
      ※ 단, 신혼가구, 다자녀 가구, 타지역으로 이주하는 재개발구역 내 세입자의 경우 신청인과 배우자의 합산 소득이 6,000만 원 이하인 자로 함
   3) 자산 기준: 신청인과 배우자 자산을 합한 총자산이 3.25억 원 이하인 신청자

2. **대출 대상 주택**(아래의 요건을 모두 충족하여야 함)
   1) 임차 전용면적이 $85m^2$ 이하인 주택·주거용 오피스텔
      ※ 단, 셰어하우스의 경우 면적 제한 없음
   2) 전세금액: 1.2억 원 이하

3. **대출 한도**(아래 중 더 적은 금액으로 산정함)
   1) 호당 대출 한도: 8,000만 원
   2) 전세금액의 80% 이내

4. **대출 금리**(부부합산 연 소득을 기준으로 산정하며, 우대금리 적용 후 최종 금리가 연 1% 미만인 경우 연 1%의 금리를 적용함)
   1) 2,000만 원 이하: 연 1.5%
   2) 2,000만 원 초과 4,000만 원 이하: 연 1.8%
   3) 4,000만 원 초과 6,000만 원 이하: 연 2.1%

5. **우대금리**
   1) 기본 금리우대(기본 금리우대는 최대 0.5%를 초과할 수 없음)
      - 연 소득 4,000만 원 이하 기초생활 수급권자: 연 0.5%
      - 연 소득 5,000만 원 이하 한부모 가구: 연 0.5%
   2) 추가 금리우대(기본 금리우대 사항과 중복 적용 가능함)
      - 다자녀 가구: 연 0.7%
      - 청년 가구: 연 0.3%(만 25세 미만이면서 대출 대상 주택의 전용면적이 $60m^2$ 이하인 경우로 함)

[갑~무의 정보]

구분		갑	을	병	정	무
나이		만 20세	만 27세	만 18세	만 32세	만 25세
자산	본인	3,000만 원	1.2억 원	1,200만 원	1.8억 원	5,500만 원
	배우자	–	2억 원	–	1.5억 원	–
연 소득	본인	2,000만 원	3,000만 원	1,800만 원	3,200만 원	2,700만 원
	배우자	–	2,500만 원	–	4,100만 원	–
임차 전용면적		$60m^2$	$85m^2$	$52.8m^2$	$80m^2$	$101.9m^2$
주택 형태		주거용 오피스텔	주택	셰어하우스	주택	셰어하우스
전세금액		8,500만 원	1억 원	7,800만 원	3.2억 원	9,000만 원
비고		한부모 가구	다자녀 가구	–	–	기초생활 수급권자

① 6,240만 원 ② 6,800만 원 ③ 7,000만 원 ④ 7,200만 원 ⑤ 8,000만 원

[38 – 39] **다음은 주거급여제도에 대한 안내문이다. 각 물음에 답하시오.** (단, 모든 금액은 소수점 첫째 자리에서 반올림하여 나타낸다.)

[주거급여제도 안내]

1. 주거급여제도란?
   - 기초생활보장제도가 '맞춤형 급여'로 개편되면서 주거급여가 함께 개편된 것으로, 소득·주거형태·주거비 부담수준 등을 종합적으로 고려하여 저소득층의 주거비를 지원하는 제도를 말함
   - 수급자의 주거 안정에 필요한 임차료, 수선유지비, 그 밖의 수급품을 지급하는 것으로, 주거급여의 최저보장수준은 임차급여의 경우 기준임대료이며, 수선유지급여의 경우 경보수, 중보수, 대보수 등 보수범위별 수선비용을 기준금액으로 함

     ※ 기준임대료란 국가가 국민에게 최저주거기준에 해당하는 주택 임차료 수준을 지원한다는 의미로, 최저주거기준은 국민이 쾌적하고 살기 좋은 생활을 영위하기 위해 필요한 최소 주거면적, 필수적인 설비의 기준, 구조·성능 및 환경기준 등을 설정한 것임

2. 주거급여 신청기준
   - 부양의무자의 소득·재산 유무와 상관없이 신청가구의 소득과 재산만을 종합적으로 반영한 소득인정액이 기준 중위소득의 45% 이하 가구일 경우 주거급여 신청이 가능함

     ※ 소득인정액 = 소득평가액 + 재산의 소득환산액

3. 지원내용

1) 임차급여

구분	내용
지원 대상	• 소득인정액이 중위소득 45% 이하인 자 중 타인의 주택 등에 거주하면서 임대차계약 등을 체결하고 실제 임차료를 지불하는 사람
지급 기준	• 수급권자의 소득인정액이 생계급여 선정기준보다 적거나 같은 경우 수급권자가 임대차계약서에 따라 실제로 지불하는 임차료를 기준임대료(지원상한액) 이하 금액 내에서 지원함 • 수급권자의 소득인정액이 생계급여 선정기준보다 많은 경우 수급권자가 임대차계약서에 따라 실제로 지불하는 임차료를 기준임대료(지원상한액) 이하 금액 내에서 지원하되, 소득인정액에서 생계급여 선정기준액을 뺀 금액의 100분의 30을 자기부담분으로 차감하여 지급함 • 수급권자의 실제 임차료가 주거급여 기준임대료의 5배 이상인 경우 임차급여는 1만 원을 지급함 • 임대차계약서가 없거나, 있더라도 실제임차료가 0원인 경우 지급 제외함 ※ 생계급여 선정기준은 기준 중위소득의 30%임

2) 수선유지급여

구분	내용
지원 대상	• 소득인정액이 중위소득 45% 이하인 자 중 주택 등을 소유하고 그 집에 거주하는 자가가구
지급 기준	• 수급권자의 소득인정액이 생계급여 선정기준보다 적거나 같은 경우 수급권자가 실제로 수선·보수에 사용한 금액을 수선유지비용(지원상한액) 이하 금액 내에서 지원함 • 수급권자의 소득인정액이 생계급여 선정기준보다 많고, 중위소득의 35% 이하인 경우 수급권자가 실제로 수선·보수에 사용한 금액의 90%를 수선유지비용(지원상한액) 이하 금액 내에서 지원함 • 수급권자의 소득인정액이 중위소득의 35%를 초과하고 중위소득의 45% 이하인 경우 수급권자가 실제로 수선·보수에 사용한 금액의 80%를 수선유지비용(지원상한액) 이하 금액 내에서 지원함 ※ 생계급여 선정기준은 기준 중위소득의 30%임

[첨부 1] 가구원 수별 기준 중위소득

구분	1인가구	2인가구	3인가구	4인가구	5인가구	6인가구
중위소득(원/월)	1,827,831	3,088,079	3,983,950	4,876,290	5,757,373	6,628,603

[첨부 2] 가구별 주거급여 기준임대료

구분	기준임대료(원/월)			
	1급지	2급지	3급지	4급지
1인가구	310,000	239,000	190,000	163,000
2인가구	348,000	268,000	212,000	183,000
3인가구	414,000	320,000	254,000	217,000
4인가구	480,000	371,000	294,000	253,000
5인가구	497,000	383,000	303,000	261,000
6인가구	588,000	453,000	359,000	309,000

※ 1) 임차가구의 경우 기준임대료를 상한으로 수급자의 실제임차료는 임대차계약서의 보증금과 월차임을 합산하여 산정하며, 보증금은 연 4% 적용하여 월차임으로 환산하여 지원함
예시: 보증금 1,000만 원, 월차임 10만 원인 주택의 경우 실제임차료는 (1,000만 원 × 4%) / 12개월 + 10만 원 = 133,333원
2) 1급지는 서울, 2급지는 경기/인천, 3급지는 광역시/세종, 4급지는 그 외 지역에 해당함

[첨부 3] 보수범위별 수선유지비용 기준

구분	경보수	중보수	대보수
수선내용	도배, 장판 교체 등 마감재 개선	창호, 단열, 난방공사 등 기능 및 설비 개선	지붕개량, 욕실 보수 등 구조 및 거주공간 개선
수선유지비용	457만 원	849만 원	1,241만 원
지원주기	3년	5년	7년

※ 보수범위별 수선주기에 따라 주기 내 1회 수선을 원칙으로 함

38. 다음은 A~E 가구의 가구원 수와 소득인정액에 대한 자료이다. 위 안내문을 근거로 판단할 때, 주거급여 신청이 가능한 가구를 모두 고르면?

구분	가구원 수(명)	소득인정액(원/월)
A 가구	6	2,993,080
B 가구	2	1,286,780
C 가구	1	852,400
D 가구	5	2,480,900
E 가구	3	1,762,800

① A 가구, B 가구
② D 가구, E 가구
③ B 가구, D 가구, E 가구
④ C 가구, D 가구, E 가구
⑤ A 가구, B 가구, D 가구, E 가구

39. **다음은 지원이네 가구와 현철이네 가구에 대한 자료이다. 위 안내문을 근거로 판단할 때, 지원이네 가구와 현철이네 가구가 지급받는 주거급여 금액의 합은?** (단, 임차급여는 한 달 금액을 기준으로 하며, 수선유지급여는 수선주기 내에 다른 수선·보수 내역이 없다고 가정한다.)

구분	지원이네 가구	현철이네 가구
가구원 수	3명	4명
소득인정액	1,537,000원/월	1,453,000원/월
거주형태	월세 임대	자가
세부 내용	보증금 4,000만 원/월세 25만 원 월세 임대차 계약, 서울 거주	창호 설비 개선 보수: 533만 원 사용

① 4,544,788원　② 5,077,788원　③ 5,180,333원　④ 5,610,788원　⑤ 5,713,333원

40. **다음 영구임대 퇴거 세대 원상복구비의 일부와 메일을 근거로 판단할 때, 세입자 박○○이 산정받은 비용은?**
(단, 감가상각액과 메일에 제시된 내용 이외의 원상복구비용은 고려하지 않는다.)

[영구임대 퇴거 세대 원상복구비]

위치	교체	비용	위치	교체	비용
욕실	출입문짝(교체)	189,600원/개	거실 및 침실	출입문짝(교체)	189,600원/개
	도어록	16,900원/개		출입문짝(부분 보수)	19,000원
	컵대	28,700원/개		도어록	16,900원/개
	비누대	28,700원/개		장판	15,000원/m^2
	수건걸이	41,900원/개		도배(벽체)	10,400원/m^2
	휴지걸이	32,700원/개		도배(천장)	9,800원/m^2
	타일(벽체)	81,300원/m^2		석고보드	13,700원/m^2
	타일(바닥)	81,700원/m^2		방충망(스텐) 450 × 900	35,000원/개
	세면기 도기	122,500원/개		콘센트	14,100원/개
	세면기 수전	98,600원/개		스위치	13,800원/개
	세면기 폽업	25,100원/개	주방	배수홈통	17,200원/개
	샤워기 헤드	14,400원/개		식탁등	59,300원/개
	샤워기 메탈호스	12,200원/개		싱크 수전헤드	13,300원/개
	양변기(원피스)	271,900원/개		주방가구 경첩	5,800원/개

수신자	lessor@lh.or.kr
제목	퇴거 세대 원상복구비용 산정 요청

안녕하세요.
영구임대주택 세입자 박○○입니다. 문의사항이 있어 메일 드립니다.
거주하며 몇 가지 물건이 파손되었는데, 퇴거할 때 원상복구비용으로 얼마가 산정될지 확인하고 싶습니다. 욕실의 벽체 타일 3m^2와 수건걸이, 휴지걸이는 각 1개씩 파손되었습니다. 침실의 출입문짝은 모서리 부분에만 약간의 손상이 있습니다. 또한, 거실의 스위치 2개가 망가졌고, 주방가구 경첩은 4개가 파손되었습니다. 만약 현재 파손된 물품들에 대해서만 원상복구가 이루어진다면, 원상복구비용으로 얼마가 들지 궁금합니다. 그럼 빠른 답변 기다리겠습니다.

① 194,500원 ② 388,300원 ③ 389,500원 ④ 558,900원 ⑤ 559,700원

약점 보완 해설집 p.34

✂ 자르는 선

해커스잡

실전모의고사 **4회**

성명	

수험번호							
⓪	⓪	⓪	⓪	⓪	⓪	⓪	⓪
①	①	①	①	①	①	①	①
②	②	②	②	②	②	②	②
	③	③	③	③	③	③	③
	④	④	④	④	④	④	④
	⑤	⑤	⑤	⑤	⑤	⑤	⑤
	⑥	⑥	⑥	⑥	⑥	⑥	⑥
	⑦	⑦	⑦	⑦	⑦	⑦	⑦
	⑧	⑧	⑧	⑧	⑧	⑧	⑧
	⑨	⑨	⑨	⑨	⑨	⑨	⑨

응시분야

감독관 확인

직무역량					
1	① ② ③ ④ ⑤	21	① ② ③ ④ ⑤	41	① ② ③ ④ ⑤
2	① ② ③ ④ ⑤	22	① ② ③ ④ ⑤	42	① ② ③ ④ ⑤
3	① ② ③ ④ ⑤	23	① ② ③ ④ ⑤	43	① ② ③ ④ ⑤
4	① ② ③ ④ ⑤	24	① ② ③ ④ ⑤	44	① ② ③ ④ ⑤
5	① ② ③ ④ ⑤	25	① ② ③ ④ ⑤	45	① ② ③ ④ ⑤
6	① ② ③ ④ ⑤	26	① ② ③ ④ ⑤	46	① ② ③ ④ ⑤
7	① ② ③ ④ ⑤	27	① ② ③ ④ ⑤	47	① ② ③ ④ ⑤
8	① ② ③ ④ ⑤	28	① ② ③ ④ ⑤	48	① ② ③ ④ ⑤
9	① ② ③ ④ ⑤	29	① ② ③ ④ ⑤	49	① ② ③ ④ ⑤
10	① ② ③ ④ ⑤	30	① ② ③ ④ ⑤	50	① ② ③ ④ ⑤
11	① ② ③ ④ ⑤	31	① ② ③ ④ ⑤	51	
12	① ② ③ ④ ⑤	32	① ② ③ ④ ⑤	52	
13	① ② ③ ④ ⑤	33	① ② ③ ④ ⑤	53	
14	① ② ③ ④ ⑤	34	① ② ③ ④ ⑤	54	
15	① ② ③ ④ ⑤	35	① ② ③ ④ ⑤	55	
16	① ② ③ ④ ⑤	36	① ② ③ ④ ⑤	56	
17	① ② ③ ④ ⑤	37	① ② ③ ④ ⑤	57	
18	① ② ③ ④ ⑤	38	① ② ③ ④ ⑤	58	
19	① ② ③ ④ ⑤	39	① ② ③ ④ ⑤	59	
20	① ② ③ ④ ⑤	40	① ② ③ ④ ⑤	60	

NCS 직업기초능력			
1	① ② ③ ④ ⑤	21	① ② ③ ④ ⑤
2	① ② ③ ④ ⑤	22	① ② ③ ④ ⑤
3	① ② ③ ④ ⑤	23	① ② ③ ④ ⑤
4	① ② ③ ④ ⑤	24	① ② ③ ④ ⑤
5	① ② ③ ④ ⑤	25	① ② ③ ④ ⑤
6	① ② ③ ④ ⑤	26	① ② ③ ④ ⑤
7	① ② ③ ④ ⑤	27	① ② ③ ④ ⑤
8	① ② ③ ④ ⑤	28	① ② ③ ④ ⑤
9	① ② ③ ④ ⑤	29	① ② ③ ④ ⑤
10	① ② ③ ④ ⑤	30	① ② ③ ④ ⑤
11	① ② ③ ④ ⑤	31	① ② ③ ④ ⑤
12	① ② ③ ④ ⑤	32	① ② ③ ④ ⑤
13	① ② ③ ④ ⑤	33	① ② ③ ④ ⑤
14	① ② ③ ④ ⑤	34	① ② ③ ④ ⑤
15	① ② ③ ④ ⑤	35	① ② ③ ④ ⑤
16	① ② ③ ④ ⑤	36	① ② ③ ④ ⑤
17	① ② ③ ④ ⑤	37	① ② ③ ④ ⑤
18	① ② ③ ④ ⑤	38	① ② ③ ④ ⑤
19	① ② ③ ④ ⑤	39	① ② ③ ④ ⑤
20	① ② ③ ④ ⑤	40	① ② ③ ④ ⑤

해커스 LH

한국토지
주택공사
NCS + 전공

봉투모의고사

NCS 실전모의고사
2회

해커스잡

수험번호	
성명	

NCS 실전모의고사
2회

문제 풀이 시작과 종료 시각을 정한 후, 실전처럼 모의고사를 풀어보세요.

시 분 ~ 시 분 (총 40문항/60분)

□ **시험 유의사항**

[1] 한국토지주택공사 직무능력검사 구성은 다음과 같습니다. (신입직원 5·6급 공채 기준)

구분		문항 수	시간	평가 내용
5급	NCS 직업기초능력	40문항	60분	의사소통능력, 수리능력, 문제해결능력 등
	직무역량	60문항	80분	모집 직무별 전공시험
6급	NCS 직업기초능력	40문항	60분	의사소통능력, 수리능력, 문제해결능력 등

[2] 본 실전모의고사는 NCS 직업기초능력 40문항으로 구성되어 있습니다. 따라서 지원 분야에 따라 다음과 같이 풀이하시면 됩니다.

- 5급 사무(일반행정): NCS 직업기초능력 40문항 + 직무역량(경영/경제 중 택 1) 60문항
- 5급 기술(토목): NCS 직업기초능력 40문항 + 직무역량(토목) 60문항
- 5급 기술(건축): NCS 직업기초능력 40문항 + 직무역량(건축) 60문항
- 5급 사무(일반행정 외 분야)/5급 기술(토목·건축 외 분야)/6급: NCS 직업기초능력 40문항

[3] 본 실전모의고사 마지막 페이지에 있는 OMR 답안지와 해커스ONE 애플리케이션의 학습 타이머를 이용하여 실전처럼 모의고사를 풀어보시기 바랍니다.

[01 – 02] **다음 글을 읽고 각 물음에 답하시오.**

상관관계란 두 변량 중 한쪽이 변화하면 다른 한쪽도 따라 변화하는 관계를 의미하며, 인과관계란 어떤 사건이 다른 사건을 일으키는 직접적인 원인이 되는 관계를 뜻한다. 우리는 이따금 어떤 대상이 특정 방향으로 변화할 때, 다른 대상도 그 변화 정도와 비슷한 양상을 보이며 일정한 방향으로 변화하는 현상을 발견한다. 일례로 키가 큰 사람일수록 몸무게가 더 나가는 경향이 나타나는데, 이때 키와 몸무게라는 두 변인 간에는 상관관계가 성립된다. 그러나 두 변인이 상관되어 있다고 해서 반드시 두 변인 간 인과관계가 성립하는 것은 아니다. 변인 A가 변인 B의 원인이 되거나 변인 B가 변인 A의 원인이 되는 것은 아니기 때문이다. 대학생 500명을 대상으로 학점과 자신감 수준을 조사했을 때, 자신감이 높은 학생일수록 학점이 높다는 결과가 나왔다고 가정해보자. 이는 학점과 자신감 사이에 한쪽이 증가하면 다른 한쪽도 증가하는 양의 상관관계가 성립하며, 학점이 높은 학생일수록 자신감도 높을 가능성이 매우 농후하다고 해석할 수 있다. 하지만 학점과 자신감의 상관관계에 대한 연구 결과를 토대로 높은 학점을 받아서 자신감이 높아졌다고 해석하는 것은 적절하지 않다. 학점과 자신감이 함께 변한다고 하여 둘 사이에 반드시 인과관계가 성립하는 것은 아니기 때문이다. 다시 말해, 학점이 높아서 자신감도 높을 가능성과 자신감이 높은 사람이 학점도 높을 가능성이 동시에 존재하므로 학점과 자신감의 상관관계를 나타내는 연구 결과가 두 변량 사이의 인과관계까지 내포하고 있지는 않은 것이다. 다행히 우리가 가지고 있는 상식이 관찰된 상관관계를 인과관계로 혼동하지 않도록 어느 정도 도움을 주기도 한다. 그러나 종종 우리가 가지고 있는 기대, 가정, 경험은 오히려 인과관계 오류를 범하는 데 작용하기도 한다. 인과관계 오류의 대표적인 예로, 어린이의 TV 폭력물 시청과 공격성의 관계를 들 수 있다. 과거에 시행된 많은 연구에서 어린이의 TV 폭력물 시청과 공격성의 상관관계를 TV 폭력물 시청을 많이 하는 어린이일수록 공격성이 높게 나타난다고 해석하였다. 그러나 이러한 어린이의 TV 폭력물 시청과 공격성의 상관관계는 아동이 TV 폭력물을 많이 시청해서 공격성이 높게 나타난다는 해석과 공격적인 아이라서 TV 폭력물을 많이 시청한다는 해석 모두를 도출할 수 있다. 즉, 두 변인 간의 상관관계를 나타내는 자료에 대해 서로 다른 두 가지 해석을 할 수 있다. 여기서 중요한 점은 아동의 TV 폭력물 시청 빈도와 공격성 수준의 인과관계를 상식적으로 명확히 파악할 수 없어서 두 가지 해석 모두 참인지 거짓인지 확인할 방법이 없다는 것이다. 심지어 부모의 지도 여부와 같은 제3의 변인까지 고려해야 할 경우, TV 폭력물 시청과 공격성 간의 인과관계보다는 부모의 지도라는 외부 요인이 더 중요한 요인으로 고려되기도 하여 인과관계 파악이 더 어렵다. 이외에도 우리는 'A 지역 사람은 배신을 잘한다.'와 같이 실제로 검증 불가능한 명제들을 진리로 여겨 그 명제에 관련된 'A 지역 사람'을 원인으로 삼아 본인이 예상한 결과가 발생할 것처럼 기대하는 착각적 인과관계를 보이기도 한다. 그리고 그 결과가 실제로 발생하면 본인이 틀림없었다며 자기충족적 예언을 하고, 결과가 실제로 발생하지 않으면 특별한 예외로 치부한다. 이런 과정이 반복되며 쌓아 올린 결론은 그저 고정관념과 편견일 뿐이므로 본인이 왜곡된 판단을 바탕으로 인과관계 오류를 범하고 있지는 않은지 항상 주의해야 한다.

01. 윗글의 중심 내용으로 가장 적절한 것은?

① 상관관계만으로는 인과관계를 증명할 수 없으므로 제3의 변인을 고려한 분석이 필요하다.

② 상관관계와 인과관계는 별개의 개념으로, 상관관계가 있다고 해서 인과관계가 성립하는 것은 아니다.

③ 고정관념과 편견은 착각적 인과관계를 형성하여 객관적 판단을 저해하는 주요 원인이 된다.

④ 상관관계 분석은 두 변인 간의 관계성을 파악할 수 있지만 인과의 방향을 결정할 수는 없다.

⑤ 상관관계 연구는 변인들 사이의 상호작용을 설명하는 데 유용하나 착각적 인과관계의 위험성이 크다.

02. 윗글을 통해 추론한 내용으로 가장 적절하지 않은 것은?

① 제3의 변인을 고려해야 하는 경우 상관관계에 있는 변인의 인과관계 여부를 파악하기 더 까다롭다.

② 자신감과 학점이 양의 상관관계에 있더라도 높은 자신감을 우수한 학점의 원인으로 해석해서는 안 된다.

③ 인과관계를 파악할 때는 실제 검증 불가능한 명제를 바탕으로 판단하는 것을 지양함이 바람직하다.

④ 상관관계를 인과관계로 혼동하지 않도록 변량 해석 시 경험과 가정 등을 적극적으로 활용해야 한다.

⑤ 어떤 변인의 변화가 다른 변인의 변화에 직접적인 동기가 되었다면 두 변인 간에 인과관계가 성립한다.

[03 – 04] 다음 안내문을 읽고 각 물음에 답하시오.

[20XX년 LH 공공임대주택 카셰어링 사업 사업자 모집 공고]

1. 사업 개요

1) 사업명: 20XX년 LH 공공임대주택 카셰어링 사업

2) 사업기간: 협약 체결일로부터 3년

※ 사업기간 종료 후 사업 운영성과 점검 시 총점이 85점 이상이면 최대 2년까지 재협약 및 연장 가능

3) 사업자 선정방법: 제안서 평가에 따른 협상에 의한 협약 체결

– 제안서 평가위원회의 평가 결과 종합 평가 점수가 85점이면서 최고득점 업체를 우선 협상 적격자로 선정

– 협상 순서는 종합 평가 점수 고득점자순에 의하여 시행하며, 협상이 성립된 사업자에 한해 계약 체결

2. 사업참가 자격: 아래 각 사항에 해당하는 자로서 「위치정보의 보호 및 이용 등에 관한 법률」에 따른 위치정보사업의 허가를 받았거나 위치기반서비스사업의 신고를 한 자

1) 「여객자동차 운수사업법」에 따른 자동차 대여사업 면허 보유업체

2) 「전자상거래 등에서의 소비자보호에 관한 법률」에 따른 통신 판매사업자로서 자동차 대여사업 면허 보유업체와 차량 제공 계약을 체결한 업체

※ 제안서 평가에 필요한 서류를 위조, 변조, 허위기재 등 부정하게 작성한 경우 평가대상에서 제외되며, 협약서 체결 전후 모두 협상 대상자 결정 취소 또는 사업자 협약 해지될 수 있음

3. 사업참가 신청서류 및 제안서 제출

1) 제출기한 및 장소: 20XX. 7. 3.(금) 16시까지 등기우편 접수(주소: 경남 진주시 LH 주거복지지원처)

※ 제출 마감일의 우체국 소인이 찍힌 등기우편까지 유효하며, 등기우편 제출 불가 시 방문 접수는 허용하나 팩스 및 온라인 접수는 불가함

2) 사업참가 신청서류: 제안서와 별도로 각 1부씩 제출하여야 함

– 사업자등록증 사본, 법인 등기부등본, 법인 인감증명서, 자동차 대여사업자 신고확인서 사본(해당 사업자에 한함), 통신판매업자 신고확인서 및 자동차 대여사업 면허 보유업체와 차량 제공 계약서 사본(해당 사업자에 한함), 위치정보사업자 허가필증 또는 위치기반서비스사업 신고필증 사본, 국세 및 지방세 완납증명서, 재직증명서 및 위임장(대리인 방문 접수 시), 기타 사업참가 자격 증명서류

3) 제안서 제출 구비서류

– 제안서: 제1권(2부) + 제2권(원본 1부 + 평가본 11부)

– 제안서 요약본(제안서 제2권 내용으로 작성): 제1권(2부) + 제2권(원본 1부 + 평가본 11부)

– 기타 정량적 지표 평가를 위한 증명서류

※ 제안서의 경우 등기우편 접수와 별도로 LH 웹하드에 등록해야 하며, 파일은 제출기한 내에 등록되어야 유효함

4. 기타사항

– 제안 설명회 일시 및 장소는 추후 개별 통보 예정

– 제출된 제안서는 일체 반환되지 않으며, 제안서 관련 비용은 모두 사업 참가자의 부담으로 함

– 문의처: LH 주거복지지원처 주거생활기획부(☎ 055-922-1234)

03. 위 안내문의 내용과 일치하는 것은?

① 사업참가 신청서류와 제안서는 팩스를 이용하거나 LH 홈페이지에서 온라인 접수하면 된다.

② 「여객자동차 운수사업법」에 따른 자동차 대여사업 면허를 보유한 업체만 신청할 수 있다.

③ LH 웹하드에 제안서 파일을 등록하는 것은 제안 설명회 전까지 업로드하면 유효하다고 본다.

④ 제안서를 제출한 이후에는 돌려받을 수 없으며, 제안서 관련 비용은 모두 사업 참가자가 부담해야 한다.

⑤ 재협약 대상자가 되려면 사업기간 종료 후 진행한 사업 운영성과 점검에서 80점 이상을 받아야 한다.

04. LH 소속의 박 사원은 카셰어링 사업 관련 문의에 답변하는 업무를 담당하고 있다. 위 안내문을 토대로 판단할 때, 박 사원이 고객의 문의에 답변한 내용으로 가장 적절하지 않은 것은?

고　객: 사업자는 어떻게 선정되나요?
박 사원: ㉠ 제안서 평가위원회에서 신청자에 대한 평가를 진행하고, 종합 평가 점수가 85점이면서 최고득점 업체가 우선 협상의 대상이 됩니다. ㉡ 협상 순서는 종합 평가 점수가 높은 순서대로 진행되며, 협상이 성립된 사업자에 한하여 계약이 체결됩니다.
고　객: 사업참가 신청서류와 제안서를 등기우편으로 제출하려고 하는데요, 제출기한 내에 등기우편이 도착해야만 하나요?
박 사원: ㉢ 제출기한 안에 등기우편이 도착해야만 참가 신청이 유효한 것으로 보며, 등기우편으로 제출하기 어려운 상황이라면 LH 주거복지지원처에 직접 방문하셔서 접수하시면 됩니다.
고　객: 제안서를 제출할 때는 제안서와 제안서 요약본만 있으면 되나요?
박 사원: ㉣ 제안서 제출 시에는 제안서와 제안서 요약본 외에도 기타 정량적 지표 평가를 위한 증명서류가 있다면 함께 제출해 주셔야 합니다.
고　객: 제안 설명회는 언제 진행되나요?
박 사원: ㉤ 제안 설명회 일정은 아직 정해지지 않아 일시 및 장소는 추후 참가자에게 직접 알려드릴 예정입니다.

① ㉠　　② ㉡　　③ ㉢　　④ ㉣　　⑤ ㉤

[05 – 06] **다음 보도자료를 읽고 각 물음에 답하시오.**

LH는 주택 분양사업으로 발생한 개발 이익을 국민과 공유하는 '202X년 주택개발 공모리츠' 민간사업자 공모를 3월 30일부터 실시하고, 오는 4월 18일부터 참가의향서를 접수한다고 밝혔다. 주택개발 공모리츠는 국토교통부 「공동주택용지 공급제도 개선안」에 따라 추첨제 중심의 공동주택용지 공급방식에서 발생하는 부작용을 없애고 LH 공동주택용지를 사들여 주택을 건설·분양하는 개발사업의 이익을 공유하기 위해 도입한 사업으로, 사업대상 토지를 ㉠ 매도하여 주택건설사업을 추진할 부동산 투자회사 설립 공간을 마련하고, 금융주선 및 주식공모, 시공업무 등을 수행하는 금융사·건설사 공동 참여 방식의 민간사업자를 대상으로 작년 6월 1차 시범사업을 공모 및 실시한 바 있다.

주택개발 공모리츠는 기존 주택개발 리츠에 주식공모를 확대해 국민과 개발 이익을 공유하는 사업이다. 건설사·금융사가 공동으로 참여하는 방식으로 구성된 민간사업자가 리츠를 설립하고, 리츠에서 사업대상이 될 LH 공동주택용지를 사들여 주택을 건설·분양하는 주택개발 리츠의 기본 사업구조를 유지하되, 리츠의 자본조달 과정에서 국민을 대상으로 한 주식공모 비중을 확대해 국민이 리츠 사업의 주주로 참여하고 6~9%의 배당금을 안정적으로 지급받는 방식이다. ㉡ 다만, 일부 국민에게 지급되는 토지이익 배당금으로 인한 국민의 근로의욕 저하 문제는 여전히 해결해야 할 과제로 남아있다. 이를 위해 LH는 민간사업자 선정, 토지공급 등을 담당하고, 민간사업자는 리츠 설립, 자금 조달, 주식공모, 설계·시공·분양업무 등을 수행한다.

민간사업자는 계량·비계량 평가를 통해 선정되는데, 계량 평가항목은 주식공모 계량계획, 금융사·건설사 수행능력이고, 비계량 평가항목은 주식공모 및 재무계획, 개발계획, 주거·건설 ESG 경영 실천계획이다. 이번 공모는 전년도에 실시한 1차 시범공모와 공모대상은 동일하다. ㉢ 따라서 일반 국민을 대상으로 하는 공모주 비율의 평가기준을 전년도보다 10% 높여 50%로 상향 조정함으로써 80점 만점을 기준으로 하고, 배당 수익 비율의 평가기준 또한 전년도보다 10점을 더 높여 공모주 비율의 평가기준과 동일하게 조정된다. ESG 경영실천계획 평가기준 역시 전년도의 평가기준보다 40점 더 높은 100점으로 상향하는 등 일반 주주의 참여 기회를 확대하고 ESG 경영실천을 유도한다.

사업 대상지는 과천지식정보타운 S-2 공동주택용지로, 최근 민간 분양 아파트 1순위 청약 ㉣ 경쟁률이 평균 718 대 1에 달하는 등 분양성이 우수한 것으로 알려져 있다. 강남과 가까운 지리적 이점이 있고, 지구 인근에 4호선 인덕원역 및 과천정부청사역이 위치한다. 또한, 지구 내 지하철 4호선 역 개통 예정 등 교통 호재가 풍부하며, 우수 생활 인프라 및 교육 환경으로 인해 주거 선호도가 높다. 지구 내 지식기반산업용지가 계획되어 있고, 강남에서 판교, 과천으로 이어지는 지식 기반 비즈니스 벨트를 통한 자족 기능 및 미래 수요가 풍부하다.

LH는 4월 18일 월요일 10시부터 20일 수요일 15시까지 참가의향서를 접수하고, 6월 29일 수요일 10시부터 16시까지 사업신청서를 접수받아 7월 중 우선 협상 대상자를 선정한 후 공모 관련 세부사항을 안내한 페이지에서 발표할 예정이다. 민간사업자는 금융사, 건설사 각각 2개 이하의 업체가 공동으로 참여하는 방식으로 구성된 ㉤ 콘소시엄을 구성해 신청해야 하며, 공모 조건 및 공모지침서 등 공모 관련 세부사항은 LH 홈페이지(www.lh.or.kr) 내 열린경영 > 새소식 > 공모안내 메뉴를 통해 확인할 수 있다. LH 관계자는 "분양수요 및 기대가 높은 블록인 만큼 주택개발 공모리츠의 경쟁 공급방식 및 주식공모를 통해 고품질의 주택 건설을 유도하고 국민과 개발 이익을 공유할 것"이라고 말했다.

※ 출처: 한국토지주택공사 보도자료

05. 위 보도자료의 ㉠~㉤을 바르게 고쳐 쓴다고 할 때, 가장 적절하지 않은 것은?

① ㉠은 문맥에 맞는 명사인 '매입'으로 고쳐 쓴다.
② ㉡은 전체적인 글의 흐름상 불필요한 내용이므로 삭제한다.
③ 잘못된 연결어를 사용한 ㉢은 '그러나'로 바꿔 쓴다.
④ 어문 규정에 맞지 않는 ㉣은 '경쟁율'로 수정한다.
⑤ 외래어 표기법에 맞지 않는 ㉤은 '컨소시엄'으로 표기한다.

06. 위 보도자료의 내용과 일치하지 않는 것은?

① 주택개발 공모리츠 사업은 LH 공동주택용지를 사들여 주택을 건설 및 분양하는 것을 기본 사업구조로 한다.
② 1차 시범공모 배당 수익 비율의 평가기준과 ESG 경영 실천계획의 평가기준이 되는 점수는 모두 70점이었을 것이다.
③ 주택개발 공모리츠 사업은 우수한 교육 환경이 갖춰져 있어 주거 선호도가 높은 공동주택용지에서 시행될 것이다.
④ 이번에 시행될 주택개발 공모리츠는 추첨제 중심으로 진행되는 공동주택용지 공급방식의 단점이 보완된 형태이다.
⑤ 주택개발 공모리츠 민간사업자 선정 시 적용되는 평가항목인 주식공모 및 재무계획은 비계량 평가항목에 해당된다.

[07 – 08] **다음 글을 읽고 각 물음에 답하시오.**

생물 분류상 쥐목 비버과에 속하는 비버는 몸길이가 60~70cm이고, 몸무게도 20~27kg 이상이며 드물게 40kg이 넘는 개체가 있을 정도로 설치류 중에서도 덩치가 매우 큰 편에 속한다. 비버의 특징적인 크고 튼튼한 앞니는 일평생 계속 자라기 때문에 균형을 맞추기 위해 이빨로 채소, 과일 등의 먹이와 나무를 갉아 먹는다. 앞니의 힘이 굉장히 강하여 앞니로 갉아서 지름 5~20cm의 나무는 가볍게 쓰러뜨릴 수 있으며, 지름 1m 이상의 나무도 짧은 시간에 넘어트린다. 육지와 물속을 자유롭게 오가며 생활하는 비버는 보통 먹이를 먹거나 잠잘 때는 육지에 올라오지만 수중 생활에 익숙하여 물속에서도 많은 시간을 보낸다. 비버는 물속에서 물갈퀴가 발달되어 있는 뒷발을 이용하여 헤엄치며, 꼬리가 노처럼 넓적하고 비늘로 덮여 있어서 헤엄칠 때 균형을 유지하고 추진력을 내기 용이하다. 그리고 항문 옆에 있는 기름샘에서 나오는 기름을 수시로 몸에 발라서 방수 기능을 강화하고 물속에서의 적정 체온을 유지한다.

천재 건축가로 유명한 비버는 대체로 하천이나 늪에 거주하며, 강한 앞니로 갉아서 넘어트린 나무를 입에 물고 운반하여 흙, 돌 등의 재료와 함께 집을 짓거나 댐을 건설한다. 집은 강의 중앙에 나무, 진흙, 돌 등을 쌓아서 바닥을 구성하고 그 위에 나뭇가지를 4m 이상 겹겹이 포개어 올려 섬처럼 만든다. 큰 하천이나 늪에 서식하는 경우에는 강둑에 굴을 파서 집을 만들기도 한다. 비버는 집의 천장에 환기 구멍을 내고 나무 사이의 틈은 물이 새지 않도록 진흙, 돌, 수초 등으로 메운다. 집에는 일반적으로 2개 이상의 출입구를 만들며, 물 아래로도 출입구를 내서 다른 동물이 들어오는 것을 막는다. 비버는 물 아래의 출입구를 숨기고자 물 높이를 조절하는 댐을 만드는데, 계속해서 나무를 쌓아 올리는 습성으로 인해 댐의 길이는 보통 20~30m에 달하며 때에 따라서 400m 정도로 긴 것도 존재한다. 일례로 2010년에 발견된 비버 댐은 약 850m 길이였으며, 이는 미국의 후버댐보다 2배 이상 길며 위성 사진에 촬영될 정도라고 한다.

이처럼 비버가 매일매일 쌓고 고치면서 만든 댐은 자동차가 지나가도 될 정도로 튼튼한 것은 물론이거니와 생태계에서도 대단히 중요한 역할을 하는 것으로 알려져 있다. 우선 비버가 댐을 건설하는 과정에서 자연스럽게 습지가 조성되는데, 이 습지가 다른 생명체들의 안식처가 된다. 또한, 영국 엑서터대학교의 알란 퍼톡 교수 연구팀의 연구에 따르면 비버의 댐이 농경지에서 유입되는 흙을 여과하여 강물을 깨끗하게 만든다고 한다. 연구팀이 비버 무리가 5년간 만든 13개의 댐을 조사한 결과, 100톤가량의 침전물이 발견되었고 침전물 중 70%가 근처 농경지에서 유출된 흙이라는 사실을 알아냈다. 그리고 비버의 댐은 사람이 건설한 댐처럼 하천의 물 높이를 조절할 수 있어서 홍수가 나면 물을 저장하고 가뭄이 나면 물을 흐르게 하여 자연재해를 막는 데 도움이 된다. 실제로 2018년에는 영국 정부가 비버 댐의 특장점을 활용하여 홍수 피해를 예방하고자 글로스터셔 지역의 리드브룩 마을에 비버 4마리를 방사한 사례도 있다.

07. 윗글의 중심 내용으로 가장 적절한 것은?

① 비버의 먹이 습성과 수중 생활 방식

② 비버의 생태와 비버가 만든 건축물의 특장점

③ 비버의 겨울나기와 기름샘의 역할

④ 수달과 비교한 비버의 서식 환경

⑤ 비버가 사라진 지역의 생태계 변화

08. 윗글을 통해 추론한 내용으로 가장 적절한 것은?

① 비버는 집에 다른 동물이 들어오는 것을 막기 위해 출입구도 물 아래로 하나만 내고 나무 사이 틈은 진흙 등으로 모두 메운다.

② 비버는 설치류임에도 불구하고 앞발에 물갈퀴가 발달되어 있어서 물속에서 헤엄치며 생활할 수 있다.

③ 비버 댐은 홍수가 나면 물을 흐르게 하고 가뭄이 나면 물을 저장해서 하천의 물 높이를 조율할 수 있다.

④ 비버의 앞니는 성체가 된 이후에 성장을 멈추지만 매우 크고 튼튼해서 먹이와 나무를 갉아 먹는 데에는 어려움이 없다.

⑤ 비버 중에서 큰 하천이나 늪에 서식하는 개체는 강의 중앙이 아닌 강둑에 굴을 파서 집을 만들기도 한다.

[09 – 11] 다음 글을 읽고 각 물음에 답하시오.

야구 경기를 보다 보면 투수가 던진 공에 대해 심판이 스트라이크 또는 볼 판정을 내리는 장면을 볼 수 있을 것이다. 이때의 심판은 스트라이크존을 기준으로 스트라이크와 볼을 판정하게 된다. 여기서 스트라이크존이란 야구에서 투수가 던진 공이 스트라이크로 판정되는 범위로서 홈 플레이트(Home plate) 위에 가상으로 설정된 3차원의 공간을 의미한다. 현재 야구 규정에 따르면 스트라이크존의 좌우 폭은 홈플레이트의 가로 길이와 동일한 43.2cm로 설정하고, 세로 폭은 타자의 유니폼의 어깨 윗부분과 바지 윗부분 중간의 수평선을 상한선으로, 무릎 아랫부분 사이를 하한선으로 결정하게 된다. (   ) 스트라이크존의 설정은 타자가 타격 자세를 취하였을 때를 기준으로 하기 때문에 타자에 따라 존 역시 달라지며, 일부러 스트라이크존을 좁게 하고자 타자가 몸을 웅크리거나 구부릴 경우 심판은 타자의 자세를 무시하고 보통의 타격 자세를 기준으로 스트라이크존을 설정하게 된다. 이렇게 설정된 존 안에 들어오는 공은 스트라이크, 존 밖에 들어오는 공은 볼로 판정되는데, 일단 공이 스트라이크존을 지나기만 했다면 공을 잡아주는 포수가 공을 놓치거나 공이 지면으로 떨어지더라도 스트라이크 판정을 받을 수 있다. 스트라이크존 자체가 가상의 공간이고, 이를 결정하는 것이 심판이라는 점에서 간혹 선수가 심판의 판정에 불만을 표출하기도 하고, 일각에서는 심판 대신 기계를 도입해야 한다고 주장한다. 스트라이크존은 리그의 수준, 선수의 능력, 서 있는 위치 등에 따라 판정이 달라지는데, 실제로 투수가 던진 공의 회전력이 강해 휘어져 들어올 경우 해당 공이 스트라이크존을 정확히 통과했는지 판단하기 어려워 모두가 납득할만한 판정이 나오지 않을 수도 있다. 하지만 야구 경기 상황상 다양한 변수가 발생할 수밖에 없고, 심판은 단순 판정만을 내리는 존재가 아닌 경기가 무난히 진행되도록 하는 '조정자'에 해당하므로 판정 자체에 불만을 느끼거나 기계로 대체하기보다는 심판이 공정성과 일관성을 지키면서 판정을 내렸는지 확인하는 것이 더욱 중요하다. 기계 심판이 도입되면 유소년 야구나 사회인 야구는 경기가 끝나지 않을 것이란 자조도 있듯 경기를 유연하게 이끄는 것 역시 심판이라는 점을 고려할 때 심판의 업무는 아직까지 기계가 대체할 수 없는 인간의 고유 영역으로 보아야 한다.

09. 윗글에 나타난 필자의 의견으로 가장 적절한 것은?

① 스포츠가 전하는 최고의 가치는 공정성이다.
② 스트라이크존을 전 세계적으로 일정하게 유지해야 한다.
③ 야구 경기에서 기계가 인간 심판을 대체하는 데는 한계가 있다.
④ 인간과 기계가 함께 야구 심판을 보면 정확성이 높아질 것이다.
⑤ 스트라이크존 판정의 정확성보다 경기 진행 속도가 더 중요하다.

10. 윗글의 내용과 일치하지 않는 것은?

① 야구 경기 특성상 선수가 서 있는 위치에 따라 판정이 달라질 수 있다.
② 일반적으로 홈플레이트의 가로 길이와 스트라이크존의 가로 넓이는 동일하게 정해진다.
③ 스트라이크존은 실제로 있는 공간이 아니다.
④ 스트라이크존에 공이 들어왔을 때 포수가 공을 잡지 못하면 볼로 보아야 한다.
⑤ 투수가 던진 공의 회전력 때문에 심판이 정확히 판정하기 어려운 경우가 있다.

11. 윗글의 빈칸에 들어갈 단어로 가장 적절한 것은?

① 결국 ② 다만 ③ 즉 ④ 왜냐하면 ⑤ 또는

12. 다음 안내문의 내용과 일치하는 것은?

[202X년 빈집 이-음 사업 공고]

1. LH 이-음(Empty-HoMe) 사업이란?

빈집과 노후주택을 연결하여 낙후된 도심지역 회복과, 구도심 내 人과 人을 이음으로써 공동체 활성화에 기여하기 위해 빈집을 매입하는 사업입니다.

2. 매입 대상

「빈집 및 소규모주택 정비에 관한 특례법」 제2조에 따른 빈집 및 그 부속 토지로 대지면적 $100m^2$ 이상 또는 건축 연면적 $60m^2$ 이상 빈집

※ 2개 이상 연접한 빈집 동시 매입 신청 가능, 빈집과 연접한 주택·나대지 동시 매입 신청 가능

3. 매입 지역

부산, 인천, 대전, 광주, 전주, 진주

※ 매입 제외 빈집

- 「도시재정비 촉진을 위한 특별법」에 따른 재정비촉진사업지구 등에 편입된 빈집(단, 사업 인정 고시 전에는 매입 가능)
  - 재정비촉진사업지구: 정비구역(재개발·재건축사업 및 도시환경정비) 등 개발예정지역 내의 토지
- 공유 지분 매입 불가 및 부동산 권리관계가 해소되지 않는 주택(등기부상 표시되지 않는 권리관계까지 소멸 조건)
- 타인 토지 무단 점유 주택 및 무허가 주택(단, 무허가 주택의 경우 철거 조건으로 매입 가능)
- 기타 관리 곤란 및 공익을 해할 우려 등의 사유가 있는 경우(공사 내부 규정에 의함)
- 부산 내 기장군, 인천 내 강화·옹진군·영종도 지역, 진주 내 읍면 소재지에 위치한 빈집

4. 매입 결정

매각 신청 빈집에 대해 관계 법령 및 공사 내부 평가 기준에 따라 심의 후 결정

※ 접수 후 적정성 평가 및 심의를 통해 매입이 불가할 수 있음

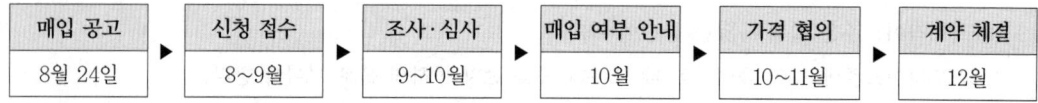

5. 매입 절차 및 일정

매입 공고	▶	신청 접수	▶	조사·심사	▶	매입 여부 안내	▶	가격 협의	▶	계약 체결
8월 24일		8~9월		9~10월		10월		10~11월		12월

※ 상기 매입 일정은 매입 물량 및 사정에 따라 변경될 수 있음

6. 매입 가격

LH가 선정한 감정평가업자 2인의 감정평가액을 산술평균한 금액 이내에서 매각 신청인과 협의하여 매입 가격 결정(단, 감정평가 수수료는 공사 부담, 측량 수수료는 소유자 부담)

7. 접수 방법

접수 기간	202X. 8. 24.(월)~9. 23.(수)
등기 우편	신청 접수 마감일 18시까지 접수 장소에 도달한 신청 건 기준
접수처	• 접수 주소: (01234) 서울시 은평구 XX로 123 XX건물 XX호 ○○회사 • 접수 문의: ○○회사, 02) 123-4567 • 기타 문의: LH, 055) 123-5678~9

※ 1) LH에서는 우편 접수를 원칙으로 하고 있음

2) 각 절차 진행 중 신청한 빈집이 매입 기준에 맞지 않을 경우 요건 충족을 위한 대기 및 재심사로 소요 기간이 길어지며, 이에 대한 진행사항은 수시로 안내드리기 어려움

8. 신청 서류

- 공사 소정 양식: 빈집 매각 신청서 및 매각 신청 유의서
  (LH 홈페이지 > 고객 지원 > 새소식 > 공지사항에서 서식 다운로드 가능)
- 발급 필요 서류: 인감증명서(우편 접수 시 본인 확인용), 신분증 사본, 주민등록등본 등

※ 1) 본인 확인을 위해 매각 신청서에 본인 인감도장을 날인하고 인감증명서를 첨부해야 함
  2) 기타 필요 서류는 주택 매각 신청서를 반드시 확인해야 함

공사에서는 부동산 매입 알선 수수료 제도를 운용 중입니다. 공인중개업소 중개를 통한 계약 체결 시 거래 금액의 0.5% 이내에서 중개 수수료를 지급하오니 공인중개사님의 많은 관심 바랍니다.

① 빈집 매입 가격 결정을 위한 감정평가업자는 LH가 선정하며 감정평가 및 측량 수수료는 일체 한국토지주택공사가 부담한다.

② 매입 대상에 해당하면서 재개발이 예정된 지역 내에 위치한 빈집은 사업 인정 고시 여부와 무관하게 매입 지역에서 제외된다.

③ 신청 시 본인 확인을 위해 빈집 매각 신청서 및 매각 신청 유의서에 본인 인감도장을 날인하거나 신청 서류와 함께 인감증명서를 동봉해야 한다.

④ 신청이 접수된 빈집에 대한 조사 결과 매입 기준에 부합하지 않는다고 판명되는 즉시 매입이 거부되며 해당 사실은 신청자에게 개별적으로 안내된다.

⑤ 빈집이 아니더라도 매입 대상에 해당하는 빈집과 연접해 있는 주택이라면 해당 빈집과 함께 동시 매입을 신청할 수 있다.

13. 다음 보도자료를 통해 추론한 내용으로 가장 적절하지 않은 것은?

□ 국토교통부(장관 변○○)는 분양가상한제 적용주택 입주자의 거주의무기간 등을 내용으로 하는 「주택법 시행령」 개정안과 재건축부담금 관련 개시 시점 주택가액 조정 방법 등의 내용을 담은 「재건축초과이익 환수에 관한 법률 시행령」 개정안이 2월 16일 국무회의를 통과하였다고 밝혔다. 국무회의를 통과한 개정 시행령은 대통령 재가를 거쳐 2월 19일부터 시행될 예정이다.

[「주택법 시행령」 개정안의 주요 내용]

① 주택조합 총회의 조합원 직접 출석에 대한 예외: 감염병 예방을 위하여 여러 사람의 집합을 제한하거나 금지하는 조치가 해당 주택건설대지가 위치한 지역에 내려진 경우 주택조합 조합원이 총회 의결에 일정 비율 직접 출석해야 하는 요건의 예외를 인정하여 그 기간에는 전자적 방법으로 총회를 개최하여 의결권을 행사할 수 있도록 개선하였다.

② 분양가상한제 적용주택 제외 요건: 소규모 정비사업을 활성화하기 위해 LH 또는 지방공사가 정비구역 면적이 2만 m^2 미만이거나 전체 세대수가 200세대 미만인 정비사업 또는 소규모주택정비사업의 시행자로 참여하고, 전체 세대수의 10% 이상을 임대주택으로 건설하는 경우 분양가상한제 적용대상에서 제외하도록 하였다.

③ 분양가상한제 적용주택 입주자의 거주의무기간: 주변 시세보다 저렴하게 공급되는 분양가상한제 적용주택에 대한 투기 수요를 차단하고 실수요자 중심으로 공급되도록 하기 위해 분양가상한제 적용주택 입주자의 거주의무기간을 아래 표와 같이 정하였다.

구분	분양 가격	거주의무기간
공공택지에서 건설·공급되는 주택	인근 지역 주택 매매 가격의 80% 미만	5년
	인근 지역 주택 매매 가격의 80~100%	3년
민간택지에서 건설·공급되는 주택	인근 지역 주택 매매 가격의 80% 미만	3년
	인근 지역 주택 매매 가격의 80~100%	2년

④ 분양가상한제 적용주택 입주자의 거주의무 예외 사유: 분양가상한제 적용주택을 공급받은 사람이 해당 주택의 거주의무기간 중 근무·생업·취학 또는 질병 치료를 위하여 해외에 체류하거나 세대원 전원이 다른 주택건설지역에 거주하는 등의 부득이한 사유가 있는 경우로서 LH 등의 확인을 받은 경우 그 기간은 해당 주택에 거주한 것으로 보도록 하는 거주의무 예외 사유를 정하였다.

⑤ 행복도시 이전기관 종사자에게 특별공급하는 주택의 전매제한 강화: 행정중심복합도시 이전기관 종사자가 특별공급받은 주택의 전매에 따른 시세 차익을 차단하고 실수요자 위주로 공급하기 위해 행정중심복합도시 이전기관 등에 종사하는 사람에게 특별공급한 경우 해당 주택의 전매제한기간을 투기과열지구는 5년에서 8년으로, 투기과열지구 외의 지역은 3년에서 5년으로 강화하였다.

□ 국토교통부는 이번 「주택법 시행령」 개정을 통해 수도권 분양가상한제 적용주택에 대한 투기 수요가 차단되고 실수요자 중심으로 주택이 공급되고 행정중심복합도시 이전기관 종사자의 전매에 따른 시세차익이 방지될 것으로 기대한다고 밝혔다.

※ 출처: 국토교통부 보도자료

① 민간택지에서 건설·공급되는 주택은 공공택지에서 건설·공급되는 주택보다 짧은 거주의무기간이 적용된다.

② 행정중심복합도시 이전기관 종사자에게 제공되는 특별공급 주택의 전매제한기간을 강화한 조치는 전매 시세차익을 방지하고 실수요자 중심의 주택을 공급하는 것을 목적으로 한다.

③ 한국토지주택공사가 전체 세대수의 10분의 1 이상을 임대주택으로 건설하는 소규모주택정비사업의 시행자로 참여하는 경우 분양가상한제를 적용하지 않는다.

④ 주택건설대지가 위치한 지역에 감염병 예방을 위한 집합 금지 조치가 발령될 경우 조합원의 의결권 행사를 위해 주택조합 총회는 전자적 방식으로 개최된다.

⑤ 거주지가 분양가상한제 적용대상이더라도 유학을 위해 해외에 체류하는 경우 LH 등에 거주의무 예외 사유를 확인받는다면 해외에 체류하는 기간을 제외하고 거주의무기간이 산정된다.

[14 – 15] 다음은 감전사고 사상자 수에 대한 자료이다. 각 물음에 답하시오.

[지역별 감전사고 사상자 수]

(단위: 명)

구분	2016년	2017년	2018년	2019년	2020년
서울	58	114	94	86	57
부산	64	62	48	83	33
대구	37	22	48	34	34
인천	33	25	22	24	25
광주	2	7	5	18	14
대전	25	11	5	7	18
세종	1	0	1	2	0
울산	13	9	9	7	11
경기	142	119	116	108	89
강원	24	27	32	13	22
충북	7	8	13	11	13
충남	26	25	26	15	16
전북	19	17	11	13	14
전남	36	32	25	0	20
경북	18	29	34	24	20
경남	36	21	17	19	16
제주	5	4	9	5	6
전국	546	532	515	469	408

[2016년과 2020년의 월별 전국 감전사고 사상자 수]

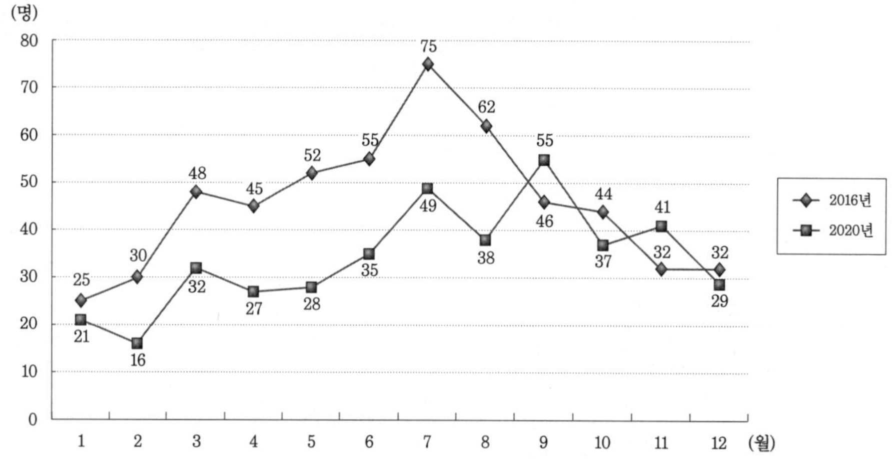

※ 출처: KOSIS(한국전기안전공사, 감전재해조사)

14. **다음 중 자료에 대한 설명으로 옳은 것은?**

① 2017년 이후 사상자 수의 전년 대비 증감 추이는 서울과 경북이 동일하다.

② 월별 전국 사상자 수가 처음으로 2020년이 2016년보다 많았던 달의 2020년 전월 대비 전국 사상자 수 차이는 16명이다.

③ 2020년 월별 전국 사상자 수가 가장 적었던 달의 사상자 수보다 2020년 사상자 수가 적은 지역은 총 7개이다.

④ 2020년 하반기 사상자 수는 2020년 전체 사상자 수의 60% 이상이다.

⑤ 제시된 기간 동안 부산 사상자 수는 매년 충남 사상자 수의 2배 이상이다.

15. **2016년 1월 감전사고 사상자 수보다 2016년 감전사고 사상자 수가 적은 지역의 총 사상자 수는?**

① 87명 ② 89명 ③ 90명 ④ 92명 ⑤ 93명

[16 – 18] 다음은 철강 생산량에 대한 자료이다. 각 물음에 답하시오.

[월별 철강 생산량]

(단위: 천 톤)

구분		1월	2월	3월	4월	5월	6월	7월	8월
조강	소계	5,740	5,418	5,784	5,079	5,384	5,090	5,530	5,773
	전로강	4,079	3,688	3,846	3,305	3,549	3,498	3,961	4,228
	전기로강	1,661	1,730	1,938	1,774	1,835	1,592	1,569	1,545
철강재		6,423	6,408	6,658	6,260	5,972	5,545	6,203	6,370
형강		331	350	414	385	387	409	405	375
H형강		230	264	302	288	279	300	300	285
봉강		247	263	284	249	208	147	140	159
철근		637	699	764	829	868	821	838	755
선재		270	284	296	308	298	287	274	295
중후판		801	762	804	666	763	699	764	760
열연강판		1,500	1,415	1,455	1,344	1,281	1,192	1,474	1,580
냉연강판		794	790	769	718	625	559	699	760
용융아연도강판		644	674	654	590	498	486	550	653
전기아연도강판		137	132	138	134	95	83	134	149
컬러강판		175	161	172	163	163	130	169	176
석도강판		43	49	44	54	45	52	53	53
강관		390	408	410	419	403	362	352	301

※ 출처: KOSIS(한국철강협회, 철강통계조사)

16. 다음 중 자료에 대한 설명으로 옳지 않은 것은?

① 1~6월 월별 석도강판 생산량의 평균은 45천 톤 미만이다.

② 선재 생산량 대비 중후판 생산량의 비율은 5월이 6월보다 크다.

③ 제시된 기간 동안 조강 생산량에서 전기로강 생산량이 차지하는 비중은 매달 25% 이상이다.

④ 1분기 H형강 생산량의 합은 1분기 봉강 생산량의 합보다 크다.

⑤ 제시된 기간 동안 열연강판 생산량이 다른 달에 비해 가장 많은 달에 컬러강판 생산량도 다른 달에 비해 가장 많다.

17. 다음 중 제시된 자료를 바탕으로 만든 자료로 옳은 것은?

① [1~4월 철근 및 강관 생산량]

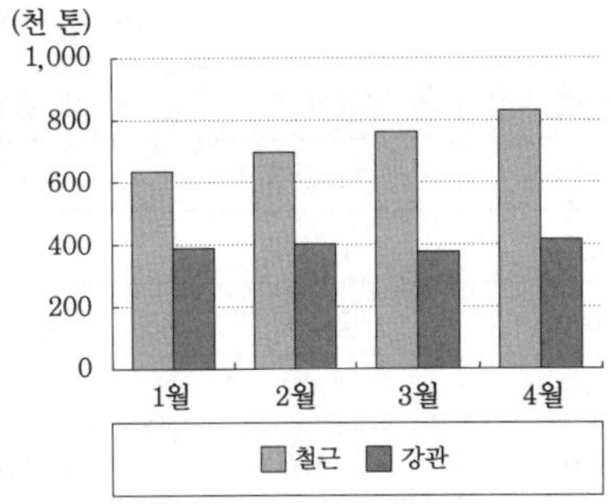

② [월별 컬러강판 생산량]

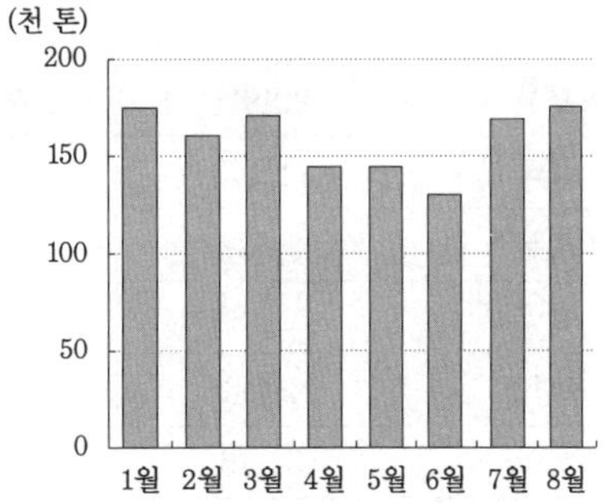

③ [5~8월 철강재 생산량의 전월 대비 변화율]

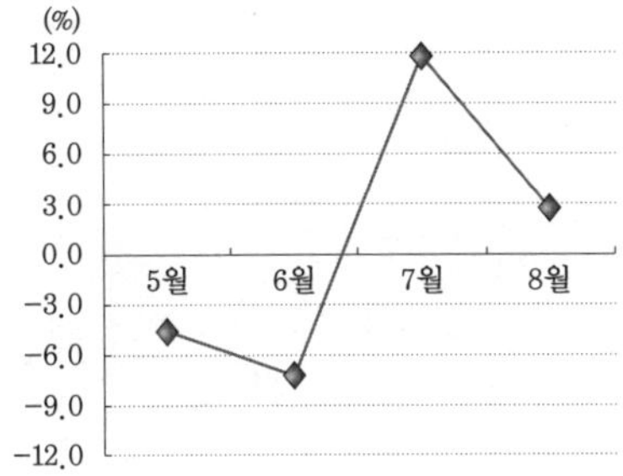

④ [3월 조강의 생산 비중]

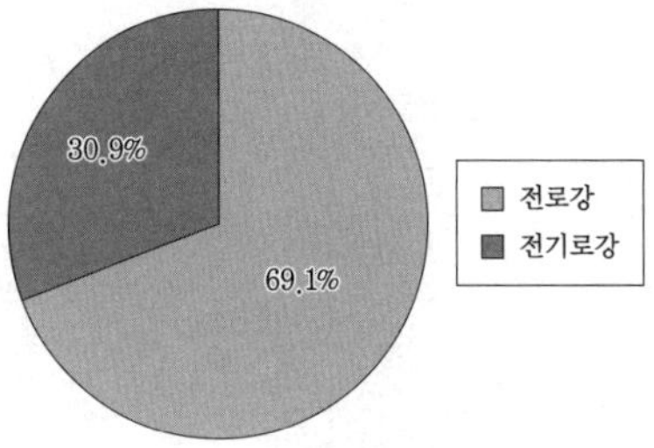

⑤ [1~6월 냉연강판 1톤당 열연강판 생산량]

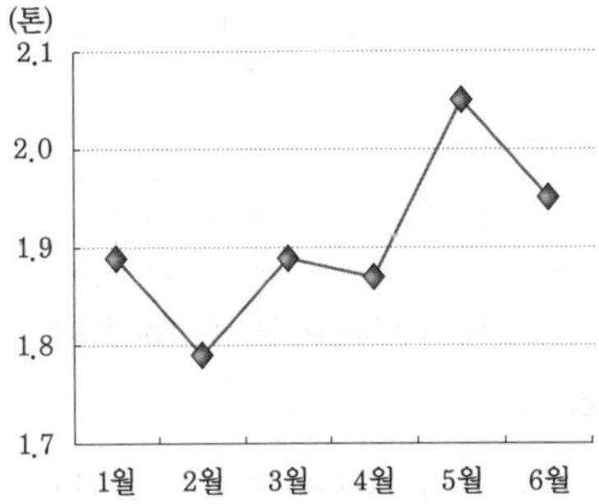

18. 1월 대비 6월 H형강 생산량의 증가율은 약 얼마인가? (단, 소수점 첫째 자리에서 반올림하여 계산한다.)

① 15% ② 20% ③ 25% ④ 30% ⑤ 35%

19. 다음은 국가별 GDP 및 연도별 한국 GDP에 대한 자료이다. 자료에 대한 설명으로 옳지 않은 것은?

[국가별 GDP]

(단위: 십억 달러)

구분	2019년	2018년	2017년	2016년	2015년
중국	14,343	13,895	12,310	11,233	11,062
일본	5,082	4,955	4,867	4,923	4,389
미국	21,428	20,580	19,485	18,707	18,219
프랑스	2,716	2,788	2,595	2,471	2,438
독일	3,846	3,950	3,666	3,467	3,361
영국	2,827	2,861	(　　)	2,694	2,929

[연도별 한국 GDP]

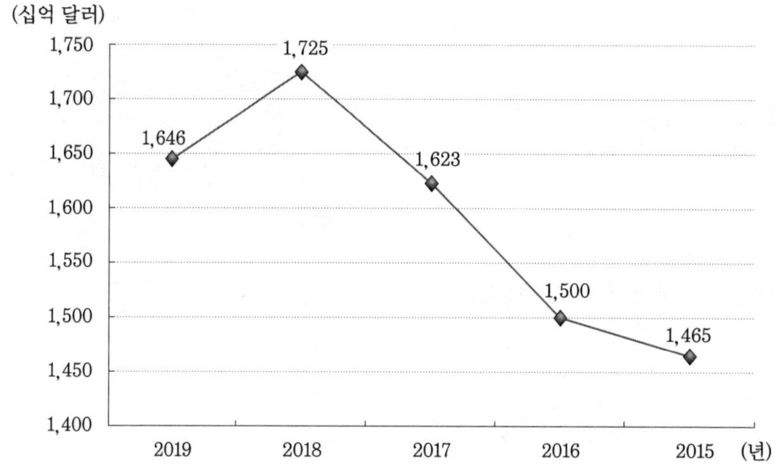

※ 출처: KOSIS(한국은행, The World Bank, 대만)

① 2019년 미국의 GDP는 같은 해 한국, 중국, 일본의 GDP 합보다 크다.

② 2017년 일본의 전년 대비 GDP 감소율과 같은 해 영국의 전년 대비 GDP 감소율이 같다면 2017년 영국의 GDP는 2,650십억 달러 이상이다.

③ 2018년 한국의 전년 대비 GDP 증가율은 2017년 한국의 전년 대비 GDP 증가율보다 작다.

④ 2015년 독일의 GDP는 같은 해 프랑스의 GDP보다 923십억 달러 크다.

⑤ 2016년 미국의 전년 대비 GDP 증가량은 같은 해 일본의 전년 대비 GDP 증가량보다 많다.

[20 - 21] 다음은 Z 국가의 고등교육기관 계열별 졸업자 취업통계에 대한 자료이다. 각 물음에 답하시오.

[고등교육기관 계열별 졸업자 취업통계]

(단위: 천 명)

구분	2022년			2023년			2024년		
	졸업자	취업자	취업 대상자	졸업자	취업자	취업 대상자	졸업자	취업자	취업 대상자
인문	49.5	23.3	40.8	48.3	22.0	39.2	47.2	20.4	38.2
사회	144.6	83.0	129.3	140.8	78.8	124.2	138.3	73.1	120.1
교육	33.0	19.5	30.4	32.9	18.9	30.2	32.1	18.2	29.3
공학	142.8	90.6	126.4	143.6	88.2	126.1	149.0	88.0	130.0
자연	59.1	31.7	49.3	58.3	30.8	48.2	58.9	30.1	48.2
의약	59.5	47.1	56.5	60.8	48.0	57.4	61.7	47.8	58.2
예체능	67.3	37.7	58.6	65.8	36.4	56.4	66.3	34.9	56.0
전체	555.8	332.8	491.4	550.4	323.0	481.6	553.5	312.4	480.1

※ 취업률(%) = (취업자 / 졸업자) × 100

20. 다음 중 자료에 대한 설명으로 옳은 것은?

① 제시된 기간 동안 전체 취업률이 가장 높은 해는 2024년이다.

② 제시된 기간 동안 졸업자가 많은 순서대로 1위부터 3위까지 계열의 순서는 매년 동일하다.

③ 제시된 기간 동안 공학 계열의 취업자가 가장 많은 해의 공학 계열 취업자와 공학 계열의 취업자가 가장 적은 해의 공학 계열 취업자의 차는 2.9천 명이다.

④ 2024년 취업률이 50% 미만인 계열은 인문 계열뿐이다.

⑤ 제시된 기간 동안 졸업자가 꾸준히 증가한 계열은 공학 계열 1개이다.

21. 2023년 취업 대상자가 가장 많은 계열과 같은 해 취업 대상자가 가장 적은 계열의 2023년 취업률 차는 약 얼마인가? (단, 소수점 둘째 자리에서 반올림하여 계산한다.)

① 4.0%p ② 4.2%p ③ 4.7%p ④ 5.0%p ⑤ 5.2%p

[22 - 23] 다음은 2023~2024년 분기별 1일 평균 식용계란 생산량에 대한 자료이다. 각 물음에 답하시오.

[2023년 분기별 1일 평균 식용계란 생산량]

(단위: 천 개)

구분	1분기	2분기	3분기	4분기
A 지역	10,742	11,513	11,846	12,373
B 지역	1,914	2,397	2,389	2,610
C 지역	2,629	2,341	2,736	2,792
D 지역	5,913	5,314	5,803	5,979
E 지역	2,673	2,872	2,743	2,564
F 지역	2,595	2,401	3,250	3,007
G 지역	8,568	8,183	8,025	8,494
H 지역	3,970	4,076	3,909	4,026
I 지역	537	513	520	583

[2024년 분기별 1일 평균 식용계란 생산량]

(단위: 천 개)

구분	1분기	2분기	3분기	4분기
A 지역	11,888	11,855	12,320	12,515
B 지역	2,452	2,403	2,346	2,093
C 지역	2,496	2,868	2,813	2,941
D 지역	5,462	5,667	5,350	5,691
E 지역	2,444	2,354	2,539	2,686
F 지역	2,939	2,709	2,774	2,931
G 지역	8,483	8,532	8,174	8,628
H 지역	3,972	4,572	4,316	4,448
I 지역	495	590	583	543

22. **다음 중 자료에 대한 설명으로 옳은 것을 모두 고르면?**

㉠ 2024년 1분기 제시된 지역의 1일 평균 식용계란 생산량은 전년 동분기 대비 모두 증가하였다. ㉡ 2023년 4분기 1일 평균 식용계란 생산량의 같은 해 3분기 대비 증가량은 D 지역이 H 지역보다 크다. ㉢ 제시된 기간 중 F 지역의 1일 평균 식용계란 생산량이 가장 적은 분기는 2024년 2분기이다. ㉣ 2024년 2분기 I 지역의 1일 평균 식용계란 생산량의 같은 해 1분기 대비 증가율은 20% 이상이다.

① ㉠ ② ㉡ ③ ㉣ ④ ㉡, ㉣ ⑤ ㉢, ㉣

23. **2024년 4분기 1일 평균 식용계란 생산량이 두 번째로 많은 지역과 네 번째로 많은 지역의 전년 동분기 대비 증가율의 차이는 약 얼마인가?** (단, 소수점 둘째 자리에서 반올림하여 계산한다.)

① 8.5%p ② 8.6%p ③ 8.7%p ④ 8.8%p ⑤ 8.9%p

[24 – 26] 다음은 A 지역의 TV 시청기록에 대한 자료이다. 각 물음에 답하시오.

[2021년 2분기 TV 장르별 시청기록]

구분	4월		5월		6월	
	시청시간(분)	시청률(%)	시청시간(분)	시청률(%)	시청시간(분)	시청률(%)
보도	1,272.7	0.60	1,185.0	0.58	1,162.1	0.56
정보	801.2	0.41	776.3	0.39	737.6	0.37
드라마·영화	522.1	1.69	606.7	1.59	559.3	1.57
오락	1,231.6	0.92	1,341.5	0.93	1,096.4	0.84
스포츠	29.7	0.53	22.2	0.51	32.1	0.49
교육	11.8	0.10	16.2	0.13	11.3	0.09
어린이	29.6	0.15	31.0	0.16	29.0	0.15
기타	1.2	0.32	4.7	0.38	0.6	0.19

[TV 수상기 이용시간]

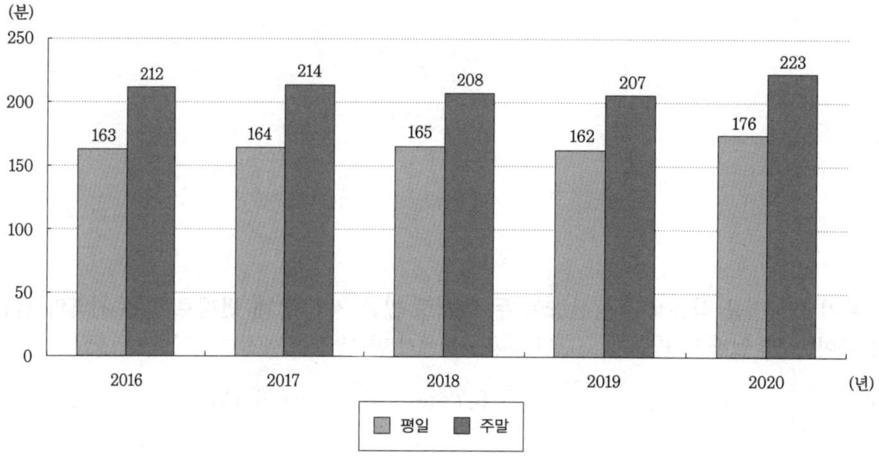

24. 다음 중 자료에 대한 설명으로 옳은 것은?

① 2021년 6월 전체 시청률에서 드라마·영화 장르의 시청률이 차지하는 비중은 40% 이상이다.

② 2021년 2분기 동안 보도 장르의 시청시간이 매월 가장 길다.

③ 2017년 이후 TV 수상기 이용시간의 전년 대비 증감 추이는 매년 평일과 주말이 동일하다.

④ 2021년 4월에 TV 장르별 시청시간이 2020년 평일과 주말의 TV 수상기 평균 이용시간보다 짧은 TV 장르는 기타를 제외하고 총 3개이다.

⑤ 2021년 6월 교육 장르 시청시간의 전월 대비 감소율은 35% 이상이다.

25. TV 장르별 2021년 2분기 월별 시청시간의 평균을 나타낸 자료가 다음과 같을 때, A~D를 바르게 연결한 것은?

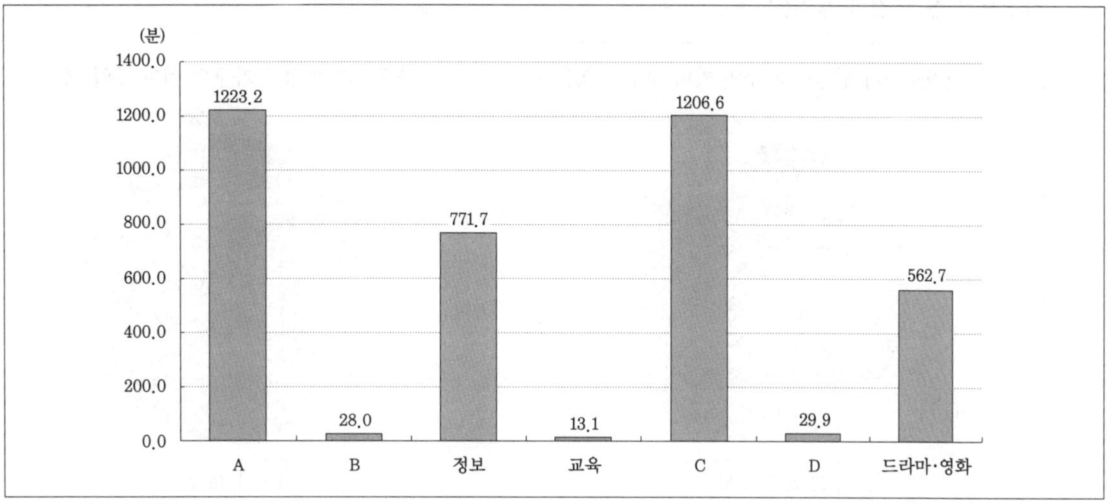

	A	B	C	D
①	오락	스포츠	보도	어린이
②	오락	어린이	보도	스포츠
③	보도	스포츠	오락	어린이
④	보도	어린이	오락	스포츠
⑤	보도	오락	스포츠	어린이

26. 2020년 평일 TV 수상기 이용시간의 3년 전 대비 증가율은 약 얼마인가? (단, 소수점 둘째 자리에서 반올림하여 계산한다.)

① 4.2% ② 6.7% ③ 7.3% ④ 8.0% ⑤ 8.6%

27. 다음은 가구주 성별에 따른 가구의 최근 1년간 커피 구입 경험 및 구입 변화를 나타낸 자료이다. 자료에 대한 설명으로 옳은 것의 개수는?

[가구주가 남성인 가구의 커피 구입 경험]

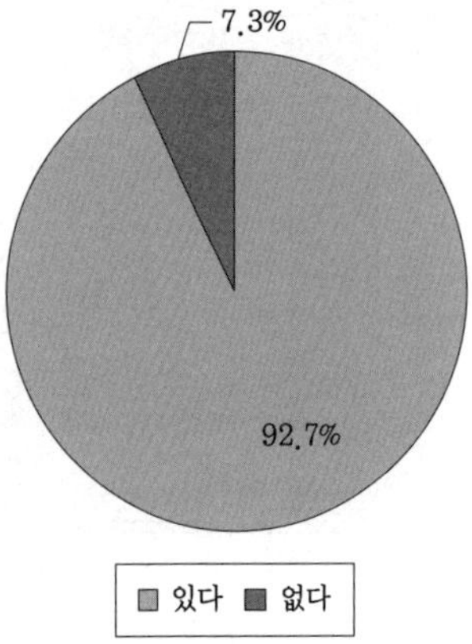

[가구주가 여성인 가구의 커피 구입 경험]

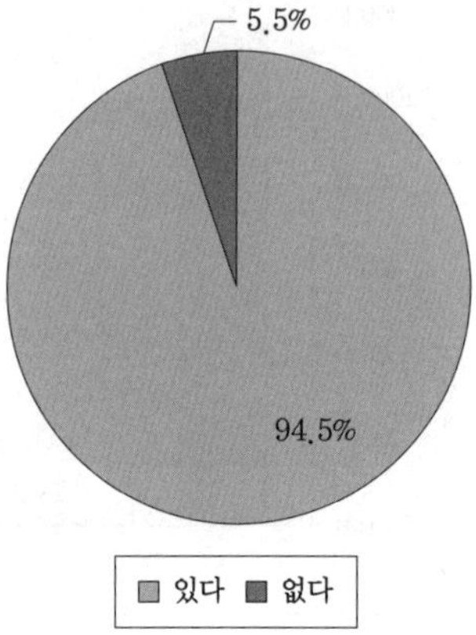

※ 가구주 성별에 관계없이 전체 조사 대상은 2,000가구이며, 모든 가구가 커피 구입 경험에 대해 응답함

[가구주 성별에 따른 구입 변화]

(단위: %)

구분	매우 감소	약간 감소	비슷	약간 증가	매우 증가
남성	2.7	17.1	63.2	16.7	0.3
여성	4.3	15.5	55.7	24.1	0.4

※ 커피 구입 경험이 있는 가구만 구입 변화 조사에 응답함

※ 출처: KOSIS(농림축산식품부, 가공식품소비자태도조사)

㉠ 전체 조사 대상 중 가구주가 남성인 가구가 가구주가 여성인 가구의 3배인 경우 가구주가 남성인 가구 중 구입 경험이 없는 가구와 가구주가 여성인 가구 중 구입 경험이 없는 가구의 차이는 92가구이다.
㉡ 가구주가 남성인 가구 중 구입 변화를 '약간 증가'로 선택한 가구가 가구주가 남성인 전체 가구에서 차지하는 비중은 15% 미만이다.
㉢ 가구주가 여성인 가구 중 구입 경험이 있는 가구의 비율은 가구주가 남성인 가구 중 구입 경험이 있는 가구의 비율보다 2.2%p 더 높다.
㉣ 전체 가구에서 구입 변화를 '비슷'으로 선택한 가구는 1,050명 미만이다.

① 0개　　② 1개　　③ 2개　　④ 3개　　⑤ 4개

28. A, B, C, D, E 5명은 사내 체육대회에서 달리기 시합에 출전하였다. 다음 조건을 모두 고려하였을 때, 항상 옳지 않은 것은?

- 5명 중 결승선을 동시에 통과한 사람은 없었다.
- A는 D보다 먼저 결승선을 통과했다.
- B와 E는 가장 먼저 결승선을 통과한 사람이 아니며, B와 E 사이에 1명이 통과했다.
- C와 D 사이에 2명이 통과했다.

① E보다 늦게 결승선을 통과한 사람은 없다.

② B가 D보다 먼저 결승선을 통과했다.

③ C는 첫 번째로 결승선을 통과했다.

④ D와 E는 연이어 결승선을 통과했다.

⑤ B와 C는 연이어 결승선을 통과했다.

29. A~E 5명 중 3명은 진실을 말하고, 2명은 거짓을 말하고 있다. 거짓을 말한 2명 중 1명은 등산을 했으며, 나머지 4명은 등산을 하지 않았다. 다음 조건을 모두 고려하였을 때, 등산을 한 사람은?

- A: 나와 C는 등산을 하지 않았다.
- B: 나와 D는 등산을 했다.
- C: A는 거짓을 말하고 있지 않다.
- D: 나는 등산을 하지 않았다.
- E: A는 등산을 하지 않았다.

① A　② B　③ C　④ D　⑤ E

30. 5층 건물에서 1층부터 5층까지 운행되는 엘리베이터가 있다. A~H 8명은 1층에서 엘리베이터에 탑승하였다. 다음 조건을 모두 고려하였을 때, 항상 옳은 것은?

- 엘리베이터는 1층부터 5층까지 순차적으로 올라가며, 모든 사람은 2~5층에서 하차하였다.
- A와 C는 같은 층에서 하차하였다.
- D는 F 바로 아래층에서 먼저 하차하였고, D와 같은 층에서 하차한 사람은 없다.
- G는 5층에서 하차하였고, G와 같은 층에서 하차한 사람은 1명이다.
- 가장 많은 사람이 하차한 층은 3층이다.
- E보다 먼저 하차한 사람은 4명이다.

① F보다 늦게 하차한 사람은 4명이다.

② D보다 먼저 하차한 사람은 2명이다.

③ 4층에서 하차한 사람은 E와 B이다.

④ 2명이 하차한 층은 2층과 5층이다.

⑤ H는 E보다 먼저 하차하였다.

31. 다음은 아파트 분양 공급 금액 및 납부 일정에 대한 자료이다. 갑은 신규 분양되는 아파트에 청약하여 84A 타입에 당첨되었다. 갑이 당첨된 아파트의 발코니를 확장하고, 추가 선택 품목으로 천장형 시스템 에어컨, 공기 청정 환기 장치를 선택한 후 10월 20일에 납부해야 할 중도금의 총액과 입주 시 납부해야 할 잔금의 총액 차이가 66,820,000원이었을 때, 갑이 입주할 층은?

[아파트 분양 공급 금액 및 납부 일정]

1. 주요 일정

구분	청약 신청	당첨자 발표	서류 제출	계약 체결
일정	9. 27.(월)~9. 29.(수)	10. 6.(수)	10. 8.(금)~10. 15.(금)	10. 18.(월)~10. 20.(수)

2. 아파트 공급 금액 및 납부 일정

납부 금액		계약금(총금액의 10%)	중도금(총금액의 60%)	잔금(총금액의 30%)
납부 시기		계약 시	10월 20일부터 3개월 간격으로 6회 납부	입주 시
84A	1층	27,060,000원	162,360,000원	81,180,000원
	2층	27,760,000원	166,560,000원	83,280,000원
	3층	28,260,000원	169,560,000원	84,780,000원
	4층	28,760,000원	172,560,000원	86,280,000원
	5층	29,260,000원	175,560,000원	87,780,000원
	6층 이상	29,760,000원	178,560,000원	89,280,000원
84B	1층	26,640,000원	159,840,000원	79,920,000원
	2층	27,340,000원	164,040,000원	82,020,000원
	3층	27,840,000원	167,040,000원	83,520,000원
	4층	28,340,000원	170,040,000원	85,020,000원
	5층	28,840,000원	173,040,000원	86,520,000원
	6층 이상	29,340,000원	176,040,000원	88,020,000원

※ 중도금은 10월 20일부터 3개월 간격으로 6회에 걸쳐 동일 금액을 납부함

3. 추가 선택 품목 계약 금액 및 납부 일정

1) 발코니 확장비

납부 금액	계약금(총금액의 10%)	중도금(총금액의 20%)	잔금(총금액의 70%)
납부 시기	계약 시	10월 20일	입주 시
84A	1,200,000원	2,400,000원	8,400,000원
84B	1,250,000원	2,500,000원	8,750,000원

2) 추가 선택 품목(유상 옵션)

납부 금액	계약금(총금액의 10%)	중도금(총금액의 20%)	잔금(총금액의 70%)
납부 시기	계약 시	10월 20일	입주 시
천장형 시스템 에어컨	350,000원	700,000원	2,450,000원
공기 청정 환기 장치	110,000원	220,000원	770,000원
주방 엔지니어드 스톤	180,000원	360,000원	1,260,000원
드레스룸 특화	220,000원	440,000원	1,540,000원

※ 추가 선택 품목은 타입에 관계없이 동일한 금액임

① 1층 ② 2층 ③ 3층 ④ 4층 ⑤ 5층

[32 – 33] 라 병원에서 독일어 사용 국가인 A 국가 지역의 대규모 감염병 유행 상황의 저지를 위한 '의료 봉사 및 감염 연구 TF팀'을 구성하여 파견하려고 한다. 각 물음에 답하시오.

[라 병원 직원 현황]

구분	직군		인원	비고
의료인력	의사	전문의	감염내과 5명	독일어 능통자 없음
			5명	독일어 능통자 1명
		일반의	10명	독일어 능통자 3명
	간호사	전문간호사	감염관리전문 8명	독일어 능통자 3명
			12명	독일어 능통자 5명
		일반간호사	30명	독일어 능통자 6명
일반인력	연구원		25명	독일어 능통자 4명
	행정직원		10명	독일어 능통자 10명
	간병인		30명	독일어 능통자 14명

[의료 봉사 및 감염 연구 TF팀 구성 조건]

- 의료 봉사 및 감염 연구 TF팀은 60명 이상의 인력으로 구성된다.
- 의료 봉사 및 감염 연구 TF팀 구성 시 40명 이상의 의료인력이 반드시 포함된다.
- 의료 봉사 및 감염 연구 TF팀의 의료인력은 전문의 5명(감염내과 전문의 3명 이상), 일반의 5명, 전문간호사 10명(감염관리전문 6명 이상), 일반간호사 15명이 반드시 포함된다.
- 의료 봉사 및 감염 연구 TF팀 구성 인력의 30% 이상은 독일어 능통자로 구성한다.

32. 위 자료를 근거로 판단할 때, 라 병원 직원 현황과 의료 봉사 및 감염 연구 TF팀 구성에 대한 설명으로 옳지 않은 것은?

① 의료인력을 독일어 능통자를 최소로 포함한 40명으로 구성하는 경우, 일반인력 중 간병인은 최소 2명 포함된다.

② 일반인력을 제외한 의료인력만으로 팀을 구성할 수 있다.

③ 라 병원의 전체 직원 대비 독일어 능통자의 비율은 30% 이상이다.

④ 의료인력을 최소로 포함하고, 의료인력의 30%를 독일어 능통자로 구성하고자 할 때, 일반간호사 중 독일어 능통자를 포함하지 않고 팀을 구성할 수 있다.

⑤ 라 병원에서 근무 중인 직군 중 행정직원을 제외하고 인원 대비 독일어 능통자 비율이 가장 높은 직군은 간병인이다.

33. A 국가에서 감염 연구를 위해 의료 봉사 및 감염 연구 TF팀 구성 인력 중 연구원을 20명 이상 포함하고, 독일어 능통자의 비율을 40% 이상으로 늘려달라는 요청을 추가로 전달하였다. 위 자료와 추가 요청을 고려하였을 때, 의료 봉사 및 감염 연구 TF팀을 구성할 수 있는 최소 인원은?

① 60명 ② 61명 ③ 62명 ④ 63명 ⑤ 64명

34. 충청남도에서 제공하는 친환경농업 직불금에 대한 안내문이 다음과 같을 때, 안내문에 대한 설명으로 옳은 것을 모두 고르면?

[친환경농업 직불금 안내]

1. 개요
   - 친환경 농축산물을 생산하는 농업인에게 초기 소득 감소분 및 생산비 차이를 보전하여 친환경농업 확산을 도모하고 농업의 환경 보전 기능 등 공익적 기능을 제고하기 위함

2. 직불금 지급단가 및 기간

<table>
<tr><th colspan="2">구분</th><th>유기(천 원/ha)</th><th>유기 지속(천 원/ha)</th><th>무농약(천 원/ha)</th></tr>
<tr><td colspan="2">논</td><td>700</td><td>350</td><td>500</td></tr>
<tr><td rowspan="2">밭</td><td>과수</td><td rowspan="2">1,400</td><td>700</td><td rowspan="2">1,200</td></tr>
<tr><td>채소</td><td>650</td></tr>
<tr><td colspan="2">지급기간</td><td>5년</td><td>유기 지급기간 이후
기한 없이 계속 지급</td><td>3년</td></tr>
</table>

※ 무농약은 지급기간 종료 후 무농약 지속 직불금이 지급되지 않음

3. 지원대상
   - 친환경농업인: 친환경농어업 육성 및 유기식품 등의 관리·지원에 관한 법률 제19조, 제34조의 규정에 따라 유기·무농약농산물 인증을 받은 농업인 및 법인
   - 기타 기준: 사업기간(1~12월) 중 친환경농업을 충실히 이행하고 인증기관의 이행점검 결과 적격으로 통보받은 농업인

4. 신청방법
   - 접수방법: 농지소재지의 읍·면사무소 방문 접수 및 우편, FAX로만 신청 가능
   - 구비서류: 친환경농업 직불금 신청서, 친환경농산물 인증서 사본

㉠ 법인은 유기·무농약농산물 인증을 받지 못했다고 하더라도 친환경농업 직불금을 지원받을 수 있다.
㉡ 유기·무농약농산물 인증을 받은 농업인이 논 5ha와 채소밭 3ha에 대하여 유기로 6년간 직불금을 받았다면 농업인이 지원받은 총직불금은 42,200천 원이다.
㉢ 친환경농업의 이행점검 결과 적격을 통보받은 농업인이 논 1ha, 과수원 2ha에 대하여 무농약 직불금을 3년간 받았다면, 해당 농업인이 지원받은 총 직불금은 10,500천 원이다.
㉣ 친환경농업 직불금에 대한 신청은 온라인 접수만 이루어진다.

① ㉡　　② ㉢　　③ ㉠, ㉢　　④ ㉡, ㉢　　⑤ ㉡, ㉣

35. **다음 결로방지 성능평가 수수료에 대한 자료를 근거로 판단할 때, 결로방지 성능평가 서류 접수 후 구체적인 검토와 시뮬레이션이 시행되지 않은 경우, 반환받을 수 있는 기본 수수료의 금액은?**

[결로방지 성능평가 수수료]

1. 평가 수수료의 산정

– 평가 수수료 = 기본 수수료 + 단위 세대 유형별 개수 × 추가 수수료

2. 기본 수수료

– 기본 수수료 = 인건비 + 경비 + 부가가치세

구분		내역				
		기술자 등급	단가	인원	투입율	일수
인건비	신청서류 검토	중급기술자	220,497원	1	0.5	3
	시뮬레이션	고급기술자	242,904원	2	0.5	7
	최종결과 확인	특급기술자	292,249원	1	0.5	5
경비	제반 경비	인건비의 10%				

※ 1) 1인당 인건비 = 단가 × 투입율 × 일수
2) 부가가치세는 인건비와 경비를 합산한 금액의 10%임
3) 모든 금액은 원 단위 절사하여 계산함

3. 추가 수수료

– 추가 수수료는 단위 세대 유형(평면타입)에 따라 추가로 시뮬레이션을 해야 하는 경우에 산정되며, 단위 세대 유형별 개별 단가(벽체접합부, 창호에 대한 시뮬레이션을 모두 포함)는 750,000원 이내에서 산정함

– 벽체접합부, 창호의 시뮬레이션 시험을 대신하여 결로방지 가이드라인에 규정된 사항을 활용하거나 물리적 시험성적서를 제출하고 그 적합 여부의 확인을 요청할 경우 또는 사업주체가 시뮬레이션을 수행하여 그 결과를 제출한 경우에는 단위 세대 유형별 개별 단가의 30% 이내에서 산정함

– 단위 세대 내에서 결로방지 가이드라인을 활용하거나, 사업주체가 수행한 별도 시뮬레이션 결과를 병행하여 제출하는 경우와 시험성적서(물리적 시험) 사용으로 인한 시뮬레이션 범위의 축소 등이 있는 경우에는 각각의 수행 비율에 따라 추가적으로 수수료를 조정할 수 있음

4. 평가 수수료의 반환

– 성능평가기관은 평가의 취소 등의 사유가 발생할 경우, 성능평가 수수료의 환불 및 반환 사유를 확인하고 신청자에게 그 사유 등을 통지한 날로부터 2주 이내에 반환하여야 함

가. 제출된 제반서류에 대한 검토가 완료된 후에는 기본 수수료는 제외하고 반환함. 다만, 서류만 접수하고 구체적인 검토와 시뮬레이션이 시행되지 않았을 경우에는 부가가치세를 포함한 기본 수수료의 90%, 추가 수수료는 전액을 반환함

나. 시뮬레이션을 일부 수행한 경우에는 수행비율에 따라 비례 계산하여 반환 수수료를 산정하는 것을 원칙으로 함(예: 시뮬레이션 및 서류 확인 60% 수행 시, 수수료의 40%를 반환)

다. 평가 수수료를 반환하는 경우, 그때까지 진행한 평가업무의 결과물도 함께 신청자에게 전달되어야 함. 다만, 가목의 단서 조항에 해당하는 경우에는 그러하지 않음

① 2,485,510원 ② 2,761,680원 ③ 3,007,450원 ④ 3,037,840원 ⑤ 3,341,620원

[36 – 37] 다음은 ○○기업 공개 채용에 지원하여 서류 전형부터 면접 전형까지 응시한 지원자의 전형별 평가 점수 및 합격자 선정 방안이다. 각 물음에 답하시오.

[○○기업 공채 지원자 전형별 평가 점수]

구분	서류 점수	필기 점수	면접 점수	가산점
가	90점	75점	90점	5점
나	75점	75점	80점	10점
다	90점	80점	80점	
라	85점	65점	85점	
마	65점	75점	70점	5점
바	70점	75점	85점	10점
사	85점	70점	90점	
아	100점	85점	65점	
자	90점	75점	70점	10점
차	70점	75점	90점	

[합격자 선정 방안]

- 최종 점수 = (서류 점수 × 0.2) + (필기 점수 × 0.3) + (면접 점수 × 0.5) + 가산점
- 최종 점수가 높은 지원자 순으로 합격자를 결정함
- 최종 점수가 동일한 지원자는 면접 점수, 필기 점수, 서류 점수순으로 점수가 높은 지원자가 합격함
- 평가 등급 및 최종 점수

평가 등급	A 등급	B 등급	C 등급	D 등급
최종 점수	90점 이상	85점 이상 90점 미만	75점 이상 85점 미만	75점 미만

※ 평가 등급에 따라 입사 시 입사 축하 지원금 차등 지급

36. 위 자료를 토대로 판단한 내용으로 옳지 않은 것은?

① 서류 점수가 가장 높은 지원자의 평가 등급은 C 등급이다.

② 최종 합격자로 5명을 선정하는 경우 지원자 사는 합격자이다.

③ 평가 등급이 B인 지원자는 4명이다.

④ 필기 점수가 가장 낮은 지원자의 최종 점수는 79.0점이다.

⑤ 지원자 차의 최종 점수는 81.5점이다.

37. 다음은 ○○기업의 평가 등급에 따른 입사 축하 지원금 표이다. 공채 지원자 중 5명이 최종 합격자로 선정되었을 때, ○○기업에서 합격자에게 지원하는 입사 축하 지원금의 총액은?

[평가 등급별 입사 축하 지원금]

구분	A 등급	B 등급	C 등급	D 등급
입사 축하 지원금	100만 원	80만 원	50만 원	20만 원

① 390만 원 ② 420만 원 ③ 440만 원 ④ 460만 원 ⑤ 500만 원

[38 - 39] 다음은 태양광 발전설비 지원사업 시행 공고문이다. 각 물음에 답하시오.

[태양광 발전설비 지원사업 시행 공고]

1. 사업목적
- 사회복지시설에 태양광 발전설비(시간당 평균 발전량 10kW 이내)를 설치하여 시설의 에너지비용 절감 및 에너지 복지 증진
- 재생 에너지 보급 확대를 통한 온실가스 배출 저감

2. 신청기간
- 20XX년 1월 20일(월)~2월 14일(금)

3. 지원개요
1) 지원규모
- 읍, 면 소재지 사회복지시설 총 30개소 지원 예정

합계	인천·경기	강원·제주	충북·대전	세종·충남	전북	전남·광주	경북·대구	경남·부산·울산
30개소	2개소	4개소	2개소	4개소	4개소	4개소	4개소	6개소

※ 시도별 농어촌 행정구역(읍, 면)에 따라 안분함

2) 지원대상
다음의 조건에 모두 해당하는 시설
- 노인, 아동, 장애인 등 사회복지시설
- 농·어촌지역에 있는 전기 사용이 어려운 시설
- 향후 5년 이내 건물 매매·구조변경 등이 없는 시설
- 인터넷이 설치되어 있는 시설
※ 인터넷이 미설치되어 있는 시설의 경우, 인터넷 설치가 가능하면 지원대상에 포함함

4. 지원내용
- 소용량 태양광 발전설비 무상 설치 지원
- 사회복지시설의 시간당 평균 발전량 9kW 이내 제품(설치 여건 등 현장 상황에 따라 용량 확정)
※ 1) 주택용 저압 기준 월 500kWh를 소비하는 시설이 시간당 최대 발전량 9kW 제품 설치 시 한 달에 약 120,000원 절감하는 효과가 발생함
2) 옥상 방수, 계약전력 증설, 인터넷 설치 필요 시 관련 비용은 시설에서 자체 부담해야 함

5. 선정방법
- 지자체 및 기관으로부터 아동·노인·장애인 복지시설을 각 지역별로 추천을 받거나 개별접수하여 신청서 검토 후 선정

6. 지원조건
- 태양광 발전설비 설치를 위한 공간 확보가 가능해야 함
- 설치 필요공간

시간당 평균 발전량	3kW	6kW	9kW
필요공간	25m^2	50m^2	72m^2

※ 1) 태양광 발전설비 설치 공간이 적정하지 않을 경우 지원대상에서 제외됨
2) 태양광 발전설비의 에너지 생산 최대 효율은 시간당 평균 발전량의 19%임

- 설치 공간 면적 및 계약전력, 월 전력 사용량에 따라서 설치 가능한 용량이 정해짐
- 신청시설이 개별로 고지서를 받는 시설
- 임차일 경우 소유주의 동의 필수
- 1~3kW 이하 계량기연결형과 3~10kW 이하 건물형발전소의 경우 설비의 이전이 불가함

7. 신청방법
- 구비서류를 작성하여 재단으로 우편과 홈페이지를 통해 접수함
- 지원신청서 및 기타 증빙서류는 우편과 홈페이지로 모두 발송하며, 제출된 두 문서가 동일하여야 함

8. 제출서류
- 신청서, 시설 신고증, 최근 3개월 전기요금 고지서, 부지사진(3장)
- 시설이 임차일 경우 임대차 계약서 사본, 부지 소유주 동의서, 일반 건축물대장을 추가로 제출하여야 함

38. 위 내용을 토대로 판단한 내용으로 옳지 않은 것은?

① 태양광 발전설비 지원사업 신청 시 지원신청서는 우편과 홈페이지로 모두 발송해야 한다.

② 인터넷이 설치되어 있지 않은 사회복지시설이 태양광 발전설비 지원사업을 신청할 경우, 인터넷 설치에 필요한 관련 비용도 지원된다.

③ 지자체나 기관으로부터 추천을 받지 않고도 개별접수로 태양광 발전설비 지원사업 신청이 가능하다.

④ 사회복지시설에 시간당 평균 발전량이 최대 10kW인 태양광 발전설비를 설치하여 시설의 에너지비용 절감과 에너지복지 증진을 위해 진행하는 지원사업이다.

⑤ 지원받고자 하는 사회복지시설이 임차일 경우 임대차 계약서 사본과 부지 소유주 동의서, 일반 건축물대장을 함께 제출하여야 한다.

39. 甲이 소속된 사회복지시설은 75m^2의 여유 공간을 보유하고 있으며, 태양광 발전설비 지원사업의 지원대상에 선정되어 여유 공간에 최대로 설치 가능한 태양광 발전설비를 설치하였다. 설치된 태양광 발전설비가 최대 효율만큼 에너지를 생산했다고 할 때, 이 태양광 발전설비가 30일간 생산한 에너지의 양은?

① 820.8kW ② 1,231.2kW ③ 1,749.6kW ④ 2,160.0kW ⑤ 3,499.2kW

40. 다음 주택법 제11조를 근거로 판단한 내용으로 적절한 것은?

> 제11조(주택조합의 설립 등)
> ① 많은 수의 구성원이 주택을 마련하거나 리모델링하기 위하여 주택조합을 설립하려는 경우(제5항에 따른 직장주택조합의 경우는 제외한다)에는 관할 특별자치시장, 특별자치도지사, 시장, 군수 또는 구청장(구청장은 자치구의 구청장을 말하며, 이하 "시장·군수·구청장"이라 한다)의 인가를 받아야 한다. 인가받은 내용을 변경하거나 주택조합을 해산하려는 경우에도 또한 같다.
> ② 제1항에 따라 주택을 마련하기 위하여 주택조합설립 인가를 받으려는 자는 다음 각 호의 요건을 모두 갖추어야 한다. 다만, 제1항 후단의 경우에는 그러하지 아니한다.
> 1. 해당 주택건설대지의 80% 이상에 해당하는 토지의 사용권원을 확보할 것
> 2. 해당 주택건설대지의 15% 이상에 해당하는 토지 소유권을 확보할 것
>
> ③ 제1항에 따라 주택을 리모델링하기 위하여 주택조합을 설립하려는 경우에는 다음 각 호의 구분에 따른 구분소유자와 의결권의 결의를 증명하는 서류를 첨부하여 관할 시장·군수·구청장의 인가를 받아야 한다.
> 1. 주택단지 전체를 리모델링하고자 하는 경우에는 주택단지 전체의 구분소유자와 의결권의 각 3분의 2 이상의 결의 및 각 동의 구분소유자와 의결권의 각 과반수의 결의
> 2. 동을 리모델링하고자 하는 경우에는 그 동의 구분소유자 및 의결권의 각 3분의 2 이상의 결의
>
> ④ 제5조 제2항에 따라 주택조합과 등록사업자가 공동으로 사업을 시행하면서 시공할 경우, 등록사업자는 시공자로서의 책임뿐만 아니라 자신의 귀책 사유로 사업 추진이 불가능하게 되거나 지연됨으로 인하여 조합원에게 입힌 손해를 배상할 책임이 있다.
> ⑤ 국민주택을 공급받기 위하여 직장주택조합을 설립하려는 자는 관할 시장·군수·구청장에게 신고하여야 한다. 신고한 내용을 변경하거나 직장주택조합을 해산하려는 경우에도 또한 같다.
> ⑥ 주택조합(리모델링 주택조합은 제외한다)은 그 구성원을 위하여 건설하는 주택을 그 조합원에게 우선 공급할 수 있으며, 제5항에 따른 직장주택조합에 대하여는 사업 주체가 국민주택을 그 직장주택조합원에게 우선 공급할 수 있다.
> ⑦ 제1항에 따라 인가를 받는 주택조합의 설립 방법·설립 절차, 주택조합 구성원의 자격 기준·제명·탈퇴 및 주택조합의 운영·관리 등에 필요한 사항과 제5항에 따른 직장주택조합의 설립 요건 및 신고 절차 등에 필요한 사항은 대통령령으로 정한다.
> ⑧ 제7항에도 불구하고 조합원은 조합규약으로 정하는 바에 따라 조합에 탈퇴 의사를 알리고 탈퇴할 수 있다.
> ⑨ 탈퇴한 조합원(제명된 조합원을 포함한다)은 조합규약으로 정하는 바에 따라 부담한 비용의 환급을 청구할 수 있다.

① 주택단지 전체 리모델링을 위해 주택조합을 설립하고자 할 때는 최소 각 동의 구분소유자와 의결권의 각 1/3 이상 결의하는 증빙서류를 첨부하여 관할 시장의 인가를 받아야 한다.

② 직장주택조합을 제외한 주택조합이 해산하거나 인가받은 내용을 변경하고자 할 때는 관할 시장·군수·구청장에게 신고한 뒤 진행하면 된다.

③ 주택조합을 탈퇴한 조합원은 자신이 부담했던 비용에 대한 환급을 청구할 수 있으나, 제명된 주택조합의 조합원은 자신이 부담했던 비용에 대한 환급 신청이 불가능하다.

④ 리모델링 주택조합을 제외한 주택조합은 구성원을 위하여 건설 중인 주택을 조합원에게 우선적으로 공급할 수 있다.

⑤ 주택 마련을 위한 주택조합설립 인가를 받으려면 해당 주택건설대지의 15% 이상의 토지 소유권 또는 80% 이상의 토지 사용권원을 확보해야 한다.

약점 보완 해설집 p.14

자르는 선

해커스잡

실전모의고사 2회

성명	

수험번호							
⓪	⓪	⓪	⓪	⓪	⓪	⓪	⓪
①	①	①	①	①	①	①	①
②	②	②	②	②	②	②	②
	③	③	③	③	③	③	③
	④	④	④	④	④	④	④
	⑤	⑤	⑤	⑤	⑤	⑤	⑤
	⑥	⑥	⑥	⑥	⑥	⑥	⑥
	⑦	⑦	⑦	⑦	⑦	⑦	⑦
	⑧	⑧	⑧	⑧	⑧	⑧	⑧
	⑨	⑨	⑨	⑨	⑨	⑨	⑨

응시분야

감독관 확인

직무역량					
1	① ② ③ ④ ⑤	21	① ② ③ ④ ⑤	41	① ② ③ ④ ⑤
2	① ② ③ ④ ⑤	22	① ② ③ ④ ⑤	42	① ② ③ ④ ⑤
3	① ② ③ ④ ⑤	23	① ② ③ ④ ⑤	43	① ② ③ ④ ⑤
4	① ② ③ ④ ⑤	24	① ② ③ ④ ⑤	44	① ② ③ ④ ⑤
5	① ② ③ ④ ⑤	25	① ② ③ ④ ⑤	45	① ② ③ ④ ⑤
6	① ② ③ ④ ⑤	26	① ② ③ ④ ⑤	46	① ② ③ ④ ⑤
7	① ② ③ ④ ⑤	27	① ② ③ ④ ⑤	47	① ② ③ ④ ⑤
8	① ② ③ ④ ⑤	28	① ② ③ ④ ⑤	48	① ② ③ ④ ⑤
9	① ② ③ ④ ⑤	29	① ② ③ ④ ⑤	49	① ② ③ ④ ⑤
10	① ② ③ ④ ⑤	30	① ② ③ ④ ⑤	50	① ② ③ ④ ⑤
11	① ② ③ ④ ⑤	31	① ② ③ ④ ⑤	51	
12	① ② ③ ④ ⑤	32	① ② ③ ④ ⑤	52	
13	① ② ③ ④ ⑤	33	① ② ③ ④ ⑤	53	
14	① ② ③ ④ ⑤	34	① ② ③ ④ ⑤	54	
15	① ② ③ ④ ⑤	35	① ② ③ ④ ⑤	55	
16	① ② ③ ④ ⑤	36	① ② ③ ④ ⑤	56	
17	① ② ③ ④ ⑤	37	① ② ③ ④ ⑤	57	
18	① ② ③ ④ ⑤	38	① ② ③ ④ ⑤	58	
19	① ② ③ ④ ⑤	39	① ② ③ ④ ⑤	59	
20	① ② ③ ④ ⑤	40	① ② ③ ④ ⑤	60	

NCS 직업기초능력			
1	① ② ③ ④ ⑤	21	① ② ③ ④ ⑤
2	① ② ③ ④ ⑤	22	① ② ③ ④ ⑤
3	① ② ③ ④ ⑤	23	① ② ③ ④ ⑤
4	① ② ③ ④ ⑤	24	① ② ③ ④ ⑤
5	① ② ③ ④ ⑤	25	① ② ③ ④ ⑤
6	① ② ③ ④ ⑤	26	① ② ③ ④ ⑤
7	① ② ③ ④ ⑤	27	① ② ③ ④ ⑤
8	① ② ③ ④ ⑤	28	① ② ③ ④ ⑤
9	① ② ③ ④ ⑤	29	① ② ③ ④ ⑤
10	① ② ③ ④ ⑤	30	① ② ③ ④ ⑤
11	① ② ③ ④ ⑤	31	① ② ③ ④ ⑤
12	① ② ③ ④ ⑤	32	① ② ③ ④ ⑤
13	① ② ③ ④ ⑤	33	① ② ③ ④ ⑤
14	① ② ③ ④ ⑤	34	① ② ③ ④ ⑤
15	① ② ③ ④ ⑤	35	① ② ③ ④ ⑤
16	① ② ③ ④ ⑤	36	① ② ③ ④ ⑤
17	① ② ③ ④ ⑤	37	① ② ③ ④ ⑤
18	① ② ③ ④ ⑤	38	① ② ③ ④ ⑤
19	① ② ③ ④ ⑤	39	① ② ③ ④ ⑤
20	① ② ③ ④ ⑤	40	① ② ③ ④ ⑤

해커스 LH 한국토지주택공사 NCS+전공 봉투모의고사

NCS 실전모의고사 1회

해커스잡

수험번호	
성명	

NCS 실전모의고사
1회

문제 풀이 시작과 종료 시각을 정한 후, 실전처럼 모의고사를 풀어보세요.

시 분 ~ 시 분 (총 40문항/60분)

ㅁ 시험 유의사항

[1] 한국토지주택공사 직무능력검사 구성은 다음과 같습니다. (신입직원 5·6급 공채 기준)

구분		문항 수	시간	평가 내용
5급	NCS 직업기초능력	40문항	60분	의사소통능력, 수리능력, 문제해결능력 등
	직무역량	60문항	80분	모집 직무별 전공시험
6급	NCS 직업기초능력	40문항	60분	의사소통능력, 수리능력, 문제해결능력 등

[2] 본 실전모의고사는 NCS 직업기초능력 40문항으로 구성되어 있습니다. 따라서 지원 분야에 따라 다음과 같이 풀이하시면 됩니다.
- 5급 사무(일반행정): NCS 직업기초능력 40문항 + 직무역량(경영/경제 중 택 1) 60문항
- 5급 기술(토목): NCS 직업기초능력 40문항 + 직무역량(토목) 60문항
- 5급 기술(건축): NCS 직업기초능력 40문항 + 직무역량(건축) 60문항
- 5급 사무(일반행정 외 분야)/5급 기술(토목·건축 외 분야)/6급: NCS 직업기초능력 40문항

[3] 본 실전모의고사 마지막 페이지에 있는 OMR 답안지와 해커스ONE 애플리케이션의 학습 타이머를 이용하여 실전처럼 모의고사를 풀어보시기 바랍니다.

[01 – 02] **다음 글을 읽고 각 물음에 답하시오.**

공유자원이란 소유권이 특정 개인에게 있지 않고 사회 구성원 모두에게 있는 자원을 말한다. 공유자원은 공기, 하천, 국가나 지방자치단체가 소유하고 있는 토지가 될 수도 있고, 도로, 항만과 같은 사회간접자본은 물론 국방이나 경찰·소방 등의 서비스도 공유자원이 될 수 있다. 이와 같은 공유자원의 특징은 비배재성과 경합성을 띤다는 것이다. 즉, 일단 재화가 생산되어 시장에 공급되고 나면, 해당 재화를 생산하는 비용을 전혀 부담하지 않은 사람이 있더라도 그 사람들이 재화를 사용하지 못하도록 시장에서 배제할 수 없으나, 경합성을 띠므로 소비자가 늘어날수록 기존 소비자가 사용할 수 있는 재화의 양은 줄어들게 된다.

일반적으로 사회적 비용은 조세 등을 통해 개인의 비용이 납부되어 조성되기 때문에 공유자원의 경우 개인의 편익과 개인이 부담하는 비용이 같을 때 적정선을 유지하게 된다. 문제는 공유자원이 비배제성을 띠기 때문에 재화를 사용하더라도 그에 대한 비용을 지불하지 않는 사람이 있어 공유자원이 남용된다는 점인데, 이로 인해 자원배분이 비효율적으로 진행되고, 자산과 소득의 분배가 불공평하게 이루어짐에 따라 시장실패가 야기되기도 한다.

이와 같은 시장실패를 극복하기 위해서는 발생 원인에 따라 접근할 필요가 있는데, 우선 시장실패의 원인이 사회적으로 필요한 재화의 수량보다 실제 재화의 양이 부족해서 발생한 것은 아닌지 확인해야 한다. 이 경우 공유자원의 공급을 늘림으로써 자원 배분이 효율적으로 이루어질 수 있도록 할 수 있다. 무임승차자로 인한 문제의 경우 역시 공급의 증대로 해결할 수도 있겠지만, 국가에서 의무적으로 조세를 부과하는 등 비용 일부를 의무적으로 전가시킴으로써 무임승차자가 발생하지 않도록 할 수도 있다.

만약 공유자원으로 인한 시장실패가 보이지 않는 손에 의해 시장이 자유롭게 운영됨에 따라 발생했다면 재화에 대한 소유권을 지정함으로써 해결할 수도 있다. 예컨대 사회간접자본을 공기업에서 만들고, 이를 이용하고자 한다면 해당 공기업에 대가를 지불하는 방식이다. 하지만, 모든 재화에 대한 소유권을 지정하기는 어렵다는 점에서 근본적인 해결책이 되기는 어렵다.

한편, 문제 해결을 위해 국가가 직접 시장에 개입하기도 한다. 공유자원으로 인한 시장실패가 시장이 완전하지 않기 때문에 발생하는 것이라면, 정부가 직접 시장에 개입해 자원을 효율적으로 배분할 수도 있다. 하지만, 개인의 선택권이 침해받을 수 있다. 또한 시장실패를 조정하겠다는 목적성을 띠고 정부가 과도하게 시장에 개입하거나 무분별하게 규제를 가할 경우 오히려 큰 역효과를 불러일으켜 정부실패를 유발하기도 한다. 정부실패의 경우 이미 발생한 시장실패를 바로잡으려던 노력이 실패했다는 것을 의미하므로 시장실패로 인한 폐해보다 더 큰 것이 일반적이다.

01. 윗글의 중심 내용으로 가장 적절한 것은?

① 정부 개입을 통한 공유자원 관리의 장단점과 정부실패의 위험성

② 공유자원의 특성과 시장실패 문제 해결을 위한 다양한 접근 방식

③ 공유자원의 비배재성과 경합성으로 인한 무임승차자 문제의 발생 원인

④ 시장실패를 극복하기 위한 국가의 역할과 공기업의 필요성

⑤ 공유자원 남용으로 인한 자원배분의 비효율성과 불공정한 분배 문제

02. 윗글을 통해 추론한 내용으로 가장 적절하지 않은 것은?

① 모든 자원에 대한 소유권 지정이 가능하다면, 자원에 대한 소유권을 지정하여 시장실패를 극복할 수 있다.

② 정부실패가 발생하더라도 시장실패로 인한 폐해보다 적으므로 국가가 시장을 과도하게 규제해야만 한다.

③ 공유자원의 양보다 사용량이 더 많아 시장실패가 생겼다면, 공급을 늘려 자원 배분 문제를 해결한다.

④ 무임승차자에게 조세를 부과하는 등 사회 비용 일부를 개인에게 전가해 공유자원 문제를 해결할 수 있다.

⑤ 국가가 개인의 편익과 개인이 부담하는 비용이 같도록 조정하면 공유자원 문제가 나타나지 않을 것이다.

[03 – 04] **다음 글을 읽고 각 물음에 답하시오.**

(가) 여기에 더해 데이터 저장 기술의 발달로 과거에 비해 훨씬 많은 양의 게임 콘텐츠를 수록하고, 양질의 게임을 개발할 수 있게 되면서 국내 PC 게임 산업은 황금기를 맞는다. 그러나 PC 게임의 황금기는 그리 오래 지속되지 않았다. 기술 개발로 등장한 초고속 통신망은 국내 게임 시장이 오래전부터 앓아온 불법 복제 문제를 더욱 악화시켰으며, 소비자들로 하여금 온라인 게임으로 눈을 돌리게 하였다. 이뿐만 아니라 1997년 우리 사회 전체를 흔들던 외환위기로 인해 많은 게임 유통사들은 문을 닫고, 온라인 게임 개발로 전환하는 개발사가 더욱 증가하게 되었다.

(나) 이와 동시에 부분 유료화 요금 체계 도입, 해외 시장 진출, 온라인 게임 퍼블리싱 사업 착수 등은 온라인 게임 성장에 실질적인 도움을 주었으며, 특히 게임 진행 과정에서 캐릭터나 아이템 구입 등 일부 영역에만 요금을 부여하는 부분 유료화 요금 체계 도입 및 온라인 게임 퍼블리싱 사업 착수는 온라인 게임의 발전을 이끄는 주된 요소가 되었다. 외환 위기가 불러온 영화, 게임 등의 부가가치 산업의 중요성은 이처럼 온라인 게임 성장의 동력이 되었으며, 온라인 게임은 다시 오늘날의 포터블 게임, 모바일 게임 등 다양한 분야의 게임으로 세분화되기에 이른다.

(다) 우리나라 게임 산업은 해외에서 게임을 수입하거나 해외 게임을 국내로 유통하는 과정에 규제를 가하는 방식에서부터 시작되었다. 게임이 하나의 산업으로 뿌리를 내려가던 당시에는 불법 복제나 정품 라이선스 개념 미비 등의 어려움이 이어져 크게 성장하지 못하는 모습을 보이기도 하였다. 하지만 1990년 정품 게임 소프트웨어를 국내에 공급하는 채널이 생기고, 정품 라이선스 형태로 외국 게임을 수입하여 국내에 판매하는 유통사가 생기면서 국내 PC 게임의 성장이 시작되었다.

(라) 1세대 게임 개발자들이 활발히 활동하던 당시에는 게임 환경이 급속도로 개선되었으며, 국산 게임들이 본격적으로 출시되기 시작하였다. 신작으로 내놓는 게임들의 판매량이 급증하였으며, 개발 난도가 높은 RPG 게임이 성공적으로 개발되면서 패키지 게임의 황금기가 시작되었다. 이로써 PC 게임이 이끌어 가던 국내 게임 시장은 수요 급상승 속도에 맞춰 질적·양적으로도 성장하였으며, 게임 산업의 일자리 증가를 비롯하여 관련된 각종 정책 수립 및 민간 단체 설립과 같은 부수적인 가치 향상에도 영향을 미쳤다.

(마) 또한 국산 PC 게임을 개발하고자 하는 아마추어 개발자들의 등장도 국산 PC 게임 시장의 발전에 큰 영향을 미쳤다. 당시 국산 PC 게임 개발자들은 PC 통신의 게임 개발 동호회에서 활동하며 본격적인 게임 개발 문화를 다져나갔다. 이들이 제작한 게임들은 PC 통신을 통해 공개되었고, 국내 게임 산업의 가능성을 엿볼 수 있을 정도로 좋은 반응을 이끌어내기도 하였다.

(바) 오늘날에는 단지 게임을 개발하는 것뿐만 아니라 수익 창출을 위한 방안들이 수립되면서 게임은 거대한 산업으로 발전하고 있다. 언제 어디서나 쉽게 즐길 수 있는 게임 플랫폼의 확대는 일부 게임 마니아들뿐만 아니라 많은 사람들이 일상 속에서 즐길 수 있는 여가 활동으로 자리 잡으며 수요자의 범위를 넓혀나갔다. 플랫폼 저마다의 소비 행태 변화에 따라 다양한 수요자의 요구에 맞는 차별화된 맞춤형 게임이 출시되거나 대중화를 목표로 수요자를 특정하지 않은 게임도 등장하고 있다. 점차 사람들의 삶과 일상에 깊게 관여하고 있는 것이다. 앞으로 게임은 (　　　　　　　　　　　　　　　　)

03. 윗글을 논리적 순서대로 알맞게 배열한 것은?

① (다) – (라) – (가) – (나) – (마) – (바)
② (다) – (마) – (나) – (가) – (라) – (바)
③ (다) – (마) – (라) – (가) – (나) – (바)
④ (라) – (다) – (마) – (나) – (가) – (바)
⑤ (라) – (마) – (다) – (가) – (나) – (바)

04. 윗글의 빈칸에 들어갈 문장으로 가장 적절한 것은?

① 해외 게임 시장에서 우위를 점하기 위하여 더욱 강한 규제 속에서 개발될 것이다.
② 다양한 플랫폼 속에서 국내 게임의 불법 복제 문제를 해결하는 데 일조할 것이다.
③ 정품 라이선스 개념을 완비하여 국내 게임 산업 전반의 성장을 도모하게 될 것이다.
④ 단순한 산업이 아니라 사람들의 삶과 관련된 일종의 문화로 자리매김할 것이다.
⑤ 국가 차원에서 마련한 규정으로 인해 해외 게임 시장으로의 수출량이 감소할 것이다.

[05 – 06] **다음 보도자료를 읽고 각 물음에 답하시오.**

국토교통부와 거제시는 경남 거제시 장승포에서 저층 주거지 개선을 위한 '주거지지원형 도시재생 뉴딜사업'을 첫 준공한다고 밝혔다. 장승포는 한국전쟁 당시 '흥남 철수 작전'에서 피란민 1만 4천 명을 태운 메러디스 빅토리호가 도착한 마을로 피란살이의 삶과 애환을 간직하고 있는 지역으로, 1989년 장승포가 시(市)로 승격될 당시만해도 옥포 대우조선의 배후도시로 인구가 5만에 이르렀던 적도 있으나, 1995년 거제시에 편입되고 조선업이 침체되면서 사회·경제적으로 쇠퇴하고 물리적 노후화가 진행되었다.

국토교통부와 거제시는 정체되어 있는 장승포의 노후 주거지역에 새로운 활력을 불어넣기 위하여 장승포항을 거점으로 도시재생 뉴딜사업을 추진하게 되었다. 특히 장승포는 피란살이로 조성된 저층 주거지가 많아 집수리 등의 주거환경 개선사업과 뛰어난 자연경관을 활용한 생활 밀착형 공공시설을 중심으로 사업을 구성하였다. 먼저 화재·안전·위생 등에 문제가 많았던 30년 이상 지난 노후주택 160동에 대하여 집수리와 지붕 개량 사업을 진행하였다. (　　　) 상습 침수지역(300m)에 대하여는 배수관로와 역류방지시설물을 설치하고, 골목길 정비(750m)와 함께 취학 아동들을 위해 통학로(150m)에 안전시설물과 LED 조명을 설치해 마을 환경도 개선하였다.

또한, 유휴부지 정비를 통해 조성한 '송구영신 소망길'(457m)은 장승포 피란민의 삶을 이야기하는 문화 산책로로 조성하였다. 주민들을 위한 자연 속 산책로뿐 아니라 빼어난 경관과 지역 정체성을 활용한 전망대와 휴게데크, 포토존 및 야간조명 등의 볼거리를 제공하여 관광자원으로도 활용될 것으로 기대된다. '하늘카페'는 기존의 마을회관을 리모델링한 주민공동이용시설로 '송구영신 소망길'의 시작 지점에 위치해 있어 지역주민의 거점 공간이자 일자리 창출을 위한 카페공간으로도 활용될 예정이다.

한편, 거제시에서는 1월 18일 오후 2시 장승포항에서 도시재생 뉴딜사업 준공식을 개최한다. 거제시는 "지역을 살리고자 하는 주민들의 염원과 노력 덕분에 옥포동, 고현동, 그리고 앞으로 추진할 도시재생사업이 교두보가 될 장승포 도시재생 뉴딜사업을 준공할 수 있었다"라면서 장승포가 도시재생 뉴딜사업을 기반으로 지역 공동체를 강화하고 지속 가능한 경쟁력을 갖출 수 있도록 시(市)에서도 적극 지원해 나가겠다고 밝혔다.

국토교통부는 "장승포 도시재생 뉴딜사업은 흥남 철수 작전의 피란민들이 정착을 시작한 마을에서 진행된 사업으로, 선도 사업에 걸맞은 전국적인 모범사례가 될 수 있을 것으로 기대된다"라면서 "경남 거제를 시작으로, 올해부터 100곳 이상의 도시재생 뉴딜사업이 본격적으로 준공되기 시작함에 따라 도시재생 뉴딜사업의 성과가 가시화될 수 있을 것"이라고 밝혔다.

※ 출처: 국토교통부 보도자료

05. 위 보도자료의 내용과 일치하지 않는 것은?

① 거제시는 도시재생 뉴딜사업을 기반으로 장승포가 지속 가능한 경쟁력을 갖출 수 있도록 적극적으로 지원할 예정이다.

② 이번 거제시의 도시재생 뉴딜사업 추진을 시작으로 100곳 이상의 도시의 도시재생 뉴딜사업이 시작될 예정이다.

③ 한국전쟁 당시 흥남철수작전에서 피란민을 태운 메러디스 빅토리호가 도착한 장승포는 피란살이의 삶과 애환을 간직하고 있다.

④ 거제시에 진행된 도시재생 뉴딜사업은 주민들을 위한 공간뿐 아니라 외부인을 위한 볼거리를 제공하여 관광자원으로 활용될 것이다.

⑤ 도시재생 뉴딜사업으로 노후주택의 집수리가 진행될 예정이나 역류방지시설물과 같은 공공시설은 개선되기 어려울 것이다.

06. 위 보도자료의 빈칸에 들어갈 단어로 가장 적절한 것은?

① 아울러　② 그러나　③ 따라서　④ 요컨대　⑤ 이를테면

[07 – 09] **다음 보도자료를 읽고 각 물음에 답하시오.**

정부가 다양한 고용 형태를 아우르는 포용적 노동시장을 구축해 미래 노동시장 변화에 적극적으로 대응한다. 이를 위해 정부는 제45차 경제 중대본에서 '제3기 인구정책 TF' 과제 중 하나인 '다양한 고용 형태 보호 방안'을 관계부처 합동으로 발표했다. 정부는 그동안 특수형태근로종사자·플랫폼·프리랜서 등 다양한 고용 형태로 일하는 사람을 보호할 수 있는 제도적 질서를 마련하기 위해 다각도로 노력해 왔다. ㉠ 이에 따라 생활물류서비스산업발전법과 가사근로자 보호 및 지원에 관한 법률, 필수업무 지정 및 종사자 보호·지원에 관한 법률 등 법적 기반을 마련하는 성과가 있었다. 다만 코로나 19 이후 시대에도 고용 형태가 더욱 다양화될 수 있다는 점에서 최근 제기되고 있는 당면과제를 해결하고자 이번 대책을 마련한 것이다.

△△부는 투명하고 공정한 일터를 만들어 기본적인 권익을 보호하고자 플랫폼 종사자 보호법 등이 입법될 수 있도록 국회 논의를 지원할 계획이다. 이를 통해 종사자가 플랫폼 기업에 일의 배정이나 평가에 대한 정보 제공을 요청하고 이의제기할 수 있는 권리를 법적으로 보장하며, 근로자성을 판단하기 위한 전문가 자문기구 운영방안도 마련한다. 또한 택배기사의 과로 방지를 위한 사회적 합의를 중소 규모의 택배사에도 확산시켜 나가며 안전·보건 조치를 지원하고, 최근 배달 라이더로 일하는 청소년이 늘어나고 있지만 부모의 사전 동의 없이 일하는 등 제도의 사각지대에 놓여 있어 자율적인 개선이 이뤄질 수 있도록 지원한다. ㉡ 마트 배송기사에도 산재보험을 적용하고 불합리한 사항을 업계가 자발적으로 개선할 수 있도록 지원한다.

배달 등 물류 종사자의 사고위험 감소를 위해 안전하게 배달할 수 있는 적정 시간과 안전 운행 정보 등을 제시한다. 또한 2025년부터 대리기사 등 플랫폼 종사자의 근무환경을 개선하고자 소요 비용의 일부를 지원하며, 이에 2025년도 예산안에 17억 원을 마련했다. 더불어 다양한 고용 형태 종사자 건강 보호를 위한 제도개선으로 현재 건강진단 실시 의무가 없는 고위험 특수형태근로종사자에게는 건강진단 및 사후관리 의무화를 추진하며 소요되는 비용에 대한 지원도 병행한다. 플랫폼 종사자 보호법 입법으로 종사자에 대한 업체나 고객의 괴롭힘을 방지하고 적정한 휴식이 보장될 수 있도록 한다. ㉢ 직장 내 괴롭힘 금지법은 사용자나 근로자가 직장에서의 지위 또는 관계 우위를 이용하여 다른 근로자에게 신체적·정신적 고통을 주는 행위를 금지하는 법이다.

이번 대책에서는 법 개정안 발의로 산재보험 대상임에도 전속성 요건을 갖추지 못해 적용되지 않는 사각지대 종사자 50만~73만 명의 보호를 위해 전속성 요건을 폐지할 계획이다. 또한 2025년부터는 플랫폼 종사자 적용 등 전 국민 고용보험 로드맵을 착실히 이행하며 한국형 상병수당 시범사업도 실시한다. ㉣ 특히 배달기사 사고 때 손해배상을 위한 공제조합을 설립하고, 플랫폼 기업뿐 아니라 종사자가 자율적으로 추진하는 공제사업에 대한 지원 근거도 마련한다. 아울러 일하는 사람에 대한 적극적 노동시장 정책도 확대·추진, 다양한 고용 형태를 포함하는 평생 직업능력 개발 지원체계를 구축하고 맞춤형 취업지원서비스도 제공할 방침이다.

△△부는 다양한 고용 형태에 대해 파악할 수 있도록 임금근로자와 비임금근로자로 구분했던 종사상 지위분류를 개정하고, 고용 형태 다양화 추이를 고려해 비정규직 범위 및 근로 형태별 부가조사 개편에 관한 노사전문가와의 논의도 계속하며 근로자 중심의 보호체계를 다양한 고용 형태로 확장하는 포용적 노동시장으로의 전환도 착수한다. ㉤ 2025년 상반기까지 노사 등 이해관계자가 참여하는 경사노위에서 분쟁 해결 등 플랫폼 일자리의 새로운 규칙 마련을 논의한다. 아울러 미래 노동시장 변화에 대응하기 위해 현재 노동법 체계를 전반적으로 검토해 나가고, 노동시장 변화 추이 분석과 종사자 보호 체계 구축 등을 위한 심층 연구도 이어나갈 계획이다.

07. 위 보도자료의 제목으로 가장 적절한 것은?

① 건강하고 안전한 일터 조성을 위한 일터 개선 지원

② 노동자의 기본적인 권익을 보호할 수 있도록 플랫폼 종사자 보호법 추진

③ 미래 노동시장에 적극적인 대응을 위해 다양한 고용 형태 보호 방안 발표

④ 직업훈련 혁신을 통한 신산업 일자리 창출 기여

⑤ 전 국민 고용보험·한국형 상병수당 시범사업 추진 계획 발표

08. 위 보도자료를 읽고 이해한 내용으로 가장 적절하지 않은 것은?

① 비정규직 범위 개편에 대한 논의에 노사전문가가 참여한다.

② 법 개정에 따라 산재보험 대상은 전속성 요건을 갖춘 근무자로 한정된다.

③ 플랫폼 종사자 보호법이 제정됨에 따라 근로자의 업무 평가에 대한 정보 요청 권리가 보장된다.

④ 플랫폼 종사자의 근무환경 개선에 필요한 비용 지원을 위해 17억 원의 예산이 편성되었다.

⑤ 배달기사 사고에 대비해 종사자 또는 플랫폼 기업이 추진하는 공제사업에 대한 정부 지원 근거가 마련된다.

09. 윗글의 논리적 흐름을 고려할 때, ㉠~㉤ 중 삭제되어야 하는 문장은?

① ㉠　　② ㉡　　③ ㉢　　④ ㉣　　⑤ ㉤

[10 – 11] **다음 글을 읽고 각 물음에 답하시오.**

망상 장애라고도 불리는 편집증은 조직화된 망상이 지속해서 나타나는 정신 장애의 일종으로, 상대가 겉으로 드러나는 것과 다른 저의를 품고 있다고 생각하여 자기중심적으로 판단하는 증상을 보인다. 이 병은 일반적으로 환각과 사고 장애 없이 망상만 두드러지게 나타나고, 중년 이후 증상이 시작되며 전체 환자 중 남성이 약 70%를 차지한다. 편집증은 망상이 기이하지 않고 어느 정도 논리적이고 체계가 갖춰져 있다는 점에서 조현병과 차이가 있다. 편집증 환자는 일이나 결혼 등 하나의 영역에서만 끊임없이 망상을 하는 문제를 제외하고는 사고와 의지, 행위에 일관성이 있으며 인격의 붕괴는 보이지 않는다. 편집증 환자는 사람과 환경을 믿지 않기 때문에 불안에 싸여 상대를 의심하기 시작하고 망상에 ⓐ사로잡혀 의심의 증거를 찾는다. ㉠ 또한, 자신의 생각과 행동에 책임지지 않고 문제를 외부 요인이나 타인에게 덮어씌우고 비난한다. 그리고 주변에서 우연히 발생한 사건도 본인과 연관되어 일어난 것으로 판단하며, 의심을 종식시킬 수 있는 근거를 확인하여도 의심을 거두지 않는다. 편집증의 유형은 크게 색정형, 과대형, 질투형, 피해형, 신체형으로 분류할 수 있다. 색정형은 상대가 본인을 사랑하고 있다고 믿으며 망상을 하는데, 사회적으로 지위가 높은 사람을 대상으로 착각에 빠지는 경우가 많다. 과대형은 본인이 특별한 능력을 보유하고 있다고 생각하는 유형으로, 본인이 초능력자나 예언자라고 자칭하기도 한다. ㉡ 질투형은 배우자나 연인이 바람을 피우고 있다고 의심하는 유형이다. 피해형은 본인이 다른 사람에게 이용당하거나 속을 것이라고 여겨서 타인을 불신하고 쉽게 원망한다. 신체형은 본인의 몸에 벌레가 살거나 씻어도 불쾌한 냄새가 난다고 착각하는 등 자신의 몸에 문제가 있다고 생각한다. ㉢ 프로이트는 편집증을 일종의 방어 반응이라고 여겼기 때문에 증상이 나타나는 데 갈등이 중요한 역할을 한다고 보았다. 갈등이 생기면 부인, 반동, 투사가 방어 기제로 사용되어 편집증의 양태로 나타난다는 것이다. 프로이트는 슈레버의 사례를 제시하여 갈등을 발생시키는 무의식적인 소망을 부인하면 투사를 통해 의식으로 돌아온다고 설명하였다. ㉣ 슈레버가 '나는 남성이지만 그 남자를 사랑한다.'라는 무의식적인 소망을 '나는 그 남자를 미워한다.'고 부인하면 '그 남자는 나를 미워한다.'라는 편집증적 망상으로 되돌아온다는 것이다. ㉤ 그리고 프로이트는 편집증 환자들이 힘과 권력에 큰 관심을 갖고 있으며 수치를 견디지 못하여 권위적 인물과의 관계 유지를 어려워한다고 분석하였다. 프로이트의 이론에 따르면 편집증 환자의 자아는 괴로운 외부의 현실에서 도피하고, 초자아와 자아 이상이 외재화되어서 다른 사람이 본인을 지켜보고 있다는 느낌을 만들어 낸다. 편집증이 나타나는 원인은 명확히 밝혀진 바가 없지만, 유전적 경향성과 초기 아동기에서의 학대 및 결핍이 영향을 줄 수 있는 것으로 알려졌다. 편집증 환자는 대개 본인의 문제를 스스로 깨닫지 못하기 때문에 치료를 시작하는 것조차 힘들며, 치료를 받더라도 상대가 누구든 의심하게 되면 현실을 자의적으로 해석하여 의사도 믿지 못한다는 점에서 치료가 상당히 어렵다.

10. 윗글의 논리적 흐름을 고려할 때, ㉠~㉤ 중 다음 문장이 들어가기 가장 적절한 곳은?

앞서 언급한 유형이 두 가지 이상 나타나지만 어느 증상도 분명하지 않은 경우는 혼재형으로 분류한다.

① ㉠ ② ㉡ ③ ㉢ ④ ㉣ ⑤ ㉤

11. 다음 중 밑줄 친 ⓐ와 바꿔 쓸 수 있는 것은?

① 도취되어 ② 열승하여 ③ 위축되어 ④ 붙들려 ⑤ 좌우되어

[12 - 13] 다음은 LH에서 게시한 ○○시 사랑주택 입주자 모집 공고문의 일부이다. 각 물음에 답하시오.

[○○시 사랑주택 입주자 모집 공고]

1. 신청 자격 및 순위

• 모집 공고일 현재 무주택세대구성원으로서 ○○시에 주민으로 등재된 만 65세 이상인 사람 중 아래 입주자 선정 자격의 어느 하나에 해당하는 사람

순위	유형	세부 자격 요건
1순위	수급자	「국민기초생활보장법」 제7조 제1항 제1호부터 제4호까지의 급여 중 어느 하나에 해당하는 급여를 받는 수급자 가구
	차상위계층	「국민기초생활보장법」 제2조 제10호에 따른 차상위계층
2순위	생계·의료급여수급자 선정 기준의 소득 인정액 이하인 자	- 국가유공자 등 예우 및 지원에 관한 법률에 따른 국가유공자 또는 그 유족 - 보훈보상대상자 지원에 관한 법률에 따른 보훈보상대상자 또는 그 유족 - 5·18 민주유공자 예우에 관한 법률에 따른 5·18 민주유공자 또는 그 유족 - 특수임무유공자 예우 및 단체설립에 관한 법률에 따른 특수임무유공자 또는 그 유족 - 참전 유공자예우 및 단체설립에 관한 법률에 따른 참전 유공자 ※ 위의 어느 하나에도 해당되지 않을 경우 신청 불가함
3순위	월평균 소득의 50% 이하인 자	해당 세대의 월평균 소득이 전년도 도시근로자 가구당 월평균 소득의 50% 이하인 사람으로서 「공공주택특별법 시행규칙」 제13조 제2항에 따른 영구임대주택의 자산 요건을 충족한 사람

2. 소득·자산 기준

• 소득 기준: 전년도 도시근로자 가구원 수별 가구당 월평균 소득액의 50% 이하

1인 가구	2인 가구	3인 가구	4인 가구	5인 가구	6인 가구
2,248,479원	2,906,622원	3,209,283원	3,600,405원	3,663,036원	3,889,913원

※ 1) 가구원 수는 해당 세대에 속한 자(세대구성원) 전원(임신 중인 경우 태아 포함)을 포함함
2) 월평균 소득액은 세전 금액으로서 해당 세대(세대구성원)의 월평균 소득액을 모두 합산한 금액임

• 자산 기준

- 총자산: 세대구성원 전원이 보유하고 있는 총자산가액 합산 기준 24,200만 원 이하
- 자동차: 세대구성원 전원이 보유하고 있는 개별 자동차가액 3,557만 원 이하

3. 자격검증대상(세대구성원)

• 아래의 세대구성원에 해당하는 사람 전원이 주택을 소유하고 있지 않은 세대의 구성원인 경우를 말하며, 배우자가 세대 분리된 경우 배우자 및 배우자가 속한 주민등록표등본의 무주택세대구성원까지 포함

자격검증대상(세대구성원)	세대구성원의 범위
무주택세대구성원	• 신청자 및 신청자의 배우자 • 신청자 또는 신청자의 배우자의 주민등록표에 등재되어 있는 사람 - 신청자의 직계존비속 - 신청자의 배우자의 직계존비속(단, 직계비속은 신청자의 주민등록표에 등재된 경우에 한함) - 신청자의 직계비속의 배우자(사위, 며느리 등) - 신청자의 배우자의 직계비속의 배우자

※ 주민등록표상 등록된 사람이면 세대주의 형제자매, 사위, 며느리, 장인, 장모, 시부모, 동거인도 공급 신청 가능함

• 아래에 해당하는 사람도 자격검증대상(세대구성원)에 포함

자격검증대상(세대구성원)	세대구성원의 범위
외국인 배우자	가족관계등록부에 등재되고 외국인 등록(또는 국내거소신고)을 한 사람 ※ 신청자와 동일 주소에 거주하지 않더라도 자격검증대상에 포함함
외국인 직계존·비속	가족관계등록부에 등재되고 외국인 등록(또는 국내거소신고)을 한 사람으로서 신청자 또는 분리배우자의 세대별 주민등록표등본에 기재되어 있거나, 외국인 등록증 상의 체류지(거소)가 신청자 또는 분리배우자의 세대별 주민등록표상 주소와 동일한 사람
태아	세대구성원에 포함되나 자격검증 예외

※ 1세대 1주택 신청·공급원칙에 따라 공공임대주택에 거주 중인 해당 세대 중 일부가 공급 신청 시에는 입주 전 세대 분리해야 함(단, 배우자 세대 분리는 중복 입주로서 본 임대주택 입주가 불가함)

4. 동일 순위 내 경합 시 입주자 선정 방법

• 동일 순위 내에서 경쟁이 있을 경우 아래 배점기준표에 따라 합산한 점수의 고득점자순으로 선정하며, 동일 점수인 경우 지역배점, 연령배점 순서에 따라 점수가 높은 순에 의해 선정

구분			배점(100점 만점)
연령배점(25점)	고령자	만 85세 이상	25점
		만 75세 이상~만 85세 미만	15점
		만 65세 이상~만 75세 미만	10점
지역배점(25점)	○○시 거주기간	3년 이상	25점
		1년 이상~3년 미만	20점
		1년 미만	10점
별도배점(50점)	단독세대주	단독세대주	50점

12. 위 안내문을 읽고 이해한 내용으로 가장 적절한 것은?

① ○○시에 주민으로 등재된 만 65세 이상이면서 국민기초생활보장법에 따른 차상위계층의 신청자는 무주택세대구성원이 아니어도 신청 가능하다.

② 동일 순위 내 경쟁이 있을 경우 ○○시에서 2년간 거주 중인 만 75세의 신청자는 35점이 합산된다.

③ 공공임대주택에 거주 중인 부부 중 1명이 입주 신청을 하기 위해서는 입주 전에 미리 세대 분리를 해야 한다.

④ 2명의 자녀와 함께 거주하는 맞벌이 부부가 보유한 총자산가액이 2억 5천만 원이면 자산 기준을 충족한다.

⑤ 신청자의 배우자가 신청자와 세대 분리된 경우 배우자의 직계비속은 배우자의 주민등록표에 등재된 경우에만 자격검증대상에 포함된다.

13. LH 콜센터에서 근무하는 귀하가 위 공고문을 토대로 고객문의에 답변한 내용으로 가장 적절하지 않은 것은?

① Q: 저는 ○○시에 주민으로 등재되어 있는 만 68세의 무주택세대구성원으로, 자녀 1명과 배우자와 함께 거주하고 있습니다. 저희 세대의 월평균 소득은 세전 300만 원 미만인데, 사랑주택 입주 신청을 위한 소득 기준을 충족하나요?
A: 3인 가구의 소득 기준은 3인 가구 월평균 소득액의 50% 이하인 3,209,283원 이하를 충족하면 되므로 사랑주택 입주 신청을 위한 소득 기준을 충족합니다.

② Q: 저는 ○○시에 주민으로 등재되어 있는 만 70세의 무주택세대구성원으로, 외국인 배우자와 동일 주소지에 거주하고 있어 배우자의 국내거소신고가 되어 있으며, 배우자가 가족관계등록부에도 등재되어 있습니다. 사랑주택 입주 신청 시 저의 배우자도 자격검증대상에 포함되나요?
A: 외국인 배우자의 경우 외국인 등록 또는 국내거소신고를 한 사람이면서 가족관계등록부에 등재되어 있다면 자격검증대상에 포함하고 있는 점 참고해 주시기 바랍니다.

③ Q: 저는 ○○시에 주민으로 등재되어 있는 만 65세의 무주택세대구성원으로, 아내, 아들, 그리고 임신 중인 며느리와 함께 거주 중인 세대주입니다. 저희 세대의 월평균 소득액은 세전 3,640,000원 이하인데, 사랑주택 입주 신청을 위한 소득 기준을 충족하나요?
A: 태아는 세대구성원에서 제외되기 때문에 4인 가구의 소득 기준을 확인하셔야 합니다. 4인 가구의 경우 월평균 소득액이 3,600,405원 이하에 해당해야 하므로 소득 기준을 충족하지 않습니다.

④ Q: 저는 보훈보상대상자 지원에 관한 법률에 따른 보훈보상대상자로, 혼자 거주 중인 만 69세의 무주택세대구성원입니다. 사랑주택에 입주 신청 시 보유 자산 외 추가로 충족해야 하는 자격 요건을 알 수 있을까요?
A: 보훈보상대상자 지원에 관한 법률에 따른 보훈보상대상자에 해당하실 경우 2순위 자격 요건을 충족합니다. 더불어 ○○시 주민으로 등록되어 있는지, 월평균 소득액이 2,248,479원 이하인지 확인 바랍니다.

⑤ Q: 저는 현재 사랑주택 입주 자격 2순위에 해당하여 입주 신청 후 선정 결과를 기다리고 있습니다. 만약 동일 순위 내에서 저와 점수가 같은 경합자가 있을 경우 입주자 선정 기준은 어떻게 되나요?
A: 동일 순위 내에서 같은 점수로 경합할 경우 배점기준표 내 항목 중에서도 지역배점이 더 높은 신청자가 선정될 확률이 높으며, 지역배점 또한 동일할 경우 연령배점이 높은 사람이 입주자로 선정됩니다.

14. 다음 명언에서 공통으로 강조하고 있는 개념에 대한 설명으로 적절하지 않은 것은?

- "대화의 기술은 자신의 것을 많이 보여주기보다 다른 이들의 기질을 많이 드러나게 하는 데 있다."
- "현인(賢人)은 말을 잘하는 사람의 말에만 귀를 기울이지 않고, 말이 서투른 사람의 말도 귀담아듣는다."
- "진정으로 침묵할 수 있는 자만이 진정으로 이야기할 수 있고, 진정으로 행동할 수 있다."
- "누군가의 이야기를 들어준다는 행위는 타인을 위로한다는 것 이상의 의미를 갖는다. 우리는 타인의 말을 들어줌으로써 그를 최고의 상태에 이르게 할 수 있다."

① 상대방으로 하여금 본인이 이해받고 있다는 느낌을 받게 만든다.

② 대화의 과정에서 신뢰를 쌓을 수 있는 최고의 방법이다.

③ 상대방과의 관계에서 느낀 긍정적인 생각을 선별하여 듣는 태도를 말한다.

④ 의사소통을 하기 위한 기본적인 자세에 해당한다.

⑤ 상대방이 안도감을 느끼고 무의식적으로 믿음을 갖게 하는 능력이다.

15. 남자 3명, 여자 6명을 A 팀, B 팀, C 팀의 세 팀으로 3명씩 나누려고 한다. 모든 팀에 남자가 1명씩 반드시 들어갈 때, 팀을 나눌 수 있는 방법의 수는?

① 90가지 ② 180가지 ③ 270가지 ④ 360가지 ⑤ 540가지

16. A 도시와 B 도시 사이의 거리는 210km이다. 자동차 P는 오전 8시에 A 도시에서 출발하여 B 도시로 달렸으며, 자동차 Q는 오전 9시에 B 도시에서 출발하여 A 도시로 달려 오전 11시에 두 자동차가 마주쳤다. 자동차 P의 속력은 자동차 Q의 속력보다 시속 10km가 빠를 때, Q의 속력은 얼마인가?

① 36km/h ② 37km/h ③ 38km/h ④ 39km/h ⑤ 40km/h

17. 농도 12%인 소금물, 농도 48%인 소금물, 농도 24%인 소금물을 섞어 농도 28%인 소금물 1,500g을 만들었다. 농도 12% 소금물과 농도 48% 소금물의 양이 1:3일 때, 농도 24% 소금물의 양은 얼마인가?

① 900g ② 950g ③ 1,000g ④ 1,050g ⑤ 1,100g

18. 다음은 지역별 주택담보대출과 기타대출 현황에 대한 자료이다. 자료에 대한 설명으로 옳지 않은 것은?

[지역별 주택담보대출 금액]

(단위: 십억 원)

구분	2020년	2021년	2022년	2023년	2024년
A 지역	151,157.6	167,875.7	176,991.0	183,858.0	194,201.6
B 지역	125,405.2	141,256.3	151,523.0	162,097.3	173,056.4
C 지역	5,941.9	6,511.8	7,420.0	8,297.3	8,774.5
D 지역	8,563.2	9,077.1	9,519.0	10,017.6	9,890.1
E 지역	13,715.6	14,595.5	14,318.9	14,175.0	14,084.5
F 지역	9,604.1	10,171.5	10,941.9	11,121.8	11,193.6
G 지역	6,790.3	7,481.4	8,062.1	8,218.8	8,927.2
H 지역	14,538.9	16,200.5	16,644.0	16,409.0	16,131.2
I 지역	24,548.3	27,506.5	28,377.6	29,012.4	28,403.0

[지역별 기타대출 금액]

(단위: 십억 원)

구분	2020년	2021년	2022년	2023년	2024년
A 지역	86,771.5	94,560.2	105,447.7	117,945.1	128,895.6
B 지역	71,676.0	79,052.4	85,427.8	91,408.5	94,964.6
C 지역	9,130.5	10,353.7	11,296.0	12,305.7	12,701.1
D 지역	9,496.2	10,981.9	11,773.9	12,909.4	13,289.1
E 지역	15,032.9	17,069.9	17,967.9	19,139.5	19,526.7
F 지역	10,303.4	11,910.7	12,867.0	14,044.9	14,982.4
G 지역	10,152.7	12,055.7	13,481.0	14,591.6	14,965.1
H 지역	17,283.7	19,998.8	21,445.7	22,791.0	23,186.1
I 지역	22,691.4	26,018.2	28,126.9	29,818.9	30,158.0

① 2021년 이후 주택담보대출 금액이 전년 대비 지속적으로 증가한 지역은 총 5곳이다.

② 2022년 F 지역의 기타대출 금액은 전년 대비 8.5% 이상 증가하였다.

③ 제시된 기간 동안 H 지역의 기타대출 금액 평균은 20,000십억 원 이상이다.

④ 제시된 기간 중 I 지역의 주택담보대출 금액이 두 번째로 많은 해에 C 지역의 기타대출 금액은 D 지역의 기타대출 금액보다 적다.

⑤ 제시된 기간 동안 D 지역의 주택담보대출 금액 합은 동일 지역의 기타대출 금액 합보다 적다.

[19 – 20] 다음은 A 국가의 온실가스 종류별 배출량에 대한 자료이다. 각 물음에 답하시오.

[온실가스 종류별 배출량]

(단위: 백 만tCO_2)

구분	2020년	2021년	2022년	2023년	2024년
CO_2	634.3	637.4	650.2	665.0	643.8
CH_4	27.2	27.3	27.9	28.0	27.5
N_2O	13.1	13.1	13.9	14.4	14.3
HFCs	7.9	7.4	9.6	9.3	6.9
PFCs	1.5	1.5	2.1	3.2	3.0
SF_6	8.5	7.0	7.0	7.2	5.9
LULUCF	−45.6	−46.5	−42.6	−42.1	−39.6
순배출량	646.9	647.2	668.1	685.0	661.8
총배출량	692.5	693.7	710.7	727.1	701.4

※ 1) 총배출량: LULUCF 분야를 제외한 나머지 분야의 배출량을 합산한 값
2) 순배출량: LULUCF 분야를 포함하여 합산한 배출량

19. 다음 중 자료에 대한 설명으로 옳은 것은?

① 2021년 이후 순배출량과 총배출량의 전년 대비 증감 추이는 동일하지 않다.

② 제시된 기간 동안 HFCs 배출량이 가장 많았던 해에 HFCs 배출량은 PFCs 배출량의 4배 이하이다.

③ 제시된 기간 동안 CO_2 배출량이 가장 적었던 해에 CO_2 배출량은 총배출량의 90% 이상이다.

④ 제시된 기간 동안 CH_4 연평균 배출량은 N_2O 연평균 배출량의 2배 미만이다.

⑤ 제시된 기간 동안 연도별로 4번째로 배출량이 많은 온실가스 종류는 매년 HFCs이다.

20. LULUCF 배출량이 가장 많았던 해에 총배출량의 전년 대비 변화량은?

① 1.2백 만tCO_2 ② 16.4백 만tCO_2 ③ 17.0백 만tCO_2

④ 23.2백 만tCO_2 ⑤ 25.7백 만tCO_2

21. 다음은 하반기 부문별 주택건설 인허가 실적의 월별 누계를 나타낸 자료이다. 이를 바탕으로 만든 그래프로 옳지 않은 것은?

[하반기 부문별 주택건설 인허가 실적의 월별 누계]

(단위: 호)

구분			7월	8월	9월	10월	11월	12월
공공부문			11,993	13,633	15,286	16,012	20,973	81,801
	지방 자치단체	국민임대	935	935	935	935	935	935
		공공임대	1,478	1,478	1,566	1,606	1,606	2,446
		공공분양	586	1,495	2,977	2,977	3,019	3,189
	LH	국민임대	2,451	2,471	2,471	2,471	4,008	7,337
		공공임대	2,426	2,438	2,521	3,127	4,737	32,090
		공공분양	3,151	3,777	3,777	3,777	5,452	33,919
	주택업체	국민임대	0	0	0	0	0	0
		공공임대	826	899	899	899	996	1,665
		공공분양	140	140	140	220	220	220
민간부문			217,033	243,661	277,694	310,225	339,738	375,713
	민간	민간임대	13,063	13,158	16,475	17,008	21,336	25,186
		민간분양	203,970	230,503	261,219	293,217	318,402	350,527

※ 출처: KOSIS(국토교통부, 주택건설실적통계)

① 7월 공공분양 인허가 실적 누계

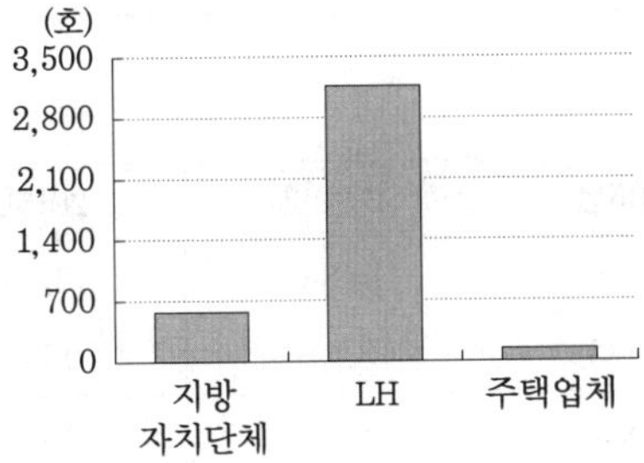

② 7월 이후 주택업체 공공임대 인허가 실적 누계

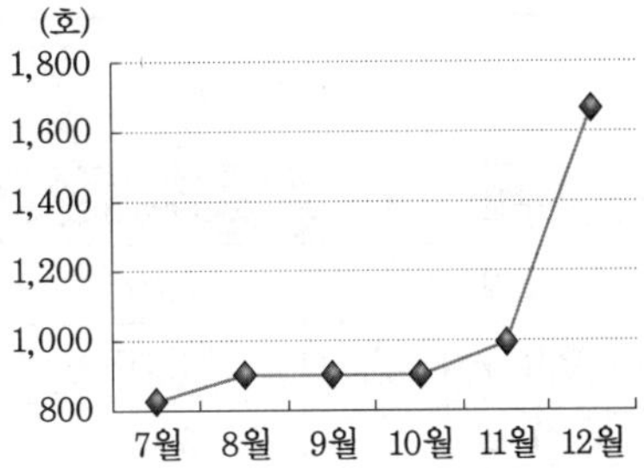

③ 8월 민간부문 인허가 실적 누계 비중

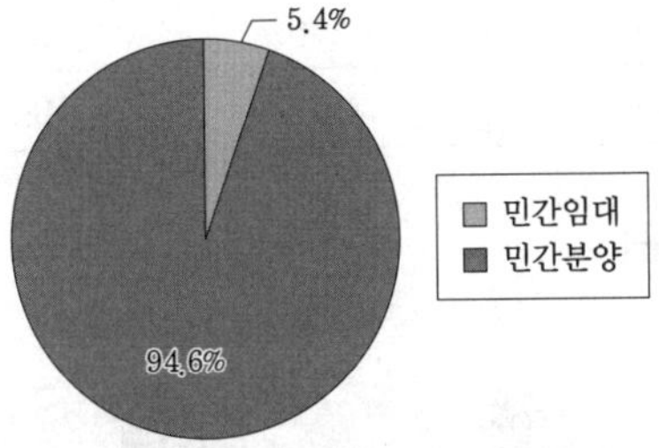

④ 8월 이후 민간임대 인허가 실적의 전월 대비 증가량

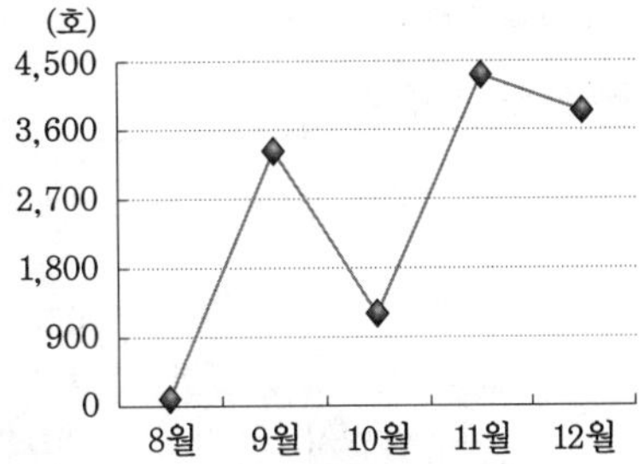

⑤ 12월 LH 인허가 실적 누계 비중

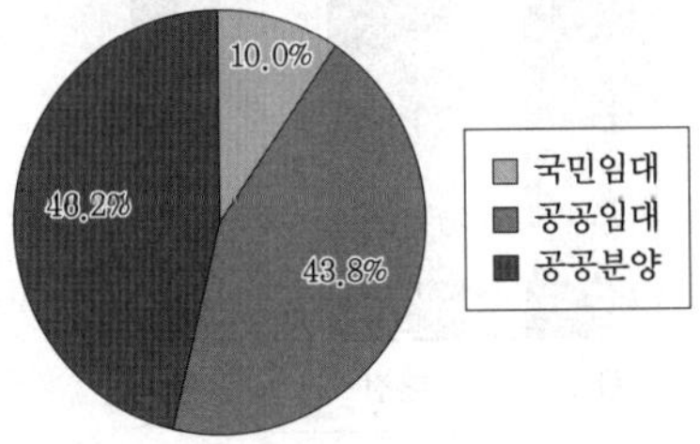

[22 - 23] 다음은 전국 및 주요 도시의 주택 수와 인구수에 대한 자료이다. 각 물음에 답하시오.

[전국 유형별 주택 수]

(단위: 천 호)

구분	1995년	2000년	2005년	2010년	2015년
합계	9,205	10,959	12,494	13,883	13,297
단독 주택	4,337	4,069	3,985	3,797	1,712
아파트	3,455	5,231	6,627	8,185	9,234
연립 주택	734	813	520	504	431
다세대 주택	336	453	1,164	1,246	1,732
영업용 건물내 주택	343	393	198	151	188

[거주 지역별 자가 점유 비율]

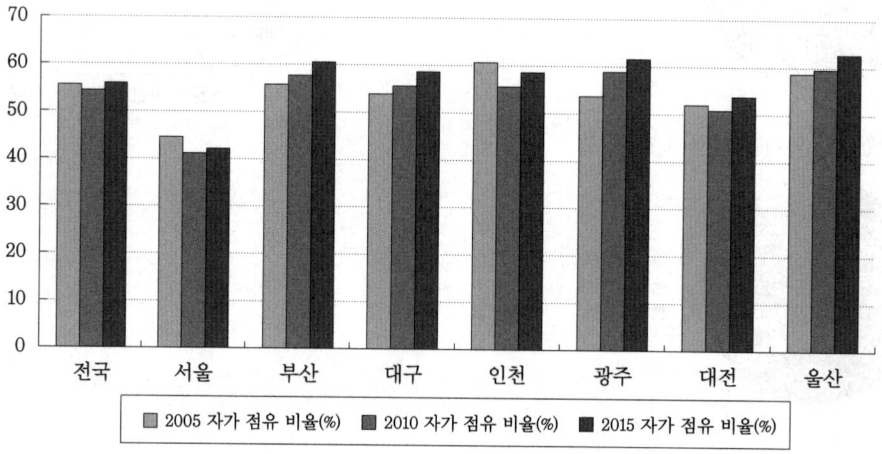

[지역별 인구수 및 주택 수]

구분	2017년			2018년		
	인구수 (천 명)	주택 수 (천 호)	인구 천 명당 주택 수(호)	인구수 (천 명)	주택 수 (천 호)	인구 천 명당 주택 수(호)
전국	51,423	20,313.4	395.0	51,630	20,818.0	403.2
서울	9,742	3,671.5	376.5	9,674	3,682.4	380.7
부산	3,417	1,396.0	408.6	3,395	1,412.9	416.1
대구	2,453	988.4	402.9	2,444	996.1	407.5
인천	2,926	(　　)	370.5	2,936	(　　)	377.3
광주	1,496	606.2	405.2	1,490	616.5	413.7
대전	1,526	604.9	396.5	1,511	611.9	404.9
울산	1,157	468.4	404.8	1,150	476.0	413.9

※ 출처: KOSIS(통계청, 인구주택총조사)

22. 위 자료에 대한 설명으로 적절하지 않은 것은?

① 2017년 대비 2018년 인구 천 명당 주택 수는 제시된 지역에서 모두 전년 대비 증가하였다.

② 전국 다세대 주택의 수는 1995년 이후 증가 추이를 보이고 있다.

③ 2005년부터 2015년까지 거주 지역별 자가 점유 비율은 서울이 5년마다 가장 낮다.

④ 1995년 이후 유형별 주택 수는 아파트가 5년마다 가장 많다.

⑤ 2010년에 전국의 5년 전 대비 자가 점유 비율은 감소하였다.

23. 위 자료에서 파악할 수 있는 2017년 인천 지역의 주택 수와 2018년 인천 지역의 주택 수의 차이는 약 몇 천 호인가? (단, 모든 계산은 백의 자리에서 반올림한다.)

① 11천 호　② 24천 호　③ 86천 호　④ 179천 호　⑤ 319천 호

[24 - 25] 다음은 서비스모델별 클라우드 사업을 위한 R&D 투자액 및 투자 경험에 대한 자료이다. 각 물음에 답하시오.

[서비스모델별 클라우드 사업을 위한 R&D 투자액]

구분	2017년		2018년		2019년	
	기업 수(개)	투자액(백만 원)	기업 수(개)	투자액(백만 원)	기업 수(개)	투자액(백만 원)
IaaS	147	58,919	171	36,536	173	72,994
PaaS	32	2,245	50	23,428	52	5,430
SaaS	228	27,177	261	33,098	260	23,509
CSB/CMS	11	4,858	22	2,487	21	502
SECaaS	35	3,065	56	1,655	59	2,242
기타	16	765	20	874	16	1,585

[서비스모델별 클라우드 사업을 위한 '투자경험 있음' 응답 비율]

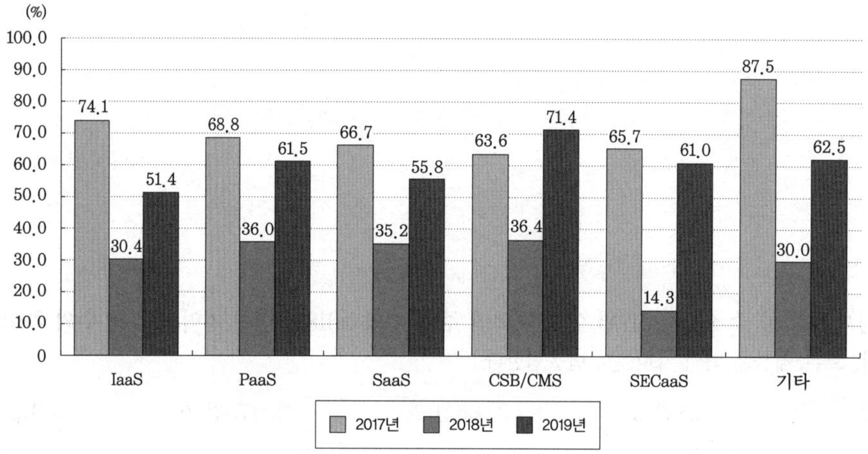

※ 출처: KOSIS(과학기술정보통신부, 클라우드산업실태조사)

24. **다음 중 자료에 대한 설명으로 옳지 않은 것은?**

① 2018년에 투자액이 가장 큰 서비스모델과 기업 수가 가장 많은 서비스모델은 서로 다르다.

② 제시된 기간 동안 모든 서비스모델에서 클라우드 사업을 위한 '투자경험 있음' 응답 비율이 가장 낮은 해는 2018년이다.

③ 2017년에 CSB/CMS 모델과 SECaaS 모델의 투자액 차이는 1,893백만 원이다.

④ 2018년에 기타를 제외한 서비스모델 중 클라우드 사업을 위한 '투자경험 있음' 응답 비율이 다른 서비스모델 대비 가장 낮은 서비스모델은 투자액도 다른 서비스모델 대비 가장 낮았다.

⑤ 2019년에 IaaS 모델과 SaaS 모델의 총 기업 수는 전체 기업 수의 70% 이상이다.

25. **2018년에 기타를 제외한 서비스모델 중 클라우드 사업을 위한 '투자경험 있음' 응답 비율의 전년 대비 감소율이 가장 큰 모델과 가장 작은 모델의 2019년 투자액 차이는 얼마인가?**

① 1,083백만 원 ② 1,280백만 원 ③ 1,540백만 원 ④ 1,740백만 원 ⑤ 1,843백만 원

[26 – 27] 다음은 X 국의 죄종별 학생범죄자 수에 대한 자료이다. 각 물음에 답하시오.

[죄종별 학생범죄자 수]

(단위: 명)

구분	2020년	2021년	2022년	2023년	2024년
강력범죄	3,076	3,173	3,220	3,175	2,539
절도범죄	21,018	19,022	15,920	15,912	15,907
폭력범죄	25,716	26,194	24,421	22,218	18,058
지능범죄	11,099	9,551	9,547	10,286	11,486
풍속범죄	2,804	2,441	2,528	2,489	3,244
특별경제범죄	1,959	1,571	1,197	1,355	1,065
마약범죄	102	113	141	193	321
보건범죄	82	69	69	82	229
환경범죄	12	5	7	10	2
교통범죄	15,159	14,078	11,004	10,406	10,877
노동범죄	14	7	9	1	0
안보범죄	4	7	3	5	6
선거범죄	11	23	32	0	59
병역범죄	356	345	309	261	50
기타범죄	10,935	9,844	8,854	8,629	8,804
전체	92,347	86,443	77,261	75,022	72,647

26. **다음 중 자료에 대한 설명으로 옳은 것은?**

① 제시된 기간 동안 학생범죄자 수가 가장 많은 죄종은 매년 동일하지 않다.

② 제시된 기간 동안 전체 학생범죄자 수가 가장 많은 해의 전체 학생범죄자 수는 가장 적은 해의 전체 학생범죄자 수의 1.25배 이상이다.

③ 2024년 학생범죄자 수가 1,000명 미만인 죄종들의 2024년 평균 학생범죄자 수는 100명 이상이다.

④ 제시된 기간 동안 매년 학생범죄자 수가 1만 명 이상인 죄종은 총 4개이다.

⑤ 2020년 대비 2024년에 학생범죄자 수가 증가한 죄종은 모두 제시된 기간 동안 매년 학생범죄자 수가 전년 대비 증가하였다.

27. **2023년과 2024년 강력범죄 학생범죄자의 구속률이 다음과 같을 때, 2023년과 2024년에 구속된 강력범죄 학생범죄자 수의 합은 약 얼마인가?** (단, 소수섬 첫째 사리에서 반올림하여 계신한다.)

구분	2023년	2024년
구속률	4.13%	5.08%

① 256명　　② 257명　　③ 258명　　④ 259명　　⑤ 260명

28. **다음 명제가 모두 참일 때, 항상 옳은 것은?**

- 돈을 모으고 싶어 하는 사람은 저금통을 가지고 있다.
- 통장이 있는 사람은 대출을 할 수 있다.
- 철수는 돈을 모으고 싶어 한다.
- 통장이 없으면 저금통도 가지고 있지 않다.

① 철수는 통장이 있다.
② 철수는 대출을 할 수 없다.
③ 통장이 있는 사람은 돈을 모으고 싶어 한다.
④ 대출을 할 수 있는 사람은 저금통을 가지고 있다.
⑤ 대출을 할 수 있는 사람은 돈을 모으고 싶어 한다.

29. **다음 명제가 모두 참일 때, 항상 옳은 것은?**

- 버스로 갈 수 있는 곳은 도보로 갈 수 있다.
- 버스로 갈 수 없는 곳은 자가용으로 갈 수 없다.
- 비행기로 갈 수 없는 곳은 자가용으로 갈 수 있다.
- 지하철로 갈 수 있는 곳은 자가용으로 갈 수 있다.

① 지하철로 갈 수 있는 곳은 도보로 갈 수 있다.
② 버스로 갈 수 있는 곳은 지하철로 갈 수 있다.
③ 도보로 갈 수 있는 곳은 자가용으로 갈 수 있다.
④ 지하철로 갈 수 있는 곳은 비행기로 갈 수 없다.
⑤ 버스로 갈 수 있는 곳은 자가용으로 갈 수 없다.

30. A, B, C, D, E, F 6명은 2명씩 대전, 광주, 부산 3개 지역으로 나뉘어 출장을 다녀왔다. 대전으로 출장을 다녀온 두 사람은 모두 진실을 말하고 있고, 광주로 출장을 다녀온 두 사람과 부산으로 출장을 다녀온 두 사람은 모두 거짓을 말하고 있다. 다음 조건을 모두 고려하였을 때, 항상 옳은 것은?

- A: D와 E 중 적어도 한 명은 부산으로 출장을 다녀왔어.
- B: F는 거짓을 말하고 있어.
- C: A는 광주로 출장을 다녀오지 않았어.
- D: 나와 C는 같은 지역으로 출장을 다녀왔어.
- E: A와 B 중 적어도 한 명은 진실을 말하고 있어.
- F: 나는 대전으로 출장을 다녀왔어.

① E는 대전으로 출장을 다녀왔다.

② C와 F는 같은 지역으로 출장을 다녀오지 않았다.

③ D는 광주로 출장을 다녀왔다.

④ A와 B는 다른 지역으로 출장을 다녀왔다.

⑤ C는 부산으로 출장을 다녀오지 않았다.

31. 어떤 의류잡화 판매점에서는 빨간색 모자, 파란색 모자, 노란색 모자, 주황색 신발, 분홍색 신발, 하늘색 가방, 초록색 가방, 검은색 가방을 일렬로 진열하고자 한다. 다음 조건을 모두 고려하였을 때, 항상 옳지 않은 것은?

- 같은 종류의 상품은 연달아 진열하지 않는다.
- 네 번째로 진열하는 상품은 모자이다.
- 첫 번째로 초록색 가방을 진열하고, 일곱 번째로 빨간색 모자를 진열한다.
- 파란색 모자와 주황색 신발은 연달아 진열한다.

① 여덟 번째로 진열되는 상품은 신발이다.

② 빨간색 모자와 하늘색 가방 사이에 노란색 모자가 진열된다.

③ 파란색 모자는 두 번째에 진열된다.

④ 여섯 번째로 신발을 진열하면 여덟 번째에는 가방이 진열된다.

⑤ 하늘색 가방을 다섯 번째로 진열하면 검은색 가방이 여덟 번째로 진열된다.

32. 갑, 을, 병, 정 4명은 한 팀으로 Y 프로젝트를 맡아 진행하고 있으며, 오늘 프로젝트 결과 발표를 할 계획이다. 프로젝트 결과 발표는 4명이 모두 참여하며, 갑은 거짓을 말하고 나머지 3명은 진실을 말하고 있을 때, 항상 옳은 것은?

- **갑:** 내 발표 순서는 네 번째이다.
- **을:** 내 발표 순서는 두 번째이다.
- **병:** 나는 세 번째로 발표하지 않는다.
- **정:** 나는 네 번째로 발표하지 않는다.

① 첫 번째로 발표한 사람은 갑이다.

② 정은 을보다 발표 순서가 늦다.

③ 병은 을보다 발표 순서가 빠르다.

④ 발표 순서가 정해지는 사람은 2명이다.

⑤ 정보다 발표 순서가 빠른 사람은 2명이다.

33. 시애틀 지사에서 근무하는 A 사원은 뉴욕 지사에서 근무하는 B 사원에게 시애틀 시각을 기준으로 3월 18일 오전 10시에 회의 자료를 이메일로 보내주기로 하였다. B 사원이 회의 자료를 받은 직후 출발해 베이징을 경유하여 서울에 도착하고자 할 때, B 사원이 서울에 도착하여 확인할 현지 시각은? (단, 비행 경유지에서 1시간을 대기하고, 비행시간을 제외한 이동시간은 고려하지 않는다.)

[그리니치 기준 시차]

구분	그리니치	서울	도쿄	뉴욕	시애틀	베이징
그리니치 시차	0	+9	+9	−5	−8	+8

※ '+'는 그리니치보다 시간이 빠르고, '−'는 그리니치보다 시간이 느린 것을 의미함

[비행시간]

출발지 → 도착지	비행시간
서울 → 뉴욕	14시간
서울 → 시애틀	10시간
서울 → 베이징	2시간
서울 → 도쿄	2시간
뉴욕 → 베이징	13시간
뉴욕 → 도쿄	15시간

※ 출발지와 도착지가 서로 반대인 경우에도 비행시간은 동일함

① 3월 18일 오전 9시
② 3월 18일 오후 6시
③ 3월 19일 오전 10시
④ 3월 19일 오후 7시
⑤ 3월 19일 오후 11시

34. 다음 한국토지주택공사법의 일부를 토대로 판단한 내용으로 옳지 않은 것은?

> **제22조(비밀누설금지 등)**
> 한국토지주택공사(이하 공사)의 임원 또는 직원이나 그 직에 있었던 자는 그 직무상 알게 된 비밀을 누설하거나 도용하여서는 아니 된다.
>
> **제26조(미공개정보 이용행위의 금지)**
> ① 공사의 임원 및 직원(임원 및 직원에 해당하지 아니하게 된 날부터 10년이 경과하지 아니한 자를 포함한다)은 일반인에게 공개되지 아니한 공사의 업무와 관련한 정보(이하 "미공개정보"라 한다)를 주택이나 토지 등의 매매, 그 밖의 거래에 이용하거나 타인에게 이용하게 하여서는 아니 된다.
> ② 공사의 임직원으로부터 미공개정보를 취득한 자는 그 취득한 정보를 주택이나 토지 등의 매매, 그 밖의 거래에 이용하여서는 아니 된다.
> ③ 공사는 제1항을 위반한 임원 및 직원에 대하여는 정관 또는 내부규정으로 정하는 바에 따라 징계처분을 행하여야 한다.
>
> **제26조의3(준법감시관)**
> ① 공사는 소속 임직원이 공공개발사업 추진 과정에서 개발정보를 이용하여 위법·부당한 거래행위 및 투기행위를 하였는지 여부를 감시하기 위하여 준법감시관을 둔다.
>
> **제28조(벌칙)**
> ① 제22조를 위반한 자는 2년 이하의 징역 또는 2천만 원 이하의 벌금에 처한다.
> ② 제26조 제1항을 위반하여 미공개정보를 주택이나 토지 등의 매매, 그 밖의 거래에 이용하거나 타인에게 이용하게 한 자 또는 제26조 제2항을 위반하여 공사의 임직원으로부터 미공개정보를 취득하여 주택이나 토지 등의 매매, 그 밖의 거래에 이용한 자는 5년 이하의 징역 또는 그 위반행위로 얻은 이익 또는 회피한 손실액의 3배 이상 5배 이하에 상당하는 벌금에 처한다. 다만, 그 위반행위로 얻은 이익 또는 회피한 손실액이 없거나 산정하기 곤란한 경우 또는 그 위반행위로 얻은 이익 또는 회피한 손실액의 5배에 해당하는 금액이 10억 원 이하인 경우에는 벌금의 상한액을 10억 원으로 한다.
> ③ 제2항의 위반행위로 얻은 이익 또는 회피한 손실액이 5억 원 이상인 경우에는 제2항의 징역을 다음 각 호의 구분에 따라 가중한다.
> 1. 이익 또는 회피한 손실액이 50억 원 이상인 경우에는 무기 또는 5년 이상의 징역
> 2. 이익 또는 회피한 손실액이 5억 원 이상 50억 원 미만인 경우에는 3년 이상의 유기징역
>
> ④ 제2항 또는 제3항에 따라 징역에 처하는 경우에는 제2항에 따른 벌금을 병과할 수 있다.

① 공사에서 퇴사한 지 10년이 지나지 않은 자도 공사의 미공개정보를 타인에게 공개해서는 안 된다.

② 과거 공사에 재직하며 알게 된 직무상의 비밀을 타인에게 누설하거나 도용한 경우 벌금으로 2천만 원 이하에 해당하는 금액을 내야 할 수도 있다.

③ 공사 소속 임직원이 공공개발사업 추진 과정에서 개발정보를 이용하여 투기 행위를 하였는지 감시하는 자는 준법감시관이다.

④ 공사의 임직원으로부터 미공개정보를 취득한 자가 이를 주택 매매에 이용하여 얻은 이익이 2억 원 이하일 경우에 처할 수 있는 벌금의 상한액은 10억 원이다.

⑤ 공사의 미공개정보를 타인에게 공개하여 이용하게 한 공사 직원이 이를 통해 약 40억 원의 이익을 얻었을 경우 최대 무기징역형에 처해질 수 있다.

[35 – 36] 다음 공고문을 읽고 각 물음에 답하시오.

[○○주택도시공사 토지주택연구원 연구직 채용 공고]

1. 채용 분야 및 인원

채용 분야	관련 전공	채용 인원	비고
도시설계	도시설계, 조경, 경관 등	1명	채용 분야 중 1개의 분야에만 지원 가능하며, 중복 지원 시 모두 불합격 처리됨
도시재생	도시계획, 도시공학 등	2명	
주거복지	주거복지정책, 행정, 복지, 주거 등	1명	
부동산 정책	부동산, 주택정책 등	2명	
경영	경영전략, 마케팅 등	1명	
해외사업	국제개발협력, 국제경영, 국제통상 등	3명	

※ 연구 분야에 적합한 유사 전공 모두 지원 가능(붙임 1 참고)

2. 지원자격
- 박사학위 소지자 또는 20XX년 8월 박사학위 취득 예정자 포함(추후 학위증명서 미제출 시 임용 취소)
- 남성의 경우 병역의 의무를 다했거나 면제된 자
- 공사 직원채용 결격사유에 해당하지 않는 자

3. 채용사항
- 직급: 별정직(연구직) 4급
- 임용기간: 최초 수습기간 3개월 포함하여 3년 이내 임용(향후 공사 규정에 따라 재임용 가능)
- 근무장소: 토지주택연구원(공사 운영상 변동 가능)

4. 지원방법: 직접 또는 등기우편 제출(직접 제출 시 공휴일에 접수 불가)
- 지원기간: 20XX년 5월 25일(월) 9:00~6월 5일(금) 17:00
- 제출장소: 대전광역시 □□구 111번길, 토지주택연구원 연구총괄부
- 제출서류: 지원서 포함 채용 분야 관련 연구실적
  ※ 제출서류 양식은 토지주택연구원 홈페이지(research.lh.co.kr)에서 다운로드 가능
- 문의: 토지주택연구원 채용담당자(☎: 042-000-0000, E-mail: apply@ground.or.kr)

5. 전형 절차: 1차 전형(서류 심사) → 2차 전형(연구역량 심사) → 3차 전형(면접 심사)
  1) 서류 심사: 제출서류에 대한 서면 심사
    - 평가 요소(100점 기준): 전공 적합도(35%), 학력 및 경력(35%), 논문 및 연구실적(30%)
    - 합격자 선발: 채용 분야별 채용예정 인원의 10배수를 고득점자순으로 선발하며, 동점자는 전원 선발함
  2) 연구역량 심사: 논문 발표를 통한 연구수행 능력 심사
    - 평가 요소(100점 기준): 연구 창의력(30%), 연구 방법론(30%), 연구성과 도출(25%), 발표력(15%)
    - 합격자 선발: 1차 점수를 포함하여 채용 분야별 채용예정 인원의 5배수를 고득점자순으로 선발하며, 동점자는 전원 선발함(단, 두 전형의 평균 점수가 70점 이하인 자는 탈락 처리됨)
  3) 면접 심사: 개별 면접 심사
    - 평가 요소(100점 기준): 이해력(25%), 전문지식·경험(25%), 해결능력(25%), 도전과 열정(25%)
    - 합격자 선발: 채용 분야별 채용 인원의 1배수를 고득점순으로 선발함(단, 1, 2차 전형 점수는 고려되지 않으나 동점자의 경우 2차 전형 고득점자순으로 선정함)

붙임 1. 채용 분야별 직무기술서

35. 전체 지원자 중 도시설계 분야의 면접 심사를 치른 지원자가 다음과 같을 때, 도시설계 분야에 채용되는 최종 합격자는?

구분	1차 전형 점수	2차 전형 점수	3차 전형 점수			
			이해력	전문지식·경험	해결능력	도전과 열정
갑	87점	88점	23점	21점	24점	25점
을	93점	91점	25점	22점	22점	24점
병	91점	93점	22점	23점	21점	24점
정	85점	94점	23점	21점	24점	23점
무	89점	90점	20점	24점	23점	23점

① 갑 ② 을 ③ 병 ④ 정 ⑤ 무

36. 한국토지주택공사에서 토지주택연구원 채용담당자로 근무하는 귀하는 토지주택연구원 연구직 채용과 관련된 문의에 응내하는 업무를 받았다. 위의 공고문을 근거로 판단할 때, 문의에 대한 귀하의 답변으로 가장 적절하지 않은 것은?

① Q: 아직 박사학위를 소지하지는 못했고, 논문이 통과되어 올해 8월 말에 박사학위를 취득할 예정입니다. 이번 연구직 채용에 지원할 수 있을까요?
A: 네, 올해 8월에 박사학위를 취득하실 예정이라면 금번 채용에 지원 가능합니다. 다만, 최종 합격으로 임용되었다고 하더라도 학위증명서를 제출하지 못할 경우 임용이 취소될 수 있습니다.

② Q: 저는 도시공학과 관련된 박사학위를 소지하고 있습니다. 채용 분야 중 도시설계 분야에 지원하고 싶은데 가능한지 문의드립니다.
A: 채용 분야별 관련 전공이 명시되어 있긴 하지만 연구 분야에 적합한 전공이라면 유사 전공이라도 지원하실 수 있으며, 자세한 사항은 붙임 1의 채용 분야별 직무기술서를 확인해주시길 바랍니다.

③ Q: 이번에 연구원으로 임용되면 얼마나 근무할 수 있는 건가요?
A: 연구원으로 임용된 뒤에는 맨 처음 수습기간 3개월을 포함하여 3년 이내로 근무하시게 됩니다. 하지만 추후 공사 규정에 따라 3년을 초과하더라도 재임용될 수 있습니다.

④ Q: 저는 이번에 해외사업 분야에 지원하였는데요, 1차 전형의 평가 요소와 합격자 수가 궁금합니다.
A: 1차 전형에서는 제출서류에 대한 서면 심사가 이루어집니다. 전공 적합도, 학력 및 경력, 연구 창의력을 평가하여 점수를 매기며, 해외사업 분야는 고득점자순으로 15명이 합격자로 선발됩니다.

⑤ Q: 제출서류를 모두 준비했는데, 서류는 어떻게 제출해야 하는지 문의드립니다.
A: 서류가 모두 준비되셨다면 토지주택연구원 연구총괄부에 직접 오시거나 등기우편을 통해 제출하시면 됩니다. 직접 방문하셔서 서류를 제출할 경우 공휴일에는 접수 불가능한 점 참고 바랍니다.

37. 다음 ○○지구 청년상가 창업팀 모집 안내문을 읽고 이해한 내용으로 가장 적절하지 않은 것은?

[○○지구 청년상가 창업팀 모집 안내]

1. 목적

- 혁신적인 사업 아이디어를 지닌 청년들의 창업을 지원하고자 가나구와 LH(한국토지주택공사)가 공동으로 추진하는 청년창업지원사업의 일환으로, ○○지구 청년상가에 입주할 청년 창업팀을 모집하기 위함

2. 신청자격

1) 신청대상

- 혁신적인 사업 아이디어를 보유하고, 지속적인 활동 의지가 있는 만 19세 이상~만 39세 이하 청년

2) 신청제외대상

- 상가를 상업시설이 아닌 사무실 용도로 활용하는 경우
- 관련 법령상 창업이 불가능한 경우
- 금융기관 등으로부터 채무 불이행자로 규제 중인 경우
- 국세 및 지방세 체납 중인 경우
- 정부지원사업에 참여 제한으로 제재 중인 경우

3. 공간 개요

1) 공간명: ○○지구 청년상가(가나구 별별로 123, 지상 1층)

2) 임대조건 및 사용기간: 시세 대비 20% 수준, 2년

호수	임대보증금	월 임대료	임대 면적
101호	6,894,000원	288,000원	26.34m^2

※ 1) 관리비, 제세공과금, 임대료 월별 부과

2) 2년 후 계약 연장을 원할 경우 LH 희망상가 임대조건(시세 대비 50% 수준)으로 갱신 계약 가능하며, 금번 계약기간 포함 최장 10년까지 계약 가능

4. 지원 개요

구분	내용
공간 사용	101호(면적 26.34m^2)
임대보증금	3,447,000원 지원(50% 자부담)
교육·컨설팅 지원	창업 과정에 필요한 교육, 컨설팅 연계
자원 연계	지역사회 및 민간자원 연계
홍보 지원	홍보 및 판로 지원 등

※ 임대보증금 지원액은 가나구청이 LH에 직접 지급하며, 임대차계약(2년) 만료 후 전액 환수됨

5. 접수 및 문의

1) 접수기간: 20XX. 1. 13.(월)~1. 28.(화) 18:00까지

2) 접수방법: 이메일 접수(changup@ganagu.go.kr)

6. 주의사항

- 임대차계약 체결 후 1개월 내 입주하지 않을 경우 입주 포기로 간주함
- 임대차계약 체결 후 1개월 내 주사업장 소재지 ○○지구 청년상가로 이전 또는 사업자 등록 필요함
- 계약서상 의무사항을 이행하지 않거나 폐업, 사업 기간 내 운영 포기 등 정상적인 운영이 이루어지지 않을 경우 계약 해지될 수 있으며, 그 경우 지원금 환수 및 사업 참여 제한 조치됨

① 청년상가 임대조건은 시세의 약 5분의 1 수준으로 저렴하며, 사용기간 종료 후 계약 연장을 원한다면 동일한 조건으로 갱신 계약을 체결하게 된다.

② 임대차계약이 완료되고 나서 한 달 내로 ○○지구 청년상가에 입주하지 않으면 입주를 포기하겠다는 의사를 표명한 것으로 여겨질 수 있다.

③ 만 19세 이상~만 39세 이하 청년으로 신청대상에 해당하더라도 상가를 사무실 용도로 활용하고자 한다면 신청이 거절될 수 있다.

④ 청년 창업팀 선정 후 임대차계약을 맺어도 지원내역 외에 관리비, 제세공과금, 임대료는 매달 따로 내야 한다.

⑤ 임대보증금 지원은 임대보증금의 절반 금액을 가나구청이 직접 LH에 지급하는 방식으로 이루어진다.

38. 다음은 새롭게 건설될 국민 임대 아파트 보존등기 법무사 위임 수수료 지급 기준에 대한 자료이다. 법무사가 29A형과 29B형은 건물과 대지를 동시에 등기하고, 39A형은 건물만 등기하며, 46A형은 대지만 등기했을 때, 법무사가 지급받을 수수료 총액은?

[법무사 위임 수수료 지급 기준]

• 수수료 산정 방법
  - 등기하는 경우에 따른 건설호수 구간별 호당 단가를 적용하여 법무사에게 지급할 수수료로, 다음의 식으로 산정함

수수료 = 건설호수 × 호당 단가

※ 1) 산정된 수수료가 해당 구간 최저 수수료 미만인 경우 산정된 수수료 대신 최저 수수료를 지급함
2) 등기하는 경우에 따른 건설호수 구간별 호당 단가 및 최저 수수료는 [붙임]을 참고하도록 함

[붙임] 건설호수 구간별 호당 단가 및 최저 수수료
- 건물과 대지를 동시에 등기하는 경우

구분	호당 단가	최저 수수료
50호 이하	32천 원	-
51~100호	28천 원	1,600천 원
101~200호	23천 원	2,800천 원
201~400호	21천 원	4,600천 원
401~700호	20천 원	8,400천 원
701호 이상	19천 원	14,000천 원

- 건물만 등기하는 경우

구분	호당 단가	최저 수수료
50호 이하	28천 원	-
51~100호	24천 원	1,400천 원
101~200호	19천 원	2,400천 원
201~300호	18천 원	3,800천 원
301~400호	17천 원	5,400천 원
401~1,000호	16천 원	6,800천 원
1,001호 이상	15천 원	16,000천 원

– 대지만 등기하는 경우

구분	호당 단가	최저 수수료
50호 이하	23천 원	–
51~100호	18천 원	1,150천 원
101~200호	14천 원	1,800천 원
201~300호	12천 원	2,800천 원
301~500호	11천 원	3,600천 원
501호 이상	10천 원	5,500천 원

[국민 임대 아파트 건설 대상 호수]

구분	일반 공급	주거약자용 공급	우선 공급
29A형	24호	–	72호
29B형	–	40호	–
39A형	32호	–	170호
46A형	11호	–	49호

① 7,384천 원　② 7,454천 원　③ 7,750천 원　④ 7,844천 원　⑤ 8,078천 원

[39 – 40] 다음은 △△신용카드 이용 안내문이다. 각 물음에 답하시오.

[△△신용카드 이용 안내]

1. 연회비

구분	기본 연회비	서비스 연회비
국내 전용	5천 원	8천 원
해외 겸용	5천 원	1만 3천 원

※ 1) 연회비 = 기본 연회비 + 서비스 연회비
2) △△신용카드는 제휴를 통해 국내 전용 연회비 납부만으로도 해외 ATM 출금이 가능함

2. 할인 서비스

1) 공과금 할인

• 서비스 대상 및 제공

구분	서비스 대상	서비스 제공
공과금	전기요금, 도시가스요금, 통신요금(인터넷, 집전화, 이동통신, 결합상품 포함)	일 1회 10% 할인 적용되며, 1회 승인 금액 5만 원까지 할인 적용

• 월 할인한도

전월 이용금액	월 할인한도
30만 원 이상 50만 원 미만	3천 원
50만 원 이상 100만 원 미만	7천 원
100만 원 이상	1만 원

※ 전월 이용금액 30만 원 미만은 할인 서비스에서 제외됨

2) 타임 할인

• 서비스 대상 및 제공

– 하루 종일 타임 할인

구분	서비스 대상	서비스 제공
편의점	편의점 업종 전체	구분 영역별 각 일 1회/월 5회 10% 할인 적용되며, 1회 승인금액 1만 원까지 할인 적용
병원/약국	병원/약국 업종 전체	
세탁비	세탁소 업종 전체	

※ 병원/약국 할인 서비스 대상 가맹점에서 동물병원은 제외, 치과와 한의원은 포함됨

– 저녁 타임 할인(오후 9시~오전 9시)

구분	서비스 대상	서비스 제공
온라인 쇼핑	온라인 소셜커머스	구분 영역별 각 일 1회/월 10회 10% 할인 적용되며, 1회 승인금액 1만 원까지 할인 적용
택시	후불 교통카드와 비교통카드 모두 적용	
식음료	음식점/커피전문점 업종 전체	

※ 저녁 타임 할인 서비스는 승인 시간을 기준으로 제공

• 월 할인한도

전월 이용금액	월 할인한도
30만 원 이상 50만 원 미만	1만 원
50만 원 이상 100만 원 미만	2만 원
100만 원 이상	3만 원

※ 전월 이용금액 30만 원 미만은 할인 서비스에서 제외됨

3) 주말 할인

• 서비스 대상 및 제공

구분	서비스 대상	서비스 제공
대형마트	온/오프라인 대형마트 업종 전체	일 1회 10% 할인 적용되며, 1회 승인금액 5만 원까지 할인 적용
주유소	주유소 업종 전체	일 1회 3% 할인 적용되며, 1회 승인금액 10만 원, 월 승인금액 30만 원까지 할인 적용

※ 주말 할인 서비스는 토요일과 일요일에 제공되며, 토요일과 일요일이 아닌 공휴일은 제외됨

• 월 할인한도

전월 이용금액	월 할인한도
30만 원 이상 50만 원 미만	3천 원
50만 원 이상 100만 원 미만	7천 원
100만 원 이상	1만 원

※ 전월 이용금액 30만 원 미만은 할인 서비스에서 제외됨

3. 유의 시항

– 계약 체결 전 카드 상품별 연회비, 이용조건 등에 관한 상세사항은 싱품설명서, 약관 및 홈페이지를 확인하시기 바랍니다.

– 연체이자율은 '회원별, 이용 상품별 약정금리 + 최대 3%'(단, 법정 최고금리 연 24% 이내)에서 적용됩니다.

※ 연체 발생 시점에 약정금리가 없는 경우에는 일시불 거래 연체 시 거래 발생 시점의 최소 기간(2개월) 유이자 할부 금리, 무이자 할부 거래 연체 시 거래 발생 시점의 동일한 할부 계약 기간의 유이자 할부 금리를 적용하며, 그 외의 경우 약정금리는 상법상 상사법정이율과 상호금융 가계자금대출금리 중 높은 금리를 적용함

39. **위 내용을 토대로 판단한 내용으로 옳지 않은 것은?**

① 주말 할인 서비스는 주말이 아닌 공휴일에는 적용되지 않는다.

② 연체이자율은 회원별, 이용 상품별로 상이하나 모두 연 24% 이내에서 적용된다.

③ 연회비를 총 1만 3천 원 납부하는 △△신용카드를 발급받은 A 씨는 해외 ATM 출금을 이용할 수 없다.

④ 전월 이용금액이 30만 원 미만이라면 모든 할인 서비스 대상에서 제외된다.

⑤ 전월 이용금액이 100만 원 이상이고, 인터넷 요금 6만 원을 한 번에 결제한 B 씨는 5천 원을 할인받는다.

40. **J 씨는 △△신용카드를 발급받아 전월 70만 원을 사용하였다. J 씨가 토요일에 △△신용카드를 사용한 내역이 다음과 같을 때, J 씨가 하루 동안 △△신용카드를 사용하여 할인받은 금액은?** (단, 해당 일 외에 다른 날에 사용한 내역은 고려하지 않는다.)

승인 시각	사용처	사용 금액
09:57	편의점	5,800원
11:12	음식점	24,000원
15:07	대형마트	93,500원
18:16	온라인 소셜커머스	37,300원
21:39	주유소	100,000원

① 7,580원　② 8,580원　③ 10,320원　④ 12,930원　⑤ 19,060원

약점 보완 해설집 p.4

자르는 선

해커스잡

실전모의고사 1회

성명	

수험번호							
⓪	⓪	⓪	⓪	⓪	⓪	⓪	⓪
①	①	①	①	①	①	①	①
②	②	②	②	②	②	②	②
	③	③	③	③	③	③	③
	④	④	④	④	④	④	④
	⑤	⑤	⑤	⑤	⑤	⑤	⑤
	⑥	⑥	⑥	⑥	⑥	⑥	⑥
	⑦	⑦	⑦	⑦	⑦	⑦	⑦
	⑧	⑧	⑧	⑧	⑧	⑧	⑧
	⑨	⑨	⑨	⑨	⑨	⑨	⑨

응시분야

감독관 확인

직무역량						NCS 직업기초능력			
1	① ② ③ ④ ⑤	21	① ② ③ ④ ⑤	41	① ② ③ ④ ⑤	1	① ② ③ ④ ⑤	21	① ② ③ ④ ⑤
2	① ② ③ ④ ⑤	22	① ② ③ ④ ⑤	42	① ② ③ ④ ⑤	2	① ② ③ ④ ⑤	22	① ② ③ ④ ⑤
3	① ② ③ ④ ⑤	23	① ② ③ ④ ⑤	43	① ② ③ ④ ⑤	3	① ② ③ ④ ⑤	23	① ② ③ ④ ⑤
4	① ② ③ ④ ⑤	24	① ② ③ ④ ⑤	44	① ② ③ ④ ⑤	4	① ② ③ ④ ⑤	24	① ② ③ ④ ⑤
5	① ② ③ ④ ⑤	25	① ② ③ ④ ⑤	45	① ② ③ ④ ⑤	5	① ② ③ ④ ⑤	25	① ② ③ ④ ⑤
6	① ② ③ ④ ⑤	26	① ② ③ ④ ⑤	46	① ② ③ ④ ⑤	6	① ② ③ ④ ⑤	26	① ② ③ ④ ⑤
7	① ② ③ ④ ⑤	27	① ② ③ ④ ⑤	47	① ② ③ ④ ⑤	7	① ② ③ ④ ⑤	27	① ② ③ ④ ⑤
8	① ② ③ ④ ⑤	28	① ② ③ ④ ⑤	48	① ② ③ ④ ⑤	8	① ② ③ ④ ⑤	28	① ② ③ ④ ⑤
9	① ② ③ ④ ⑤	29	① ② ③ ④ ⑤	49	① ② ③ ④ ⑤	9	① ② ③ ④ ⑤	29	① ② ③ ④ ⑤
10	① ② ③ ④ ⑤	30	① ② ③ ④ ⑤	50	① ② ③ ④ ⑤	10	① ② ③ ④ ⑤	30	① ② ③ ④ ⑤
11	① ② ③ ④ ⑤	31	① ② ③ ④ ⑤	51		11	① ② ③ ④ ⑤	31	① ② ③ ④ ⑤
12	① ② ③ ④ ⑤	32	① ② ③ ④ ⑤	52		12	① ② ③ ④ ⑤	32	① ② ③ ④ ⑤
13	① ② ③ ④ ⑤	33	① ② ③ ④ ⑤	53		13	① ② ③ ④ ⑤	33	① ② ③ ④ ⑤
14	① ② ③ ④ ⑤	34	① ② ③ ④ ⑤	54		14	① ② ③ ④ ⑤	34	① ② ③ ④ ⑤
15	① ② ③ ④ ⑤	35	① ② ③ ④ ⑤	55		15	① ② ③ ④ ⑤	35	① ② ③ ④ ⑤
16	① ② ③ ④ ⑤	36	① ② ③ ④ ⑤	56		16	① ② ③ ④ ⑤	36	① ② ③ ④ ⑤
17	① ② ③ ④ ⑤	37	① ② ③ ④ ⑤	57		17	① ② ③ ④ ⑤	37	① ② ③ ④ ⑤
18	① ② ③ ④ ⑤	38	① ② ③ ④ ⑤	58		18	① ② ③ ④ ⑤	38	① ② ③ ④ ⑤
19	① ② ③ ④ ⑤	39	① ② ③ ④ ⑤	59		19	① ② ③ ④ ⑤	39	① ② ③ ④ ⑤
20	① ② ③ ④ ⑤	40	① ② ③ ④ ⑤	60		20	① ② ③ ④ ⑤	40	① ② ③ ④ ⑤